Sabine Werz studierte deutsche und englische Literatur
mit dem Schwerpunkt Mittelalter und Philosophie
und war unter anderem als Dramaturgin am Kölner
Schauspielhaus beschäftigt. Heute arbeitet sie als
freie Journalistin und Autorin in Köln. Als Marisa Brand
und Hannes Wertheim hat sie schon zahlreiche
historische Romane veröffentlicht.

Weitere Titel der Autorin:

Als Hannes Wertheim:
Der Kapuzinermönch

Als Marisa Brand:
Das Geheimnis der Tarotspielerin
Das Tarot der Engel

Sabine Werz

Sex and Crime auf Königsthronen

BASTEI LÜBBE
TASCHENBUCH

BASTEI LÜBBE TASCHENBUCH
Band 64244

1. Auflage: Dezember 2010
2. Auflage: Januar 2011
3. Auflage: Januar 2012

Bastei Lübbe Taschenbuch in der Bastei Lübbe GmbH & Co. KG

Originalausgabe

Dieses Werk wurde vermittelt
durch die Michael Meller Literary Agency, München

Copyright © by Sabine Werz
Copyright © 2010 by Bastei Lübbe GmbH & Co. KG, Köln
Textredaktion: Monika Hofko
Titelbild: © George III, 1762–82 (oil on canvas)
by Allan Ramsay (1713–84) (studio of)
© Wallace Collection, London, UK/The Bridgeman Art Library
Umschlaggestaltung: Christin Wilhelm, Manuela Städele
Autorenfoto: © Oliver Favre
Satz: hanseatenSatz-bremen, Bremen
Gesetzt aus der ITC New Baskerville
Druck und Verarbeitung: Nørhaven, Viborg
Printed in Denmark
ISBN 978-3-404-64244-1

Sie finden uns im Internet unter
www. luebbe.de
Bitte beachten Sie auch: www.lesejury.de

Der Preis dieses Bandes versteht sich einschließlich
der gesetzlichen Mehrwertsteuer.

*Die nützlichsten Bücher sind die, die den Leser anregen,
sie zu ergänzen.*

Voltaire

… und gute Freunde sind die, die das Entstehen eines Buches kritisch, liebenswürdig und hilfreich begleiten. Ein herzliches Dankeschön an Ulrich Brünken!

I.
Klatsch als Königsdisziplin

Geschichte ist die Lüge,
auf die man sich geeinigt hat.

Napoleon, Kaiser von Frankreich

Wie schreibt man – außerhalb wissenschaftlicher Fachseminare – heute angemessen über Europas Könige und Europas Adel?

Auf den Knien des Herzens, wie die rührselige Sparte der Klatschpresse? Voll Ehrfurcht vor den Verdiensten und vor der erhabenen Würde, wie versprengte Monarchistenvereine? Mit revolutionärem Biss à la Heinrich Heine: »Der Teufel, der Adel und die Jesuiten existieren nur so lange, als man an sie glaubt.« Augenzwinkernd, wie der adlig geborene Soziologe Sir Bertrand Russel: »Alle Familien sind gleich alt, manche haben nur eine bessere Buchführung hinterlassen.« Oder im Stil von Englands *royal ratpack*: scheinheilig empört und klammheimlich begeistert über jeden Patzer von Blaublütern und Potentaten? Eine Mischung aus allem erscheint mir gerechtfertigt.

Fest steht: Das Interesse am Adel und an der Staatsform Monarchie ist auch nach dem Sturz oder der demokratischen Entschärfung von Europas Majestäten bunt, widersprüchlich und lebendig.

Könige und Adlige faszinieren nach wie vor – in der Forschung und im Friseursalon. Das beweist neben der Klatschpresse auch die Begeisterung für Biografien gekrönter Häupter, TV-Dokumentationen und historische Romane rund um Royals. Letztere sind auch in Deutschland sensationell erfolgreich, obwohl 1918 unser letzter Kaiser abgesetzt und sämtliche Adelstitel abgeschafft wurden. Die deutsche Monarchie zerplatzte wie eine Seifenblase, und kaum jemand vermisst sie hierzulande auf der Politbühne.

Schon Thomas Mann notierte in seinem Tagebuch: »Ich habe nichts gegen den Fall der Dynastien und des Kaisertums ... (Es) ist ein romantisches Rudiment, das von Wilhelm II. auch in solchem Sinne dargestellt wurde, auf sehr nervöse, rauschhafte und provozierende Art, und das sich praktisch wirklich erübrigt.«

Die Weimarer Republik ging nach der Novemberrevolution von 1918 – bei der in Richtung Palast nur recht harmlose Schüsse fielen – schonend um mit dem Kaiser und den Aristokraten. Wilhelm wurde ins holländische Exil entlassen. Der Staat übernahm die pflege- und kostenintensiven Schlösser und Parks fürstlicher Familien, während er ihnen die bewohnbaren Häuser und einträgliche Vermögensanteile überließ. Unter anderem deshalb notierte Kurt Tucholsky, alias Peter Panter und Theobald Tiger, spitz: »Wegen ungünstiger Witterung fand die deutsche Revolution in der Musik statt.«

Ein mehr oder minder komfortables Fortleben ist Königen und ihrer Entourage auch in unserer Fantasie gesichert.

Selbst in den USA, die immerhin schon 1776 ihre Unabhängigkeit vom Mutterland England, von Europa und der Monarchie erklärten, kennt die Begeisterung bei royalem Staatsbesuch kaum Grenzen. Nirgends war die 1997 tödlich verunglückte Lady Di beliebter, nirgends war Fergie, die Herzogin von York, als Werbebotschafterin für Weight Watchers erfolgreicher. Daheim musste sich die zeitweise übergewichtige Duchess of York hingegen von der Pöbelpresse als Duchess of Pork (»Herzogin Schweinefleisch«) verspotten lassen und hatte als millionenfache Schuldenmacherin einen schlechten Ruf.

In England ist die Begeisterung für Romane rund um Ritter, Könige & Co. nicht so groß wie hierzulande. Dafür ist das Interesse der Bewohner des real existierenden Inselkönigtums an ihren toten Monarchen immens. Regelmäßig strahlen BBC und private Kanäle hinreißende Dokus über die Tudors, die Stuarts und über Queen Victoria aus.

Weniger geschichtlich interessierte Briten ergötzen sich an frischen Skandalen aus der Gerüchteküche des Buckinghampalastes. Selbst (Null-)Nachrichten à la »Prinz Harry schenkt der Queen ein Furzkissen zu Weihnachten« sorgen für Schlagzeilen. Und für Auflage.

Dank Bunte & Co. stranden derlei Nichtigkeiten auch auf den Wartezimmertischen hiesiger Arztpraxen und in den Lesezirkelmappen der Friseursalons, wo nicht wenige dem diskreten Charme der Monarchie erliegen. Schämen muss sich deswegen keiner.

Im Gegenteil: Klatsch aus den besten Kreisen hat eine royale Tradition.

Nach wie vor beliebte Gerüchte, Vermutungen und Verleumdungen über gekrönte Häupter sind so alt wie das Königtum selbst. Mehr noch: Die hässlichsten Enthüllungen über manche Könige und Fürsten stammen aus der Feder von Höflingen, Diplomaten, Kardinälen oder sind direkt den Köpfen adliger Machthaber entsprungen. Um Geschichte zu machen. Skandalberichte aus eigenen Kreisen dienten der Schwächung von Thronkollegen und Rivalen.

Auch der Vatikan mischte bei der Verbreitung oder Erfindung von Sudelgeschichten heftig mit und musste sich dasselbe von weltlichen Widersachern mit Krone und Zepter gefallen lassen. Manche ihrer gegenseitigen Tratschkampagnen in Sachen Sex and Crime dürften sich königliche und päpstliche Mobbingexperten selbst geglaubt haben. Auch unter den oberen Zehntausend traut(e) man der Volksweisheit: Wo Rauch ist, ist auch Feuer. Wie heiß und höllisch das im Einzelfall wirklich loderte, prüfen Historiker noch heute mit wechselndem Ergebnis.

Alles, was heute privat genannt wird, war jahrhundertelang Politik. Könige waren per definitionem öffentliche Figuren, die ihr Amt und ihre Macht in allen Lebenslagen buchstäblich verkörpern mussten. Monarchen des christlichen Abendlandes legitimierten ihr Amt mit Texten der Heiligen Schrift und verstanden es als gottgegeben. Weil kaum ein Sterblicher zum Heiligen geboren ist, behalf man sich seit dem Mittelalter mit der Annahme, der Monarch habe zwei Leiber: einen unantastbaren, quasi heiligen und daneben einen irdischen, der den Anfechtungen weltlicher Sünden eben nicht widerstehen kann.

Diese gelehrte Idee ist heute schwer nachzuvollziehen, und sie überzeugte selbst die Machthaber in der Praxis nicht immer. Gehobener Klatsch gehört bei Hof zum politischen Tagesgeschäft.

Auf den Burgen des Mittelalters sind fahrende Sänger nicht nur der schönen Troubadourlieder wegen willkommen. Interesse findet auch, was sie vom Hörensagen über Sexleben, Benehmen und Fehdeabsichten anderer Festungsherren wissen. Oder vorgeben zu wissen.

Im Italien der Renaissance dienen die Palazzi adliger Patrizier und ihrer Kurtisanen als internationale Gerüchtebörsen. Diplomaten aus aller Herren Länder spitzen die Ohren, um Fehltritte peinlicher Potentaten und politische Pläne zu erlauschen, während ihre Augen und Hände mit den Dekoletés der Damen beschäftigt sind.

Am Hof Heinrichs VIII. ist im 16. Jahrhundert gar der Stuhlgang des königlichen Vielfraßes Gegenstand politischer Betrachtungen. Und nicht nur dort. Die Laune oder eine eventuell lebensgefährliche Erkrankung, die Mediziner jahrhundertelang gern an Konsistenz und Farbe von Ausscheidungen ablesen, sind keine schmutzigen Details. Mit der Gesundheit eines Monarchen steht und fällt dessen politische Beschlussfähigkeit und dessen Macht. Schließlich verkörpert er Reich und Regierung.

Der Tudor Heinrich VIII. entleert seinen Darm auf einem mit Daunen gepolsterten Toilettenthron unter vier Augen. Der anwesende Kammerherr ist ein gesuchter Informant und der Posten des *Groom of the Stool* ein begehrtes Hofamt beim Adel.

Bestechungsgelder ausländischer Diplomaten erhöhen den Reiz des Handlangerjobs. Allerdings kann jede weitergetragene Äußerung über Heinrichs Exkremente wegen Hochverrats mit dem Tode bestraft werden. Weshalb einige Agenten lieber beim Hofapotheker abfragen, welche Medizin der Monarch bestellt hat. Rhabarberpillen deuten auf Verstopfung, Lakritzsud deutet auf Koliken hin.

Was ein Monarch beim Toilettengang so alles fallen lässt, kann kriegsentscheidend sein. Mit wem er ins Bett steigt, kann Geschichte machen. Ist er impotent, scharren entfernte Anverwandte und Bastarde mit den Hufen, um den Wettlauf auf den Thron zu beginnen. Fremden Potentaten bietet ein schwächelnder Thronkollege die Gelegenheit für kriegerische Angriffe.

Jahrhundertelang berichten Venedigs Botschafter, Frankreichs Diplomaten, spanische Spione und Spitzel des Vatikans in Geheimbriefen gleichermaßen über Becken-, Darm- und Truppenbewegungen von Königen. Und bei passender Gelegenheit wird das Aufgeschnappte europaweit öffentlich gemacht.

Die Hofdamen und Höflinge des Sonnenkönigs Ludwig XIV. lassen sich anno 1700 beim Perückenpudern von Zofen und Coiffeuren die neuesten Skandale berichten, und sie erfinden oder tratschen selber welche weiter. Gerüchte haben im Zeitalter des Absolutismus Hochkonjunktur.

Beim Tafeln und beim Tanz wird hinter dem Fächer getuschelt. Am Schreibtisch können die Damen und Herren des *Ancien Régime* die Tinte kaum halten, um sich und dem Rest der Adelswelt die neuesten Skandale mitzuteilen. Man munkelt vom Mord an einem kleinen Waffelverkäufer, der sich in einem Bordell weigert, einem Bastard des Sonnenkönigs und dessen Saufkumpanen als Lustknabe dienstbar zu sein. Madame de Montespan, eine der machtvollsten Mätressen Ludwigs XIV., soll schwarze Messen abhalten, sich auf dem Altar Satanspriestern hingeben und Liebestränke mixen, um le Roi zu halten, der seine Blicke verdächtig schweifen lässt.

Etwa in Richtung einer Madame Angélique de Fontanges. Die bekommt tatsächlich ein Kind von ihm und stirbt kurz darauf verdächtig plötzlich, finden die Hobby-Klatschreporter von Versailles. Die Montespan muss sich in billigere Gemächer zurückziehen, fernab vom König, der für die Favoritinnenrolle längst eine bessere Besetzung im Auge hat. Heute gilt als wahrscheinlicher, dass der aufregende Rotschopf Angélique Fontanges nicht den Giften der Mätresse, sondern einer Brustfellentzündung erlegen ist. Unsterblich geworden ist sie in den *Angélique*-Romanen von Anne Golon, denen sie als (lebenstüchtiges) Vorbild diente.

Die in den Tagen des Sonnenkönigs aufbrandende Klatsch- und Quellenflut ist für Romanautoren unerschöpflich und für Historiker kaum zu bewältigen. Vieles wird nach wie vor überprüft, neu gedeutet, manches wird verworfen. Die in diesem Buch vorgestellten Versionen bekannter Histörchen sind ebenfalls nicht das amtliche Endergebnis, sondern eine Auswahl gängiger und weniger gängiger Spekulationen.

Die Fülle des Rohmaterials aus der Epoche des Absolutismus verdankt sich einer kulturellen Weiterentwicklung. Schreiben ist an Höfen wie Versailles endgültig Mode und ein unverzichtbares Accessoire adliger Lebenskultur geworden. Allein die deutsche Liselotte von der Pfalz, die Schwägerin des Sonnenkönigs, hinterlässt 60.000 Briefe meist pikanten Inhalts. Im damaligen Paris kursieren erste Klatschmagazine aus adliger Feder, die man begierig liest. Höflinge verfassen Memoiren, in denen sie Staatstragendes farbig mit erotischen und intimen Details aus dem royalen Leben mischen. Das Ganze dient wie immer nicht nur dem gepflegten Zeitvertreib.

Wer gerade was mit wem treibt, dient in Versailles (und anderswo) als Handlungsanweisung und bestimmt den eigenen Terminkalender. Le Roi schielt Madame X ins Dekolleté? *Parbleu!* Sollte man der Dame vielleicht die Aufwartung machen, um sich günstig zu positionieren? Gilt es, ihr Liebhaber anzudichten oder in Paris tatsächlich wegen eines Pülverchens vorzufühlen, um sie und ihre Familie aus dem Rennen zu werfen?

Weitere lebenswichtige Fragen: Gibt es eine Möglichkeit,

über Favorit Y oder Günstling X einen Posten, Einfluss, Militärhilfe zu erlangen oder ein Politziel zu erreichen?

Für rein sensationslüsterne Schnüffler haben sich die männlichen und weiblichen Klatschmäuler nicht gehalten. Weder die Mätressen des Sonnenkönigs noch seine intimsten Verrichtungen sind geheime Privatsache. Der Sonnenkönig inszeniert sich und seine Königswürde im selbst gebauten Machttheater zu Versailles in Vollendung, und alle spielen mit. Dem gottgesalbten Roi beim familiären Mittagsmahl zuzuschauen ist eine Ehre, ihm beim *faire la merde* zur Hand gehen zu dürfen eine Auszeichnung. Gut betuchte Adlige zahlten hohe Summen dafür, mit hinter den Wandschirm schreiten zu dürfen, wo *le cabinet* wartete.

Es gilt nach wie vor die Vereinbarung: Alles, was ein König tut, gehört in die Sphäre des halb Menschlichen, halb Göttlichen, und die Untertanen müssen nehmen, was der Himmel schickt. Umtausch bei Nichtgefallen ausgeschlossen, der royale Stand ist von Gott eingesetzt und unantastbar. Die Begründung wird in der Bibel gefunden: Gib dem Kaiser, was des Kaisers ist. Die Mama von Ludwig XIV. schenkt diesem bei der Geburt nicht nur das Leben, sondern auch den Beinamen Dieudonné (Gottesgeschenk).

In der mehr als tausendjährigen Geschichte der europäischen Monarchie zweifeln weder Untertanen noch Monarchen am quasi heiligen Amt von Königen. Thron- und Kronrecht sind dem Wesen nach eben erblich bis in alle Ewigkeit, und da kommen sie angeblich auch her. Die Könige und die Blaublüter des Hoch- und Spätmittelalters honorieren Hofgelehrte fürstlich für das Erstellen von Stammbäumen. Manche cleveren Forscher finden – haarscharf an

– 15 –

Jesus vorbei – Ahnen aus den Zeiten von Moses. Cäsar ist als weltlicher Ahnvater des eigenen Geschlechts beliebt.

Der dauerhafte Bestand eines Adelshauses ist damit freilich nicht gesichert. Kann eine Dynastie sich nicht erfolgreich fortpflanzen, etwa wegen Impotenz oder Gebärunfähigkeit, übernimmt eine andere das himmlisch legitimierte Amt.

Wie verzweifelt Könige und Königinnen sich um legitimen Nachwuchs bemühten und tragisch scheiterten, dafür gibt es Beispiele en masse. Unzählige Königinnen sterben wegen ständigen Schwangerschaften jung, oft im Kindbett.

Einem selbst auferlegten Martyrium ähnelt etwa das Schicksal der letzten Stuart-Regentin Anne (1645–1714). Als 17-Jährige heiratet sie den trink- und essfreudigen Dänenprinzen Georg. Die Verbindung ist – wie üblich – arrangiert. Über den Ehemann höhnen Zeitgenossen, dass er lebe, bemerke man nur an seinem unüberhörbar schweren Atmen. Prinz Georg ist Asthmatiker.

Doch ob geborener Faulenzer oder nicht, im Bett beweist der Däne enorme Produktivität. Und das ist ganz in Annes Interesse. Obwohl sie erst 1702 die Regentschaft übernimmt, erfüllt sie mit eisernem Willen ihre vorrangige Pflicht – Kinder gebären. Das Haus Stuart droht zu erlöschen, denn die Ehe ihrer Schwester Maria, die mit William III. auf dem Thron sitzt, bleibt kinderlos.

Von 1684 bis 1700 durchlebt Anne 18 (!) Schwangerschaften. Neun enden mit einer Fehlgeburt oder mit einer Totgeburt. Von ihren anderen Kindern, die teils behindert zur Welt kommen, überlebt nur ein Sohn das erste Lebensjahr. Dann stirbt auch er an einer verbreiteten, damals unheilbaren Kinderkrankheit: an Windpocken, Masern oder an einem grippalen Infekt. Die permanenten Schwangerschaften haben ruinöse Folgen für Annes Leib und Leben. Schon im Alter von 33 Jahren zeigen sich Symptome von Arthritis, Rheuma und Gicht, ihr Leib ist aufgeschwemmt von Ödemen, sie setzt so viel Fett an, dass sie kaum gehen kann und in einer Sänfte zur Krönung geschleppt werden muss. Moderne Mediziner, die den Symptomkatalog gründlich studiert haben, glauben heute, dass man Queen Anne und ihren Kindern mit einem gängigen Mittel aus unserer Hausapotheke hätte helfen können: mit Aspirin.

Die Königin litt wahrscheinlich an einer seltenen Autoimmunerkrankung namens Lupus Anticoagulans oder Hughes-Syndrom. Diese Krankheit wurde erst Ende des 20. Jahrhunderts entdeckt. Sie führt zu Durchblutungsstörungen im ganzen Körper und trifft vor allem Frauen. Zu den klinischen Symptomen zählen Thrombosen, Fehlgeburten, Spontanaborte und das Absterben ansonsten gesunder Föten im Mutterleib. Ursache ist die gestörte Blutversorgung des Mutterkuchens. Heute setzen Gynäkologen blutverdünnendes Aspirin erfolgreich gegen das Leiden und gegen die Komplikationen während der Schwangerschaft ein. Queen Anne war diese Therapie nicht vergönnt. Das Haus der Stuarts stirbt 1714 mit dem Tod der Regentin im Alter von 49 Jahren aus.

Damit England trotzdem protestantisch bleibt, müssen 57 katholische Thronanwärter übergangen werden. Das Parlament findet eine länderübergreifende Lösung; schließlich hat der Adel Europas stets international untereinander geheiratet. Per Gesetz und nach akribischem Studium von Ahnentafeln spricht man dem evangelisch-lutherischen Fürstenhaus von Hannover den Thron zu. Man denkt damals nicht nur in Königskreisen noch in dynastischen Kategorien, nicht in nationalen. Hauptsache, die Monarchie und der Protestantismus sind gerettet. Wieder heißt es: »Der König ist tot, es lebe der König.«

Die paradox klingende Formel wurde traditionell am Totenbett eines Monarchen gesprochen, und alles verneigte sich vor dem Erben – so er anwesend war. Selbst wenn der noch Windeln trug. Es gilt, der Unsterblichkeit des Amtes zu huldigen. Als Reporter die künftige schwedische Königin Victoria vor deren Märchenhochzeit im Juni 2010 fragten, ob sie sich schon auf ihre Thronbesteigung freue, antwortete die Kronprinzessin geistesgegenwärtig: »Wie könnte ich? An diesem Tag wird in unserer Familie etwas sehr Trauriges passieren.« In der Tat.

Soweit die Theorie zur Unsterblichkeit der Monarchie. In der Praxis ist Kritik an realen Throninhabern so alt wie das Königtum selbst. Die Kirche und der Restadel legen sich über alle Epochen hinweg mit den Monarchen an. Die adlige Verwandtschaft des Königs wiederum versucht nicht selten, diesem die Krone vom Kopf zu reißen und sie sich selbst aufs Haupt zu setzen. Auch das Volk wird mitunter rebellisch, wenn ein Monarch zu viele Kriege vom Zaun bricht, maßlose Steuern erhebt und Misswirtschaft im großen Stil betreibt.

Der Thron – obwohl in der Ewigkeit verankert – ist de facto also ein wackliges und oft unbequemes Sitzmöbel. So mancher Monarch, der seine Aufgaben ernst nahm und nicht nur Hof hielt, stöhnte wie Philipp II. von Spanien (1527–1598): »Ein König ist nichts weiter als ein Sklave, der eine Krone trägt.«

Ein Sklave, dem allerdings niemand eins mit der Peitsche

überziehen oder Daumenschrauben anlegen darf. Das geschieht erst zweihundert Jahre später in Frankreich, als reihenweise Blaublüter, darunter 1793 die berühmt-berüchtigte Königin Marie Antoinette und ihr Gemahl Ludwig XVI., den Kopf unters Fallbeil legen müssen.

Der letzte Bourbone wird übrigens *le roi martyr*, der Märtyrerkönig, genannt. Was sein intimes Sündenregister betrifft, so gibt es über ihn weit weniger Schlimmes zu berichten als über seine beiden gleichnamigen Vorfahren. Ludwig der XVI. vergnügt sich nicht mit ständig wechselnden Mätressen, er teilt die Verschwendungslust seiner Gemahlin nicht, und statt auf der Hofbühne Versailles Pomp und viel Wind zu machen, zieht er sich gern zu Drechslerarbeiten in seine palastinterne Hobbywerkstatt zurück. Ein zumindest bürgerlich anmutendes Leben ist dank der Aufklärung längst en vogue und angebracht.

Berühmte französische Denker wie Rousseau, Diderot und der spitzzüngige Voltaire betrachten die Monarchie schon seit Beginn des 18. Jahrhunderts im reinen Licht der Vernunft, und die Krone verliert an Glanz. Nebenher sind einige Aufklärer ausgemachte Klatschmäuler. Vor allem die begnadete Lästerzunge Voltaire (»Nichts ist gesellschaftlich erfolgreicher als Dummheit gepaart mit guten Manieren«).

Unter anderem geht auf ihn die erste Erwähnung darüber zurück, dass sein Brieffreund und Gönner Friedrich II. von Preußen seine Langen Kerls nicht nur militärisch schätzte. Das schwule Geheimnis vertraut er nach einem Besuch beim Alten Fritz in Sanssouci schriftlich seinem Geheimtagebuch und mündlich auch anderen an. Was unfein ist. Aber auch Friedrich bewies im Umgang mit dem Dichter und Denker nicht die besten Manieren, und er saß am längeren Hebel.

Dem der Macht. Einmal lässt der große Friedrich seinen philosophischen Freund unter fadenscheinigen Gründen verhaften, dann wieder verbrennt er öffentlich ein Druckwerk Voltaires.

In Frankreich wandert der Allroundautor wegen Verbreitung von Inzestgerüchten über Herzog Philippe II. von Orléans in die Bastille. Der Fürst aus dem Herrscherhaus der Bourbonen regiert gerade in Stellvertretung für den minderjährigen Ludwig XV., als Voltaires Tragödie »Ödipus« 1718 uraufgeführt wird. Voltaire lässt den blutschänderischen Helden in der Maske von Philippe auftreten. Als Anspielung darauf, dass der Herzog ein inzestuöses Verhältnis mit seiner Tochter habe. Woran wiederum etwas dran gewesen sein soll.

Fest steht: Bürgerliche Salondamen des 17. Jahrhunderts, Dichter und Denker stecken ihre Nase nicht nur in kluge Bücher, sondern auch in die höfische Gerüchteküche, schreiben nicht nur philosophische Abhandlungen, sondern korrespondieren eifrig über neueste Skandale und Gerüchte rund um den Sonnenkönig und um seine Nachfolger Ludwig Nummer XV und XVI.

Viel Empörendes können sie live miterleben, anderes wissen sie von adligen Freunden und Mäzenen, manches nur vom Hörensagen. Unter Hinweis auf das skandalöse Verhalten von Monarchen zieht man gegen die gottgewollte Allmacht von Königen zu Felde. Gerüchte und Klatschgeschichten haben die Französische Revolution erheblich befördert. Im Dienste der Wahrheit, der Republik und der bürgerlichen Freiheit sitzen Revolutionäre und Aufklärer gelegentlich auch erfundenen Verbrechergeschichten über Monarchen wie Ludwig & Co. auf, die am Hof die Runde

machen. Zwecks gegenseitiger Rufschädigung unter Adelscliquen oder weil man sich vom Sonnenkönig bei der Pos-
tenverteilung übergangen fühlt.

Voltaire etwa macht genüsslich die in Adelsbriefen kol-
portierte Story publik, Ludwig XIV. habe einen heimlichen,
weit fähigeren Zwillingsbruder und damit den eigentlichen
König Frankreichs weggesperrt. Der Aufklärer hält das für
die Wahrheit. Und Ludwig hat tatsächlich einen mysteriösen Adligen mit einer Ledermaske eingesperrt, den keiner
zu Gesicht bekommen darf. Wegen dessen Ähnlichkeit mit
Ludwig, glaubt Voltaire. Dem Philosophen drohte wegen
der gedruckten Verbreitung des Gerüchts mal wieder die
Bastille.

Im 19. Jahrhundert strickt Alexandre Dumas aus der
Schauermähr den Thriller »Der Mann mit der eisernen
Maske«. Wer sich wirklich darunter verbirgt, ist bis heute un-
klar. Bei Dumas ist der längst verstorbene Sonnenkönig in
jedem Fall ein Erzschurke. Und dem neuen, bürgerlichen
Lesepublikum ganz Europas gefällt das.

Romane, Histörchen und Presseberichte um blaublütige
Finsterlinge kommen mehr und mehr in Mode. Zeitgleich
mit dem Abstiegskampf des Systems Adel verlieren Könige
außerhalb ihres Palastes die Kontrolle über eigene und erfundene Tratschgeschichten.

Natürlich gibt es genug echte Sünden und Verbrechen zu
vermelden, aber jede Menge Märchen kommen hinzu, in denen sich lang aufgestauter oder akuter Zorn auf Könige und
Kaiser entlädt.

Klatsch, Gerüchte und Verleumdungen sind eben seit
Jahrhunderten ein etabliertes Politikmedium der besseren
Kreise.

Heute kann man in Europa kaum noch weltbewegende Gründe für die Sucht nach intimen News über die Noblesse anführen; schließlich liegt das Regierungsgeschäft nicht mehr in ihren Händen.

Trotzdem leidet so mancher unter der Trockenhaube beim Friseur nach wie vor mit, wenn Caroline von Monaco für ihren schlagfertigen Schirmträger und Prinzen Ernst-August von Hannover als Entlastungszeugin vor Gericht muss. Während der »Prügel-Prinz« (Bildzeitung) unverschämterweise »fremdküsst« (ebenfalls Bild). Freude kommt auf, wenn Caroline beim alljährlichen Rosenball von Monaco nichtsdestotrotz »voll erblüht« (Bunte) oder Prinzessin Victoria von Schweden ihren ehemaligen Fitnesstrainer ehelicht. Live und weltweit übertragen. Nicht nur im Fernsehen, auch bei Ikea – selbst in der Bundesrepublik Deutschland.

Warum interessiert uns so etwas?

Märchen kommen nicht ohne Könige aus und wir nicht ohne Märchen

Eine tiefenpsychologische Erklärung für den anhaltenden Bedarf an royalen TV-Bildern und an Vorbildern findet sich bei dem Psychoanalytiker C. G. Jung: Könige und Königinnen gehören als Archetypen (Urbilder) zur Grundausstattung unseres Seelenlebens und unseres zeitlosen kollektiven Unbewussten. Genau wie der Traum vom gelingenden, heilen Leben und von der Rückkehr in ein Paradies.

Wir alle sind unserem Wesen nach Glückssucher. Als Wegweiser dienen die großen Weisheitsbücher, Märchen, My-

– 22 –

then und Religionen der Menschheit. Ohne ideale, zumeist königliche Hauptdarsteller, deren Leben – allen Fährnissen, Drachen, Dämonen und Versuchungen zum Trotz – von Erfolg gekrönt ist und zum Heilsein führt, kommen sie nicht aus. Und wir nicht ohne mythische Bilder und königliche Archetypen.

Der Traum vom gelingenden und überdies gottgefälligen Leben hat reale Monarchen und Menschen über Epochen hinweg geeint. Mythische, christlich unterlegte Erzählungen wie die vom König Artus und seiner Tafelrunde hatten genügend Wirkungsmacht, um mittelalterliche Könige und Kreuzritter zu Ausflügen in unwegsame, gefährliche Gebiete und Kämpfe zu locken. Auf der Suche nach weltlichem Glück und nach dem Heiligen Gral. Die Gnadenverheißung trieb die Kreuzfahrer ebenso an wie die Gier nach den sagenumwobenen Schatzkammern der Kalifen. Von märchenhaftem Glück werden auch die schwäbischen und bayerischen Bauern geträumt haben, die im 12. und 13. Jahrhundert als Siedler in die neu gegründeten Kreuzfahrerstaaten des Morgenlandes gelockt wurden.

Falls die Artussage und andere Heldenepen dem Volk zu Ohren kamen, werden sie die urmenschliche Hoffnung auf eine weise Herrschaft und großzügige Monarchen genährt haben. In Volksmärchen machte sich das Volk seinen eigenen Reim auf ideale und weniger weise Könige, gute und böse Königinnen.

Im Zweifelsfall wandte und wendet man sich an die als Himmelskönigin verehrte Maria und an den Allmächtigen auf dem Himmelsthron, zu dessen Rechten Jesus Christus mit der Dornenkrone sitzt. Königliche Ursymbole verleihen unseren christlichen und vielen anderen Gottesvorstellungen nach wie vor Wirkungsmacht bis in die tiefsten Schichten der Seele hinein.

George Bernhard Shaw fasste das Phänomen Royalität eher satirisch zusammen: »Kings are not born; they are made by artificial hallucination.« Zu Deutsch: Könige werden nicht geboren, sie werden durch künstliche Halluzination geschaffen. So kann man es natürlich auch sehen.

Oder so wie ein katholischer Land- und Armenpfarrer aus der Zeit des alles überstrahlenden französischen Sonnenkönigs: »Die Menschheit wird erst dann glücklich, wenn der letzte König mit den Gedärmen des letzten Priesters erwürgt worden ist.«

Oder so: »Königtum – glauben Sie! – ist eine Religion. Ein König glaubt an sich, oder er ist es nicht«, beschwor 1866 Richard Wagner voll Pathos und mit psychologischem Geschick seinen wichtigsten Mäzen Ludwig II., als der von Abdankung sprach. Der bauwütige Bayernkönig und der Nibelungen-Komponist waren bekanntlich beide den Idealen von mythischer Größenordnung zugänglich.

Der bürgerliche Komponist gilt darum noch heute als genial, der König galt dagegen schon zu Lebzeiten als verrückt und verschwendungssüchtig. Wie sich die Zeiten ändern! Und das immer wieder.

Zusammen ergaben Wagner und der Bayern-Ludwig in ihrer Zeit, dem 19. Jahrhundert, vor allem ein ideales Gespann. Damals versinken viele Deutsche in romantischer Schwärmerei für Burgen, Ritter, Monarchen und hochedle Minnesänger.

Dass reale Ritter der Nibelungenära oft nur einen ponygroßen Klepper unter sich hatten, wollte so genau keiner wissen. Dass viele Adelsherren des Mittelalters in hölzernen

– 24 –

Wohntürmen im Licht stinkender Rindertalgkerzen hausten und keineswegs unablässig trällernd vor den Fenstern hoher Damen Ständchen brachten, wurde ebenfalls gern vergessen.

Und des Bayernkönigs Operettenfestungen mit den Schnörkelzinnen sind Zeugnis dafür, dass auch Monarchen selbst anno 1900 irgendwelchen Märchenfantasien über ihr wunderschönes Vorgestern aufsitzen und diese lieben, hegen und pflegen.

Ungebrochen ist das Interesse am Werden, Wirken und Vergehen von Königen und Blaublütern freilich vor allem deshalb, weil diese über tausend Jahre lang Europas Geschicke bestimmt und geformt haben.

Quer durch die Epochen und Länder betrug der Anteil des Adels zwar meist nur um die fünf Prozent der Bevölkerung, aber diese Adligen waren politisch, sozial und kulturell stilprägend. Im Guten wie im Schlechten.

Das kann und darf man heute – dank der von ihren Widersachern erkämpften Meinungsfreiheit – wahlweise begrüßen, ablehnen, verteufeln oder bewundern. Tatsache bleibt, dass sich Adel und Könige in unseren Breiten lange an der Macht halten konnten und dass noch immer ganze Epochen nach ihnen benannt sind. Man spricht von der Stauferzeit, der Tudorepoche, der Victorianischen oder der Wilhelminischen Ära. Neben der größten Gestaltungsmacht hatten Monarchen lange die größte Deutungshoheit über ihr eigenes Werden und Wirken.

Heute dürfen wir nach Herzenslust über sie klatschen und spekulieren – schließlich haben sie das selbst getan und uns eine Fülle von lohnendem Material hinterlassen. Auf dem vielfach auch die Geschichtsforschung fußt.

Höflingsgeschwätz und Lauschangriffe zwischen Betten, Beicht- und Nachtstühlen von Monarchen sind unerschöpfliche Quellen. Nicht wenige sind vergiftet und mit Vorsicht zu genießen, was Interpretationen notwendig macht und erlaubt.

Die Geschichte der Geschichtsschreibung und deren künstlerische Bearbeitung sind selbst geschichtlichem Wandel unterworfen und verraten uns manchmal mehr über unsere Epoche als über die des jeweiligen Monarchen. Weshalb auch die hundertste Studie über einen Tudorkönig interessant sein kann und weshalb immer neue Filmversionen über sein Leben zu faszinieren vermögen und weshalb die unverwüstliche Sissi heute als Musicalstar erfolgreich Hof hält.

Es taugt nicht viel, alle Monarchen Europas pauschal über einen Tyrannenkamm zu scheren. Die Amtsinhaber kamen über tausend Jahre in allen Formen, Farben, Gestalten und Güteklassen daher.

Das verraten schon die Beinamen, die Hofschreiber und Chronisten den verschiedenen Herrschern gaben. Da gibt es so schillernde Gestalten wie Wilhelm, den Tollkopf, seines Zeichens Herzog von Aquitanien. Ein König Lambert, genannt »der Faule«, regiert zeitweise Polen oder auch nicht. Der französische Monarch Ludwig X. wird als »der Zänker« bekannt. Dem byzantinischen Kaiser Michael hängt man den Titel »der Säufer« an und dem kastilischen Heinrich IV. die Zusatzbezeichnung »El impotente«, was in seinem Fall wörtlich genommen werden darf. Auch »Hasenfüße«, »Höckrige«, »Fromme«, »Einfältige« oder gar »Feige« finden sich in den Herrscherchroniken der Völker.

Es gab sie also alle: die geborenen Faulpelze, in deren Windschatten die Wirtschaft aufblühte, pflichtbewusste Dik-

– 26 –

tatoren, die im festen Glauben, das Beste zu sein und zu tun, Schreckliches anrichteten und doch als »Große« in die Geschichte eingingen. Gelegentlich regierten gefährliche Windeier, harmlose Prahlhänse und gutmütige Trottel, deren Unvermögen genialen Ministern und dadurch ihren Ländern zugutekam – oder auch nicht.

Einen überschaubaren Kreis von Fans haben Geschichtslehrer und Historiker, die Schüler und Leser mit einem Haufen Fakten, Zahlen, Daten und Heldentaten toter Könige und mit endlosen Kriegen langweilen und die schamvoll verschweigen, was der Adel auf der Hintertreppe trieb.

Unter Fußnotenapparaten wird mitunter begraben, was Geschichte lebendig macht: spannende Geschichten, persönliche Tragödien und charakterliche Fehlleistungen, die die Weltgeschichte ebenso prägten wie königliche Dekrete, Reichskonkordate und Gesetzesurkunden. Wer erfährt, dass der Stauferkaiser Friedrich Barbarossa im reifen Alter von 40 Jahren eine 13-Jährige ehelicht und als 68-Jähriger bei seinem dritten Kreuzzug gen Orient in einem Fluss ertrinkt, um hernach gemäß royaler Sitte in Essig konserviert zu werden, entwickelt schnell Interesse an Vergangenheit und Geschichte. Und das geht dann über Merksätze wie »333 bei Issos Keilerei« hinaus.

Ohne Daten und Fakten, ohne seriöse zeit- und sozialgeschichtliche Einbettung kommt man freilich nicht weiter, oder man fällt auf uralte Gerüchte herein.

Wenn es in diesem Buch vor allem um Sex and Crime geht, um Leidenschaften und Verbrechen auf und hinter einigen Königsthronen, dann aus gutem Grund: Man muss Europas verblichene Monarchen weder staubtrocken abhandeln, noch künstlich unterhaltsam oder spannend machen:

Sie sind es, und sie liefern Stoff und Gründe genug, sich eingehend mit ihnen zu befassen, ob man sie nun mag oder nicht.

Unser Besuch bei Königs und im royalen Machttheater beginnt an Englands Tudorhof, der für Königinnen und Mätressen lebensgefährlich war, und führt sodann in das niederländische Schloss eines deutschen Freiheitskämpfers, der eine Königsdynastie begründete. Der eine gilt als monströser Tyrann, der andere ist noch heute ein viel besungener Tyrannenschreck.

Wir schauen in die Gerüchteküchen ihrer Paläste und bekommen Deftiges vorgesetzt. Von ihnen, über sie und über diverse Thron- und Kronkollegen ihrer und anderer Epochen. Alle auftretenden Herrscherfiguren sind Meister der Selbstdarstellung, Freunde und Opfer von Klatsch, und dennoch regieren ihre Nachfahren noch heute und sind Teil des Mythos einer gottgewollten und für die Ewigkeit gedachten Monarchie.

Also *ad fontes*, wie die Humanisten im 15. Jahrhundert zu sagen pflegten – an die Quellen.

II.
Heinrich der VIII. – ein König zum Gruseln und seine schrecklich nette Familie

»*Bluff Henry the Eight to six spouses was wedded,*
One died, one survived, two divorced, two beheaded«

Englischer Abzählreim

Heinrich VIII. – englischer König von 1509 bis zu seinem Tod im Jahr 1547 – zählt zu den Monarchen, die selbst eingefleischte Geschichtsmuffel kennen. Na, Sie wissen schon, der mit den sechs Frauen, von denen er zwei in die Wüste schickte und zwei köpfen ließ. Der Dicke. Ein geborener Tyrann. Ist er das?

Tatsächlich bringt der Tudorherrscher am Ende seines 55-jährigen Lebens 160 Kilo auf die Waage. Ein königlicher Koloss, der nur noch im Rollstuhl und mit dem ersten Treppenlift durch seine Paläste zu bewegen ist. Diener müssen seine Hoheit per Hebekran aus dem Bett hieven. Wenige Wochen vor seinem Tod spielt der notorische Blaubart noch einmal mit dem Gedanken, auch seine letzte Ehefrau Katherine Parr unters Beil zu schicken. Wegen angeblichen Hochverrats.

Gattin Nummer sechs hat zart ein paar religiöse Widerworte gewagt, außerdem ist Heinrichs Herz für eine ihrer Hofdamen entflammt. Die weibliche Entourage seiner Königinnen ist von jeher sein Jagdrevier für frische Bräute gewesen. Heinrichs eigenes Hinscheiden verhindert den letzten von vielen Justizmorden, die er nicht nur an Ehefrauen, sondern auch an Freunden und Ministern begangen hat.

Nach 38 Regierungsjahren geht der zweite König der Tudordynastie als Scheidungsweltrekordler, Raffzahn, Vielfraß und Verschwender in die Geschichte ein. Und – so sagen seine zahlreichen Feinde – direkt in die Hölle.

Dem Königreich England und seinen Kindern, darunter die ebenfalls berühmte Elisabeth I., hinterlässt Heinrich knapp sechzig Schlösser, eine leere Staatskasse und eine neue Kirche. Unter ihm musste ganz England den Glauben wechseln, vom katholischem zum anglikanischen.

Geschichtsbewanderte Leser erinnern sich schon jetzt: Anstelle des Papstes hat Heinrich sich 1534 selbst zum direkten Stellvertreter Gottes auf Erden ernannt – zumindest auf britischem Boden. Diese Reformation von oben ist seine einzige politische Großtat, die bis heute Bestand hat. Dabei ist sie eine historische Notgeburt aus eher privaten Gründen.

Der damals zuständige Papst hatte sich über Jahre geweigert, Heinrichs erste Ehe für ungültig zu erklären und aufzulösen. Entnervt macht der König sich mit 43 Jahren zum Obersten Hirten Englands, um sich künftig höchstselbst so viele Scheidungen genehmigen zu können, wie seiner Majestät beliebten.

Der drastische Schritt verdankt sich dem süßen Geheimnis seiner berühmtesten Mätresse. Anne Boleyn ist schwanger, und der erhoffte Sohn soll nicht als Bastard zur Welt kommen, sondern als legitimer Prinz in einem Ehebett geboren werden. Es wäre nämlich Heinrichs erster männlicher Erbe und Thronfolger. Katharina, seine erste Ehefrau, patzte in dieser Hinsicht und hatte nur ein Mädchen hervorgebracht.

Gewinnbringend ist die Glaubenserneuerung für Heinrich außerdem. Als Kirchenfürst kann der König sämtlichen Klosterbesitz und alle Kirchenschätze einsacken und verprassen oder an wichtige Höflinge verteilen.

Grausam, skrupellos und selbstverliebt – so meinen wir

– 31 –

Heinrich VIII. zu kennen, und vieles spricht für diese unschöne Charakterskizze. Vor allem die Porträts seines deutschen Hofmalers Hans Holbein d. J., der den Tudorherrscher zwischen 1537 und 1547 mehrfach für die Nachwelt festhält. Wer die Bilder nicht sofort vor sein inneres Auge rufen kann, schlage bitte rasch in einem Lexikon oder bei Google nach. Fertig?

Aus leicht treuherzigen Schweinsäuglein starrt uns der Blaubart aus den Gemälden entgegen: Breitbeinig, mit rotem Rauschebart, ohne erkennbaren Hals, im eigenen Fett und in juwelenüberkrusteten Gewändern versinkend. Schulterpolster von fantastischen Ausmaßen sollen von seinem Leibesumfang ablenken. In den Augen moderner Betrachter verwandeln sie Heinrich in ein wandelndes Geschoss. Ein *Fashion victim* – Modeopfer – würde man ihn in Frauenmagazinen nennen. Doch zu Lebzeiten Heinrichs sieht man das ganz anders.

Protz ist Königspflicht, die drohende Herrscherpose ein Muss und Leibesfülle Zeichen von Würde und Wohlstand. Hinzukommt, dass viele Untertanen den Tudorspross noch als optischen Leckerbissen in Erinnerung haben. Ja, in jungen Jahren ist Heinrich schlank, ein Vorzeigesportler und der Kultprinz Europas. Zu Beginn seiner Herrschaft im Jahr 1509 – Heinrich ist siebzehn – vermeldet Venedigs Botschafter in die Heimat:

»Die Natur hätte nicht mehr für ihn tun können. Er ist weitaus schöner als irgendein anderer Herrscher der Christenheit.« Eine Hymne unter vielen, die vermuten lassen, dass Heinrich im England seiner Tage bei einer Model-Castingshow echte Gewinnchancen gehabt hätte.

Holbeins exzellent gemalte Nahaufnahmen dagegen zeigen den aus der Form geratenen Herrscher in seinen späten Fünfzigern. Und selbst den werden seine Zeitgenossen noch recht ansehnlich gefunden haben. Wir müssen bedenken, dass ärmere Menschen jener Tage, sprich die überwältigende Mehrheit, in diesem Alter weit erbärmlicher ausgesehen haben. So sie überhaupt noch lebten. Gemalt hat sie wohl keiner.

Es sind Holbeins Bilddokumente des Königs, die den Romanautor Charles Dickens (»Oliver Twist«) im bürgerstolzen 19. Jahrhundert zu einem vernichtenden Urteil über Heinrich veranlassen, das bis heute nachwirkt: »Ein unerträglicher Rohling, ein Blut- und Fettfleck in der englischen Geschichte.«

Das sitzt, und das entspricht der heute noch populären Wahrnehmung.

Ist sie angemessen, oder handelt es sich um eine optische Täuschung? Hat der zeitlose Superstar unter Europas Königen ein gerechteres Urteil verdient? Zumindest ein detailgetreueres. Allein mit Fresssucht, Mord und Totschlag wird kein König weltberühmt, und das über Jahrhunderte. Der deutsche Historiker Joachim Fest hat Ruhm und geschichtliche Größe an der Frage festgemacht, ob ein Herrscher das Denken und Fühlen seiner Epoche zu verkörpern vermag. Und genau das konnte Heinrich VIII. wie kein Zweiter. Als junger Prinz und als später Tyrann.

Er ist zugleich Produkt und überragender Repräsentant einer Epoche, die ebenso widersprüchlich ist wie er und sein Leben. Die Renaissance ist reich an widerwärtigen Grausamkeiten und gelehrtem Feingefühl, berühmt für überragende Kunst und für entsetzliche Folter- und Hinrichtungsmethoden, bekannt für völlige Gewissenlosigkeit und für ehrliche

– 33 –

Sehnsucht nach Glaubenserneuerung. All dies kann man so auch über Heinrich sagen.

In seiner Jugend gilt der Tudor als überaus liebenswert, empfindsam, gebildet, großzügig, romantisch bis zur Schwärmerei. Erst in späteren Jahren ist er krankhaft misstrauisch, launisch und notorisch grausam.

Wer Holbeins späten Heinrich genau anschaut, erkennt in seinem Gesicht noch Spuren von Schüchternheit, Unsicherheit, beinahe ängstliche Gefallsucht und eine überraschende Prise Zartgefühl.

All das verrät, was moderne Historiker bestätigen. Der König ist ein widersprüchlicher Charakter und ein zeitloses psychologisches Faszinosum.

Heinrich ist nicht nur Produkt und Repräsentant der Renaissance. Er ist vor allem der Nachkomme einer Familie, die zu den erstaunlichsten Seiteneinsteigern der englischen Königsgeschichte gehört. Von weit unten, aus der tiefsten Provinz und mit sehr dünnem Blaublut, bringen es die Tudors bis auf Englands Thron. Heinrich VIII., zweiter König der Sippe, sollte seine Abstammung nie vergessen und alles dafür tun, dass niemand sie ihm ansah oder anmerkte.

Darum wird er zum größten royalen Angeber der Renaissance, zum größten Bauherrn seiner Zeit, zum Verschwender, zum König, der allerhöchstens Gott über sich duldet, und zum Frauenmörder, der verzweifelt geliebt werden will, der aber noch dringender einen Prinzen braucht, um im Gedächtnis der Welt weiterzuleben.

Sein oberstes Ziel – und das seiner Vorfahren – ist es, den Namen Tudor unsterblich werden zu lassen. Das ist ihnen gelungen. Mit allen Mitteln.

Wie alles anfing: Eine schrecklich nette Familie oder Verwandtenmord hat Tradition

Um Heinrichs schillernde Doppelnatur und seinen Werdegang vom *Prince charming* zum blutrünstigen Gruselkönig zu verstehen, muss man einen Ausflug in die Tage der ersten Tudors unternehmen. Ich verspreche, es lohnt sich. Man lernt dabei, wie Macht einen Monarchen formt und wie sie ihn zu einem Monster verformen kann. Bei allen Tudors sind Sex and Crime, Politik und Privates vom Beginn bis zum Erlöschen ihrer Herrschaft und ihrer Dynastie mit Elisabeth I. untrennbar verflochten. Das Leben Heinrichs VIII., seiner Eltern und Nachkommen erinnert weniger an ein Märchen als an eine chinesische Verfluchungsformel: »Ich wünsche dir ein interessantes Leben.« Das hatten sie von Anfang an.

Wir müssen nicht bis in die Morgendämmerung der britischen Geschichte zurückgehen, um die Tudors kennenzulernen. Die Dynastie ist blutjung. Nur fünfzig Jahre vor der Geburt unseres Kapitelhelden Heinrich VIII. (*1491) ist die Familie das Gegenteil von berühmt, nämlich gänzlich unbekannt und kein bisschen königlich.

Die Familie stammt aus niederstem walisischen, Schafe züchtendem Adel. Das sollte erst ein gerissener Abenteurer und Frauenbetörer namens Owen Tudor ändern.

Bevor dieser romantische Stammvater der Tudors und Uropa von Heinrich VIII. die Szene betritt, muss ich Sie mit einem Krieg zwischen zwei anderen Königssippen behelligen. Pardon, aber damals haben wir noch Mittelalter.

Der bewaffnete Meinungsaustausch ist Ritteralltag. Insgesamt sieben englische Könige des Mittelalters verlieren ihr Leben auf dem Schlachtfeld, der Kampf um die Krone ist Tagesgeschäft. Die Jobbedingungen für den britischen Thron lauten wie folgt: Entweder man hat das Schwert in der Hand oder an der Kehle, entweder man hat die Krone auf dem Kopf oder diesen auf dem Henkersblock. Die Tudors und Heinrich VIII. sollten daraus lernen, wie man das Herrscherhaupt oben behält.

Im 14. und 15. Jahrhundert wackelt Englands Thron besonders heftig. Kaum hat ein Fürst das edle Sitzmöbel erobert, rebelliert eine andere Adelssippe und beweist mit handfesten Argumenten, dass sie mehr Anspruch auf die Herrschaft und blaueres Blut besitzt.

So richtig blutig, und das landesweit, wird es zwischen 1455 und 1485. Immerhin tragen diese Kampfhandlungen einen hübschen Namen: die Rosenkriege. Es ist ein dreißigjähriger Krieg, der erst sechs Jahre vor der Geburt von Heinrich VIII. endet.

Praktischerweise haben die Historiker sich übrigens darauf geeinigt, mit diesem Rosenkrieg auch Englands Mittelalter enden zu lassen. Danach beginnt für Wissenschaftler die britische Neuzeit, und die trägt auf der Insel mit dem Linksverkehr – ja, den gab es dort schon zu Zeiten von Pferd und Kutsche – den Namen die »Tudorzeit«.

Heinrichs Vorfahre Owen Tudor hat in den Kämpfen am Rande mitgemischt. Die entscheidende Eroberung macht er aber nicht auf dem Schlachtfeld, sondern im Bett. Noch wichtiger: Einer seiner Enkel wird als lachender Dritter und erster Tudorkönig aus den Kriegen hervorgehen: als Heinrich Numero sieben und Papa unseres Kapitelhelden. Und glauben Sie mir, damit hat keiner der adligen Streithähne gerechnet.

Ich verspreche, mich in Sachen Krieg auf die spannenden,

– 36 –

schmutzigen und unterhaltsamen Aspekte zu beschränken. Also auf das, was man sich merken kann. Da es bei den Rosenkriegen um eine Menge Blut, Sex und Tränen geht, hat schon Shakespeare (1564–1616) über diese Epoche seine berühmten Königsdramen von Heinrich Nummer vier bis Richard Nummer drei geschrieben. Natürlich unter Zuhilfenahme dichterischer Freiheit, aber nicht völlig an der Wirklichkeit vorbei.

Der Autor und begnadete Shakespeare-Übersetzer Urs Widmer beschreibt das Umfeld, in dem sich die letzten Monarchen des Mittelalters bewegen, so: »Alle waren stark und heftig und wollten einen dicken Happen vom Glück ihrer Zeit. Sie aßen und soffen und fickten und töteten, weil sie wussten, dass sie nicht wussten, wie lange sie sich noch am Schicksalsrad festklammern konnten.« Dem ist nichts hinzuzufügen.

Lediglich unseren Kapitelhelden Heinrich VIII. musste Shakespeare extrem schön- und kluglügen. Aus gutem Grund: Die Hauptauftraggeberin des Dichters war dessen Tochter, Elisabeth I., und die wollte vom Papa nicht nur Nachteiliges hören.

Seither haben jede Menge Historiker den Aufstieg der Tudors genauer rekonstruiert. Herausgekommen ist dabei ein typisch royales Sitten- und Schlachtengemälde, das zum Gruseln und Staunen einlädt.

Das blutige Erbe der Rosenkriege

Grob gesagt gibt es im 14. und 15. Jahrhundert in England zwei Königsfamilien. Das Haus Lancaster und das Haus York. Beide sind untereinander verwandt und haben verbriefte Ansprüche auf den Thron. Das liegt daran, dass ihr gemeinsamer Urahne, Edward III. (1312–1377), beängstigend fruchtbar war. Er hinterließ sechs Söhne und damit eine Menge Königsanwärter plus Nachfahren, unter anderem eben den Lancasterclan und den Yorkclan.

Die eine Sippe führt eine rote Rose (Lancaster), die andere eine weiße Rose (York) im Wappen. Diesen Symbolen verdankt sich der blumige Name »Rosenkriege«. In nur dreißig Jahren werden sich die Yorks und die Lancasters im Kampf um die Krone fast vollständig ausrotten und England an den Rand des Ruins bringen. Kurz: Dieser Bürgerkrieg ist ein Familienschlachtfest und die Hölle.

Dass die Yorks und die Lancasters so brutal aneinandergeraten, verdankt sich der Schwäche des letzten Lancasterkönigs. Weil Adlige äußerst fantasielos in der Namenswahl sind, heißt dieser arme Tropf auf Englands Thron ebenfalls Heinrich, und zwar der Sechste (1421–1471). Nein, der ist nicht besonders berühmt, wofür er aber wenig kann.

Der Thronjob ist von Anfang an eine Nummer zu groß für ihn, und er ist nicht dafür gemacht. Heinrich Nummer sechs ist neun Monate alt, als sein Vater – ein gefeierter Eroberer – stirbt. Damit hat England zum ersten und einzigen Mal in seiner Geschichte einen König in Windeln, und der hat naturgemäß wenig zu sagen. Regenten, darunter einige Yorks, übernehmen die Staatsgeschäfte für den Lancaster-Säugling

– 38 –

und liegen sich sofort in den Haaren darüber, wer mehr zu sagen hat.

Shakespeare hat die Lage 160 Jahre später so kommentiert: »Schlimm ist's, wenn Kinderhand das Zepter führt.« Moderne Eltern, die sich sklavisch in den Dienst ihrer Nachkommen stellen, dürfen diesen Satz zweckentfremden und ihn sich aufs Kopfkissen sticken.

Sobald unser Klein Heinrich schulreif ist, wird er in Frömmigkeit unterrichtet. Damit er nicht auf dumme Gedanken kommt. Etwa auf den, die erwachsenen Yorks und Lancasters beim Gerangel um seinen Thron zu ertappen. Der Religionsunterricht hat Erfolg. Schon mit sechs Jahren kann Heinrich die komplette Liturgie auswendig.

Mit acht wird er der Form halber in England gekrönt. Mit neun setzt man ihm zusätzlich Frankreichs Krone auf und verlobt ihn später mit einer französischen Prinzessin, weil sein verstorbener Vater das Land zu großen Teilen erobert hat. Der war ein echter Warlord, energisch, knallhart, ein begnadeter Feldherr.

Sein neunjähriger Sohn – so viel steht längst fest – ist das Gegenteil. Er neigt zu übertriebener Frömmigkeit und auch zu Schwermut und Antriebslosigkeit. Ein trauriger kleiner Prinz. Erschwerend kommt hinzu, dass seine Mutter – die Königinwitwe Katharina – sich bald vom Hof zurückzieht. Sie will sich einer streng verbotenen Liebe widmen, die für Englands Geschichte Folgen haben wird. Und ihr Lover heißt wie? Na?

Genau. Tudor, Owen (1400–1461). Womit wir beim ersten erwähnenswerten Vertreter dieses Geschlechts angelangt sind.

Ein männliches Aschenputtel

Owen, den Urgroßvater von Heinrich VIII., dürfen wir uns als eine männliche Ausgabe von Cinderella vorstellen. Der Stammvater der Tudor-Monarchie ist ein umwerfend hübscher Abenteurer. Vom einfachen Bogenschützen arbeitet er sich hoch auf einen Dienstbotenposten bei einem Bischof und dann an den Hof. Weil sich niemand seinen folkloristischen Bandwurmnamen Owain ap Maredupp ap Tudur merken kann, dampft er ihn auf das Kürzel Tudor ein.

Um 1429 wird der gewitzte Waliser als Gewandmeister für die königliche Garderobe erwähnt. Nähen, flicken und ausbürsten dürften zu seinen Pflichten gehört haben. Hinzu kommt gelegentliche Hilfe beim Ankleiden der Royals. In dieser Funktion kann sich der schmucke Exsoldat an die junge Königinwitwe Katharina heranmachen. Diese gebürtige Franzosenprinzessin ist wie er unter dreißig, bildschön und einsam. Ein Fall für den romantischen Abenteurer Owen.

Wir erinnern uns, dass in der jüngeren englischen Vergangenheit einem schmucken Rittmeister derselbe Coup bei Diana, Prinzessin von Wales, gelang. Auch die war bildschön und einsam, allerdings dummerweise noch nicht Witwe, als sie Reitstunden bei James Hewitt nahm.

Zurück ins 15. Jahrhundert. Die damalige Königin Katharina ist wie gesagt Witwe und Mutter von Heinrich VI., der noch in den Kinderschuhen steckt. Mutterfreuden scheinen Katharina nicht sonderlich zu interessieren. Die Hofintrigen der Yorks und Lancasters langweilen sie, zumal die Französin kaum ein Wort Englisch versteht. Ihr Sprachschatz reicht gerade aus, um sich mit Liebhabern zu amüsieren. Die

Affären sind selbstredend Hochverrat, der Bastardgefahr wegen.

Wer im Himmelbett der King Mum erwischt wird, muss mit der Höchststrafe rechnen. Und die ist absolut widerwärtig. Hochverräter werden kurz gehängt, dann noch lebend abgeknüpft, fachgerecht aufgeschlitzt, ausgeweidet und kastriert. Organe und Weichteile werden verbrannt, der restliche Körper gevierteilt. Ich beschreibe das in dieser Ausführlichkeit, damit Sie sich einen Begriff davon machen können, was »verbotene Liebe« vor 500 Jahren bedeutete.

Immerhin: Solange die Königsmama Katharina unter hochadligen Standesgenossen wählt, sagt keiner was. Schon gar nicht die betroffenen Standesgenossen, die gegen einen Bastard mit königsblauem Blut nichts einzuwenden hätten. Schließlich wackelt der Thron gerade ganz schön, und man kann ja nie wissen.

Der walisische Garderobenangestellte Tudor allerdings – also nein –, der geht als Lover eigentlich gar nicht. Die lebensgefährliche Liebe kommt dennoch zustande. Der Legende nach, wie folgt.

Katharina erwischt den Niemand namens Owen beim Nacktbaden in der Themse oder in einem Schlossgraben. Was sie sieht, gefällt ihr so außerordentlich, dass sie sich vom Gewandmeister lieber ent- statt bekleiden lässt. Ihrem Untergebenen macht die Sache ebenfalls genug Spaß, um Kopf, Kragen und die edelsten Teile zu riskieren.

Andere Quellen behaupten, Owen sei bei einem Tanzfest absichtlich gestolpert, um im Schoß der Königsmutter und in der englischen Monarchiegeschichte zu landen. Um es mit dem weisen Shakespeare zu sagen: »Lust verkürzt den Weg.«

Wie auch immer: Der muskulöse Tudor-Beau, von dem

sein Urenkel Heinrich VIII. seine jugendliche Sportlerfigur geerbt haben muss, verdreht der Königin komplett den Kopf. Sie verliebt sich nicht nur, sie heiratet den Tudor sogar heimlich und verlässt den Hof, damit die beiden Turteltauben nicht auffliegen. Ihren Prinzensohn, den kleinen, lammfrommen Heinrich Nummer sechs, lässt sie zurück. Von nun an ist er vater- und mutterseelenallein.

Katharinas und Owens Verbindung entspringen zwei weitere Söhne. Edmund und Jasper – Nachname ebenfalls Tudor. Aus monarchischer Sicht sind diese Söhne selbstredend illegitim und völlig indiskutabel.

Als die Königin 1437 stirbt, hinterlässt sie ihren Bastarden ... nichts. Außer einer Dosis royalen Blaubluts in den Adern. Mit keiner Silbe sind die Tudors, Owen inklusive, in ihrem Testament erwähnt. Alles geht an Katharinas Lancaster-Buben. Heinrich VI.

Ein König am Rande des Nervenzusammenbruchs

Das Königssöhnchen ist immer noch allein unter Männern, die sich in seinem Namen um die Macht zanken. Doch weil er inzwischen sechzehn ist, darf er 1437, also im Todesjahr der Mutter, die Regierung übernehmen. Damit ist er auch gleich überfordert. Der junge König, so urteilen Zeitgenossen (noch) höflich, hat zu viel Zartgefühl. Eine dünne Haut kann man im Mittelalter allenfalls hinter dicken Klostermauern schützen; für einen König ist das keine Option. Ihm bleibt – wie Heinrich VI. – höchstens die Mönchspose.

Der König von der traurigen Gestalt hasst es zu kämpfen, er trägt selten Waffen, reitet nicht einmal gern. Im heutigen Psychojargon würde man vielleicht sagen, er leidet von Kindesbeinen an an einer reaktiven Anpassungs-»Störung«. Hand aufs Herz: Hätten Sie die nicht, wenn Ihre gesamte Verwandtschaft und Ihr ganze Umgebung damit beschäftigt wäre, sich gegenseitig die Köpfe einzuschlagen, um Ihnen Ihren Besitz unterm Hintern wegzustehlen?

Heinrich VI. ist außerdem erblich vorbelastet; sein Großvater mütterlicherseits, der Franzosenkönig Karl VI., starb in geistiger Umnachtung. Dieser Monarch aus dem Hause Valois hielt sich für einen Menschen aus Glas, er hörte Stimmen und vergaß, dass er ein mächtiges Land regierte. Wahrscheinlich war er schizophren; dafür sprechen die Verfolgungsfantasien und seine Wahnvorstellung, er könne sich nur in einem Ganzkörperanzug aus Metall vor den Angriffen von Dämonen und unsichtbaren Strahlen schützen. Nein, eine Rüstung meinte der König damit nicht.

Seine Pariser Leibärzte hielten Karl VI. für besessen. Weshalb man ihm mehrmals den Schädel aufbohrte – natürlich ohne Narkose –, damit die Teufel entweichen könnten. Sie blieben aber lieber im Kopf des Königs und beherrschten ihn von dort aus.

Ein gefährlicher Geisteszustand, der dazu führte, dass Frankreichs Aristokraten sich um seine Krone zankten und dass die Engländer die günstige Gelegenheit nutzten, um in deren Land einzufallen und es weitgehend zu erobern.

Somit ist es kein Wunder, dass die mittelalterlichen Zeitgenossen auch wenig Verständnis aufbringen für den Gemütszustand seines englischen Enkels Heinrich. In ihren Augen ist das Staatsoberhaupt einfach eine feige Memme und plemplem.

Vornehmer drücken es Historiker aus: Heinrich Lancaster

ist führungsschwach, geistig labil und bewegt sich gelegentlich am Rand zum Wahnsinn. Nun gut, so kann man es auch sehen. Mir jedenfalls sind manche Spleens dieses königlichen Narren sympathisch.

Der sechste Heinrich vermeidet es, mit Krone herumzulaufen, als schäme er sich dafür. Wenn er bei Hof oder bei einer Audienz die Staatsrobe anlegen muss, trägt er darunter ein härenes Büßerhemd. Er frönt gern exzessiven Fastenübungen, verbietet es, in seiner Gegenwart nackte Haut zu zeigen. Hat er Spaß an Minnesang oder an Mätressen? Fehlanzeige. Er meidet Frauen wie die Sünde, als die alle Töchter Evas im Mittelalter – und nicht nur damals – nun einmal gelten.

Okay, das finde ich nicht so sympathisch. Für König Heinrich VI. ist sein Widerwillen gegen das weibliche Geschlecht und gegen Erotik höchst selbstgefährdend. Und ein Kriegsauslöser!

Seine 1445 geschlossene Ehe mit der bildschönen, sechzehn Jahre alten französischen Prinzessin Margaret von Anjou bleibt acht Jahre lang kinderlos. Richard, Herzog von York, macht sich darum berechtigte Hoffnungen auf die Thronfolge. Sein Anspruch ist so gut wie der von Lancaster und Co. Die Krone ist Herrn York sicher, wenn Heinrich fromm und seine Lenden fruchtlos bleiben. Denn natürlich sind die beiden Blaublüter auch miteinander verwandt, und zwar mehrfach. Ich erspare Ihnen die Details, weil das Studium der Ahnentafeln York-Lancaster für einen Brummschädel sorgt.

Richard von Yorks Hoffnungen auf die Krone bekommen zusätzlich Nahrung, weil der Lancasterkönig rekordverdächtig erfolglos regiert. Dank komplett mangelhafter Kriegsführung gehen unter Heinrich Lancaster stückchenweise

– 44 –

all die französischen Besitzungen verloren, um die seit dem Mittelalter zwischen Britannien und Gallien ein weiterer berühmter Krieg getobt hat – der Hundertjährige.

Die hundert Jahre darf man dabei nicht zu wörtlich nehmen; es gab jahrelange Unterbrechungen und Friedensperioden, manchmal geriet die Auseinandersetzung ganz in Vergessenheit. Gekämpft wurde außerdem nur stellen- und saisonweise. Im Winter blieben die Waffen kalt und die Krieger zu beiden Seiten des Kanals zu Hause. Zum Ende dieses generationsübergreifenden Kampfprojektes schienen die Engländer – dank Heinrichs Vater und dem verrückten Franzosenkönig Karl VI. – die überragenden Sieger zu sein. Jetzt sind sie – dank dem Sohn und dessen Regenten – die völligen Verlierer.

Nicht nur die Yorkisten fragen sich darum, was von einem König Heinrich VI. zu halten ist, der die Gewinne seines Vaters und seiner Vorgänger so vollkommen versiebt. Nicht viel, da dürfen wir uns sicher sein. Immer mehr gilt Lancasters letzter Heinrich nicht als frommer Sonderling, sondern als irrer Schwächling. Vielleicht hat er abends beim Zubettgehen wirklich à la Shakespeare geseufzt: »Schwer ruht das Haupt, das eine Krone drückt.«

Als Heinrichs Heere, von denen er sich fernhält, 1450 auch die komplette Normandie verlieren und nur noch Calais den Engländern gehört, erleidet der König einen völligen Nervenzusammenbruch. Er schließt sich in seine Betkammer ein. Die Yorkisten nehmen sich jetzt fest vor, den Thron zu übernehmen und idiotensicher zu machen. Ihr Motto frei nach Shakespeare: »Um ein Königreich bricht man jeden Eid.« Auch den Treueschwur auf einen König.

Herzog Richard von York kämpft sich zum Leiter des

Kronrates hoch und ernennt sich zum Hauptregenten in spe. Im Moment des völligen Blackouts von Heinrich Lancaster will er den Thron besetzen. Das Parlament signalisiert Zustimmung. Schließlich hat Heinrich noch immer kein Kind und damit keinen Nachfolger zustande gebracht, und beten allein hilft nicht viel.

Bisweilen hat der Lancaster-Monarch Heinrich zum Ärger der Yorks aber noch lichte Momente. In einem dieser Momente erinnert sich der 30-jährige kinderlose König an zwei völlig unwichtige Angehörige des Lancaster-Clans. Da waren doch noch diese Bastarde aus dem Schoß seiner Mutter Katharina. Seine halbseidenen Brüder, die genauso heißen wie ihr unnützer Vater. Irgendwas mit T.

Taugenichts?
Tausendsassa?
Trittbrettfahrer?
Tunichtgut?
Halt nein, Tudor!

Spaß beiseite. Denn was jetzt kommt, wird bitterer Ernst für ein achtjähriges Mädchen. In Zahlen: 8!

Verlobt mit acht, schwanger mit zwölf –
Ein Kind wird Königsmama

Im Jahr 1452 ordnet Heinrich VI. überraschend die Verlobung seines Halbbruders Edmund Tudor mit der reichsten Erbin Englands an. Die heißt Margaret Beaufort, ist gerade mal acht Jahre alt, verfügt aber über ein Jahreseinkommen

– 46 –

von tausend Pfund. Heute würde man sie Millionenerbin nennen. Außerdem vereint sie ein paar Schlückchen altes Königsblut plus Mätressen-Gene in sich.

Ihr künftiger Bräutigam Edmund Tudor ist 22 Jahre alt und unvermögend. Darum wird er zum Herzog von Richmond hochgeadelt und erhält ein paar Burgen in Wales. Das ist schon mal mehr, als seine königliche Mutter ihm vererbt hat. Sein Bruder Jasper darf sich über eine Ernennungsurkunde zum Herzog von Pembroke (ebenfalls Wales) freuen. Ihr Erzeuger Owen Tudor kriegt auch ein bisschen was, aber keinen Titel. Ihm hat die Liaison mit Katharina nur die vollen englischen Bürgerrechte eingebracht. Das muss für einen walisischen Schafzüchter reichen.

Mit der Adelung und Legitimierung der Tudorbastarde erweitert Heinrich die Lancasterfamilie um weitere York-Gegner. Die Yorks haben nämlich Massen an Kindern und Verwandten.

Außerdem hofft der König mit der »Adoption« von Edmund und Jasper Tudor, die als kampfeslustig bekannten Einwohner von Wales auf seine Seite zu bringen. Es riecht jetzt nämlich, wir schreiben das Jahr 1452, bereits verdächtig nach Krieg. Die Verlobung ist also ein wichtiges taktisches Manöver. Noch schöner für Heinrich: Der fromme König darf weiter wie ein Mönch Enthaltsamkeit üben, was ihm eben mehr zusagt als Sex und Kinderzeugen. Okay, das war jetzt nicht ganz ernst gemeint.

Von der achtjährigen Margaret Beaufort erwartet er in jedem Fall das Gegenteil. Die Verlobte hat er für seinen Tudor-Halbbruder ausgesucht, weil sie einer Familie von *good breeders* – guten Brütern – entstammt. Das ist amtlich und so auch in einer historischen Quelle vermerkt. Vielleicht er-

– 47 –

innern sich ältere Leser noch daran, dass anno 1985 auch Lady Diana Spencer, später Prinzessin von Wales, vor ihrer Hochzeit von königlichen Gynäkologen ebenfalls auf Jungfräulichkeit und Fruchtbarkeit geprüft wurde. Königliche Traditionen halten sich eben lange.

Schon König Heinrich hat anno 1452 in Sachen Gebärfreudigkeit der Braut richtig kalkuliert. Unmittelbar nach ihrer Eheschließung im Jahr 1455 wird die inzwischen zwölfjährige Margaret Beaufort schwanger. Der Gatte Edmund Tudor ist zu diesem Zeitpunkt fünfundzwanzig Jahre alt und wäre heute wegen Kindesmissbrauchs dran. Damit Sie nun nicht glauben, eine derart frühe Teenagerschwangerschaft sei im Mittelalter der Normalfall gewesen: Kinder gelten mit vierzehn als geschlechtsreif, und bei Königs wurde aus gesundheitlichen Gründen mit der Thronfolgerzeugung gern bis zum sechzehnten Lebensjahr gewartet. Man will die wertvollen Brut- und Zeugungsmaschinen nicht beim ersten Versuch überlasten.

Das ungleiche Ehepaar Beaufort-Tudor wird in einer zugigen Waliser Burg untergebracht. Die neuen Lancaster-Verwandten und ihr zukünftiger Nachwuchs sollen vor dem Zugriff der Yorks geschützt werden. Inzwischen sind nämlich die Rosenkriege York gegen Lancaster ausgebrochen. Die Flucht in die Burg nutzt leider nicht viel.

Bevor Margaret Mutter wird, wird sie erst einmal Witwe. Ihr Gatte Edmund stirbt im November 1456. Offiziell fällt der werdende Vater und Großvater von Heinrich VIII. der Pest zum Opfer. Inoffiziell flüstert man von Gift aus der Hausapotheke der Yorks. Ein eingeschmuggelter Koch oder ein Page soll, laut zeitgenössischen Gerüchten, dem Tudor ein Pulver ins Ale gestreut haben.

Zwei Monate nach seinem Tod gebiert die dreizehnjährige, verwitwete Margaret am 28. Januar 1457 ihr Kind. Es ist eine dramatische Niederkunft. Mitten im Winter herrschen eisige Temperaturen in den Gemäuern, die Schwangere fiebert, ihr schmächtiger Körper ist den Wehen und den Anstrengungen der Geburt kaum gewachsen. Man zerrt ihr das Baby ohne Rücksicht auf Verluste aus dem kindlichen Leib.

Es ist ein Wunder, dass Margaret überlebt und einem gesunden Sohn das Leben schenkt. Die viel zu frühe Schwangerschaft und die harte Geburt haben ihren Preis. Margarets Körper stellt das Wachstum ein, und obwohl sie im Laufe ihres 66 Jahre währenden Lebens noch dreimal heiraten wird – sie ist als reiche Erbin begehrt –, kann sie nie mehr Kinder bekommen.

Ihr erstes und einziges Kind tauft sie auf den Namen Heinrich, und das ist keinesfalls fantasielos, es ist eine Absichtserklärung. Heinrich ist der typische Königsname im Hause Lancaster, die Yorks ziehen hingegen Richard vor.

Freilich kann zu diesem Zeitpunkt niemand ahnen, dass die Zwölfjährige soeben mit dem künftigen König Heinrich VII. niedergekommen ist, aber die Teenager-Mama schwört sich: Dieses Kind soll es einmal besser haben als ich. Sehr viel besser.

Es gehört nicht viel Fantasie dazu, um sich zu erklären, weshalb die minderjährige Lady Beaufort, verwitwete Tudor, nach einer so freudlosen Jugend eine maßlose Macht- und Geltungssucht entwickelt, die später allen Tudors eigen ist. Ihr Baby soll auf den Thron und sie für alles entschädigen, was sie durchgemacht hat und noch durchmachen wird.

Es heißt, dass hinter jedem erfolgreichen Mann eine Frau steht. Im Falle Heinrichs VII. ist es die Mutter. Der Sohn wird sie mehr als reich belohnen und sie verehren und, wie wir noch sehen werden, seiner späteren Ehefrau eine Schwiegermutter aus der Hölle bescheren. Margaret Beaufort versteht sich bis ans Ende ihrer Tage als die eigentliche, erste Königin der Tudors und erzieht auch alle ihre Enkel, darunter Heinrich Nummer acht, zu gnadenlosen Aufsteigern.

Dieses Happy End liegt für sie und ihr Baby allerdings noch fern, denn inzwischen sind – wie erwähnt – die Rosenkriege ausgebrochen, und alle machen mit.

Die Lancasters, die Yorks und die Tudors werden eine autobahnbreite Blutspur und noch mehr Stoff für Shakespeare-Königsdramen hinterlassen. Darunter den für das berühmteste Schauspiel über königlichen Machtmissbrauch, Ehrgeiz bis zum Exzess und Einsamkeit an der Spitze des Reiches. Titel: Richard III.

Es bleibt in der Verwandtschaft:
Königs- und Kindsmorde in Kathedralen und im Tower

Wir erinnern uns kurz: Um 1450 gilt der Lancaster-König Heinrich VI. bereits als kaum noch zurechnungsfähig. 1452 heckt er die Verlobung der Tudors aus. Danach erleidet er im Jahr 1453 tatsächlich einen nervlichen Totalzusammenbruch. Der Monarch erstarrt oft tagelang und ist völlig bewegungsunfähig, muss gefüttert, gewaschen und getragen werden, brabbelt unverständliches Zeug. Heute nimmt man an, dass er an einer katatonischen Schizophrenie und an massiven Depressionen litt, weshalb er mental und psychisch in den Zustand eines Fünfjährigen zurückfiel. Der König soll gar am Daumen gelutscht haben.

Und just in diesem Zustand und noch im selben Jahr präsentiert seine ungeliebte Königin Margarete von Anjou ihm sehr, sehr überraschend ein eigenes Baby, einen Sohn.

Es ist zum Verrücktwerden – und genau das tut Heinrich VI. jetzt endgültig. Er erkennt den Sohnemann, als er ihn zum ersten Mal sieht, nicht einmal, sondern entwickelt voll ausgeprägte Wahnschübe.

Nicht nur Richard von York, der Königstellvertreter in der Warteschleife, mutmaßt, dass der Überraschungsprinz ein außerehelich empfangenes Kuckuckskind der Königin ist. Damit macht er sich die stolze, schöne und gewitzte Mama, Margarete von Anjou, verständlicherweise zur Todfeindin. Sie fordert selbst die Regentschaft für ihren geistig umnachteten Mann und im Namen des Babyprinzen. Noch eine ehrgeizige Mutter also.

Man schmettert ihre Karrierebestrebungen mit klassischen Argumenten ab: nur eine Frau, noch dazu Ausländerin und – ganz schlimm in England – eine Französin. 1454 setzt das Parlament darum Richard von York als Stellvertreter für Heinrich VI. ein.

Die clevere Margarete von Anjou schluckt die bittere Pille und verlegt sich auf eine klassische Königinnendisziplin. Sie widmet sich der Krankenpflege ihres Gatten. Drei Ärzte setzt sie auf ihren infantil gewordenen Gatten an, die den zur Statue erstarrten Heinrich unablässig anschreien, an den Haaren ziehen, ihn mit Federn in der Nase kitzeln, seine Zehen quetschen und ihn am Schlafen hindern. Außerdem bekämpfen sie seine *melancholia* mit Klistieren, pumpen täglich mehrere Liter Abführmittel aus Wermut, Brechwurz, Minze, Bingelkraut, Oregano und Olivenöl in den After des Monarchen. Die übliche Praxis damals, und sie hat Erfolg. »Ein guter Kopf weiß alles zu benutzen, ich will Krankheiten zum Vorteil kehren«, fasst Shakespeare den *Coup d'État* der Königin und ihrer Ärzte zusammen.

Übrigens hat man den Schlafentzug als Heilmittel gegen Schwermut jüngst als gutes Therapeutikum wiederentdeckt. Nein, man zieht einen Depressiven nicht mehr an den Haaren, aber eine durchwachte Nacht bringt die Botenstoffe des Hirns wieder auf Trab, sorgt für die Ausschüttung von Glückshormonen. Und was die Kräuterklistiere angeht, so besitzen einige der verwendeten Pflanzen antidepressiv wirkende Alkaloide. Ganz so dumm, wie die mittelalterlichen Mediziner uns heute oft vorkommen, waren sie nicht.

Einige Gipfel der medizinischen Dummheit werden in royalen Kreisen erst in den Jahren von Spätrenaissance, Barock und Aufklärung erklommen. Damals nämlich experimentiert man im Namen der neu erwachten Vernunft und dank eines grassierenden wissenschaftlichen Entdeckerfiebers mit Medikamenten wie den Schädelpartikeln eines Ermordeten gelöst in Alkohol, um etwa die Delirien des sterbenden Barockkönigs Charles II. (1630–1685) von England per Schocktherapie zu kurieren. Nebenher verabreicht man diesem König Pülverchen aus den Exkrementen exotischer indischer Ziegen. Solche Therapeutika kann man sich nur bei Hof leisten und tut es im prunksüchtigen Barockzeitalter gern. Woran wir sehen, dass medizinischer Fortschritt immer relativ ist.

Und damit zurück zu unserem spätmittelalterlichen Patienten.

Weihnachten 1454 ist Heinrich VI. erst mal wieder fit und klar im Kopf. Zumindest vorübergehend. Richard von York wird sich über dieses Weihnachtswunder nicht gefreut haben. Er zieht sich schmollend auf einen Landsitz außerhalb von London zurück und greint trotzig: Ich bin aber immer noch Regent.

Königin Margarete und alle Freunde der Lancaster-Monarchie, darunter seine Tudor-Halbbrüder Edmund und Jasper, trauen den Yorks und dem Frieden nicht. Sie können den kampfscheuen Heinrich VI. zu einem militärischen Angriff auf die Yorks überreden.

Am 1. Mai 1455 trifft man sich zum ersten bewaffneten Meinungsaustausch bei St. Albans, 35 Kilometer südlich von London. Meine Damen und Herren, die Rosenkriege sind damit offiziell eröffnet.

Der kriegsunerfahrene Heinrich VI. unterliegt im ersten Wettstreit den handfesten Argumenten des Herzogs von York und wird verwundet. Richard schleppt den angeschlagenen Heinrich zurück nach London und lässt sich von ihm als Regent bestätigen. Der arme Heinrich – was bleibt ihm anderes übrig – stimmt zu.

Seine Königin macht derweil mit ihrem Prinzen rüber nach Schottland, um neue Truppen zu rekrutieren. In der Folge wird Margarete von Anjou eine Art Partisanen-Queen, der Shakespeare in seinem Königsdrama »Heinrich VI.« makabre Späße andichtet.

So soll sie gefallene Yorkisten geköpft, die bluttriefenden Häupter über die Stadtmauer gehängt und mit bunten Papierkronen geschmückt haben. Bitte nicht merken, das stimmt nicht, aber Greueltaten sind ab sofort an der Tagesordnung – auf beiden Seiten.

Weil Margaretes Mann, Heinrich VI., Beruf König, 1456 nach wie vor klar im Kopf ist, setzt das Parlament Richard von York als Regenten wieder ab. Es folgen neue Kämpfe.

– 53 –

Zum Leidwesen Heinrichs VI., der Krieg nun mal nicht mag. Darum übernimmt in vielen Fällen seine Frau das Kommando. Von wegen nur eine Frau, pah!

(Klammer auf. An dieser Stelle möchte ich ausdrücklich darauf hinweisen, dass Margarete und einige andere Frauen im Mittelalter – und in der Renaissance – den Männern in Sachen Machthunger, Grausamkeit und Kriegsgeschäft in nichts nachstanden, sofern sie Königinnen oder anderweitig mächtig waren. Feministinnen dürften sich schwertun, diese Kriegsgöttinnen als Vertreterinnen des friedlichen, besseren Geschlechts zu verherrlichen. Nur in rühmlichen Ausnahmefällen waren aufmüpfige *King Mums*, Königsgattinnen und Schwiegermütter friedfertig, einfühlsam, überragend intelligent oder sonst wie vorbildlich.

Zu Recht weist die feministische Geschichtsforschung allerdings darauf hin, dass erfolgreichen Königinnen von den fast ausnahmslos männlichen Geschichtsschreibern gern besondere Perversionen angedichtet wurden. Also seien Sie bitte skeptisch, wenn etwa Frankreichs Renaissance-Königin Katharina von Medici eine Inzestliebschaft mit einem Sohn untergeschoben wird oder wenn die russische Zarin Katharina die Große als sexsüchtiges Monster vorgeführt wird, das es in speziell angefertigten Holzgerüsten mit Stallhengsten trieb. Letztere werden wir uns noch genauer anschauen. Klammer zu.)

Margarete von Anjou, verheiratete Lancaster, jedenfalls lässt sich von den Yorks nichts gefallen, und die Yorks zahlen mit gleicher Münze zurück. *Tit for tat*, sagen die Engländer, Wurst wider Wurst, heißt das bei uns. Mal sind die Yorks an der Macht, mal die Lancasters. Und so geht das nun die nächsten dreißig Jahre. Weil es sich um einen Krieg handelt,

kommen verschiedene Hauptdarsteller darin um, aber es
gibt reichlich Nachwuchstalente, die die Lücken schließen.

Der geistig abwesende und nicht zu gebrauchende Heinrich VI. wird während der Kriegshandlungen immer mal wieder im Tower eingekerkert. Ab und zu kommt er raus, weil seine Queen siegreich ist. Dann darf der König als ihre Marionette auf dem Thron sitzen, damit Margarete von Anjou im Namen ihres Sohnes in Ruhe regieren kann.

Ob sich der arme Heinrich VI. über die gelegentlichen Freigänge gefreut hat, darf bezweifelt werden. Immerhin hatte der Monarch im damals knapp 450 Jahre alten Tower, der halb Kerker war und halb Königsresidenz, endlich einmal Ruhe. Und Zeit, um Gedichte zu schreiben, die zwar nicht Shakespeare, die aber dennoch recht gut sind und ziemlich genau umreißen, was draußen niemand kapieren will.

Königreiche sind nur Bürden,
Staat ist ohne festen Halt.
Reichtum ist die Würgefalle
Und wird nimmer alt.

So weit zu der Frage: Wer ist hier gaga und wer normal?

Und was treiben derweil die Tudors? Sie mischen selbstverständlich mit. Offiziell auf der Seite der Lancaster, inoffiziell in eigener Sache. Immer frei nach Shakespeare: »Die Zeit befiehlt's, ihr sind wir untertan.« Und: »Oft sagt man ein Ding und meint es nicht so.« Etwa Sachen wie: »Heil dem regierenden König, allein für ihn leben und sterben wir.« Von wegen.

Onkel Jasper Tudor und Opa Owen Tudor haben schließlich einen eigenen süßen kleinen Erben namens Heinrich, den sie zu gern als Heinrich Nummer sieben aufs Thrönchen setzen würden, um einen eigenen königlichen Familienbetrieb zu gründen. Zwar muss sich der kleine Heinrich noch ziemlich weit hinten in der Warteschlange einiger York- und Lancaster-Prinzen anstellen, aber Onkel und Opa tun landesweit alles, um die Schlange zu verkürzen.

1461 etwa treten die beiden Tudors in Hereford an der Grenze von Wales gegen die »Sonne von York« an. Unter diesem Spitznamen ist Edward, der älteste Sohn des Herzogs von York, im Thronfolgekrieg unterwegs. Leider ziehen die Tudors (diesmal) gegen ihn den Kürzeren. Jasper Tudor kann nach einem kurzen Massaker zwar fliehen, sein 61-jähriger Papa Owen aber hat weniger Glück.

Kurze Gedächtnisstütze: Owen Tudor ist der Nacktschwimmer und siegreiche Eroberer von Königin Katharina. Der wackere Gewandmeister wird festgenommen und auf den Marktplatz von Hereford geschleppt. Zwecks Hinrichtung. Bevor der Gründer der Tudor-Dynastie den Nacken vor dem Beil des Scharfrichters beugt, hinterlässt er der Nachwelt einen Beweis für Galgenhumor à la Tudor. Seine angeblich letzten Worte sind: »Auf dem Block soll nun liegen der Kopf, der zu liegen pflegte in Königin Katharinas Schoße.« Schnitt.

Um kurz noch einmal auf verworrene Verwandtschaftsverhältnisse zu kommen: Owen Tudor ist väterlicherseits der Urgroßvater von Heinrich VIII. Sein Henker ist Edward, die Sonne von York, und wird – auch wenn er das jetzt noch nicht wissen kann – später als Opa mütterlicherseits in die Ahnentafel von Heinrich VIII. eingehen. Auch für Könige gilt also: Pack schlägt sich, Pack verträgt sich. Und für Heinrich VIII.: Besser ich habe das Beil in der Hand als im eige-

– 56 –

nen Nacken. Verwandtenmorde sind schon vor seiner Zeit eine Königsdisziplin, und Mitgefühl ist für Memmen.

Denken Sie bitte daran, bevor Sie demnächst an Ihrer Kaffeetafel mal wieder einen Familienkrach um das Erbe und um Omas Blechlöffel vom Zaun brechen, und machen Sie es anders. Familienkriege weiten sich gern generationsübergreifend aus.

Immerhin war Opa Tudors Kampfeinsatz nicht ganz umsonst. Nach zehn weiteren Kriegsjahren lichten sich anno 1471 die Reihen der reinblütigen Lancasters – die sein Bastard-Enkelchen im Falle eines Falles eventuell vielleicht beerben könnte – beachtlich.

Die Lancaster-Queen Margarete von Anjou hatte es sich auf dem Thron gerade einmal wieder gemütlich gemacht, da schubsen die Yorks sie im April 1471 unter Führung von Sonnenschein Edward York, dem Mörder von Opa Tudor, wieder herunter.

Heinrich VI. muss oder darf zurück in den Tower, zum Gedichteschreiben. Die leider keiner liest. Nicht einmal sein einziger, kostbarer Sohn, der im Mai des Jahres 1471 sechzehn ist und auch endlich den Kriegshelden spielen und Rache nehmen will. Prompt wird er, der letzte (mutmaßlich) reinblütige Lancaster, vom ältesten Sohn des Herzogs von York – dem Sonnenschein – erschlagen. Wirklich fies. Immerhin haben die beiden Prinzen sooo viel miteinander gemein. Neben dem Thronanspruch etwa die Vornamen. Beide heißen Edward.

Der York Edward setzt sich nach dem Mord am Namensvetter aus dem Hause Lancaster die Krone auf den Kopf und schreibt eine royale lateinische IV. hinter seinen Namen. Fertig! Fertig? Von wegen. Er hat ja noch zwei Brüder. Und

–57–

York-Edward ist keineswegs der größte Schurke unter ihnen. Der mittlere – genannt George und Herzog von Clarence – ist reicher als Edward und findet, dass er ein besserer König wäre. Darum behauptet er, dass Edwards Kinder Bastarde sind und dass er der echte Thronnachfolger sei. Dafür lässt Edward ihn 1478 köpfen. Herrscht jetzt endlich Ruhe im Karton?

Nein, denn es gibt ja noch den jüngsten Bruder. Richard genannt, nach seinem inzwischen erschlagenen Papa von York. Tut mir leid, aber Little Richard müssen wir jetzt noch kurz mitnehmen. Und ich bin mir sicher, dass Sie von diesem York-Spross schon gehört oder sogar etwas gesehen haben. Es handelt sich nämlich um Richard von Gloucester. Genau, um Richard III., schlagen Sie bei Bedarf nach bei Shakespeare. (Noch besser: Lauschen Sie der fantastischen Nacherzählung des Dramas von Urs Widmer mit dem Hörbuch: »Shakespeares Geschichten – die Königsdramen«. Das geht auch beim Bügeln.)

Zurück zu den mörderischen Yorks. Der kleine Richard ist lange der Liebling seines großen Bruders Edward. Treu wie Gold, folgsam wie ein Schoßhündchen und heimtückisch wie alle Yorks.

Während sein siegreicher Bruder und König Edward anno 1471 in der Kathedrale von Tewkesbury noch einige Dutzend flüchtige und schwer verletzte Lancaster-Offiziere abkehlt, bis die Kirche im Blut schwimmt und neu geweiht werden muss, schleicht Brüderchen Richard in den Tower.

Der damals Zwanzigjährige trägt keinen Dolch, aber einen stumpfen, schweren Gegenstand im Gewande. Jetzt, da der große Bruder dem letzten Lancaster-Prinzen den Garaus gemacht hat, will Richard den letzten Lancaster-König unschädlich machen.

Nehmen wir also an dieser Stelle Abschied von unserem irren, dichtenden, seelisch und mental überforderten Heinrich VI. Seine letzte Stunde hat geschlagen. Der 49-jährige On-Off-Monarch verbringt sie – wie sonst? – betend im Tower. Und hat diesmal hoffentlich wirklich nichts mitgekriegt von dem, was hinter seinem Rücken geschieht.

Kurz nach Mitternacht saust der erwähnte stumpfe Gegenstand auf ihn nieder und spaltet ihm den Schädel, während er vor einem Altar kniet. Mutmaßlicher Täter ist Richard. Edward, sein großer Bruder und neuer König, ist stolz auf ihn.

Der feige Meuchelmord an dem seit Jahren geistig abwesenden Heinrich VI. wird nicht Richards letzte Schandtat bleiben. Zwölf Jahre später, also 1483, ist er für weitere Morde im Tower verantwortlich. Und diesmal schlägt er familienintern zu.

Die Opfer sind Edwards Königskinder, also Richards Neffen, und diesmal geht es Little Richard darum, höchstselbst die Krone zu tragen. Anwärmen darf Herr von Gloucester den englischen Thron nach dem überraschenden Tod seines royalen Bruders Edward am 9. April 1483.

Mit 32 Jahren wird er Regent für dessen Söhne (13 und 10 Jahre alt). Seine erste Amtshandlung: Er erklärt seine Neffen zu Bastarden. Diese Story hat ja praktischerweise schon sein Bruder George gestreut. Richard lässt die Gerüchte wieder aufleben, lässt die Minderjährigen in den Tower werfen und dann ermorden. Vermutlich mit vergleichsweise humanen Mitteln. Die Prinzen – so raunen frühe Chronisten – werden im Schlaf mit einem Kopfkissen erstickt.

Wie schon Agatha Christie, die große Dame des eng-

– 59 –

lischen Kriminalromans, feststellte, kann Mord eben schnell zur Gewohnheit werden, wenn man erst mal erfolgreich mit einem davongekommen ist. Ob Richard wirklich der leibhaftige Mörder des letzten Lancaster-Königs war und sogar seine Neffen meucheln ließ, wird noch immer diskutiert.

Möglicherweise – so die abenteuerliche These einiger weniger Historiker und Romanautoren – gehen die Kindsmorde im Tower in Wahrheit auf das Konto – Achtung Überraschung – von Heinrich Tudor, dem Thronerben in spe. Denn der profitiert am Ende von diesen Morden.

Womit wir endlich wieder beim Papa unseres Kapitelhelden Heinrich VIII. angelangt sind. Meiner Ansicht nach – und damit stimme ich mit der Mehrheit der Forscher überein – hat er weder den Mord an seinem gleichnamigen Vorgänger – König Heinrich VI. – begangen noch die York-Söhne ins Jenseits befördert.

Erstens war der Tudor zu der Zeit, als die drei Morde passiert sind, im französischen Exil, zweitens war Richard von York in der Nacht, als Heinrich Nummer sechs ermordet wurde, nachweislich im Tower und hat später seine Neffen dort wegsperren lassen. Ein paar Monate nach der Inhaftierung sind sie dann spurlos verschwunden. 1674 wurden bei Umbauarbeiten im Tower unter einer Treppe zwei kleine Skelette entdeckt. Sie wurden zunächst als Müll entsorgt und dann in Westminster königlich bestattet. Irgendwem waren die toten Prinzchen wieder eingefallen. 1933 hat man diese Knochen exhumiert und eine Altersbestimmung vorgenommen. Die sterblichen Überreste sind eindeutig Kinderskelette.

Wer Spaß an dem ungelösten historischen Kriminalfall und an skurrilen englischen Klubs hat, der kann Mitglied der 1924 gegründeten »Richard III. Society« werden. Seit bald hundert Jahren fördert der ehrwürdige Verein die Spurensuche zur Entlastung des monströsen York-Königs und unterstützt auch Dissertationen zu dem Thema. Weltweit gibt es 4000 Klubmitglieder, die den Ruf Richards III. nach über 500 Jahren immer noch reparieren wollen und die die gesamte Thronfolge Englands, speziell die Tudor-Dynastie, infrage stellen.

Zu Lebzeiten der Rosenkrieger wird es nicht weniger Zweifler an der Moral und am Recht der Tudors auf die Krone gegeben haben. Bekommen haben sie sie trotzdem. Als Erster ist Heinrich Tudor als siebter englischer Heinrich dran.

Ein königlicher Flüchtling

Um den halbseidenen Lancaster-Nachfahr Heinrich Tudor vor Kriegshandlungen oder Ermordung zu schützen, hat sein umtriebiger Onkel Jasper den Neffen als Teenager in die Bretagne gesegelt. Zum Abwarten und Weintrinken; Tee kommt erst Anfang des 17. Jahrhunderts nach Europa und in Mode. Vierzehn Jahre dauert das Exil des Tudor-Kindes, aber Ferien gehen anders. Der Tudor-Spross sammelt einen Exilhof um sich, übt sich in Kampftechniken, und seine ehrgeizige Mama Margarete Beaufort schickt aus England ein stattliches Taschengeld für Truppen. Jenseits des Kanals bringen sich die Lancaster- und die York-Fraktion derweil munter weiter um.

Erst als Richard Gloucester im Sommer 1483 seine eigenen kleinen Neffen im Tower kaltstellt, hat er sogar in den

Augen seiner Anhänger eine Grenze überschritten. Einige Yorkisten unterstützen nun den Lancaster-Bastard im bretonischen Exil. In nur einem Jahr kann der inzwischen 26-jährige Heinrich Tudor Truppen ausheben. Im Sommer 1485 landet er in England und trifft in Mittelengland auf einem sumpfigen Acker bei Bosworth auf Richard III.

Der Tudor entscheidet den Kampf für sich und stülpt sich noch auf dem Schlachtfeld die Eisenkrone seines Rivalen aus dem Hause York aufs Haupt. Der von einem anonymen Lanzenträger aufgespießte Richard wird entkleidet, sein nackter Leichnam kastriert und – so die Legende – in einem Wirtshaus von Leicester ausgestellt. Hernach wird der York-König sicherheitshalber noch mal gehängt und weiter zerstückelt, bevor das, was übrig ist, in einem Franziskanerkloster bestattet wird.

Wer seinen Feind so gründlich tötet, entmannt und entehrt, ist sich seiner Sache meist nicht ganz sicher. Und diese Zweifel am eigenen Thronrecht wird Heinrich VII. an alle seine Nachfahren vererben, darunter an seinen Sohn Heinrich VIII. Der soll, als er später die Klöster auflösen und plündern lässt, befohlen haben, die Reste von Richard III. in den Fluss Soare zu entsorgen.

Wie sein Papa betreibt der Sohnemann in jüngeren Jahren außerdem in Rom die Heiligsprechung des irren Heinrich von Lancaster. Ein echter Märtyrer unter den Vorfahren stünde den siegreichen Rosenkriegern gut an und würde einige Lancaster-Bluttaten als Krieg für einen christlichen Helden heiligen.

Nein, so zynisch werden die Tudors das nicht gedacht haben. Die Sache ist weit bedenklicher: Sie haben sich das geglaubt. Um es noch deutlicher zu sagen: Wie die meisten Ritter und Monarchen des Mittelalters haben die Tudors nicht mit schlechtem, sondern mit gutem Gewissen gemordet und im Namen des Herrn gemeuchelt.

Die Tudors – Englands Neu-Rosen auf dem Thron

Gewissen hin oder her, was alle kommenden Tudors plagen wird, ist eine Aufsteigerneurose. Sie fürchten die Leichen im eigenen Familienkeller, verwischen ihre halbseidene Herkunft. Sie lassen eine neue, juwelenbestückte Angeber-Krone schmieden, raffen aus Angst vor dem Abstieg und vor Feinden mit schamloser Gier ein Vermögen zusammen, misstrauen ihren Höflingen fast krankhaft, neigen zur Selbstvergötterung oder übertreiben es in Sachen royales Auftreten und Prachtentfaltung. Heinrich VIII. und seine Tochter Elisabeth I. sind Paradebeispiele für diese seelischen Übersprungshandlungen.

Doch nun zu etwas erfreulicheren Themen. Um den Frieden wasserdicht zu machen, heiratet Heinrich Tudor, der siebte, am 18. Januar 1486 in Westminster Abbey eine York-Prinzessin aus reinem Königsgeblüt. Elisabeth von York ist die Schwester der im Tower ermordeten kleinen Prinzen. Schon Richard der III. wollte diese Elisabeth – seine Nichte also – heiraten, um sich königlicher zu machen.

Sie ist eine ziemlich gute Partie für König Heinrich, den Ahnen eines Bastardgeschlechts. Wie Elisabeth die Sache sieht, ist weitgehend unbekannt und uninteressant. Für Prinzessinnen ist es nun mal eher die Regel als die Ausnahme, dass sie sich mit einem ehemaligen Feind und Verwandtenmörder ins Bett begeben. Darum gab es in der Vergangenheit ja auch so viele Französinnen auf Englands Thron. Das eheliche Himmelbett ist Politinstrument, kein Liebeslager.

Die Verbindung York-Tudor soll dafür sorgen, dass sich in den Adern der zu erwartenden Kinder das Blut der Yorks und des Lancaster-Bastards vermischt.

Symbol der friedensbildenden Maßnahme per Ehe wird eine zweifarbige rot-weiße Rose. Die Tudor-Rose wird künftig Gebetbücher, Wappen, Flaggen, diverses Mobiliar und Königsgeschirr bis hinunter zum Nachttopf schmücken. Als sündteures, blattvergoldetes und versilbertes Zuckerwerk wird man die Tudor-Rose ausländischen Diplomaten und Staatsgästen bei Banketten servieren. Ganz Europa wird an der neuen Dynastie zu kauen bekommen.

Schließ die Augen und denk an England

Diesen berühmten Beischlaf-Befehl soll Queen Victoria ihren Töchtern im 19. Jahrhundert anstelle von Aufklärungsunterricht erteilt haben. Die zwanzigjährige Elisabeth von York muss ihn – auch wenn die technischen Notwendigkeiten der Fortpflanzung damals allgemein bekannt waren – 1486 in vorauseilendem Gehorsam befolgt haben.

Heinrich VII. hat sich jedenfalls unmittelbar nach – oder gar vor – der Eheschließung an die Fortpflanzung der Tudor-Dynastie gemacht. Acht Monate nach der Hochzeit in Westminster kommt der erste Spross der rot-weißen Rosenfamilie zur Welt. Die Eltern nennen ihn zur Abwechslung Prinz Arthur. Das ist neutraler als der Lancaster-Name Heinrich oder der bei den Yorks beliebte Richard. Baby Arthur soll an den mythischen König Artus mit seiner runden Rit-

– 64 –

tertafel erinnern. Darum taucht er übrigens auch unter den diversen Zweitnamen des derzeitigen Prinz Charles Philip Arthur George Mountbatten-Windsor von Wales auf.

1489 bringt Königin Elisabeth, geborene York, eine Tochter und 1491 ihren zweiten Sohn zur Welt; der ist unbedeutend genug, um à la Lancaster wieder einmal Heinrich heißen zu dürfen. Weitere Kinder folgen.

Ob in der Beziehung der Eltern unterdessen unsterbliche Liebe gewachsen ist, darüber streiten die Gelehrten. Einige ältere Semester halten an dieser Legende fest – zu irgendwas muss der Rosenkrieg doch gut gewesen sein; jüngere Forscher behaupten mit gutem Grund das Gegenteil. Offensichtlich ist, dass für Heinrich VII. im Herzen vor allem seine Mama Margarete Beaufort zählt.

Die ehemalige Kindsbraut wandelt als ausgemergelter Zwerg und meist gewandet wie eine Nonne durch die Palastflure. Sie hat, obwohl verheiratet, ein Keuschheitsgelübde abgelegt – wen wundert's. Frei von lästigen Ehepflichten ordnet Lady Beaufort den Höflingshaushalt des Sohnes, schreibt Benimmregeln auf und erteilt ihrem selbst gemachten König Nachhilfe im Steuereintreiben.

Leidenschaftliche Schäferstündchen gönnt sich Heinrich VII. nebenher mit ungenannten Damen des darstellenden Gewerbes. Das verraten seine privaten Rechnungsbücher. Am 25. August 1493 notiert der kostenbewusste König dort unter besondere Ausgaben einen Posten von 30 Pfund für »the young damsel that dances«.

Einem einfachen Tanzmädchen für eine (oder selbst für mehrere) Darbietung das Jahresspitzengehalt einer königlichen Hofdame zu zahlen, das legt den Verdacht nahe, dass die Künstlerin auch andere Dienstleistungen im Angebot hatte. Die sporadischen Unkosten für Tanzmädchen sind auch in den folgenden Jahren ungewöhnlich hoch.

Anders als später sein Sohn Heinrich Nummer acht verwechselt der Papa diese gängige Konkubinenwirtschaft aber nie mit Liebe, und eine Staatsaffäre macht er schon gar nicht daraus.

Heinrich VIII. entwickelt als Aufsteigersohn später eine bedenkliche Leidenschaft für Damen aus den besten Kreisen. Anonyme Milchmägde oder unbedeutende Tänzerinnen kommen ihm nicht ins Bett, was seine Königinnen verärgert und – mehr noch – sie in ihrer Existenz bedroht.

Denn: Hohe Damen haben leider auch einen Rattenschwanz adliger Verwandter, und das bedeutet Ärger, Ärger, Ärger. Papa Tudor hat in Sachen Sex – wie die meisten seiner mittelalterlichen Kollegen – die politisch klügere Wahl getroffen, hat genossen und geschwiegen. Von Tanzmädchen-Bastarden aus seinen Lenden ist nur wenig bekannt, obwohl es sie gegeben haben soll.

Seine Königin Elisabeth schweigt ebenfalls diskret und hält sich an ihr selbstgewähltes Motto »demütig und ehrfürchtig«. Zwei Eigenschaften, die sie in Gegenwart ihrer Schwiegermutter Margarete Beaufort dringend braucht und die sie anscheinend beherrscht.

Margarete bewohnt in einigen Palästen stets Gemächer, die direkt an die des Sohnes anschließen. Elisabeth schläft in einem anderen Trakt. Sie konzentriert sich statt auf die eheliche auf die christliche Nächstenliebe. So ist es für Königinnen bis heute traditionell üblich. Nach ihrem Tod wird der duldsamen Queen als Lohn der Beiname »die Gute« verliehen.

Immerhin soll ihr zweitgeborener Sohn Heinrich sie tatsächlich sehr geliebt und öfter zu Gesicht bekommen haben als bei Königs üblich. Nach den Regeln seiner Zeit wächst der zweitgeborene Prinz mit drei Schwestern fern von der elterlichen Hauptresidenz im Palast Eltham südlich von London auf, aber die ersten Lese- und Schreibübungen soll dennoch seine Mutter persönlich überwacht haben.

Es sind Schreibproben des fünfjährigen Heinrich erhalten, in denen er exakt die eigenwillige Schrift der Mama imitiert. Überhaupt nehmen viele Historiker an, dass Heinrich seine Mutter als Ideal einer Frau verehrt hat. Elisabeth ist schön, sanftmütig, fromm und engelsgleich duldsam.

Tugenden, die sie bitter nötig hat, denn mit Margaret Beaufort hat sie, wie gesagt, eine Schwiegermutter direkt aus der Hölle. Ein gefühlskaltes Miststück, das sich bei offiziellen Anlässen exakt so kleidet wie die Schwiegertochter – samt Krönchen – und das bei einigen Empfängen den Platz neben ihrem Sohn besetzt, der das bereitwillig zulässt. Elisabeths Mutter, eine ehemalige, regierende York-Königin, wurde von Margarete Beaufort in ein Kloster verbannt, nachdem sie ihr zunächst die Tochter als Braut für Heinrich abgeschwatzt und ewige Frauenfreundschaft geschworen hat. Die zerbricht an Fragen der höfischen Rangfolge. Margarete Beaufort findet es unerträglich, dass sie als King Mum bei Festen, Polit-Galas und Audienzen keinen Vortritt vor der York-Mutter haben soll.

Selbst hinter ihrer Schwiegertochter, der eigentlichen Königin Englands, bleibt sie allerhöchstens einen halben Schritt zurück, und einen Hofknicks spart sie sich ganz. Außerdem schnappt sie Elisabeth das erste Kind – Söhnchen Arthur – gleichsam vor der Nase weg. Die ehrgeizige Großmutter kassiert den Thronerben unmittelbar nach der

Geburt ein und stürzt sich auf seine Erziehung. Rumpelstilzchen hätte viel lernen können von der gnomengroßen Tudor-Oma.

Der fünf Jahre später geborene Heinrich ist in ihren Augen dagegen unwichtig. Einen Beweis für Lady Beauforts anfängliches Desinteresse am Zweitgeborenen entdeckten Historiker in ihrem kostbaren Gebetbuch. Im angehängten Kalendarium notiert Margarete die Geburts-, Hochzeits- und Sterbedaten der Tudors. Bei Baby Henrys Ankunft unterläuft ihr ein Flüchtigkeitsfehler; sie korrigiert die falsche Jahreszahl erst viel später.

Omas anfängliches Desinteresse ist Heinrichs Gewinn. In seiner Kinderstube ist er bis zu seinem elften Lebensjahr unumschränkter König unter lauter Schwestern, Wiegenschauklerinnen, Ammen und Hofdamen. Der Prinz wird verwöhnt und verhätschelt. Er lernt weibliche Aufmerksamkeit kennen und schätzen und darf Kontrolle ausüben über alles, was einen Rock anhat. Wofür er nichts als Liebe und Bewunderung erntet – außer von machtlüsternen Damen wie Oma Beaufort.

Hingebungsvolle Hofdamen, vornehmlich weibliches Personal und Mama Elisabeth prägen also Jung Heinrichs kindlichen Frauengeschmack. Gottes- und Gattenfürchtige und – das ist ungewöhnlich in dieser Zeit – liebende Ehefrauen werden sein lebenslanger Traum. Da Liebe aber bekanntlich blind macht, wird er in der Realität manchmal zum exakten Gegenmodell des Typs Oma Beaufort greifen, er wird auf raffinierte Luder hereinfallen und diese dummerweise heiraten. Nun, das kriegen wir später.

Noch ist Heinrich ein properer Steppke und sein Weiberhof genau wie Mama Elisabeth ein Lichtstrahl seiner frühen

Kindheit. Die ist ansonsten überschattet von den Nachwirkungen der Rosenkriege.

Sechs Jahre nach den letzten Kampfhandlungen ist in seiner Familie das Bewusstsein noch hellwach, dass Throne ein wackliges Sitzmöbel sind und dass Könige und Prinzen per Mord in Schlachten und im Tower beseitigt werden können. Zudem stirbt es sich auch in der königlichen Kinderstube – zeittypisch – sehr schnell. Der kleine Ersatzprinz ist vier Jahre alt, als er seine jüngere Schwester und Spielkameradin Elisabeth verliert; zwei weitere Geschwister sterben in späteren Jahren.

Mit anderen Worten, schon Klein Heinrich weiß und erlebt hautnah, dass das Leben eines Königskindes ausgesprochen fragil ist – und damit auch die eben gegründete Dynastie. Genau darum lässt Heinrich VII. seinen Nachwuchs fern vom eigentlichen Hof im Palast Eltham aufziehen und den kostbaren Thronerben Arthur in Wales. Der gesunden Luft wegen und weil der damals übliche Reisezirkus des Königs von Residenz zu Residenz zu gefährlich wäre. Auf der Wanderschaft von Schloss zu Schloss drohten einer Königsfamilie Attentate, Ansteckung mit Pocken oder Pest oder Kindesentführung.

Heinrich VII. fürchtet nichts so sehr, wie dass seine frische Dynastie mit ihm aussterben könnte. Aus gutem Grund.

Kleider machen Leute – von falschen und von echten Staatsschauspielern

Der erste Tudor-König hegt lebenslang Ängste vor feindlichen Thronanwärtern. Alle Yorkisten und deren Anhänger kann und will er nach den Rosenkriegen nicht beseitigen. Er braucht diese Mitglieder der herrschenden Klasse bei Hof, in der Regierung, bei der Verwaltung des Landes und als mögliche Heerführer. Zunächst sichert er sich die Loyalität ehemaliger Feinde durch erhebliche Geldzuwendungen und einige Begnadigungen.

Aber gerade mal zwei Jahre sitzt der Sieger der Rosenkriege auf dem Thron, da behaupten einige nach Irland geflüchtete Yorkisten, in ihrer Obhut befinde sich der wahre und einzige Erbe des verstorbenen York-Königs Edward IV. Nämlich dessen Neffe, ein Herzog von Warwick.

Die York-Verschwörer lassen diesen angeblichen Königsverwandten in Dublin sogar krönen und drohen mit der Wiederaufnahme der Kampfhandlungen in seinem Namen. Dumm nur, dass der waschechte Warwick derweil höchstselbst im Tower einsitzt. Heinrich Tudor hat ihn längst eingesperrt und lässt ihn jetzt durch Londons Straßen paradieren. So kann er zweifelsfrei beweisen, dass der Dubliner Warwick der Yorkisten ein Windei und Betrüger sein muss.

Tatsächlich handelt es sich bei dem angeblich einzig wahren König um den Sohn eines Bäckers oder eines Orgelbauers. Sein Name ist Lambert Simnel und sein Vater ist in jedem Fall ein Meister im Geschichtenerfinden. Papa Simnel nämlich hat den Yorkisten das Märchen aufgetischt, er habe während der Rosenkriege den kleinen Warwick gerettet und großgezogen wie einen Sohn.

– 70 –

Ein Mönch aus Oxford, der Simnel junior neben der Hofsprache Latein auch perfektes Lügen einbimst, schwört, dass die Story wahr ist. Einige Yorkisten mögen das geglaubt haben. Die meisten adligen Simnel-Anhänger sind allerdings ebenfalls Hochstapler, die nur einen Vorwand und einen Prinzendarsteller brauchen, um die Tudors vom Thron zu schubsen.

Ein kurzes Scharmützel auf englischem Boden klärt die Luftnummer zugunsten von Heinrich Tudor dem Siebten. Als man ihm den falschen Königsneffen und Hochverräter Simnel vorführt, beweist der erste Tudor-Monarch königliche Milde. Er begnadigt den Teenager, der nur die Marionette seines Vaters und der Yorkisten ist, zum royalen Bratenspießdreher. Was allerdings auch als perfide Strafe gewertet werden kann: Zwölf Stunden halb nackt in einem mannshohen Kamin stehen und Ochsen über offener Flamme drehen kommt einem Aufenthalt im Fegefeuer nahe und hat wenig gemein mit einer sommerlichen Grillparty.

Vier Jahre später versuchen es Anhänger des Hauses York mit einem weiteren Thronanwärter (auf Englisch *Pretender*) und drohen erneut mit Kampfhandlungen. Diesmal scheint die Sache gefährlich und der Prinz echter.

Blenden wir ein zweites Mal hinüber nach Irland, das wie Schottland, Wales und Cornwall immer gut ist für Aufstände gegen englische Könige – Großbritannien, also das Vereinigte Königreich, wird erst unter den Stuarts erfunden, erfochten und gegründet. Noch machen die Iren, was sie wollen – vor allem Ärger.

1491 taucht in den Gassen des südirischen Hafen- und Handelsstädtchens Cork ein prächtig gekleideter Jüngling auf. Sein Outfit sorgt für Aufsehen. Jedermann glaubt, dass der blonde Schönling von adliger, ja höchstadliger Abstammung sein muss.

Ein paar Exilanten aus dem Hause York werden auf den Unbekannten aufmerksam und »adoptieren« ihn nach kurzer Denkarbeit. Sie sind sich sicher – so jedenfalls behaupten sie –, dass es sich bei diesem teuer gewandeten Fremden diesmal um einen der verschwundenen, angeblich ermordeten York-Prinzen aus dem Tower (siehe oben) handeln muss. Der trug den familientypischen Namen Richard und war zum Zeitpunkt seines spurlosen Verschwindens acht Jahre zuvor elf Lenze alt. Der schöne Fremde ist passenderweise 19 und erzählt, dass ihm als kleiner Prinz die abenteuerliche Flucht aus dem Kerker gelungen sei.

Seine neuen Freunde schaffen ihn erst mal nach Frankreich, wo er beim dortigen König herzlich willkommen ist. So willkommen wie jede Gelegenheit, den englischen Thron zu destabilisieren, egal wer gerade darauf sitzt. Hernach zieht der Rebellentrupp nach Flandern. Die Yorkisten mieten ihrem Prinzen eine angemessene Unterkunft und bringen über dem Tor ein königliches Wappen an für »Herzog Richard von York und König von England«.

So wie Heinrich Tudor sechs Jahre zuvor von der Bretagne aus den Thron erobert hat, wollen nun die Yorkisten von Flandern aus nach Englands Krone greifen. Sie leihen sich Geld bei flämischen Kaufleuten, die einem künftigen König gern Kredit geben. Man beginnt, Truppen zu werben.

Heinrich VII. nimmt die Bedrohung ernst.

Sein erste Reaktion: Er ernennt seinen zweitgeborenen Sohn – unseren Heinrich VIII. –, der gerade mal die Windeln hinter sich hat, zum einzigen und wahren Herzog von York. Dieser Titel hat seither Tradition bei Königs und geht

– 72 –

automatisch an den zweiten Sohn eines britischen Throninhabers. In England darf sich derzeit Prinz Andrew Windsor auch Herzog von York nennen.

Damit der kleine Heinrich noch königlicher daherkommt, wird er außerdem zum Ritter des Bath-Ordens ernannt. Eine Zeremonie, die den Dreieinhalbjährigen sicher beeindruckt hat und die eine kurze Schilderung verdient. Klein Heinrich wird feierlich in den Palast von Westminster geführt. Dort wartet eine Badewanne, nicht weil der Knabe schmutzig ist, sondern weil jeder künftige Bath-Ritter sich einer rituellen Reinigung unterziehen muss, die zugleich eine Rittertaufe ist.

Heinrich wird der Ritterschwur vorgelesen. Unter anderem soll er von nun an Jungfrauen beschützen, Witwen retten und den König verteidigen. Das vor allem. Sein Vater taucht sodann die Finger seiner Rechten ins Badewasser, zeichnet ein Kreuz auf die Schulter seines Sohnes und küsst sie. Heinrich darf der Wanne entsteigen, wird in ein Minimönchsgewand gesteckt und muss betend eine Nachtwache abhalten.

Mehr Spaß dürfte es dem Pimpf bereitet haben, im Morgengrauen in einer Ritterrüstung Größe XXS protokollgemäß auf einem Schlachtross in die Halle des Westminsterpalastes einzureiten. Er hält sich die ganze Zeit tapfer und fröhlich, notiert der Hofschreiber; ich wette, auch heute hätten knapp Vierjährige nichts dagegen, als Ritter und per Pony im elterlichen Wohnzimmer aufzutauchen.

Fest steht, die Welt des Rittertums und ihrer mystischen Romantik wird Heinrich sein Leben lang begeistern, obwohl das Mittelalter definitiv zu Ende ist und echte Ritter fast schon Museumsstücke sind.

Trotz dieses traditionellen Showaktes schrecken die Yorkisten und ihr selbst ernannter König nicht davor zurück, am 3. Juli 1495 mit einigen Schiffen an der Küste von Kent anzulegen. Allerdings werden dabei hundertfünfzig Angreifer sofort getötet, der Rest segelt rasch weiter nach Irland. Von nun an belästigt der vorgebliche Towerprinz als Richard IV. den regierenden Tudor-Monarchen abwechselnd von Irland und von Schottland aus.

Der Yorkisten-König darf sogar eine Cousine des Schotten-Königs heiraten. Kurz, Englands treueste Feinde – Schottland, Irland, Frankreich – machen sich ein Mordsvergnügen daraus, den Tudors eine königliche Laus in den Pelz zu setzen.

Am Schluss mischen noch Rebellen aus Cornwall mit, das immer gut ist für einen Bauern- oder Adelsaufstand gegen regierende Könige. Erst im Jahr 1497 ist endgültig Schluss mit lustig. Das marodierende Wandertheater rund um Richard IV. wird bei einer Schlacht gründlich geschlagen, ihr König festgenommen und in den Tower gesperrt.

Hier kommt endlich auch die Wahrheit mehr oder minder ans Licht. Der angebliche Sohn von York-König Edward IV. heißt Perkin Warbeck und ist in Flandern geboren. Seine prachtvollen Klamotten, denen er den Beginn seiner atemberaubenden Karriere verdankte, hat er anno 1491 im Auftrag eines flandrischen Schneiders getragen. Perkin Warbeck war damals – modern gesprochen – nichts weiter als ein Model.

Entsprechend hübsch sieht er aus und – so bestätigen zeitgenössische Quellen – dem längst verblichenen York-Monarchen Edward IV. sehr, sehr ähnlich. Genutzt hat ihm das nach seiner Gefangennahme nicht mehr viel. 1499, zwei

Jahre nach seiner Festnahme, wird der inzwischen 25-Jährige gehängt.

Nicht weil er einen König gemimt hat, sondern – und jetzt halten Sie sich fest –, weil er mit dem echten York-Herzog von Warwick, den Lambert Simnel einst kopiert hat, im Tower eine gemeinsame Verschwörung gegen die Tudors anzetteln wollte. Erzählen Sie das mal als Roman, ich wette, die Story nimmt Ihnen kein Leser ab. Sie beweist, dass Royals und Showstars nicht erst seit Neuestem einiges gemeinsam haben. Vielleicht titulieren wir deshalb sehr erfolgreiche Gesangsstars heute instinktiv als King oder Queen of Pop.

Die Angst liegt mit im Bett

Welchen Einfluss derartige Räuberpistolen auf das Gemüt des anno 1497 sechsjährigen Prinzen Heinrich haben, können wir nur vermuten. Immerhin wird der kleine Heinrich, dem ja nun der Titel Herzog von York gehört, bei einigen Angriffen des falschen Herzog von York – also Warbeck – mit seiner Mutter fluchtartig in Sicherheit gebracht. Übrigens im Tower, weil der eben nicht nur ein Gefängnis ist, sondern auch die sicherste Trutz- und Schutzburg und eine Residenz der englischen Könige. So schwierig es für Gefangene ist herauszukommen, so schwierig ist es auch für Feinde hineinzukommen. Außerdem lagert im Tower das königliche Waffen- und Kanonenarsenal.

Eins wird Heinrich früh gelernt haben: den Aristokraten und auch den Höflingen, die einen täglich umgeben, gründlich zu misstrauen. Sein Vater geht für den Rest seines Lebens stets in Begleitung von zehn Dienern zu Bett. Ein Leibwächter rollt sich allabendlich über die königliche Matratze, um zu prüfen, ob ein versteckter Yorkisten-Dolch im Stroh lauert.

Erst dann wird das Betttuch zurückgeschlagen, dann wird ein Federbett und zum Schluss die royale Hermelindecke aufgelegt. Danach besprengt ein Priester das Lager mit Weihwasser. Damit diese aufwendige Form des Zubettbringens den König nicht in den Ruf einer Bangbüx bringt, macht jeder Diener da, wo er das Bett des Gesalbten berührt hat, ein Kreuzzeichen und küsst dieses.

Doch allen Vorsichtsmaßnahmen zum Trotz kann der König den erfolgreichsten Killern seiner Zeit nicht die Stirn bieten: Bazillen, Viren und Bakterien. Sein Thronerbe Arthur stirbt im regenreichen April 1502, kaum sechzehnjährig und eben frisch vermählt mit der spanischen Prinzessin Katharina von Aragon, in seiner feuchten Waliser Burg Ludlow. Mutmaßlich an einer Lungenentzündung, vielleicht aber auch an ererbter Tuberkulose wie andere Tudors nach ihm. Seine Frau Katharina, von der wir noch viel hören werden, entrinnt knapp demselben Schicksal. Der elfjährige Heinrich rückt zum direkten Thronfolger auf.

Der König, so berichten Zeitgenossen, reagiert dennoch tief verstört. Seine Königin Elisabeth wird herbeigerufen, um den 45-Jährigen zu trösten. »Die Gute« tut es mit dem Hinweis, dass sie jung genug seien, um weitere Erben zu zeugen. Der Versuch, die Nachwuchsschar zu vergrößern, gelingt, doch im Sommer 1502 verliert die 36-jährige Elisabeth erst einen männlichen Fötus, im Februar 1503 stirbt sie bei der Frühgeburt einer Tochter.

Von insgesamt acht Königskindern erreichen nur zwei Mädchen und Heinrich das Erwachsenenalter. Der neue

Thronerbe wird Jahre später in einem Brief bekennen, dass ihn in seiner Jugend nichts so tief getroffen hat wie der Tod seiner Mutter. Kein Wunder, denn nun beginnt für den bislang recht fröhlichen und zwanglos erzogenen Prinzen der ganze Ernst des Lebens. Und der hat einen Namen: Margarete Beaufort.

In der Prinzenrolle nur zweite Besetzung

Die machtbewusste Großmutter entdeckt schlagartig ihr Interesse für den bislang übersehenen Enkel. Die unbekümmerten Tage von Eltham haben für Klein Heinrich ein Ende. Der Elfjährige muss in den Hofstaat von Vater und Großmutter übersiedeln.

Ein spanischer Botschafter berichtet nach Hause, dass der neue Prinz unter strengster Bewachung gehalten wird »wie ein Mädchen«. Heinrich muss in einer abgeschlossenen Minikammer hinter der des Vaters schlafen, darf nur zu festgesetzten Zeiten, mit handverlesenen Kumpanen und durch einen einzigen Palastausgang in den Garten.

Bei öffentlichen Auftritten hat der Thronerbe den Mund zu halten. Besonders übel nimmt unser kleiner Ritterfan, der seinem Papa schon mit vierzehn über den Kopf wächst, das absolute Turnierverbot.

Lediglich Ringelstechen und Einzeltraining mit Schwert und Lanze sind dem Königssohn in den Teeniejahren erlaubt. Sprich: das Aufspießen eines Rings mit der Lanze in vollem Galopp und die Pseudotjoste gegen Strohpuppen. Das alles sind schwierige Solonummern, die Heinrich bereits mit vierzehn perfekt beherrscht. Augenzeugen bescheinigen dem jungen Prinzen beste Kampfqualitäten. Welch ein Frust, dass er nicht zum Zweikampf mit anderen Turnierkämpfern in die Schranken reiten darf!

Die Vorsicht ist, mit den Augen von Oma und Papa betrachtet, sinnvoll und nachvollziehbar. Der einzige Tudor-Thronerbe ist zu kostbar, um beim Schaukampf mit Bihänder, Lanze oder Streitaxt zu sterben.

Zumal unter Heinrichs potenziellen Kampfsportpartnern eine Reihe von Höflingen antreten würden, die den Tudors alles andere als freundlich gesinnt sind, weil York-Blut in ihren Adern fließt. Ein kleiner Turnierunfall – oops, Pardon, wie konnte das passieren – wäre eine hübsche Gelegenheit für ein gut getarntes Attentat, und die Thronfolge für rivalisierende Adelsfamilien wäre wieder offen.

Schulstunden statt Schlachtübungen stehen ganz oben auf Heinrichs Stundenplan. Und zwar von neun Uhr morgens, nach der Messe, bis in den Nachmittag; zwischendrin wird kurz gegessen. Immerhin hat Heinrich Glück mit seinem Lehrer. John Skelton ist ein Mann ganz nach dem Geschmack eines Teenagers. Der Gelehrte reißt gern Zoten über Huren, ist trink- und bibelfest und also ein Pädagoge, der Begeisterung für neuen Stoff zu wecken vermag.

Der Unterricht des Elfjährigen basiert auf den modernsten Lehrplänen der Humanisten. Neben der Bibel empfehlen diese die Lektüre der Abenteuerromane des Homer, der Kriegsberichte von Cäsar oder der Schriften von Cicero, daneben Liebeslyrik von Vergil und Ovid. Alles im antiken Original, versteht sich. Die Heldenfahrten des Odysseus, Zyklopenkämpfe und Sirenengesang sowie Cäsars Welteroberung sind ganz nach Heinrichs Geschmack. Er entwickelt sich zu einer Leseratte und zu einem beängstigend begabten Mus-

– 78 –

terschüler. Gelegentliche Pausen mit Anekdoten über Skeltons Streifzüge durch Londons Hurenschenken werden zum Lernerfolg beigetragen haben.

Heinrich, das ist belegt, interessiert sich früh für die Lustbarkeiten des Pöbels. Auch Berichten über den Volkssport Fußball lauscht er begeistert.

Damit Heinrich sich nicht nur solchen Unsinn merkt, schreibt Skelton für ihn nebenher ein pädagogisches Grundlagenwerk der Prinzenerziehung. Sein Schüler muss daraus Lehrsätze wie folgende auf Lateinisch auswendig lernen: »Vermeide Völlerei.« Unter Historikern gilt dies als Hinweis darauf, dass der Prinz schon früh ein Schmecklecker ist.

Dann: »Sei nicht geizig.« Heinrich wird das beherzigen. Mit dem nächsten Gebot kommt der kleine Tudor allerdings lebenslänglich kaum klar: »Entjungfere keine Mädchen« – abgesehen von der Königin, versteht sich. Und dann noch: »Hole dir Rat bei Philosophen und Poeten«, was eine deutliche Werbung in eigener Sache ist – für Humanisten wie seinen Lehrer John Skelton. Gleichzeitig warnt der Pädagoge den kleinen Prinzen: »Denke stets daran, dass dir Exil und Ruin drohen, denn ähnlich behandelte das Schicksal deine Väter und Vorväter.« Eine finstere Lektion, die Heinrich mit eigenen Erinnerungen an Perkin Warbeck und Konsorten verbinden kann.

Überhaupt sollte man beim Wort Humanist nicht an besonders humane Lehrmethoden oder an Kuschelpädagogik denken. Ohrfeigen, Rute und reichlich Prügel gelten auch unter diesen neuen Pädagogen als bewährte Denkanstöße. Wie handfest Heinrichs Schulstunden verlaufen sind, ist nicht bekannt, doch seinem eigenen Sohn wird Heinrich später einen Prügelknaben beigesellen. Der irische Page

Barnaby Fitzpatrick muss die Hiebe für prinzliche Streiche und Patzer einstecken.

Unser Prinz Heinrich scheint den Unterricht trotz handfester Lehrmethoden geliebt zu haben. Der sprachgewandte Königssohn interessiert sich als Teenager auch für Geometrie, neue Mathematik und Astronomie, kennt sich in Geschichte aus, lernt halbwegs gut reimen und dichten. Seine lyrische Seite lebt er am liebsten in der Musik aus. Er beherrscht Flöte, Laute und das Virginal – ein erster, mittelalterlicher Vorläufer des Klaviers. Der junge Tudor entwickelt sich zu einer Art Bildungswunder und Tausendsassa.

Damit die körperliche Ertüchtigung nicht zu kurz kommt, darf der Teenagerprinz nach seinem vierzehnten Geburtstag gelegentlich auch in das Himmelbett eines doppelt so alten, verheirateten Hoffräuleins schlüpfen. Es sind erotische Sportübungen unter königlicher Aufsicht. Das Turngerät heißt Lady Elisabeth Denton, ist die Gouvernante seiner Schwester und eine gute Bekannte von Heinrichs Großmutter. Margarete Beaufort arrangiert das Techtelmechtel zwecks sexueller Aufklärung und um dem Prinzen Minnesang-Flausen auszutreiben.

Heinrich nämlich entwickelt früh das Bedürfnis, hohe, unerreichbare Jungfrauen anzuschmachten wie ein Troubadour, ohne sich um den politischen Vorteil zu scheren.

Sein erstes Objekt der Begierde ist Katharina von Aragon, die Witwe seines Bruders Arthur. Die spanische Königstochter lebt, genau wie Heinrich, so gut wie eingekerkert und isoliert am väterlichen Hof. Man trennt die beiden Teens durch lange Palastkorridore voneinander, obwohl sie theoretisch verlobt sind. Allerdings aus rein politischen Gründen und nur so lange, bis Oma und Papa Tudor – beide

Pragmatiker der Macht – eine bessere Partie in Europas Palästen finden.

Die Tudor-Oldies übersehen dabei, dass sie mit der Trennung der Teenies die idealen Bedingungen für eine jugendliche Schmachtromanze schaffen.

Heinrich sieht in der knapp sechs Jahre älteren Spanierin, der man kaum genug Geld zum Essen gibt und die auf Hofreisen über den Stallungen einquartiert wird, sein Ideal der verfolgten Prinzessin. Als edler Ritter will er sie selbstverständlich dereinst erretten. Man ahnt es schon: Die beiden Königskinder dürfen zusammen nicht kommen und haben sich darum heimlich ein bisschen oder sogar schrecklich lieb. Über das Ausmaß der Zuneigung sind die Historiker sich uneins. Fest steht, dass Heinrich seine Katharina als Braut durchaus begehrenswert findet.

Alles könnte für den jungen, romantischen Prinzen recht unterhaltsam sein, wären da nicht das Turnierverbot und – ganz öde – Papas und Omas Nachhilfeunterricht im Fach Staatsgeschäfte. Was man in diesem Zusammenhang gar nicht wörtlich genug nehmen kann.

Zum Ekel seines Sohnes ficht Heinrich VII. gegen aufmüpfige Adlige und Bürger nur noch mit der Schreibfeder und mit Steuerformularen. Papas Finanzpolitik ist eine Lektion, die Heinrich (noch) heftig abstößt.

Papa Tudor – Finanzterrorist und Schreibtischtäter

Heinrich Nummer sieben ist auch aus dem Blickwinkel seiner Untertanen kein kühner Ritter, sondern ein unerträglicher Geizkragen und Finanztyrann. Der erste Tudor will ein reicher, unabhängiger König werden. Ein Herrscher, der nicht nur Regierungshoheit besitzt, sondern mindestens so viel Land wie die reichen alten Adelssippen Englands. Ein Monarch, der nicht ständig beim Parlament um eine Haushaltserhöhung oder im Kriegsfall um die Truppenbesoldung betteln muss. Und schon gar nicht will der ehemalige Rosenkrieger auf die militärische Mithilfe und Stärke unberechenbarer Aristokraten setzen.

Sein Vorbild ist Frankreichs Königtum – nicht umsonst war der Schafzüchtersohn Heinrich Tudor vierzehn Jahre in der Bretagne im Exil.

Die Monarchen jenseits des Kanals haben die absolute Steuermacht über ihre Untertanen. Le Roi darf ganz nach eigenem Gutdünken die Abgabenhöhe festlegen und immer neue Steuern erfinden.

In England ist eine Finanzgesetzgebung vorgeschaltet. Die schlachtet Heinrich VII. nun gnadenloser und kenntnisreicher aus als je ein englischer König vor ihm. Der hagere, fuchsgesichtige Herrscher kramt mithilfe seiner Juristen in 24 Regierungsjahren uralte Buß- und Sondersteuerverordnungen hervor, die der Monarch direkt und nur für sich einfordern darf.

Heinrich VII. wird ein Paragrafenreiter und Erbsenzähler, ein Pfennigfuchser und ein wandelndes Sparschwein.

Bürger und Bauern zahlen unter ihm für kleinste Vergehen hohe Strafgelder und Zusatzsteuern, die längst in Vergessenheit geraten waren. Etwa eine Abgabe an die Krone für das Aufspannen von Netzen gegen Amseln und Dohlen, um die Aussaat zu schützen. Selbst heutige Kleingärtner können die Empörung der Gemüsebauern über diese Vogelscheuchensteuer nachvollziehen.

Als einige Fiskusopfer rebellisch werden, erhebt König Heinrich eine weitere Uraltsteuer, um die Revolte mit Mietsoldaten niederzuschlagen. Alle Küstenorte sollen eine spezielle Hafenstadtsteuer entrichten. Die war mal erfunden worden, um Festungsmauern gegen normannische Kriegsschiffe zu errichten und Armbrüste oder Steinschleudern zu kaufen. Jetzt müssen die Küstenbürger ran, um Truppen gegen rebellische Landsleute zu finanzieren. Noch dazu gegen Landsleute, die in ihrem Sinne gegen kuriose Steuern aufmucken. Freunde macht sich Heinrich damit natürlich nicht.

Sein Sohn, der Prinz, schwört sich während endloser Zankereien des Königs mit Dorfsheriffs, Zollbeamten, Bürgermeistern und Wollhändlern in den sparsam geheizten Privatkabinetten des Vaters: Nie werde ich so eine Krämerseele, und vor allem werde ich die Palastfenster vergrößern und verglasen lassen!

Erbärmlich findet der rebellische Teenager auch den väterlichen Umgang mit rebellischen Aristokraten. Standesgenossen, die Heinrich VII. gefährlich werden, bestraft der Throninhaber bei Verfehlungen – und die finden sich immer – nicht mit dem Henkersschwert, sondern mit Geldbußen in astronomischer Höhe.

Wenn er einem rauflustigen Baron ein Strafgeld von 2000 Pfund aufbrummte, war dieser bei einem gängigen Baron-Einkommen von 300 bis 400 Pfund im Jahr sofort ruiniert. Wahlweise konnte der Baron sich stattdessen für lebenslanges Bravsein entscheiden, in den Hofstaat der königlichen Speichellecker eintreten und damit die Zahlungsverpflichtung abwenden. 2000 Pfund damaliger Währung entsprächen heute übrigens einer Millionensumme.

Manchmal verzichtet Heinrich VII. darum lieber auf einen zahmen Höfling, kassiert ab und konfisziert die Landgüter für die Krone. Dem Gesetzessünder blieben nur Flucht und Bettelstab.

Kurz: Der erste Tudor-Monarch ist eine Art König der Knöllchenschreiber. Ein Schreibtischtäter, der persönlich die Rechnungsbücher prüft. Bei Volk, Adel und seinem gleichnamigen Sohn, den er noch kürzer hält als sich selbst, gleichermaßen unbeliebt.

Politisch hat das neue Finanzregime Vorteile: Heinrich VII. vermeidet aus Kostengründen auch Kriege und verhindert per Steuerschraube blutige Adelsaufstände. Viele Earls können sich nämlich kaum noch Söldnertruppen leisten. Er schafft die Grundlagen einer modernen Bürokratie und füllt die Staatskasse. Seine Zeitgenossen haben ihn darum nicht lieber. Bürokraten, vor allem Finanzbeamte, haben es bekanntermaßen nie leicht.

Zudem ist Papa Heinrich sein Leben lang eher humorfrei, an glanzvollen Auftritten wenig interessiert und meist mausgrau gekleidet. Das uralte Herrscherprinzip Brot und Spiele (fürs Volk) ist nicht das Lieblingsmotto des siebten Heinrichs.

Bei seiner Grablegung in Westminster am 21. April 1509, so notiert Spaniens Botschafter, vergießt denn auch niemand eine Träne. Dabei ist das letzte zeremonielle Spektakel um den Pfennigfuchser eindrucksvoll. Unter Chorgesängen reitet am Ende ein strahlender Ritter in der Rüstung des Königs in die Abteikirche von Westminster ein.

Hufgetrappel hallt von den Wänden der Kathedrale. Das bunte Glas der Fenster entlockt der Rüstung farbfunkelnde Blitze. Kardinäle in prangendem Purpur beugen die Knie.

Der unbekannte Soldat steigt ab, bekreuzigt sich vor dem

Sarg des verblichenen Monarchen und wird sodann bis aufs knielange Hemd »entrüstet«. Die Kardinäle legen vom königlichen Helm bis zu den Goldsporen jedes Rüstungsteil auf den Altar. So wollen es die uralten Regeln für ein ritterliches Ehrenbegräbnis. Aber, so berichtet der spanische Augenzeuge abfällig nach Hause: Dieser König war kein Ritter, weder höflich noch edel oder großzügig, sondern geizig, verschlagen, freudlos und berechnend.

Auch in Sachen Nachruhm kann Heinrich VII. nicht sonderlich punkten. Trotz seiner prachtvollen Grabstätte, die noch heute zu den Höhepunkten einer Westminster-Besichtigung gehört. In Großbritanniens Schulbüchern kommt er meist kurz oder sehr schlecht weg. Außerhalb der britischen Inseln ist der erste Tudor auf Englands Thron nur Spezialisten und leidenschaftlichen Geschichtsfans bekannt. Gerecht ist das – wie wir nun wissen – nicht. Immerhin hat Heinrich Nummer sieben sich als letzter englischer König seine Krone auf dem Schlachtfeld erkämpft, den Thron also nach bester Rittermanier erlangt.

Bevor nun sein Sohn und Superstar der Tudors die Hauptrolle übernimmt, halten wir noch einmal fest: Die Tudor-Dynastie ist im wahrsten Sinne des Wortes blutjung. Der erste Monarch ist ein Seiteneinsteiger mit Bastard-Genen, der Machthunger und Misstrauen gleichsam mit Margarete Beauforts Muttermilch eingesogen hat.

Sein Erbe Heinrich VIII. besteigt mit siebzehn Jahren einen Thron, für den es immer noch Anwärter mit dickerem Adelsblut gibt. Zu seinen wichtigsten Regierungsaufgaben wird die rasche Produktion von Nachwuchs gehören, denn Heinrich ist der einzige männliche Erbe des neuen Königsgeschlechts.

Heinrich VII. hinterlässt dem Prinzen viel Geld, aber auch ein international zur Bedeutungslosigkeit herabgesunkenes Reich und eine Dynastie, die sich dringend einen Namen machen muss. Seiner Regierungszeit haften wenig Glanz und ein schlechter Ruf an.

Jetzt ist ein Sohn an der Reihe, der nicht einmal für den Thron gedacht war. Jung Heinrich kann alles anders machen, und das will und tut er. Ob Rittertum im Stile des sagenhaften Königs Artus, antikes Heldentum à la Odysseus, Kultur und Gelehrsamkeit der Renaissance: Heinrich nutzt alles als Drehbuchvorlage für seine Selbstinszenierung. Er hat physisch, mental und seelisch das Zeug dazu. Und – nicht zu vergessen – Papas prall gefüllte Staatskasse darf er ebenfalls plündern.

In einer stillen Studierstube, vielleicht bei Nacht und im Flackerlicht einer Talgfunzel, sinniert ein heute unbekannter Gelehrter kurz vor der Krönung über Prinz Heinrichs Zukunft als König. Am Ende kratzt der einsame Denker ein orientalisches Sprichwort aus dem 14. Jahrhundert aufs Papier:

»Jugend, Reichtum im Überfluss, hohe Geburt und Unerfahrenheit: Jedes von diesen ist ein Quell des Untergangs. Welches also ist das Schicksal desjenigen, in dem sich alle vier vereinen?«

A star is born – Ein goldener Prinz erobert
das Herz des Volkes

London am 23. April 1509, Tag des Heiligen Ritters Sankt Georg. Zwei Tage sind vergangen, seit Heinrichs Vater im Palast von Richmond der Schwindsucht und dem Bluthusten erlegen ist. Tod hin oder her, sein siebzehnjähriger Sohn findet keine Zeit und kaum Gründe für Tränen. Jung Heinrich muss die erste Regierungspflicht eines neuen Monarchen erfüllen: sich dem Volk zeigen.

Nicht umsonst hat man ihm die Todesnachricht in klassischer Weise überbracht: »Sire, der König ist tot, lang lebe der König.«

Heimlich hat der neue Heinrich schon Tage zuvor auf Schmierzetteln seine neue, lateinische Unterschrift geübt. Henricus Rex.

Es hat also alles seine Ordnung, wenn der neue Hauptdarsteller der Tudors trotz Trauerfall in vergoldeter Prunkrüstung von Richmond nach London reitet. Fanfarenklänge, ein Fahnenmeer, Höflinge hoch zu Ross und Kirchenfürsten begleiten ihn. Der improvisierte Hauptstadtbesuch ist ein Ersatz für Eilmeldungen, TV-Sondersendungen und Hochglanzreportagen. *The show must go on,* bevor irgendein Yorkist aus dem Loch kriecht. Das Ganze wird Heinrichs erster von vielen PR-Triumphen.

Unter den Bürgern der City macht sich statt Trauer um den eben verblichenen Vater eine hysterische Jubelstimmung breit, als unerwartet der Prinz auf der London Bridge erscheint. Beim Blute Christi – wie man damals zu sagen pflegt –, dieser Heinrich ist fast zu schön, um wahr zu sein! Auf einem braunen Schlachtross, das mit prachtvoller Scha-

– 87 –

bracke behängt ist, sitzt ein Hüne von fast einem Meter neunzig. Der golden blinkende Harnisch umspannt eine muskulöse Brust, unter dem Helm schimmert schulterlanges rotgoldenes Haar. Das glatt rasierte Prinzengesicht kann mit modisch weißem Teint punkten und ist nicht von den üblichen Pockennarben zerfressen.

Heinrichs Untertanen sehen in ihrem neuen König schon rein optisch einen kommenden Gott. Ein Funke springt über. Heinrich ist berauscht von seiner Rolle, und er berauscht sein Volk.

Während sich die Prinzen-Kavalkade durch die Gassen der City und durch die Menge zwängt, werden spontan Blütengirlanden zwischen den Häusern aufgespannt, hängen reiche Kaufleute ihre Gobelins zum Fenster hinaus. Abends herrscht allgemeine Partystimmung. Freudenfeuer werden entzündet. Der Ratswein, den die Bürgermeister eilends in den Brunnen der City hochpumpen lassen, wird reichlich genossen. Man tanzt, feiert, und man diskutiert die für Juni angesetzte Krönungsprozession vom Tower zur Westminster Abbey. Das wird erst ein Fest! Philosophen kritzeln nach dem Überraschungsauftritt überwältigt Preisgedichte über den »neuen Messias auf dem Thron«.

William Blount, ein adliger Freund von Heinrichs erstem Lehrer Skelton, gibt die Stimmung so wieder: »Der Himmel lacht, und die Erde freut sich; alles ist voller Milch, Honig und Nektar.«

Der Teenager wird gefeiert wie ein Märchenprinz und mit Vorschusslorbeeren bekränzt, noch bevor er die Krone auf dem Kopf und auch nur eine einzige Urkunde gesiegelt hat. Sind alle betrunken, liegt es an Heinrichs blendender Erscheinung?

– 88 –

Das auch, aber der Siebzehnjährige verdankt seinen Spontantriumph vor allem der Tatsache, dass sein Vater während seiner Herrschaft zum Hassobjekt Nummer eins aufgestiegen ist. Jetzt, so hofft man, kommt endlich ein ritterlicher und so tugendsamer wie hübscher König an die Macht. Und Heinrich tut alles, um dem noch unverdienten Ruf gerecht zu werden.

Mal aus blankem Kalkül, mal den spontanen Eingebungen seines romantischen Herzens und seiner von Ritterromanen geprägten Fantasie folgend. Meist handelt er aus einer ureigenen Mischung von allem heraus. Eins ist er von Anfang an: ein PR-König und Meister der Selbstvermarktung.

Popstar der Renaissance

Für den Durchschnitts-Londoner und für die Hofbesucher ist der Thronerbe bald ein Sport- und Popstar im Stile der Renaissance, eine Art Mischung aus Robbie Williams und David Beckham. Heinrich kann nicht nur singen – im modischen Fisteltenor und begleitet von einer eigenen Hofband –, er ist tatsächlich auch der erste königliche Fußballspieler der Geschichte. Adlige Zeitgenossen kritisieren den kickenden König zunächst, weil er dem Volkssport frönt, aber bald sieht man immer mehr junge Höflinge in Londons Palastgärten den Ball treten. Ein Volltreffer in Sachen Popularität für den Tudor. Auch das Tennisspiel wird dank Henry beliebt; daneben betreibt er Bowling, ist ein passionierter Boxer und Ringkämpfer.

Am liebsten tut sich der Superstar in den traditionellen ritterlichen Extremsportarten hervor, die ihm so lange untersagt waren. Auch wenn die Zeit der dick gepanzerten Schwerthelden eigentlich abgelaufen ist und auf dem Schlachtfeld Kanonen, Luntenrohre und leicht gerüstete Landsknechte über den Sieg entscheiden, weiß er, was sich für einen Monarchen schickt. Und er will der Größte von allen sein.

Die angestaubte Inszenierung als Ritterkönig ist außerdem ein Akt von Teenager-Rebellion gegen die Vorsichtsmaßnahmen des toten Papas. Nach der Krönung reitet Heinrich zunächst maskiert und anonym in Turniere. Er zersplittert Lanzen, führt den Bihänder so geschickt wie den Degen, trifft als Bogenschütze regelmäßig ins Schwarze, lüftet aber nie das Visier. Natürlich wissen viele Höflinge, dass Heinrich mitkämpft, nur in welcher Rüstung, das weiß niemand so genau. Wie romantisch! Genau so steht es doch in vielen mittelalterlichen Aventiuren.

Der junge König demaskiert sich erst, als bei einem Turnier ein Ritter in fast identischer Rüstung vom Pferd stürzt und schwer verletzt liegen bleibt. Höflinge zischeln vernehmlich, dass müsse der König sein, Yorkisten reiben sich die Hände. Zu früh gefreut. Heinrich sitzt noch hoch zu Ross und klappt lässig das Visier hoch, um der Schaden- und Vorfreude vieler Aristokraten ein Ende zu machen. Der König lebt, es lebe der König. Was für ein Teufelskerl.

Unbesiegbar zeigt Heinrich sich auch bei der Hirsch- und der Fuchsjagd. Bis zu acht Pferde und sämtliche Begleiter hetzt er beinahe täglich müde.

Dank so großer Sportbegeisterung ist er in jungen Jahren kein unförmiger Feistling. Er steckt die damals für Fürsten, Kirchenherren, Mönche und Höflinge übliche 6000-Kalorien-Diät, bestehend aus bis zu 25 Gängen und drei Flaschen

Wein pro Mahl und Nase, locker weg. Auch das als Durst-
löscher literweise getrunkene Ale – damals gilt Wasser zu
Recht als Krankheitsquell – setzt bei ihm nicht an. Unter anderem liegt das an seiner Körpergröße. Der rotblonde Hüne
überragt mit seinen fast 1,90 Metern seine Zeitgenossen um
Längen.

Ein venezianischer Diplomat beschreibt den König 1515
wie folgt: »Seine Majestät ist der hübscheste Herrscher, den
ich jemals gesehen habe; er ist überdurchschnittlich groß
und hat außerordentlich schöne Waden.« Von denen wir
noch sehr, sehr viel hören werden! Heinrich der Achte, WA-
DEN, bitte merken.

Weiter im Text: »Er hat ein Gesicht, das so schön ist, dass
es einer hübschen Frau wohl anstehen würde.« Bevor Sie
abschätzig den Mund verziehen, denken Sie an das Milch-
gesicht von *Titanic*-Star Leonardo di Caprio. Feminine Züge
und Männlichkeit können anziehend sein.

Nicht nur Jung Heinrichs blendende Erscheinung wird
gepriesen, auch sein schulischer Fleiß kommt ihm jetzt zugute: »Er besitzt viele Talente, ist ein guter Musiker, komponiert sehr artig … spricht Französisch, Latein und Spanisch,
ist sehr religiös, hört drei Messen am Tag, wenn er zur Jagd
geht, und manchmal fünf an den anderen Tagen.«

Anders als im Mittelalter – und anders als heute – ist
für eine Kultfigur der Renaissance umfassende Bildung
ein ultracooles Accessoire. Bei einer Analphabetenrate von
über achtzig Prozent sind Bücherwissen und Schreibkünste
selten – selbst bei Priestern, die jahrhundertelang das Bil-
dungsmonopol beanspruchten.

Auch Europas Könige des Mittelalters führten lieber das
Schwert als die Feder. Die Ausnahmen unter ihnen galten –

siehe Heinrich VI. – als Sonderlinge, so sie nicht beides brillant beherrschten.

Heinrich VIII. weiß sich nicht nur als Wiedergeburt von König Artus, sondern auch als Intellektueller zu inszenieren. Damit liegt er voll im Trend eines neu erwachten Zeitgeistes. Er sichert sich eine internationale Fangemeinde, die gern, und kostengünstiger als durch Krieg, sein Image als überlegene Geistesgröße fördert. Das kommt Heinrich sehr zupass, obwohl oder vielleicht gerade weil er von Anfang an Krieg im Sinn hat.

Royales Kultur- und Bildungswunder

Die intellektuelle Avantgarde der Renaissance (zu Deutsch Wiedergeburt) will in Sachen Herrscher und Bildung eine Trendwende herbeiführen. Darum betont man in Gelehrtenkreisen, nicht ganz zweckfrei, Englands Königssohn sei alles andere als auf den Kopf gefallen. Europaweit wird die Werbetrommel für das Bildungswunderkind aus dem Haus Tudor gerührt.

Die Humanisten möchten ihrer am Menschen statt allein an Kirchengeboten und Theologie orientierten neuen Wissenschaft von ganz oben zum Durchbruch verhelfen. Ein achtzehnjähriger Jungspund an der Spitze eines Inselreiches, das Reklame für seine Bedeutung nötig hat, kommt den Liebhabern antiker Weisheit und Kultur gerade recht.

Erasmus von Rotterdam ist einer dieser Humanisten, der ganz Europa sozusagen als Handelsvertreter des neuen Geistes bereist. Viele Königshäuser würden ihn gern als Hofdichter und Prinzenerzieher einstellen, was er ablehnt;

aber schon dem neunjährigen Heinrich hat er »Würde des Geistes, verbunden mit bemerkenswerter Höflichkeit« attestiert.

Jetzt lobt der gebürtige Niederländer Heinrichs Latein-kenntnisse, seinen Briefstil und – man höre und staune – seine Sanftmut. Er findet den Tudor-Sprössling lediglich ein wenig zu schüchtern.

Heinrich bringt auch Englands Philosophen und Bücher-freunde ins Schwärmen. William Blount, ein adliger Kumpan von Heinrichs Lehrer Skelton, jubelt in einem Brief an Erasmus: »Die Habgier hat das Land verlassen. Unser König sucht nicht Gold und Edelsteine, sondern Tugend, Ruhm und Unsterblichkeit.«

Der heute noch berühmte Denker, Dichter und heiligge-sprochene Staatsmann Thomas Morus feiert den frisch Ge-krönten als neuen Messias und sieht ihn frei von jeder egois-tischen Gier.

So können sich selbst Meisterdenker täuschen – vor allem was Gold und Juwelen angeht. Nach beidem ist Heinrich früh süchtig, und anders als sein Vater schätzt er Pretiosen nicht, weil sie wertbeständig sind und man sie im Falle eines Aufstandes gut mitnehmen kann, sondern um damit zu prahlen.

In Botschafterbriefen ist von walnussgroßen Diamanten und hühnereigroßen Perlen die Rede, die von Heinrichs Mützen, Wämsern, Puffhosen und Mänteln herabbaumeln. Man hört förmlich, wie die Berichterstatter zwischen Neid und Ehrfurcht schwankend Luft holen müssen. Die Vor-liebe aller Tudors nach Heinrich für klunkerartigen, echten Schmuck sollte legendär werden. Suchen Sie im Lexikon oder bei Google an dieser Stelle mal ein Porträt von Elisabeth I., dann wissen Sie, wie viel Perlen, Diamanten und Glitter auf einem einzigen Menschen Platz finden können.

Heinrichs frühe Vorliebe für perlenüberladene Wämser, für Juwelen und Ringe, verdankt sich nicht nur übertriebener Eitelkeit, sondern ist auch Kalkül und Politik. Der Urenkel des walisischen Gewandmeisters Owen weiß, dass Macht im Wesentlichen auch eine Folge des Auftretens ist. Die Ausübung paramilitärischer Sportarten vom Turnier bis zur Fuchsjagd gehört genauso dazu wie größtmögliche Prunkentfaltung am eigenen Leib. Heinrichs Motto lautet: »Willst du ein König sein, dann benimm dich wie einer.« Er trägt die Maske der Royalität perfekt bis zur Übertreibung.

Doch bleiben wir gerecht und beim Thema Bildung. Auch mit Perlen der Gelehrsamkeit schmückt der gut unterrichtete Thronerbe sich gern.

Gleichgültig, auf welchem Gebiet, nichts ist dem jungen Heinrich wichtiger als die Suche nach Ruhm und Unsterblichkeit. In diesem Punkt liegen die Gelehrten in ihren Lobpreisungen also richtig und tragen mit ihrer Korrespondenz an Kollegen aus Dichtung und Wissenschaft früh zu beidem bei.

Die Briefe von Erasmus & Co. sind keine Privatangelegenheit, sondern eine Art Feuilletonersatz, der gedruckt und europaweit gelesen wird. Das wissen die Gelehrten, das weiß auch Heinrich. Der Schriftverkehr der Intellektuellen ist (unter anderem) ein Geschäft, so wie es die Lob-, Abenteuer- und Minnegesänge der Troubadoure des Mittelalters waren. Die Druckerpresse ersetzt die weit langsamere Mund-zu-Mund-Propaganda.

Unter dem jungen Heinrich heimsen gelehrte Fürstenschmeichler fürstliche Honorare, Hof- und Universitätspöstchen ein. Der frisch Gekrönte schätzt die Imagekampagne für seinen Hof, an dem es mehr »Gelehrte als an irgendeiner Universität« geben soll.

Umgeben von feindlichen Adelsfraktionen sucht der junge König außerdem echte Freundschaft bei den Gelehrten. Der eben erwähnte Thomas Morus ist im Rückblick einer der merkwürdigsten und tragischsten Kandidaten für die von Herzen kommende Gunst des Königs.

Gefährliche Freundschaften

Morus, der dem jungen Heinrich mehr Interesse an den Schätzen der Gelehrsamkeit als an Luxus und Verschwendung zuschreibt, ist als Autor von »Utopia«, erschienen 1516, berühmt geworden und geblieben. In dem philosophischen Roman entwickelt er seine (zeitlosen) Träume von einem idealen Staat, eben Utopia. Unter anderem schwebt dem Autor Besitzlosigkeit und der regelmäßige Tausch von Behausungen vor, auf dass kein Bürger lebenslang Palastbewohner beziehungsweise Hüttenmieter sei. Edelsteine und Gold sind in so einer Welt dekorativer Schnickschnack, Geld ist unbekannt.

Der Titel des Werks gab allen folgenden Utopien ihren Namen, und die haben bekanntlich wenig mit der Wirklichkeit, aber viel mit Hoffnung zu tun.

Der junge Heinrich VIII. liebt es, mit Morus die Bibel auszulegen und bei Vollmond auf das Dach von Greenwich Palace zu steigen, um die Welt der Sterne zu erforschen. Astronom will der Jüngling nämlich auch sein und bestellt auf Kosten des Kronvermögens teuerste Instrumente. Die ungleichen Freunde haben auch Gefallen an den schönen Künsten. Morus pflegt die christliche Hausmusik, schreibt philosophische Poeme; Heinrich lebt seine lyrische Seite in Liebesreimen, aber noch lieber in Unterhaltungsmusik aus.

Die Kombination König und Gelehrter scheint also ein harmonisches Erfolgsmodell zu sein. Thomas Morus, der lieber Mönch und Poet als Politiker geworden wäre, ist dabei eine rühmliche Ausnahme unter vielen Schmeichlern. Ihm ist es weniger um Pöstchen zu tun als um die Anleitung Heinrichs zu einer vernünftigen, gottes- und papstfürchtigen Herrschaft. Er lobt nicht nur, er tadelt auch.

Legen wir an dieser Stelle eine Gedenkminute ein zu Ehren des großen Utopisten Morus. Er hat sie redlich verdient, weil die Freundschaft zwischen dem Nachwuchskönig und dem Philosophen in eine Katastrophe münden wird. Und das lehrt nicht nur Zeitgenossen, dass die Freundschaft von Mächtigen zu fürchten oder zumindest mit Vorsicht zu genießen ist.

Zwar wird Morus ab 1517 eine Hofkarriere antreten, er wird zum Ritter geschlagen und – ziemlich widerwillig – Mitglied des königlichen Kompetenzteams (Kronrat), später sogar Lordkanzler, aber dem Philosophen schwant früh, dass Gunst und Zuneigung von Heinrich ihren Preis haben. Ihn soll sie – wie wir sehen werden – den Kopf kosten.

Privat vergleicht Morus bereits den Teenager-König mit einem Raubtier und prophezeit, »wenn der junge Löwe seine wahre Stärke kennt, kann ihn niemand mehr bändigen«. Der literarische Utopist hegt also in Sachen Wirklichkeit keine allzu großen Illusionen – gerade das macht ihn so liebenswert und so tragisch.

Aber noch träumt er, noch träumen Gelehrte, Künstler,

Volk und England, noch träumt selbst der Thronerbe von einer gerechten, verdienstvollen, ruhm- und erfolgreichen Herrschaft. Am schnellsten erwachen aus diesem Traum Papa Tudors alte Groschenzähler und Finanzexperten.

Genial kalkulierte Grausamkeiten

Heinrich hat auch seine Geschichtsstudien, speziell über Könige, mit Erfolg absolviert. Die Nachkriegskindheit steckt ihm noch in den Knochen. Darum setzt er neben gepflegter Lektüre früh auf eine altbewährte Königsdisziplin: schwungvoller Einsatz des Henkerbeils.

Nur zwei Tage nach dem Tod des Vaters erlässt er seine ersten Verhaftungsbefehle. Unter dem allgemeinen Jubel der Untertanen und von finanziell drangsalierten Aristokraten werden am 23. April 1509 die verhassten Steuereintreiber Richard Empson und Edmund Dudley eingekerkert. Sechzehn Monate später lässt Heinrich die Finanzbeamten unter fadenscheinigen Gründen köpfen. Es ist sein erster Mord in einer Serie von Justizmorden. Die Hinrichtung von Papas Groschengräbern ist eine gelungene PR-Kampagne für ihn und eine Kampagne gegen seinen verhassten Vater. Der Akt kalkulierter Grausamkeit lässt Heinrichs Beliebtheit beim Volk und auch bei feindlichen Yorkisten ins Grenzenlose wachsen.

Unfreiwillig beweist Heinrich mit den Justizmorden aber auch, dass die Staatsgeschäftsstunden in des Vaters Kabinetten nicht umsonst waren. Heinrich VII. zog die Steuerschraube mit Hilfe von Gesetzen an. Heinrich VIII. wird peinlich darauf achten, dass seine Daumenschrauben unter

– 97 –

dem Anschein von Gesetzestreue angewendet werden. Ich schreibe das ungern, aber in Sachen Machtkalkül ist Heinrich der Achte der Mozart seiner Zeit – ein Wunderkind eben.

Man könnte meinen, der frisch gebackene König habe neben Odysseus, Lautenspiel und Minnesang auch Niccolo Machiavelli studiert. Dessen berüchtigte Arbeitsanleitung für erfolgreiche Renaissance-Herrscher, »Der Fürst«, erscheint aber erst ein paar Jahre später.

Dem Inhalt greift der neue Tudor instinktsicher vor. Bei Machiavelli heißt es: »Ein Herrscher darf sich also um den Vorwurf der Grausamkeit nicht kümmern, wenn er dadurch seine Untertanen in Einigkeit und Ergebenheit halten kann. Statuiert er nämlich einige wenige abschreckende Beispiele, so ist er barmherziger als diejenigen, die infolge allzu großer Milde Unordnung einreißen lassen, aus der Mord und Plünderung entstehen.«

Der Turnierfan Heinrich, der sich mit dem mythischen König Artus vergleichen lässt und musikalisch alte Troubadoure imitiert, verhält sich in Sachen Machtpolitik äußerst »modern« – im damaligen Sinne. Er beweist ein hochsensibles Gespür für den Zeitgeist und befriedigt zugleich rückwärtsgewandte Sehnsüchte. Auch deshalb darf man Heinrich VIII. als ersten englischen König der Neuzeit bezeichnen.

Seinem Volk imponieren, neben der flotten Strafjustiz in Sachen Fiskus, die Steuernachlässe. Deshalb nimmt man Heinrich nicht krumm, dass er die pralle Staatskasse seines Vaters plündert. Zunächst für imageträchtigen Luxus, für Turniere und Feste, was von vielen Londoner Kaufleuten und Handwerkern begrüßt wird. Schließlich bekommen viele was ab und was zu tun: Schneider, Turnierwaffenher-

– 98 –

steller, Zimmerleute, Weinhändler, Fahnennäher, Gewand-
schneider, Seidensticker, Brokatweber, Wappenmaler, Bunt-
glaser, Zeltmacher, Gewürzimporteure. Die Liste seiner
Hoflieferanten ist so endlos wie die hernach eintrudelnden
Rechnungen.

Die Kosten für die Verschwendungslust und die entstehenden Schulden aber will zu Anfang von Heinrichs Regierung
niemand so genau auflisten. Mit Worten wie Sparsamkeit
halten sich selbst die königlichen Finanzberater zurück – sie
wissen ja nun, wo das Beil hängt.

Um Volksnähe bemüht zeigt sich der junge Heinrich
mitunter auch beim Londoner Pöbel freigebig. Bei einem
öffentlichen Fest in Westminster taucht er in die Menge gewöhnlicher Gaffer ein und erlaubt ihnen, ihm seine Juwelen
und Ringe vom Leib zu pflücken. Ein lohnendes Vergnügen;
der Wert eines einzigen Fingerrings entspricht dem Jahreseinkommen eines Farmarbeiters.

Reiche Höflinge tun es dem Monarchen bei dieser Gele-
genheit übrigens gleich, werden geplündert und sogar ihrer
Unterhosen beraubt. Vor Schlimmerem müssen die adligen
Nachäffer von Heinrichs Leibgarde geschützt werden.

Nur *young* Henry, der Hüne mit dem Engelsgesicht und
den hübschen Waden kann sich diese frühe Form des Stage-
diving leisten, ohne hernach völlig zerfleddert dazustehen.
Was fehlt einem solchen Traumprinzen noch?

Die passende Prinzessin! Bei seiner (ersten) Brautwahl beweist der junge König wiederum instinktsicheres Kalkül, Ero-
berungsdrang, PR-Geschick und – ja – Herz.

Eine königliche Romanze und Märchenhochzeit

Seine Fangemeinde im Volk schwillt ins Unermessliche an, als der frisch gekrönte Monarch im Sommer 1509 seine Heirat ankündigt. Endlich gibt es wieder einmal eine royale Märchenhochzeit statt einer flotten Kriegstrauung oder einem rein dynastischen Zweckbündnis zwischen Exfeinden. Vor den Altar treten der 18-jährige *Prince charming* und eine ebenfalls hübsche, allseits beliebte Braut. Es ist Heinrichs Dauerverlobte Katharina, die einsame, 24-jährige Witwe seines verstorbenen Bruders.

Die Tochter aus einer der mächtigsten Dynastien Europas ist der Liebling der Inselbewohner, weil sie viel hat leiden müssen und dies mit Contenance getan hat. Leidende Prinzessinnen sind bekanntermaßen heute noch ein beliebtes Identifikationsmodell für die Masse und ein PR-Schlager für die Monarchie. Wir werden dem Typus verfolgte, royale Unschuld in diesem Buch noch scharenweise begegnen.

Bleiben wir bei Heinrichs verfolgter Braut und ihrer wirklich anrührenden Geschichte. Acht Jahre zuvor, also 1501, ist die rotblonde, blauäugige Spanierin samt Hofstaat, Aussteuer und 100.000 Gulden Mitgift nach England verfrachtet worden, um den 15-jährigen Arthur Tudor zu heiraten. Sie weiß, dass sie Eltern und Heimat wohl nie wiedersehen wird, sie spricht kein Englisch und muss damit rechnen, dass sie an dem fremden Hof isoliert ist. Das übliche Heiratsschicksal für Prinzessinnen.

Katharina ist eine kleine, rundliche, entzückende Braut von 16 Jahren und vor allem Politobjekt, das eine Allianz zwischen dem mächtigen Spanien und England gegen Frankreich sichern soll. Aber Katharina ist auch eine sprichwörtlich stolze Spanierin. Schwiegervater Heinrich VII. will das Heiratsgut direkt nach Katharinas Landung an Englands Nebelküste begutachten, stürmt in das Zelt der Prinzessin und erwischt sie noch im Nachthemd. Katharina – klein von Gestalt, aber jeder Zoll eine Königstochter – wirft den royalen Rohling hinaus.

Im November desselben Jahres heiraten sie und Arthur in der St.-Pauls-Kirche. Klein Heinrich, damals zehn, führt die Braut zum Altar – als Page. Danach fällt er den Hochzeitsgästen beim Ball durch unermüdliches Tanzen auf. Er zeigt seiner neuen Schwägerin mit beachtlicher Begeisterung, was in seinen »hübschen Waden« steckt.

Arthur und Katharina gehen zurück nach Wales, dessen Prinz der junge Arthur ist, und nun wird es historisch wichtig. Haben die beiden dort in Ludlow oder in London die Ehe vollzogen oder nicht? Nein, hier geht es nicht um indiskreten Klatsch, sondern um künftige Weltpolitik.

Arthur soll nach einer Nacht im Ehebett demonstrativ aus den Schlafgemächern gestürzt sein und vor versammelter Mannschaft nach Ale verlangt haben. Mit den Worten: »Ich bin sehr durstig. Ich war heute Nacht mehrmals mitten in Spanien, und es ist sehr heiß dort.«

Klingt schwer nach starken Teeniesprüchen. Tatsache ist, dass Arthur nur fünf Monate nach der Hochzeit das Zeitliche segnet, nicht wegen sexueller Verausgabung, sondern dank einer Lungenentzündung, der Schwindsucht oder – so neueste Vermutungen – weil er unter Hodenkrebs litt.

Katharinas Vater Ferdinand will nach Arthurs Hinscheiden die Mitgift zurück. Arthurs Vater hingegen fordert die Auszahlung des Restes. Schließlich hat die Ehe ja irgendwie stattgefunden.

Die 17-jährige Witwe möchte am liebsten nach Hause, aber Heinrich VII. lässt sie nicht gehen, und ihr Vater Ferdinand will sie nicht wiederhaben. Er braucht das Bündnis mit England, weil er an Spaniens Grenze ständig in Scharmützel mit Frankreich verstrickt ist. Sein Kalkül: England kann die Franzosen von Norden her militärisch ärgern und ablenken.

Deshalb schlägt Ferdinand vor, Katharina mit dem nun elfjährigen Heinrich zu verloben. Im Gegenzug verspricht er, den Rest der versprochenen Mitgift zu zahlen.

Kirchenrechtlich hat diese politisch praktische Lösung einen Haken: Schwager Heinrich und seine Schwägerin gelten aufgrund von Katharinas Ehe mit Arthur als Blutsverwandte. Laut Bibel sind Schwager-Ehen Inzest und nicht erlaubt. In *Leviticus*, Kapitel 18, Vers 16 heißt es: »Du sollst deines Bruders Weibes Blöße nicht aufdecken; denn sie ist deines Bruders Blöße.«

Papa Heinrich VII. – gerade verwitwet – schlägt Katharinas Vater Ferdinand sich selbst als neuen Bräutigam der vierzig Jahre jüngeren Katharina vor. Ferdinand hält das für ein schlechtes Geschäft. Er will einen jungen, kriegsbegeisterten Schwiegersohn wie Heinrich junior und keinen alten Pfennigfuchser, der so durchtrieben ist wie er selber.

Heinrich VII. gibt sich daraufhin moralischer als der Papst und beharrt darauf, dass eine Ehe zwischen Katharina und Heinrich junior nun mal Inzest ist. Dass in seinem Fall das Gleiche gilt, scheint der Tudor zu übersehen. Auch Schwiegerväter und Schwiegertöchter gelten als Blutsverwandte.

Das klingt heute recht skurril, es ist aber ein heißes Thema im Europa des Mittelalters. Gestatten Sie mir einen amüsanten Kurzausflug ins katholische Eherecht:

Die Kirche versucht mit Beginn des Mittelalters Ehen unter Verwandten zu verhindern. Löblich. Im 6. Jahrhundert nach Christus werden auch Heiraten zwischen Gatten verboten, die im dritten Grad miteinander verwandt sind. Um 800 lässt Papst Leo III. († 816) sogar den Ringtausch zwischen Verwandten siebten Grades verbieten. Die hübsche Begründung: Der Herr ruhte am siebten Tag von seinen Werken aus. Danach neigt die Kirche – erbgenetisch betrachtet – zu absurden Übertreibungen.

Seit 867 dürfen keine Ehen zwischen Täuflingen und ihren Paten oder deren Kindern mehr geschlossen werden, da zwischen ihnen »geistliche Verwandtschaft« vorliegt. Und jetzt bitte festhalten oder, falls Sie vor oder um 1980 katholisch getraut wurden, schnell mal im Taufbrief nachschlagen: Dieses Ehehindernis hat die katholische Kirche erst anno 1983 aufgehoben!

Zurück ins Mittelalter. Auf dem Laterankonzil von 1215 wird festgelegt, dass Brautleute nicht vor den Traualtar dürfen, wenn eine Verwandtschaft bis zum vierten Grade vorliegt. Das heißt: Verlobte mit einer identischen Urgroßmutter haben keine Chance, außer der Papst gibt den Segen und den Dispens – also eine Ausnahmegenehmigung – dazu. Gegen Geld, versteht sich.

Wer zum Adelsstand gehört, erhält diese Ausnahmegenehmigung in der Folge schnell. Etwa die aus Österreich stammenden Habsburger – Born der meisten europäischen Kaiser. Sie heiraten im 16. Jahrhundert, also zu Heinrichs Tagen – fast ausschließlich untereinander. Entweder werden Cousin und Cousine oder Onkel und Nichte miteinander vermählt.

Ehedispense werden für den Vatikan zum ungeheuer einträglichen Geschäft. Mal springt sehr viel Bares, mal ein Militärbündnis dabei heraus. Kein Wunder, dass der Heilige Stuhl den Handel ausdehnt. Auch wenn »Schwägerschaft aus unerlaubtem Beischlaf« vorliegt, also ein Mann die Schwester einer Frau heiraten will, mit der er ein sexuelles Techtelmechtel hatte, verbietet die Kirche die Eheschließung. Die Heirat zwischen Schwager und Schwägerin ist demgemäß strengstens verboten. Womit wir wieder bei den Verlobungsfeilschereien um Englands Prinz Heinrich und die spanische Katharina sind.

Deren Vater Ferdinand hat einen guten Draht zum Papst und fragt in Rom erst einmal um einen Ehedispens an.

Da niemand wirklich annimmt, dass der kränkelnde, Blut spuckende kaum 16-jährige Arthur fleischlichen Umgang mit Katharina gehabt hat, erteilt der Heilige Vater, Papst Julius II., die Eheerlaubnis mit links. Mit der Rechten unterschreibt er die Quittung über einige Golddublonen.

Vater Ferdinand hat übrigens – da doppelt besser hält – um zwei Ehedispense gebeten. Einen wegen Nichtvollzugs der Ehe Katharina – Arthur und einen, der auch im Falle eines stattgefundenen Vollzugs gilt. Die wichtige Allianz Spanien – England, mit der er Frankreich hübsch in die Zange nehmen kann, soll nicht an einem Jungfernhäutchen hängen.

Julius II. hat den zweiten Antrag anscheinend schlicht verschusselt oder das Kleingedruckte überlesen. Seine Eheerlaubnis gilt nur, wenn Katharina und Arthur nicht … Sie wissen schon. Schwamm drüber, so genau liest das zu diesem Zeitpunkt niemand. Viel später wird die Schlamperei des Vatikans einen Ehescheidungsprozess und eine Katastrophe von Weltbedeutung auslösen.

Aber erst mal steht einer Verlobung und der späteren Hochzeit zwischen Prinz Heinrich und Witwe Katharina nichts mehr im Wege. Bis auf die Finanzfragen, die der so kostenbewusste wie geldgierige Heinrich VII. besonders gern erörtert.

Er verlangt eine Erhöhung der Mitgift für die Secondhandbraut Katharina. Spaniens Ferdinand möchte den Gegenwert ihres mitgebrachten Goldgeschirrs und ihrer Betttücher anrechnen. Heinrich lehnt gebrauchtes Porzellan und Bettwäsche ab. Über die zähe Feilscherei gerät Katharina in eine triste Warteschleife und wird zu König Heinrichs Geisel.

Englands Monarch hält die Prinzessin und Witwe finanziell so kurz, dass sie in einem feuchten Londoner Palais hungern und Schulden machen muss. Nach dem Tod ihrer Mutter Isabella im Jahr 1504, die hin und wieder die Außenstände beglichen hat, wird Katharinas Auskommen noch karger. Ihr Vater Ferdinand schickt nicht einmal Geld für unbezahlte Lebensmittelrechnungen. Aus Angst, dass der Schwiegervater es kassieren könnte.

Katharina lebt von Wildbret und guten Gaben befreundeter Adliger, dann muss sie an den Hof Heinrichs VII. übersiedeln, der ihr winzige Kammern, kaum Personal und Resteessen von der Königstafel gewährt.

1506 bringt er noch mal die Idee aufs Tapet, Katharina selber zu ehelichen, um deren Morgengabe einbehalten zu dürfen. Wahlweise würde er auch Katharinas frisch verwitwete ältere Schwester Johanna nehmen. Die gilt zwar als wahnsinnig, brächte aber noch mehr Geld und sogar die Krone von Kastilien als Brautschatz ein. In Spanien dürfen Frauen nämlich den Thron erben.

Kommt überhaupt nicht infrage, findet Ferdinand, der

– 105 –

Kastiliens Krone selber behalten will. Das Heiratsgezänk verkommt zu einer Brautauktion der übelsten Sorte.

Handelsobjekt Katharina findet Trost bei Gebet und strengsten Fastenübungen – vielleicht eine Frühform der Essstörung, die noch heute bei unglücklichen Prinzessinnen gang und gäbe ist. Papst Julius II. verbietet Katharina höchstpersönlich das Hungern, damit sie fit für das ein oder andere Königsbett bleibt. Psychotherapie ist damals nun mal unbekannt; päpstliche Seelsorge muss als Heilmittel reichen.

Das Dramolett um die junge Spanierin gehört zu Londons liebstem Gassengeschwätz, und – siehe oben – ihr heftig pubertierender Vertrags-Verlobter Heinrich schwärmt die verkaufte Braut aus der Ferne heftig an. Zur Überraschung von Hof und Untertanen erklärt er allerdings am 27. Juni 1505 – dem Vorabend seines 14. Geburtstages, mit dem er heiratsfähig wird –, dass er die Verlobung aufhebt. Sein Vater hat bei diesem Auftritt Regie geführt, weil er inzwischen eine lukrativere Ehe für ihn plant.

Dass sein Sohn schon damals anders denkt und fühlt, wird klar, als Heinrich im Sommer nach seiner Thronbesteigung und noch während der Trauerzeit um seinen Vater die spanische Prinzessin zum Altar führt, obwohl ihre restliche Mitgift noch aussteht.

Heinrichs zähe Oma Margarete Beaufort – ja, sie lebt noch – grummelt zwar, stimmt aber zu. Vor allem, weil ihr Enkel im Mai bei der Trauerzeremonie für Heinrich VII. ihr den Sitzplatz neben sich freihält statt seiner Braut Katharina. Die machtbesessene Schwieger- und Großmutter Margarete stirbt kurz nach der Hochzeit des Enkels zufrieden und in dem Bewusstsein, dass sie die einzig wahre First Lady der Tudors ist.

Lady Beaufort wird in einer Seitennische von Westminister vis-à-vis vom Grabmal ihres Sohnes bestattet. So hat sie ihn aus dem Grab heraus weiterhin unter Kontrolle. Gönnen wir der ehemaligen Kindsbraut ihre Art des Happy Ends.

Ihr 18-jähriger Enkel beweist mit seiner ersten Hochzeit einen Hang zu anderen Quellen des Glücks. Seinem Schwiegervater Ferdinand schreibt er kurz nach der Vermählung begeistert. »Unsere Liebe blüht und wächst täglich. Selbst wenn wir noch frei wären, wäre es sie, die wir wählen würden.« Mit »wir« meint Heinrich »er«, also sich, also ich, na ja, Sie wissen schon, er nutzt das königliche »wir«, den Pluralis Majestatis, als persönliches Fürwort. Amouröse Romantik wird unserer, also Ihrer Majestät, ein Leben lang wichtig sein und ihr viel Ärger bescheren – erst recht seinen Frauen.

Jetzt aber jubelt ganz London. Mit der Märchenhochzeit scheinen goldene Zeiten anzubrechen, das blutige Geschäft des Kriegs scheint Vergangenheit. Heinrich gilt als Make-Love-not-War-Prinz. Eine optische Täuschung, auch wenn es zunächst nach Friede, Freude, Eierkuchen für alle aussieht.

Das Leben ein Fest

Heinrich überlässt die Regierungsgeschäfte rasch Beratern wie Thomas Wolsey, dem hochintelligenten Sohn eines Fleischers, der es noch zum Lordkanzler Englands, zum Kardinal und zum mächtigsten Politiker der Insel bringen wird.

Die Entscheidung für den 34-jährigen Wolsey ist keine übereilte, sondern eine genau kalkulierte Wahl des jungen Königs. Sie dämmt den Einfluss der Adligen ein, und Wolsey, ein Aufsteiger wie Heinrich selbst, ist bestrebt, dem Tudor alles zu geben, wonach dessen Herz verlangt. Etwa die neue Anrede »Ihre Majestät« statt »Hoheit« und genug Geld, um sich auszutoben und sich königlich zu amüsieren.

Wolsey ist übrigens im Herzen tatsächlich ein Friedenspolitiker. Dass er sich nebenher die Taschen aus der Krontruhe vollstopft, ist ein anderes Thema. Jetzt tut er alles dafür, Jung Heinrich von Staatsgeschäft und teuren Kriegen abzulenken. Mit Erfolg.

Statt bei Schlachten anzutreten, reitet der frisch vermählte Monarch als »Ritter treues Herz« (*Loyalheart*) für seine Lady Katharina in endloser Serie Turniere. Wämser, Wappen, Palastwände und Kirchenstühle werden mit ineinander verschlungenen Hs und Ks geziert, die Tudor-Rose durch Katharinas heraldischen Granatapfel ergänzt.

»Das Leben am königlichen Hofe ist ein immerwährendes Fest. Maskeraden und Komödien, Lanzenstechen und Turniere, Konzerte Tag und Nacht«, berichtet die Spanierin ihrem Vater Ferdinand nach Hause. Heinrich macht aus seinem Hof ein zweites Camelot. Er führt venezianische Maskenspiele ein. Gemeinsam reiten Katharina und Heinrich auf die Falkenjagd. Bei Tafeleien schwimmen blattvergoldete Pfauen in mit Silberpulver gebundenen Soßen. Zum Dessert bringt Heinrich selbst gedichtetes Liedgut zum Vortrag. Songs mit vielsagenden Titeln wie *Pasttime and good company* (Vergnügungen und gute Gefährten). Jeden Abend wird getanzt.

Katharina betört Heinrich mit temperamentvollen spanischen Sprungtänzen, er revanchiert sich mit Theaterinszenierungen, bei denen Höflinge und Hofdamen, als Feen, Gnome und Ritter gewandet, qualmende Pappburgen stür-

– 108 –

men und Feuer speiende Drachen erlegen. Gern unter seiner Führung als Gott des Krieges.

Sehen solche Spielzeugkriege nach einem neuen Warlord aus? Eher nach einem bis über beide Ohren in sich und seine Braut vernarrten König. Keine Frage, die beiden sind nicht nur an Erhalt und Produktion einer adligen Blutlinie interessiert, sie haben Gefallen aneinander.

Nach Mitternacht erobert Heinrich seine Herzdame gelegentlich als Robin Hood oder als türkischer Sultan verkleidet in ihren Schlafgemächern. Mit erfreulichen Folgen. Die Königin wird wenige Monate nach ihrer Hochzeit schwanger.

Die fromme Gattin spricht Dankgebete, ihr Bauch rundet sich zusehends. Traditionsgemäß wird Heinrich aus dem Himmelbett ausquartiert – Sex während einer Schwangerschaft gilt als unrein. Die Königin muss sich in den letzten Schwangerschaftswochen in eine abgedunkelte Kammer zurückziehen. Gelüftet wird nicht, dafür geräuchert, um schädliche Dünste, Miasmen genannt, zu eliminieren. Das ist Gynäkologie à la Tudors. Umgeben von Hebamme, ein paar Gesellschafterinnen und dem Beichtvater, hat sie still ihrer Niederkunft entgegenzuharren. Und das oft wochenlang, weil das Ausrechnen von Geburtsterminen damals noch ungenauer war als heute.

Der König erlaubt sich derweil begehrliche Seitenblicke auf Katharinas Hofdamen. Auch das hat Tradition, mit der Heinrich allerdings in einem entscheidenden Punkt bricht.

Er begnügt sich sexuell nicht mit einer bedeutungslosen Ehrendame vom Lande, er holt sich die vornehmste von Katharinas acht Hofdamen ins Bett. Diese Anne Hastings ist keine unbedarfte Unschuld vom Land, sondern eine Klatschbase, und leider mit hochadligen Verwandten gesegnet. Ihr

Bruder ist ein Herzog von Buckingham, der mindestens so gute Thronansprüche hat wie Heinrich VIII.

Dass ein Tudor ihm nicht nur die Krone, sondern auch eine Schwester wegschnappt und zum Bettschatz erniedrigt, führt zu einem Krach, der die Palastwände wackeln lässt. Buckingham entfernt Anne Hastings aus dem Königsbett und verfrachtet sie in ein Kloster.

Das verärgert Heinrich, zumal seine Königin so von dem Seitensprung erfährt. Katharina verliert mit einem Schlag eine Hofdame, ihre vermeintliche Busenfreundin und den Respekt vor ihrem Gatten. Noch tragischer: Die Königin verliert im Zuge all der Aufregungen ihr Honeymoon-Baby. Ein Mädchen, das im Sommer 1510 zu früh und tot zur Welt kommt.

Katharina ist tief verletzt und so aufgebracht, dass sie ihrem Heinrich, genau wie der Herzog von Buckingham, eine öffentliche Szene macht. Beide verhalten sich äußerst unklug. Heinrich, der Superstar, der PR-König, der Aufsteigersohn, kann es sein Leben lang nicht vertragen, vor aller Welt abgekanzelt zu werden. Und er hat ein Gedächtnis wie ein Elefant. Der Herzog von Buckingham kommt auf seine schwarze Liste.

1520 wird er in einem anonymen Brief beschuldigt, er behaupte, Englands wahrer König zu sein, und er sei bereit, den Tudor-Monarchen zu töten. Obwohl für diese Behauptung jeder Beweis fehlt, wirft Heinrich VIII. den standesstolzen Konkurrenten in den Tower und lässt ihn in einem Hochverratsprozess zum Tod verurteilen.

Die kurze Liaison mit Anne Hastings wird von Historikern meist übergangen. Erst kürzlich hat sich die britische Forscherin Philippa Jones die Mühe gemacht, diese und sämt-

liche weitere außerehelichen Liebeleien des zweiten Tudor-
königs aufzulisten und farbig zu schildern.

Sie kommt auf insgesamt acht halbwegs gesicherte Seitensprünge; in der Mehrzahl sind es flüchtige Affären und
geradezu erbärmlich wenige für einen kraftstrotzenden König der Renaissance. Ebenfalls ungewöhnlich: Alle acht Sex-
abenteuer sucht Heinrich bei Damen von Stand und meist
im direkten Umfeld seiner Königinnen. Eine offiziell dekla-
rierte Mätresse, wie es in Frankreich zu dieser Zeit üblich
wird, nimmt er sich nie.

Zum Vergleich: Sein drei Jahre jüngerer französischer Kol-
lege Franz I. liebt neben zwei *maîtresses en titre* weit demokra-
tischer. Nämlich so ziemlich alles, was einen Rock anhat und
was nicht schnell genug auf die Bäume kommt. Der Throninhaber aus dem Haus Valois gehört zu den aktivsten Casa-
novas seiner Epoche. Zeitweise wechselt er die Bettpartne-
rinnen täglich.

Seine One-Night-Stands und Kurzaffären mit Milchmäg-
den, Bürgerstöchtern, Soldatenfrauen, Marketenderinnen,
Schankmädchen und Huren sind Legende. Während er
seine mit einem Klumpfuß geschlagene erste Königin
Claude recht galant behandelt – immerhin bringt sie ihm die
Bretagne ein –, ist er außerhalb des Palastes ein zeittypischer
Lüst- und Wüstling. Und ein Grobian. Vor allem während
seiner ausgedehnten Feldzüge.

Man munkelt, dass sein derber Frauenverschleiß damit zu
tun hat, dass er daheim unter der Fuchtel einer machthung-
rigen Mama leidet, der er nicht zu widersprechen wagt. Wie
auch immer, seine Form des Liebeswerbens grenzt nicht selten an Vergewaltigung.

Die schöne Tochter eines französischen Bürgermeisters

verunstaltet sich mit Kupfervitriol, um Franzens rohen Avancen und einer Ansteckung mit der Syphilis zu entgehen, die Franz sich schon in jungen Jahren zuzieht.

Der junge Heinrich ist völlig anders. Ein geradezu feinfühliger, schüchterner Liebhaber, der die Damen seiner Wahl, auch wenn es nur um Bettgeschichten geht, verehren möchte. Das beweist seine erste Affäre mit der hochadligen Anne Hastings.

Heinrich möchte hohe Minne und Sex, schiere Lust gepaart mit filigraner Ritterromantik, er liebt das Spiel der Eroberung, und darum muss das Ziel seiner Lust hochgesteckt und so uneinnehmbar sein oder scheinen wie eine Festung. Der Tudor ist kein triebgesteuerter Streuner, sondern mehr der Typ serieller Monogamist. Darum auch die vielen Ehen. Fünf seiner Frauen – darunter Königin Katharina – heiratet Heinrich aus Liebe, oder aus dem, was er jeweils dafür hält. Im Fall Katharina ist es Teenieschwärmerei im Minnegewand.

Nach Anne Hastings flirtet der hübsche 19-jährige Frauenliebling für eine Weile nur noch platonisch. Beweis seiner Versöhnung mit Katharina ist eine erneute Schwangerschaft unmittelbar nach dem Verlust des ersten Babys.

Seine Königin tröstet sich über Heinrichs Ausrutscher hinweg und freut sich, dass Heinrich die Beichte und bis zu fünfmal täglich die Messe mit ihr besucht. Wobei er nebenher – in seiner abgeschirmten königlichen Loge – endlich auch lästige Staatsgeschäfte erledigt, Papiere unterzeichnet und Ministerentscheidungen absegnet. Der Prinz scheint lieber erwachsen als ein Playboy werden zu wollen.

Am 1. Januar 1511 kommt ein kleiner Prinz zur Welt, der die Tudordynastie sichern kann. Sein Papa ist begeistert, pilgert mit dem Baby persönlich und barfuß zur Jungfrau von Walsingham, um zu danken und eine Kerze zu entzünden, die noch Jahre brennen wird.

Er richtet dem Junior – der Heinrich heißt, wie sonst? – einen Hofstaat mit vierzig Personen ein. Allein vier Wiegenschauklerinnen und acht Ammen werden engagiert. Und natürlich wird gefeiert. In ganz England und bei Hofe. Fast einen Monat lang. Nicht viel länger lebt der kleine Thronfolger. Er stirbt 52 Tage nach seiner Geburt; die Kerze von Walsingham brennt 20 Jahre lang weiter.

Heinrich ist entsetzt, aber nicht untröstlich. Immerhin ist Katharina ja ausgesprochen fruchtbar und er noch jung. Außerdem findet er im Jahr 1511 endlich einen Anlass, das zu tun, was er sich als echter Ritterfan immer ersehnt hat: Er kann einen Krieg erklären. Noch dazu mit dem Segen des Papstes und – *Vive la France* – gegen den uralten Erzfeind jenseits des Kanals. Nur der Kronrat muss noch zustimmen.

Königin Katharina – obwohl betroffen vom Verlust ihres Babyprinzen – ist schon jetzt begeistert. Und zwar von Herzen.

Als jüngste Tochter von Ferdinand von Aragon und Königin Isabella von Kastilien ist sie am Rande von Schlachtfeldern und in Kriegstrossen aufgewachsen. Ihre Eltern, die *reyos catholicos*, sind als erste Nationalhelden Spaniens in die Geschichte eingegangen. Beiden gelang die endgültige Rückeroberung der iberischen Halbinsel von den Mauren, die dort über 700 Jahre herrschten.

Nicht nur im Schlachtengetümmel hatte Katharinas Mama Isabella die Eisenhosen an, sondern auch in der Ehe – vermerken zeitgenössische Chronisten süffisant. Das prägt. Viele Feinde hat Isabella höchstselbst abgekehlt und neben-

– 113 –

her – oft im Kriegszelt und untermalt von Waffengeklirr – zehn Kinder geboren. Fünf tot, fünf lebend. Wer jetzt noch glaubt, dass Frauen im Mittelalter nur Teppichsticken und Gebete im Kopf hatten, ist selber schuld.

Gatte Ferdinand, den wir bereits als durchtriebenen Heiratsschacherer kennengelernt haben, kämpfte selbstredend auch, übernahm aber lieber die Rolle des abgefeimten Bündnisschmieds. Von ihm wissen die Quellen zu berichten, »er ist ein ausgemachter Lügner, und es gibt keinen König, den er nicht ein Mal betrogen hat«. Sinngemäß ergänzt Ferdinand in einem Brief: »Ein Mal? Das ist zwei Mal zu wenig.«

Katharina ist so fromm wie stolz auf die heiligen Kriegstaten ihrer königlichen Eltern. Greueltaten wie die Vertreibung und die Massenvernichtung von Muslimen und Juden mittels der spanischen Inquisition inbegriffen. Der Papst selbst hat den Eltern dafür den Ehrentitel »katholische Majestäten« verliehen. Jetzt kann die Amazonentochter Katharina ihrem Ritter Heinrich »Treuherz« beweisen, aus welchem Holz eine spanische Prinzessin geschnitzt ist. Ihr Standesstolz ist beeindruckend und sozusagen ihr Erbrecht.

Ihre Mutter Isabella war eine Monarchin aus eigenem Recht und mit eigenem Thron, nämlich dem von Kastilien. Der war weit mächtiger als das eher schäbige Pendant ihres Papas von Aragon.

Katharina versteht sich nicht als reine Gebärmaschine im Dienste der Krone, sondern als gute Gabe Gottes an England. Sie ist wild entschlossen, Heinrich neben Thronerben auch Siege zu schenken. Das ist ihre heilige Mission. Also, auf in den Kampf, Toreros.

König Artus' letzter Ritter kämpft für
hundert Parmesankäse

Bevor die Sache losgehen kann, muss Wolsey das Kriegsziel dem Kronrat schmackhaft machen. Der ist zu großen Teilen mit Kardinälen und überzeugten Kriegsgegnern besetzt. Dabei handelt es sich nicht eigentlich um Pazifisten, sondern um alte Rosenkrieger und Rechenschieber, die sich mit Kosten für Kanonen auskennen. Der Metzgersohn und Noch-nicht-Kardinal Wolsey muss verflixt gute Argumente finden. Vernunftgründe scheiden aus, also stellt er das Projekt als Heiligen Krieg im Namen von Papst Julius II. vor.

Wie? Ein Kreuzzug nach Jerusalem? Jetzt? Das Hochmittelalter ist doch vorbei und Richard Löwenherz längst Legende, werden sich Wolseys Ratskollegen gewundert haben.

Dummköpfe, muss Wolsey zurückgeblafft haben, es geht um den heiligen Vatikan und um die Herrschaft des Papstes in Italien.

Dort hauen und stechen sich Frankreich, Spanien und der Heilige Vater seit einigen Jahren um die Herrschaft über reiche Stadtstaaten wie Neapel, Mailand, Florenz und Venedig.

Julius II. ist ein Papst im Kettenhemd. Seine für einen Nachfolger Petri ungewöhnliche Namenswahl ist Programm. Julius soll nicht an einen Apostel erinnern, sondern an Cäsar. Der Papst ist ein echter Renaissancefürst. Luther wird ihn später den »Blutsäufer« taufen; die Römer nennen ihn schaudernd *il terribile*, den Schrecklichen. Vor seiner Wahl auf den Stuhl Petri hat sich der Mann aus dem Hause Rovere fast sechzig Jahre als Heerführer durchgeschlagen.

Jetzt ist er an einem vereinten Italien unter seiner Herrschaft interessiert. Großmächte und Nationen kommen damals – siehe Spanien – eben in Mode. Darum gründet Julius unter anderem auch die berühmte Schweizer Garde, die damals mehr kann, als Fototouristen lustig bunte Uniformen vorzuführen. Schweizer Landsknechte sind in der Renaissance die weltbesten Soldaten.

Anno 1511 ist aber leider Frankreich bedenklich erfolgreich im Verteilungskampf um den italienischen Stiefel. Der Heilige Vater will eine Waffenbrüderschaft zwischen Spanien, Venedig und der Schweiz schmieden. England soll auch mitmachen und – mal wieder – die Franzosen auf eigenem Boden angreifen. Ein Fall ganz nach dem Geschmack des ruhmdürstenden achten König Heinrich.

Der römische Julius hat dem jungen Tudor eine Privatbulle geschrieben, in der er den Jungspund mit Schmeichelei und frommen Wünschen bei der Ritterehre packt. Damit die Lobhudeleien ihr Ziel erreichen, hat der Stellvertreter Gottes den Brief zusammen mit hundert Laiben Parmesankäse und noch mehr Fässern Chianti losgeschickt.

Das alles hat Heinrich sicher gemundet, aber weit mehr rührt den ruhmsüchtigen Prinzen die goldene Rose, die im Lieferumfang inbegriffen ist.

Diese päpstliche Tugendrose ist mit heiligen Essenzen von Myrrhe bis Weihrauch gefüllt und vom Goldschmied des Papstes gefertigt. Verliehen wird die kostbare Schmuckblüte seit dem 11. Jahrhundert einmal pro Jahr an Menschen, die sich um die katholische Kirche besonders verdient gemacht haben. Eine Auszeichnung nach Heinrichs Geschmack. Vorschusslorbeeren und Schmuck von hohem materiellen und noch höherem spirituellen Wert – da kann der Tudor unmöglich Nein sagen. Zumal der Papst großzügig andeutet, er könne sich Heinrich im Falle eines Sieges durchaus als

– 116 –

Frankreichs neuen König vorstellen, so wie es seine Vorfahren ja einmal – wenn auch nur kurz – waren.

Auch Venedig schickt Schmeicheleien und Geschenke. Der Botschafter der Dogen hat klare Anweisungen: »Schmeichelt dem jungen König, entzündet sein kriegerisches Feuer, erinnert ihn an seine Ehre und (an seine) göttliche Verpflichtung als König.« Sie alle rennen offene Türen ein.

Pustekuchen, das geht uns nichts an, sagen hingegen Englands Kardinäle und Kriegsgegner mit Blick auf die Kasse und auf die mageren Waffenarsenale.

Insgeheim hat Wolsey das vielleicht genauso gesehen, aber er weiß, was alle anderen noch nicht glauben können: Man muss dem bislang so harmlosen Playboykönig geben, was er will. Heinrich der junge Löwe hat – wie vom Philosophen Thomas Morus prophezeit – seine Krallen entdeckt. Wehe all denen, die ihn nun bändigen wollen. Der Enkel von Oma Beaufort und Sohn von Knickerkönig Heinrich VII. hat alle Bevormundungen satt.

Die Kriegsgegner glauben, dass sie Heinrich weiter wie Puppenspieler führen und als Playboy halten können. Sie machen einen Kardinalfehler und bieten Frankreich unter der Hand ein Friedensbündnis an. Dummerweise schickt Frankreichs Roi einen Botschafter über den Kanal, um Heinrich sein persönliches *Merci beaucoup* zu übermitteln. Der junge Heinrich lächelt bei der Audienz für den Franzosen mit gebleckten Zähnen und erlaubt sich hinter den Kulissen und vor dem Kronrat einen dokumentierten Tobsuchtsanfall: »Wer hat diesen Brief geschrieben?«

Es wird seine erste royale Strafpredigt, unter der sich alle wegducken. Alle außer Wolsey, der die Urkunde über Geheimfrieden nicht unterschreiben musste, weil er noch

– 117 –

zu unbedeutend und zu clever ist. Der Beginn einer glänzenden Karriere.

Der König will sich als »Europas letzter Ritter« beweisen. Das ist nun allen klar. Der Metzgersohn Wolsey wird ihm geben, wonach es Seine Majestät verlangt. Betonung auf »Seine«. Venedigs Botschafter fasst Wolseys kometenhaften Aufstieg zum Bischof von York, zum Erzbischof von Canterbury, zum römischen Kardinal und zum Lordkanzler Englands wenige Jahre später wie folgt zusammen: »Als ich zuerst nach England kam, sagte Wolsey: ›Seine Majestät der König wird das und das tun‹, dann sagte er: ›Wir werden das und das tun‹, und am Ende sagte er: ›Ich werde das und das tun.‹« Heinrichs Größe ist immer auch Wolseys Gewinn.

Umsonst rechnen altgediente Finanzberater Wolsey 1511 vor, dass der kostspielige Zeitvertreib die Untertanen bis zu 20 Prozent Steuern kosten wird, um ein Heer anzuwerben und auszurüsten. England ist nach den Rosenkriegen nämlich ein militärisches Fliegengewicht. Wolsey verlegt sich auf das Argument der königlichen Ehre, die den Krieg notwendig macht.

Aber noch geben sich die Bedenkenträger nicht geschlagen. Man zieht die Beratungen in die Länge, vertagt Sitzungen, schützt andere Angelegenheiten vor … Kurz: Man verhält sich in etwa so wie moderne demokratische Bundestagsfraktionen – bis Wolsey mit einem genialen verwaltungstechnischen Schachzug alle Bedenkenträger ausschaltet.

Bislang mussten alle Staatsentscheidungen den althergebrachten »Kursus der Siegel« durchlaufen, bevor sie gültig waren. Alle Urkunden gingen durch mehrere Instanzen – darunter Privatkabinett und Kronrat. Jedes Beraterklübchen

– 118 –

durfte jeweils eine Kopie anfertigen und danach sein Siegel darunter setzen. Ein Königreich für einen Fotokopierer!

Erst nachdem die Unterschriftenmappe endlos zwischen Palastkorridoren hin- und hergereicht worden war, bekam der König sie zur Ansicht, konnte seine Kopie machen lassen, sie gegenzeichnen, seinen Lack draufträufeln und mit dem Wappenring siegeln oder auch nicht.

Sie ahnen es sicher: Bei dieser Form der Entscheidungsfindung konnte vieles in die Länge gezogen werden oder – oops, Pardon – in Schreibtischschubladen »verloren gehen«. Heinrich, kein Freund von Papierkram, hat da bislang über vieles hinweggesehen. Außerdem hasst der Jüngling Wortgefechte, er ist ja Poet und – noch – eher schüchtern.

Wolsey, nicht nur Metzgersohn, sondern studierter Theologe und Jurist, macht zack, zack Schluss mit der Umstandskrämerei. Von Gottes Gnaden, so sagt er, ist es königliches Recht, Entscheidungen allein zu treffen und direkt zu siegeln. Der Zirkus mit den Unterschriftenmappen sei »nur« eine Konvention, aber kein Gesetz.

Und überhaupt, so belehrt er die höfischen Aristokraten und Kardinäle: Der König steht über allen Gesetzen und darf jederzeit neue erlassen. Fragt mal nach beim Parlament. Das Parlament ist begeistert, weil es endlich mal in entscheidenden Dingen gefragt wird und sagt: Genau! Der König darf alles.

Diese hochmoderne Argumentation überzeugt – wen wundert's – Heinrich ebenfalls. Er erteilt Wolsey die Erlaubnis, ab sofort in seinem Namen alles im Kronrat durchzudrücken, was er – Heinrich – will. In diesem Falle Krieg.

Der absolute Heinrich ist geboren. Hochadlig besetzte Palastgremien wie den Kronrat hat Wolsey zugunsten klein-

– 119 –

adliger und bürgerlicher Parlamentsmitglieder so gut wie entmachtet. Wolsey, ein Aufsteigerpolitiker hält im Auftrag eines Aufsteigerkönigs einem Aussteigerparlament den Steigbügel. Tja, wie singen die kölschen Bläck Fööss so schön: »Denn he hält man zesamme, ejal wat och passet ...« Dass Parlamente einmal wirklich mächtig werden könnten, damit rechnet in diesen Zeiten keiner. Man nimmt ja an, da sei Gott vor!

Zum Dank für die königliche Aufmerksamkeit bewilligt das Tudor-Parlament Heinrich für eine erste militärische Expedition 61.000 Pfund zum Waffenkauf en gros. Nach heutigen Maßstäben ein Geschenk in Milliardenhöhe. Heinrich will nur beste Kriegstechnik, etwa flämische Bombarden und ein Dutzend Kanonen zu 16.000 Pfund, die passend zum Anlass den Namen »die zwölf Apostel« tragen. Er gibt neue Kriegsschiffe und Truppentransporter in Auftrag. Militärhistoriker halten Heinrich den Beginn von Englands Aufstieg zur maritimen und militärischen Großmacht zugute.

Trotzdem geht sein erster Ausflug ins militärische Fach 1512 gründlich schief. Heinrich schickt eine Armee in die Gascogne, um seinem Schwiegervater bei der Eroberung Aquitaniens zu helfen. Der Süden Frankreichs hat im frühen Mittelalter schließlich mal zu England gehört. Ferdinand, der notorische Lügner, nutzt die englische Truppenhilfe aber nur, um Navarra für sich und für Spanien zu erobern. Danach erklärt er den Waffengang für beendet. Die englischen Soldaten erkranken an diversen Seuchen wie der Ruhr, haben Hunger und Durst, meutern und werden flugs auf ihre Nebelinsel zurück verfrachtet.

Daheim setzt es daraufhin einen Ehekrach zwischen Heinrich und Katharina. Die schreibt Ihrer Majestät dem Papa einen ziemlich wütenden Brief wegen dessen Wortbruch. Ausrichten kann sie damit nichts, obwohl selbst Ferdinands Botschafter in London den spanischen König warnt, dass Katharinas Stellung höchst gefährdet und Heinrich kein Weichei oder Dussel sei. Aber ich bin der Gewinner, wird Ferdinand der Fuchs sich gedacht und den Brief im Papierkorb entsorgt haben.

1513 ist Englands *Royal Couple* wieder versöhnt und Heinrich sogar erneut mit Ferdinand im Bunde. Krieg macht Ritter Treuherz eben so höllisch viel Freude, dass er dafür selbst mit dem schlitzohrigsten Teufel aller royalen Taktiker paktiert. Zudem ist Spanien Europas kommende Großmacht und mit dem Gold der Kolonien gesegnet, die Kolumbus und Co. seit 1492 entdeckt haben.

Katharina bringt Schwangerschaft Nummer drei und leider eine weitere Totgeburt hinter sich. Sie und Heinrich bemühen sich nach Kräften um Ersatz und lenken sich mit Vorbereitungen für Heinrichs ersten eigenen Feldzug ab.

Wieder ist Frankreich das Angriffsziel, wieder die Allianz mit dem Papst der heilige Grund und Wolsey der geniale Truppen-, Waffen- und Proviantmeister. Er ist ein logistisches Genie, das an alles denkt. Am 30. Juni 1513 landet Artus' letzter Ritter Heinrich in Calais. Zusammen mit 40.000 Soldaten, 1000 Mann Dienstpersonal, entsprechend vielen Pferden und einer sorgfältig verpackten Zeltstadt, darunter ein palastartiges Biwak aus Goldbrokat für den gekrönten Feldherrn.

Selbst des Königs Musikantenstadl ist mit von der Partie. Um seinen Feinden den Marsch zu blasen, hat der Tausendsassa der Tudors neben trommelnden Landsknechten auch Chorknaben und seine königliche Kapelle dabei. Letztere

– 121 –

gilt als die beste ihrer Zeit, während im Feindesland Frankreich über die schräge Musik der dortigen, *königlichen* Hofmusiker gelästert wird. Erst der Sonnenkönig Ludwig XIV. sollte das entscheidend ändern und England den Ruf der unmusikalischsten Nation übergeben.

Unter Fanfarenschall und Chorgesang zieht das illustre Heer Heinrichs nach Thérouanne, zwecks Belagerung der wichtigen Bischofs- und Handelsstadt.

Es ist ein Spaziergang, und die Franzosen verhalten sich – *pardonnez-moi* – selten dämlich. Nach dem Versuch, den belagerten Bürgern einige Schinkenhälften über die Stadtmauer zu werfen, gönnt sich das französische Heer erst mal eine Ruhepause. Kommandeure und Soldaten legen die verschwitzte Rüstung ab und greifen zum *vin rouge*. Brütende Julisonne macht durstig.

Heinrichs Soldaten blasen spontan zum Sturm und müssen nicht viel mehr als laut Buh machen, um ihre Feinde wie Hasen in die Flucht zu schlagen. Die kinderleichte Kampfhandlung trägt den edlen Namen *Battle of the golden spurs*, weil man beim ungeordneten Rückzug der Franzosen nur ihre Goldsporen, aber keine Schwerter aufblitzen sieht.

Weiter geht es nach Tournai, wo als Bündnispartner der damalige Kaiser Maximilian I. auf den Tudor wartet. Der Habsburger ist ein alter Haudegen und gewitzter Schmeichler. Heinrich bringt seine zwölf Apostel vor Tournai in Stellung, dann lässt er sich von Maximilian zu Festen und Liederabenden in das nahe gelegene Schloss von Kaisertochter Margarete von Österreich einladen. Maximilian will Tournai nämlich lieber unzerstört und per Verhandlung einnehmen. Weil der Kaiser notorisch klamm ist, braucht er eigentlich nur Heinrichs Kanonen, aber keinen kriegsbegeisterten Ritter.

– 122 –

Der grüne Ritter Heinrich wird mit Hofdamen, Wein und Gesang abgelenkt. Fern der Heimat verabschiedet sich der enthaltsame Tudor von rein platonischer Minne und zeugt mit ein oder zwei flämischen Damen mindestens einen Bastard. Noch dazu einen männlichen.

Er wird ihn nie anerkennen und die flaumweichen Fläminnen rasch vergessen, aber stolz ist er trotzdem auf die Frucht seiner Eroberung. Denn siehe da: Er kann's! Er ist fähig, einen leibhaftigen, lebensfähigen Sohn zu zeugen. An ihm kann es also nicht liegen, dass Katharina bislang nur kränkliche oder tote Prinzen oder nur tote Prinzessinnen zustande gebracht hat. Das wird er sich merken.

Vom 16. bis zum 23. September 1513 darf Kraftprotz Heinrich dann auch seine echten Kanonen abfeuern. Habsburgs Kaiser braucht nachdrücklichere Argumente, um Tournai zur Unterwerfung unter ihn und Heinrich zu bewegen. Heinrichs zwölf Apostel überzeugen die Stadtväter.

Liebessatt und brummstolz zieht Ritter Heinrich »Treuherz« im Oktober ab gen Heimat und Gattin. In Tournai hinterlässt er 5000 Soldaten Besatzung und den Befehl, die zerschossenen Befestigungsanlagen für teures Geld zu restaurieren und auszubauen. Wir ahnen schon, dieser Krieg ist alles andere als ein Gewinn für Englands Staatskasse. Er verschlingt Heinrichs gesamtes Erbe und lässt die Steuerzahler bluten.

Heinrich fühlt sich trotzdem ganz als der große Sieger, als der künftige König von Frankreich, als Held der Christenheit und als Englands neuer Warlord. Stolz verkündet er, dass er Italien aus französischer Unterdrückung befreit hat, was Unsinn und schamlos übertrieben ist.

Weder auf eigenem Boden noch in Italien ist Frankreich

geschlagen. Heinrichs philosophischer Brieffreund Erasmus lästert gegenüber Brüdern im Geiste: »Italien ist schlimmer dran als zuvor.« Er verspottet den Heiligen Krieg von Papst und Henry als unwürdiges Himmelfahrtskommando. Des Königs Vorzeigegelehrter lebt damals in Oxford und ist verärgert, dass er aufgrund eines französischen Weinembargos gezwungen ist, dickes Ale zu trinken, und sich darüber einen Nierenstein zuzieht. Die Zeiten des gefeierten Bildungswunders Heinrich sind für ihn und seine Kollegen vorbei.

Wer genau hinschaut, weiß bereits damals, dass Heinrich kein Kriegsheld, sondern vor allem ein Maulheld ist. So sieht es auch die moderne Geschichtsschreibung. Militärhistoriker halten dem ersten Tudor dennoch zwei Erfolge zugute, die Englands Aufstieg zum *Global Player* vorbereiten.

Erstens: Er bringt die reichlich abgewrackte Marine auf Vordermann. Sein Papa verfügte nur über zwei eigene Kriegsschiffe; im Bedarfsfall lieh er sich Kaufmannskaracken aus. Wie wir wissen, mied er Krieg jedoch weitgehend.

Sein Sohn, der das Motto *think big* erfunden haben könnte, lässt vierzig kriegstaugliche Hochseesegler auf Kiel legen. Darunter sind fünf hochmoderne Kriegsschiffe, die auf Zwischendecks 60 schwere und zwanzig leichte Kanonen mitführen und Breitseiten abfeuern können. 200 Matrosen, 185 Soldaten und 30 Kanoniere haben Platz an Bord. Außerdem gibt es genug Stauraum für Bierfässer. Jedem Mann steht eine Ration von 5,7 Litern am Tag zu, das hebt die Moral, zumal der Rest der Verpflegung aus steinhartem, käferverseuchtem Schiffszwieback und getrocknetem Walspeck und aus bis zur Ungenießbarkeit gesalzenem Schweinefleisch besteht.

Heinrichs maritimes Prestigeobjekt ist das Großschiff

»Mary Rose« von über tausend Tonnen, gebaut von 1509 bis 1511, nachgerüstet 1536.

Es wird zwar – wegen Überladung – 1545 bei einem kleinen Seegefecht mit den Franzosen im Solent bei der Isle of Wight sinken, aber es setzt neue Maßstäbe im Schiffsbau. 1967 wurde das Wrack von Tauchern entdeckt. 1982 hoben es Archäologen und erforschen es seither. Die Mary Rose ist das Mutterschiff der Royal Navy, die unter Heinrichs Tochter Elisabeth I. mit einer Welteroberung beginnen wird. Von nun an gilt: *Britannia rule the waves.*

Die zweite unbestrittene Feldherrnleistung des Monarchen ist der Bau eines Rings von Festungsanlagen entlang Englands Küstenlinie. Heinrich betätigt sich dabei als kundiger Militärarchitekt. Meisterwerk ist der Umbau der Burg von Dover, die der König von einem deutschen Ingenieur der Renaissance schussfest machen und mit Geheimgängen durchziehen lässt. Die Mittelalterburg wird zu der uneinnehmbaren Festung, die es bis heute geblieben ist und in der noch Winston Churchill ein Kriegskabinett unterbringen sollte.

Eheschlachten und tragische Niederlage einer Warlady

Nach der Belagerung von Thérouanne und Tournai im Sommer 1513 ist der junge Heinrich VIII. überzeugt, dass noch viele Aufgaben als Feldherr und ewiger Soldatenruhm auf ihn warten. Darin täuscht er sich. Er wird zwar 1544 noch einmal kurz gegen Frankreich ins Feld ziehen, aber da muss man den schwer übergewichtigen 53-Jährigen bereits in einem Tragestuhl herumhieven, damit er Befehl zum Abfeuern seiner sagenhaften Kanonen geben kann.

– 125 –

Tatsache ist hingegen, dass anno 1513 die daheimgebliebene Katharina mehr Anrecht auf den Titel einer Warlady hat. Was aus moderner Sicht eine zweifelhafte Ehre ist und was im Hause Tudor für erste ernste Risse in der Ehe sorgen wird.

Während Katharinas stolzer Ritter vor Tournai viel gefeiert und eher Krieg gespielt als geführt hat, hat sie als Regentin eine 80.000 Mann starke schottische Invasionsarmee samt König Jakob IV. niedergemetzelt. Ganz die Mama, kann man da nur sagen. In einem lässigen Brief hat Katharina ihrem Heinrich nach Thérouanne berichtet: »Wir haben hier einiges zu tun mit den Schotten und sind überaus glücklich damit. Wir sehen es als Freizeitvergnügen.«

Eine charmante Untertreibung, vielleicht um Heinrichs Kriegerstolz nicht zu kränken. Katharina hat alle Hände voll zu tun, um von London aus eilends eine Armee auszuheben. Die gewiefte, kaltblütige Taktikerin verwickelt die Schotten zunächst in Scharmützel und dezimiert sie. Höchstselbst eilt die Königin daraufhin nach Norden, um die Reservetruppen anzufeuern.

Bei Flodden, im Sumpfland nahe der englisch-schottischen Grenze, können Englands flinke Bogenschützen schließlich die schwerfällige schottische Artillerie vernichtend schlagen. Feuchtes Pulver und feuchtes Wetter begünstigen die englischen Longbows, die zehn Pfeile pro Minute abfeuern können, und das oft mitten ins Herz. Das Ganze ist eine sogenannte militärische Glanzleistung und eine der blutigsten Schlachten, die bis heute je auf britischem Boden stattgefunden haben.

Am Ende bedecken die Leichen von zehntausend Schotten das Feld. Die Blüte des Clan-Adels verblutet im Moor, darunter der König selbst. Mit anderen Worten, in England hat richtig Krieg stattgefunden. Ein Kampf bis aufs Messer, grausam, erbarmungslos und ohne Rücksicht auf Verluste.

In einem weiteren denkwürdigen Brief berichtet Amazonenqueen Katharina ihrem Gatten von der Ruhmestat. Er verrät eine für uns schwer verdauliche, aber zeittypische Mischung aus Kalt- und Heißblütigkeit, Religiosität und Grausamkeit.

»Sire«, beginnt die Spanierin angemessen unterwürfig und dankt »Euer Gnaden« – so ehrfürchtig muss auch eine Gattin ihren König und Gemahlen in offiziellen Schreiben anreden – für Feindesbanner, die Heinrich bei Tournai einkassiert und ihr als Geschenk übersendet hat.

Dann preist die Queen ausführlich den Allmächtigen für den Sieg von Flodden; ohne ihren eigenen Anteil herauszustreichen. »Unser Herr hat Euren Untertanen in Eurer Abwesenheit einen großen Sieg gesandt; und es besteht kein Grund dafür, Euer Gnaden deshalb mit langen Schreiben zu behelligen ...« Ganz schön bescheiden. Doch dann gehen ihr Stolz und das spanische Temperament mit Katharina durch:

»Nach meiner Ansicht war diese Schlacht für Euer Gnaden und Euer gesamtes Reich die größtmögliche Ehre und bedeutsamer, als wenn Ihr die Krone ganz Frankreichs gewinnen solltet ...« Wow, so viel schlecht verstecktes Eigenlob scheint mehr als gewagt, aber es hat mit Eitelkeit nichts zu tun, sondern mit Katharinas Glauben und mit ihrer Auffassung von Gattenliebe.

Die Königin feiert ihren Triumph tatsächlich als gemeinsamen, gottgewollten Sieg. Sie glaubt, dass sie und Heinrich vom Herrn erwählte Schlachtengefährten sind; ein unzer-

– 127 –

trennliches Siegerduo, so wie ihr Herr Papa und ihre selige Frau Mama Isabella. Das ist für Katharina der Gipfel der Gefühle. Mit dem Sieg von Flodden erfüllt die an Kränkungen, Einsamkeit in der Fremde und an Entbehrung gewöhnte tiefreligiöse Prinzessin endlich ihre Bestimmung.

Mit drei verpatzten Geburten hat sie in einer wesentlichen Königinnenpflicht bislang versagt. Schon nach der ersten Totgeburt schrieb sie einen Entschuldigungsbrief an Papa Ferdinand in die ferne Heimat: »Zürnt mir nicht, es war der Wille des Herrn.« Nun hat Gott ihr ein Zeichen gegeben, dass sie bei Teil zwei ihrer Mission, »Land erobern«, seinen Segen hat.

Heinrichs eher pubertäre Siegerpose hat mit ihrem Triumphgefühl wenig gemein und zeigt, bevor beide es wissen, dass zwischen der hochwohlgeborenen Spanierin und dem englischen Schafzüchternachfahren Welten liegen.

Um ihren Prinz Luftikus zu erfreuen, wagt die eher für stolze Strenge als für Humor bekannte Katharina zum Schluss noch einen Scherz, der moderne Leser wenig amüsieren dürfte. Sie bemerkt zu dem blutstarrenden Waffenrock, den sie ihrem Mann samt Brief als Liebesgabe übersendet: »Daran können Euer Gnaden sehen, wie ich mein Versprechen halte und euch für die französischen Banner einen Königsmantel (nämlich Jakobs) schicke. Ich hatte vor, die Leiche selbst zu senden, aber die Herzen unserer englischen Männer wollten es nicht zulassen.« Was für Softies, dürfen wir zwischen den Zeilen lesen.

Der erschlagene Jakob IV. ist übrigens Heinrichs Schwager und der Ehemann seiner Schwester Margarete Tudor. Aber dass das kein Grund für Tränen ist, wissen wir natürlich längst.

Katharina endet ihre frohe Botschaft sehr persönlich und wechselt zum vertraulichen Du: »Mein Henry (…) hiermit schließe ich und bete zu Gott, dich bald heimzubringen, denn alle Freude ist ohne Dich unvollkommen.« Was sie so vollkommen ernst meint, wie sie schreibt.

Wie sich Ritter Heinrich beim Lesen des Briefes gefühlt hat, kann keiner wissen. Mehr als der Kriegstriumph der Gattin wird ihn ein verschlüsseltes Postskriptum befriedigt haben. Katharina kündigt eine Pilgerreise zur Jungfrau von Walsingham an, die sie – vertrauliches Augenzwinkern – doch schon so lange geplant hat. Heinrich wird die dezente Anspielung verstanden haben. Katharina ist zum vierten Mal schwanger, und dafür will sie der verehrten Madonnenfigur, die für Kindersegen zuständig ist, auf Knien danken.

Ihr Ave Maria wird überhört; vielleicht war Flodden dem Herrn ein bisschen zu viel des Guten. Ende 1513 bringt Katharina zwar einen lebenden Sohn zur Welt, doch auch dieser Prinz stirbt nach wenigen Tagen. Von nun an wird es allmählich düster für die Spanierin an Heinrichs Seite, und ihr Leben entfaltet sich zur Tragödie.

Anfang 1514 schließt ihr Papa Ferdinand – erneut hinter Heinrichs Rücken – Frieden mit Frankreich. Kurz zuvor stirbt der Kriegerpapst Julius. Nachfolger Leo X. stellt ebenfalls alle Kampfhandlungen gegen Frankreich ein. Der Medicispross beginnt sein Pontifikat mit den goldenen Worten: »Lasst uns das Papsttum genießen, solange es uns gegeben ist.«

Krieg steht von nun an nicht mehr auf der Liste päpstlicher Freizeitgestaltung. Dafür Kunstkauf en masse, heimliche Techtelmechtel mit Roms Kurtisanen, der Aufbau eines Privatzoos inklusive Elefant und üppigen Tafelfreuden, bei denen Hofnarren Vertilgungsspäße vorführen. Etwa den: Zwanzig hartgekochte Eier auf einen Satz verdrücken und ein ungerupftes Huhn hinterher. All das lässt sich im Haushaltsbuch des päpstlichen Hofmeisters – übrigens ein Deutscher – nachlesen.

Ritter Heinrich, nunmehr 23 Jahre alt, fühlt sich nicht mehr als Held, sondern in jeglicher Hinsicht vergackeiert, als nach seinem Schlitzohr von Schwiegervater und dem Medici-Papst Leo auch Kaiser Maximilian Frankreich zum Freund erklärt. Langsam dämmert dem Möchtegern-Warlord, dass die Graugreise Europas mit ihm lediglich ein bisschen militärisches Pingpong gespielt haben.

Seinen Zorn bekommt zunächst Katharina zu spüren, die wenig zur Verteidigung ihres Papas Ferdinand vorzubringen hat.

Heinrichs Berater und Busenfreund Wolsey nutzt – geschmeidig wie immer – Frust und Laune seines Herrn zu politischen Zwecken. 1514 schlägt der – inzwischen zum Bischof erhobene Politiker – eine Trennung von der 28-jährigen Katharina vor. Erstens wegen Kinderlosigkeit, zweitens, weil die Spanierin als militärische Bündnisgarantin nichts taugt. Worin Heinrich Wolsey zu diesem Zeitpunkt aus vollem Herzen recht gibt. Endlich einer, der ihn versteht!

Wolsey schwebt eine neue Ehe-Allianz vor, nämlich eine mit Frankreich. Irgendeine Prinzessin findet sich am Hof des Roi sicher. Vorteil für Heinrich: Er könnte sich so an Ferdinand rächen und sich erneut als Joker ins Spiel von Europas *Global Playern* einmischen.

Die Scheidungsidee verschwindet zunächst noch mal in der Schublade, weil Katharina im Juni ihre fünfte Schwangerschaft bekannt gibt. Der Frieden mit Frankreich wird trotzdem geschlossen. Es ist eine gewinnbringende Angelegenheit. Heinrich kann Tournai und Thérouanne gegen ein paar Millionen an Frankreichs Ludwig XII. zurückverkaufen. Überdies streicht er noch eine satte Mitgift ein. Er ordnet eine Ehe zwischen seiner Lieblingsschwester Mary Tudor und dem hinfälligen Ludwig XII. an.

Die Braut ist widerspenstig, weil anderweitig verliebt und gerade erst achtzehn. Heinrich beruhigt sie: Allzu lange kann das Eheglück nicht währen. Ihr Roi ist 52 Jahre alt, gichtkrumm, mager wie ein Skelett und lungenkrank. Dennoch ist Ludwig fest entschlossen, mit der englischen Prinzessin Nachwuchs zu zeugen; ihm fehlt nämlich ein männlicher Erbe. Ein wenig Verständnis kann man für die sexuelle Vorfreude des greisen Franzosen aufbringen.

Er selber war mit 14 Jahren zur Ehe mit der 12-jährigen Johanna der Frommen gezwungen worden. Ein ausnehmend hässliches, verkrüppeltes Menschenwesen, das sich sein Leben lang schwersten Kasteiungen unterzog. 22 Jahre hielt die Ehe, blieb kinderlos, dann verlangten Ludwig und Johanna in vollkommener Eintracht die Auflösung der erzwungenen Gemeinschaft, die der Papst sofort gewährte. Ludwig XII. war mehr als erleichtert, denn Johannas »Missgestalt, ihre Kränklichkeit und ihre Unsauberkeit flößten ihm unüberwindlichen Widerwillen ein«, wie seine Hofchronisten ungalant notierten. Johanna wurde Nonne und später immerhin heiliggesprochen. Dies halte ich nur fest, um zu zeigen, wie locker königliche Scheidungen gemeinhin gehandhabt wurden.

Zurück ins Jahr 1514. Der gescheiterte Kriegsheld Heinrich freundet sich mit der Rolle des umworbenen Bündnispartners für die Streithähne auf dem Kontinent an. Er be-

– 131 –

fördert Bischof Wolsey zum Lordkanzler und findet wieder Grund zum Feiern. Ab Silvester vor allem mit der blutjungen Blondine Bessie Blount.

Es handelt sich um eine damals erst zwölf- oder dreizehnjährige Zofe Katharinas. Die Wahl eines so blutjungen Ritterfräuleins hat nichts mit einer plötzlichen Vorliebe für Lolitas zu tun. Den 23-jährigen König reizt lediglich das schöne Ziel, erstmals ein einwandfrei jungfräuliches Mädchen ins Bett zu locken. Es ist eine verspätete Teenieliebe.

Wir erinnern uns: Ob die sechs Jahre ältere Katharina nicht nur als Witwe, sondern auch als *virgo intacta* in Heinrichs Himmelbett stieg, ist nicht einwandfrei klar. Die Betroffenen haben sich bislang nicht dazu geäußert, was sie allerdings noch ausführlich und vor Gericht nachholen werden.

Wann Heinrich zum ersten Mal mit seiner neuen Flamme Bessie das Bett teilt, ist unklar. Historiker tippen auf das Jahr 1516 oder 1517. In jedem Fall ist Elisabeth unter sechzehn und Heinrich begeistert. Es wird seine bislang ausführlichste Liaison, der er erstaunliche fünf Jahre die Treue hält. Bessie bekommt eine eigene Suite in den Schlössern, und sie kriegt meist pünktlich um drei oder vier Uhr am Nachmittag Besuch vom König, der seine Lust gern nach öden Kronratssitzungen und nach der Uhr auslebt.

Mit Bessie Blount entdeckt der schöne Prinz geregelte Bettfreuden und die Klaviatur spielerischer Lust. Nicht nur zwischen Seidenkissen harmonieren die beiden. Wie der König komponiert auch Bessie Lieder, wird als reiner Sonnenschein und als die Sanftmut in Person beschrieben. Also immer rein ins Vergnügen.

Gut möglich, dass Henry nach seinen Krächen mit Katharina und seinem Scheitern als edler Minneritter die unkomplizierte Bessie für seine erste wahre Liebe hält. Offiziell ist zwischen beiden nichts, aber der Hof weiß Bescheid, und keiner sagt etwas, nicht einmal Katharina. Spaniens Botschafter hat ihr zugetragen, dass Wolsey das schmutzige Wort Scheidung ins Spiel gebracht hat. Die Schlacht von Flodden mag Katharina gewonnen haben, ihre Rolle als Heinrichs Minnedame hat sie verloren. Nur schwanger wird sie nach wie vor.

Die Königin muss sich von aller Welt und von Gott verlassen gefühlt haben, als sie im Januar 1515 in der üblichen Wöchnerinnen-Klausur zum fünften Mal eine Totgeburt erleidet, während der Gatte mit Bessie tanzt. Tragischerweise verliert Katharina einmal mehr einen so dringend benötigten Sohn.

Heinrich schlägt sich im Januar 1515 mit ganz anderen Sorgen herum. Die haben mit seinen Waden und mit seiner Lieblingsrolle als Europas royaler Nachwuchsstar zu tun. Englands *Prince charming* bekommt nämlich kräftige Konkurrenz. Noch dazu – wie schauderhaft – französische.

Franz I. und Heinrich VIII. –
die lebenslange Wadenkonkurrenz

Am 1. Januar stirbt Frankreichs greiser König und Heinrichs Schwager Ludwig XII. Der trägt zwar den Beinamen »Vater des Volkes«, mit einem Sohn kann er allerdings nicht aufwarten. Darum wird ein 20-jähriger Spross aus einer Nebenlinie des Hauses Valois zu Franz I. von Frankreich gekrönt. Der ist vier Jahre jünger als Heinrich, gilt als Heißsporn, herrscht über ein fünfmal so großes Land, regiert über etwa 10 Millionen Untertanen und über entsprechend viel rekrutierbares

– 133 –

männliches Jungvolk. England ist zu dieser Zeit von nur 2,5 Millionen Menschen besiedelt.

Als Krieger ist Franz also bei weitem potenter als Englands Monarch und als Feldherr sein Leben lang europaweit umtriebig. Als Schürzenjäger – wie erwähnt – ebenfalls. Kurz nach dem Tod von Ludwig XII. macht Franz Valois sich spornstreichs an die hübsche englische Königswitwe Mary Tudor ran. Laut Briefen der bedrängten Mary sogar so handfest, dass Heinrichs Schwester eine mögliche Vergewaltigung befürchtet. Franz I. kommt nicht zum Zuge.

Um sich zu rächen, fördert er Marys Romanze mit einem englischen Höfling, der zu ihrem Schutz am Pariser Hof weilt und der schon immer ihre große Liebe war. Es ist Heinrichs Kumpel Charles Brandon. Mary heiratet den recht unbedeutenden Adligen heimlich in der Stadt der Liebe. Franz freut sich diebisch, dass die Tudor-Schwester sich so unter ihrem Stand paart und auch als diplomatisches Heiratsinstrument für Heinrich ausfällt. Wenig galant wird der gallische Monarch später ein Graffiti über ein Porträt von Mary Tudor kritzeln: »Mehr schmutzig als königlich«. Das ist natürlich als psychologische Kriegführung zu deuten. Gegenseitige Majestätsbeleidigung gehört zum Geschäft. Casanova Franz mag es am liebsten schmutzig und frauenfeindlich. Als Kavalier hat er sich seinen späteren Titel *le roi chevalier* – der ritterliche König – in keinem Fall verdient.

Heinrich hat bereits 1515 genügend Gründe, um den französischen Rivalen zu hassen. Am meisten fuchst den Experten für Selbstpropaganda, dass Frankreichs Twenkönig ihm die Rolle als Europas heißester Nachwuchs-Royal stiehlt.

Einen Beweis unter vielen finden wir im Bericht eines venezianischen Diplomaten. Der ist 1515 Gast bei einem Gartenfest Heinrichs. Der Tudor fragt den Gesandten eifersüchtig über den neuen Rivalen aus. Signor Giustinian schildert die Plauderei wie folgt: »Seine Majestät kam in unsere Laube und redete mich auf Französisch an … ›Ist der König von Frankreich so groß wie ich?‹ Ich sagte ihm, es sei kaum ein Unterschied. ›Ist er ebenso kräftig?‹, fuhr er fort. Ich verneinte das, und dann erkundigte er sich: ›Hat er so hübsche Beine wie ich?‹ Ich antwortete: ›Nein, dünne.‹«

Tja, auch Eitelkeit macht Politik. Gestern und heute. Kleines Beispiel am Rande: Nicolas Sarkozy, Frankreichs derzeitiger *Monsieur le Président*, legte während seiner Wahlkampfmonate 2008 Puder, Parfüm und Schminke für 34.445 Euro auf. Die wahrhaft königlichen Make-up-Kosten bestritt der Staatspräsident und Co-Fürst von Andorra aus der Staatskasse. Eine Kommission befand, dass die Schönheitskosten »exzessiv hoch« seien. Das Finanzamt verlangte im Namen des Volkes zwei Drittel zurück. Okay, das wäre Tudors Heinrich nicht passiert.

Der Sieg in der Wadenkonkurrenz gegen Frankreichs damaligen König Franz scheint ihn in jedem Fall enorm zu beruhigen. Der Monarch lüpft beim Gartenfest seinen Überrock und klopft sich wohlgefällig auf die Unterschenkel: »Seht her, ich habe jedenfalls kräftige Waden.«

Young Henry bringt sie durch helle Strümpfe und eng anliegende Strumpfbänder zur Geltung. Auch die Versicherung des venezianischen Diplomaten, Franz I. habe eine überlange Pferdenase, sagt Heinrich zu. Große Nasen sind für die französischen Valois-Könige in der Tat so typisch wie ihr sehr ausgeprägter sexueller Appetit. Franz I. ist die goldene Regel, nicht die Ausnahme dieses Familiengesetzes (siehe oben).

Die Lendenlust des Franzosenherrschers findet der junge Heinrich – wirklich wahr – abstoßend. Ihm reichen seine blonde Bessie und Katharina, die in jenem Sommer erneut und damit zum sechsten Mal in sechs Ehejahren schwanger wird. Das ist immerhin etwas zum Angeben. Einmal muss es doch klappen. Höchst zufriedenstellend findet er auch die Nachricht, dass Claude, die Gemahlin von Frankreichs jungem König, einen Klumpfuß hat. Ha, seine Katharina ist zwar mittlerweile ein wenig moppelig aufgrund der vielen Schwangerschaften, aber ansonsten wohlgeformt.

Der unschöne Frauenvergleich der beiden königlichen Gockel ist historisch belegt. Bei einem späteren Staatsbesuch Heinrichs in Frankreich kritzeln Chronisten eifrig das Getuschel der beiden Throninhaber über die jeweilige Gattin des Gegners mit. Franz fühlt sich von Katharina an ein Schlachtschiff unter Brokatsegeln erinnert, der Tudor mokiert sich über Königin Claudes Hinkebein beim Tanz.

Auf dem Feld der Ehre kann Heinrich seine Kräfte mit Franz nicht messen. Seine militärischen Sommerausflüge von 1513 haben die Kronkasse erschöpft und das Parlament sagt »No« zu weiteren Kriegsausgaben auf Kosten der Steuerzahler.

Heinrich muss sich also früh auf andere Kampfdisziplinen verlegen. Teure Klamotten und schönen Schmuck hat er bereits, auch in Sachen höfische Musik, Spaß, Sport und Spiel bleibt er verschwenderisch, aber so richtig in die Vollen langt er ab 1516 als Bauherr. Wenigstens in Sachen royale Immobilien will er sich – zum Behufe des Nachruhms – in die Liga von Europas Großmächten hocharbeiten.

Der größte Angeber und Bauherr der Renaissance

Der Tudorerbe betätigt sich – Tausendsassa, der er nun mal ist – als Architekt in eigener Sache. Unmittelbar nach der Thronbesteigung hat er schon die muffigen Residenzen des Vaters renovieren und verglasen lassen, darunter Richmond und Greenwich Palace. 1516 ersteht der 25-Jährige den ersten Palast seiner eigenen Schlosskollektion, die sich am Ende seiner Tage auf sechzig Päläste, große Landhäuser und Jagdschlösschen summieren wird.

Beaulieu heißt das erste Objekt seiner Baulust. Das heruntergekommene Landgut kostet im Originalzustand 1000 Pfund. Heinrich lässt es mit sündteuren, weil damals noch handgefertigten Ziegeln für 17.000 Pfund zu einem Schloss mit acht Innenhöfen ausbauen. Innen wird er es mit ungezählten Kaminen, geheizten Badezimmern mit fließend heißem Wasser und auf dem Dach mit verschnörkelten Schornsteinen bestücken lassen. Jeder davon ist ein kleines Kunstwerk: Die Tonröhren sind mit geziegelten Mauerbändern verziert, mit Zinnen bewehrt und von Drachen, Löwen, Feen und Gnomen gekrönt. Warum so aufwendige Rauchabzüge?

Der Schmuck mag eine Art Schutzzauber sein. Ärmere Zeitgenossen Henrys hängen alte Schuhe und Vogelmumien in ihre Kamine, um den Teufel davon abzuhalten, ins Haus zu fahren.

Auch Heinrich glaubt an den Teufel, aber für ihn sind die Schornsteine, die wie Schachfiguren auf den Flachdächern thronen, vor allem Reklame für sich und seinen Reichtum. Alle mal herschauen: Ich habe Geld genug für teures Heizmaterial, und zu jedem Schornstein gehört ein Zimmer.

Sein Schloss Hampton Court wird später mit 241 Schornsteinen prunken, von dem keiner dem anderen gleicht. Der Tudor-Palast, direkt an der Themse, ist das letzte erhaltene Großschloss Heinrichs. Ganz allein hat er es nicht entworfen – damit hatte sein Berater und Busenfreund Kardinal Wolsey angefangen. Der 16 Jahre ältere Kirchenmann ist ebenfalls begeisterter Architekt und hochmoderner Innenausstatter. Wolsey lässt Wasserleitungen verlegen, ordnet als Novum eine tägliche Grundreinigung der Gemächer an, pflanzt in den gigantischen Gärten italienische Kirschbäume und beweist so aller Welt, wie reich ihn sein direkter Draht zu König und Staatskasse macht.

1519 unterläuft Wolsey in Sachen Hampton Court allerdings ein dummer Fehler. Er lädt Heinrich zu einem Besuch auf seine Großbaustelle im lieblichen Themsetal und zu einem Fest ein, bei dem er das Essen auf Tellern aus massivem Gold servieren lässt. Danach ist er das Schloss los. Niemand, der in Heinrichs Diensten steht, schon gar nicht ein Aufsteiger wie Wolsey, darf es wagen, einen prachtvolleren Wohnsitz als König Heinrich selbst zu haben.

Klugerweise hat Wolsey Hampton Court seinem neidisch dreinblickenden König geschenkt, mit der hastig nachgeschobenen Erklärung, er habe es selbstverständlich für ihn gebaut. Auf diese Weise wird Heinrich noch oft in den Besitz hübscher Residenzen kommen. Ist ein Hausherr nicht willig, ordnet der König einen Schlosstausch an oder Bedenkzeit im Tower. Die meisten Schlossbesitzer haben nicht lange überlegt.

Heinrich überließ ihnen eine zugige Uraltburg aus dem Mittelalter und kam dafür in den Genuss des von ihm begehrten neuen Palais. Knoles, ein Anwesen in Kent, auf dessen Gelände 2007 der Tudor-Film »Die Schwester der

Königin« gedreht wurde, ist eines dieser eingetauschten Schlösser.

Die meisten davon baute Heinrich verschwenderisch um und aus. So auch Wolseys Hampton Court, dem er eine kirchenähnliche Great Hall – also einen Festsaal – mit vergoldeter Stichbalkendecke, mehrere Gebäudeflügel und Innenhöfe hinzufügt. Herz- und Meisterstück des Schlosses ist noch heute der Küchentrakt. Eine Art Lebensmittelfabrik aus Dutzenden Räumen und Korridoren mit Eishäusern, Metzgereien und Kräuterkammern. Genug Platz für 230 Köche, Zuckerbäcker, Fischdünster, Bratspießdreher und des Königs Puddingköchin als einzige weibliche Angestellte. Wie? So wenige Frauen am Herd?

Ja, denn weibliche Arbeitskräfte sind billiger Schnickschnack. Der König kann sich ausschließlich männliches Kochpersonal leisten.

Durch eine schlichte Holztür kann man noch heute mit einem Schritt nach vorn ein halbes Jahrtausend zurück in Heinrichs Traumküche eintauchen, in der für 1000 hungrige Mäuler gekocht wurde. Männer in Wollmützen, Wämsern, hautengen Hosen und keck vorspringenden Schamkapseln, die das Gemächt mehr ent- als verhüllen, empfangen die modernen Besucher. Es sind staatlich angestellte Speisearchäologen, die in den Gewölbeküchen Heinrichs Herde anfeuern und nach Herzenslust brutzeln und backen. Ein Besuch in der illustren Küche sei jedem Englandbesucher wärmstens empfohlen!

Zurück nach Beaulieu, dem ersten Schloss, das Heinrich 1516 bauen lässt. Dort bringt er einen großzügigen Kindertrakt unter, samt Windelwäscherei, Breiküche, Bad, Wiegenschauklerinnen- und Ammenkammern, und über dem Torgehäuse bringt er ein riesiges Wappen an. Es ist mit Löwen, Tudor-Rosen und mit Katharinas Granatäpfeln verziert. Neu ist: Den Schalen der spanischen Früchte entspringen aus Schlitzen winzige Samenkerne mit herzigen Tudorröschen. Hurra! Endlich, endlich hat sich im Februar 1516 bei den Tudors Nachwuchs eingestellt.

Leider nur ein Mädchen. Mary, die später als *Bloody Mary* in die Königs- und die Cocktailgeschichte eingehen wird. Katharina darf dennoch aufatmen. Heinrich, in Gönnerlaune, verkündet so laut, dass Spaniens Botschafter es mitbekommt und weitertratschen kann: »Diesmal ist es ein Mädchen. Wir sind jung, es werden Jungen folgen.«

Man darf gespannt sein. Und das sogar doppelt. Im Frühjahr 1518 werden Bessie Blount und Katharina beinahe zeitgleich schwanger.

Der werdende Zweifach-Papa Heinrich VIII. hat sich sicher gefreut, ist aber ab Herbst 1518 mit einem wichtigen Politpoker befasst. Wolsey hat dem begeisterten Bauherrn und gescheiterten Kriegshelden eine neue Rolle als Trumpfkönig auf den Leib geschneidert. Heinrich soll als Friedensarchitekt auf die europäische Machtbühne zurückkehren. Seine wichtigste Waffe ist: ein Fest, was sonst?

Europas erster Friedensengel

London im Oktober 1518. Die City bereitet sich auf ein Gipfeltreffen der führenden europäischen Fürsten vor. Vergoldete Triumphbögen werden in den Gassen hochgezimmert, auf Straßenbühnen studieren Chorknaben mit Amorflügeln und Schauspieler in antiker Göttertracht typische Renaissancespektakel ein. In die Brunnen wird wieder einmal Wein gepumpt, einige Kreuzungen werden mit Teppichen ausgelegt, der Turnierplatz von Westminster wird mit internationalen Wappenschildern, Fahnen und samtverhangenen Tribünen versehen.

Erwartet werden Frankreichs Franz, Herzöge aus Burgund und aus den Niederlanden, ein hoher Stellvertreter des Papstes und der neue König von Spanien. Das ist der bis dato als farblos bewertete Karl von Gent (1500–1558). Der achtzehnjährige Blassschnabel mit dem ausladenden Kinn ist von Geburt ein halber Habsburger und ein halber Spanier, seine Muttersprache ist Niederländisch, weil er dort aufgewachsen ist. 1516 hat dieser Karl seinen Großvater Ferdinand von Aragon beerbt, jetzt ist er zudem als Vertreter seines todkranken zweiten Opas, Kaiser Maximilian, geladen.

Nach ausführlichen Tafel-, Tanz- und Turnierfreuden wird zwischen allen Gästen ein europäischer Universalfrieden besiegelt. Politischer Vorwand ist die Türkengefahr. Die Osmanen rasseln unter Führung von Sultan Süleyman I. bedenklich mit ihren Krummsäbeln.

Das Gipfeltreffen von London kann dagegen wenig ausrichten, der gesamteuropäische Frieden ist das Papier nicht wert, auf dem er geschrieben wurde, und heute längst in Vergessenheit geraten. Trotzdem darf man Heinrich und Wolsey auch als erste Architekten eines Vereinigten Europa bezeichnen. Leider kommen ihre Bemühungen mehr als 500 Jahre und diverse Kriege und Weltkriege zu früh.

Beide haben 1518 außerdem weniger Europas Zukunft als vielmehr ihre eigene im Sinn. Wolsey hat Heinrich den Floh ins Ohr gesetzt, der König habe als Friedensengel Chancen auf den Kaiserthron des Heiligen Römischen Reiches deutscher Nation. Habsburgs Maximilian liegt schließlich in den letzten Zügen. Für sich selbst hofft der fantasiebegabte Kardinal auf die päpstliche Tiara. Das englische Duo kennt keine zu hoch gesteckten Ziele. Weltherrschaft wäre doch eine prima Sache.

Als der greise Kaiser im Januar 1519 stirbt – übrigens im Mönchsgewand und nachdem man ihm alle Zähne herausgebrochen hat, weil er auf den letzten Metern zum Himmel der Sünde der Völlerei entsagen und sich zum Märtyrer stilisieren will –, beginnt der Wettstreit um seine Kopfbedeckung: die Kaiserkrone.

Aus allen Ecken Europas werden Diplomaten mit Bestechungsgeldern und Schmeichelbriefen zu Deutschlands sieben Kurfürsten gejagt, die sich für die traditionsreiche Kaiserwahl in Frankfurt am Main bereit machen.

Heinrich bringt sich mit ein paar Tausend Pfund ins Spiel, Frankreichs Franz mit reichlich mehr, doch es ist der farblose Karl von Gent und Spanien, der sich 1519 durchsetzt. Die österreichischen Habsburger haben halt Tradition auf dem Kaiserthron, obwohl der nicht erblich ist. Der tiefkatholische Karl kann über seine Verbindungen den römischen Machtapparat einschalten und hat damit die Stimmen der drei wahlberechtigten Erzbischöfe beisammen.

Für die anderen Stimmen bemüht er Europas größte Kreditanstalt: die Fugger. Die Augsburger Banker leihen Karl 543.589 Gulden, damit der Gesamtpreis von 852.589 Gulden und 56 Kreuzern für die Bestechungsgelder aufgebracht werden kann. Übrigens eine Schuldverschreibung, die Karl für den Rest seines Lebens von den Fuggern abhängig macht, weshalb er Spaniens Konquistadoren antreibt, noch mehr Gold- und Silberkolonien in Südamerika zu erobern. Die blutigen Folgen für Inkas, Mayas und andere Ureinwohner sind bekannt.

Die Familie Fugger gibt den Kredit nicht nur aus Berechnung. Ihr ist ein deutscher Kaiser lieber als ein französischer – einen englischen haben sie erst gar nicht auf der Rechnung. Karl lässt den Kurfürsten mitteilen, wenn sie ihn wählten, hätten sie viel Handlungs- und Handelsfreiheit. Sein Reich ist so unermesslich groß, dass er nur selten in Deutschland sein könne. Das überzeugt Deutschlands Fürsten, die gern tun und lassen, was ihnen gefällt.

Dass Karl V. 1519 Kaiser wird, ist für Heinrich eine ärgerliche, aber für seine Königin eine frohe Botschaft, denn Karl ist der Sohn ihrer älteren Schwester Johanna, also ihr Neffe, und von dem erhofft sie sich Rückendeckung.

Die bedauernswerte Katharina hat nämlich im November 1518 wieder einmal eine Totgeburt zur Welt gebracht. Ein Mädchen. Es ist ihre achte oder neunte, in jedem Fall ihre letzte Niederkunft. Porträts aus diesen Tagen zeigen die 33-Jährige als früh verbrauchte Matrone mit Doppelkinn. Das hüftlange Haar ist unter einer abschreckend hässlichen hölzernen Giebelhaube versteckt.

Die blühende Bessie Blount hingegen wird zwei Monate später von einem kräftigen rotblonden Knaben entbunden – nicht nur optisch soll er ganz dem Papa gleichen. Heinrich erkennt seinen Bastard von Bessie an, nennt ihn Heinrich und mit Zweitnamen Fitzroy. Das ist die englische Version von *fils roi*, also Königssohn. Noch schlimmer und demütigender für Katharina: Ihr Gatte adelt den Bastard später zum Herzog von Richmond hoch. Das ist der Titel, den sein eigener Vater trug, bevor er der erste Tudor-König Englands wurde. Solch perfide Absichtserklärungen bringen Königin Katharina und ihr einziges Kind, Prinzessin Maria, in Bedrängnis.

Henry Firtzroys Mama Bessie Blount bringt der Bastard wenig ein. Sie wird flugs mit einem willigen Höfling Wolseys verheiratet und in die Provinz verbannt. An Müttern als Mätressen findet Heinrich zeitlebens keinen Gefallen. Außerdem hat er die ehemalige Unschuld Bessie im Verdacht, bei der Empfängnisverhütung absichtlich gepatzt zu haben. Ja, es gab schon damals, zumindest in königlichen Kreisen, Verhütungsmittel. Und die waren Sache der Frauen.

Unter anderem verschlossen clevere Hofdamen ihren Muttermund mit Halbedelsteinen – beliebt ist Alunit –, nutzten samenabtötende Cremes mit Ingredienzien wie Petersilie, die auch für Abtreibungen genutzt wurde, oder sie besorgten eine Art früher Kondome aus der Haut von Lämmerföten.

Das half nicht immer, aber oft genug, um eine Affäre zwischen Hofdame und Höfling wagen zu können.

Das einfache Volk und Priester behalfen sich in Sachen Lust ohne Reue gelegentlich des Verkehrs *a tergo*. Im poetisch verschleiernden Vokabular der Zeit ausgedrückt, suchte man nicht die Pforte der Venus, sondern die Hintertür der Dame auf. Auf diese Weise konnte man auch heiratswillige Jungfern beglücken, ohne ihr versiegeltes Brünnlein zu entweihen, was weibliche Eheaussichten minderte.

Königin Katharina ist klug genug, dies alles zu wissen und auch zu wissen, dass ihr Gatte bald Ersatz für Bessie finden wird. Ihre blutjungen Hofdamen rascheln bereits vernehmlich mit ihren Reif- und Unterröcken, stellen ihren hübschen Busen aus, locken mit französisch angehauchtem Gekicher und schätzungsweise mit Kondomen. Sie wissen ja jetzt, dass ein Baby vom Herrscher nicht viel einbringt. Kinderlos kann man immerhin mit Schmuck und mit besseren Betten rechnen. Zwei Hofjungfern erliegen für kurze Zeit Heinrichs flüchtigem Interesse.

Pah, Gänse! Mit derartig geschmacklosem Fastfood-Sex kann und will Katharina nicht dienen. Sie ist die Königin, basta, und außerdem die Tante des neuen Kaisers. Karl, der Sohn ihrer ältesten Schwester Johanna, ist immerhin der *Global Player* der Epoche. In seinem Reich geht die Sonne niemals unter, sagt man. Mit so einem Neffen und dem Papst im Rücken – denkt Katharina – kann für sie doch nichts schiefgehen.

Heinrich, der sich nicht einmal mit Frankreich anlegen kann, wird wohl kaum den Rest der Welt, über die Karl herrscht, herausfordern, indem er sie loszuwerden versucht. Doch genau das wird Heinrich, der König ohne Kriegskasse, fünf Jahre später tun.

Heinrich der (Schein-)Heilige

Zuvor hat der König auch ohne Bessie und ohne Feldzüge alle Hände voll zu tun; er muss seine Imagekampagne als Friedensstifter vorantreiben. 1520 setzt Heinrich VIII. mit 5000 Höflingen, Damen, der Queen und entsprechend vielen Zelten und Eseln im Gefolge nach Calais über. Das Ganze ist selbstverständlich Wolseys Idee, ein meisterlicher psychologischer Schachzug, um Heinrichs Power zu demonstrieren.

Sein Staatsschiff ist mit Schmucksegeln aus Goldbrokat bestückt. Ein glanzvoller Auftritt von Anfang an, bei dem Wolsey selber – clever wie immer – auf einem schlichten

Maultier einherreitet. Hier dreht sich alles um den König, und er ist nur ein treuer Bischof, der ordnungsgemäß nur einen bescheidenen Esel reitet. Auf einem Feld vor dem damals englischen Stützpunkt Calais lässt er den prachtvollsten Campingplatz aller Zeiten aufschlagen.

Tausende Zelte – die meisten ebenfalls aus Goldbrokat oder aus königsblauem Damast genäht – und ein enormer Fertigbau-Palast mit zwei Etagen und einem Bankettsaal werden aufgestellt. Zwei Hügel werden abgetragen, um einen ebenerdigen Treffpunkt mit Frankreichs König Franz zu schaffen. Keiner der Monarchen soll zu dem anderen hinaufschauen müssen, während sie zwecks Freundschaftsbezeugung aufeinander zureiten.

Nach einem saftigen Bruderkuss mitten auf den Mund – das ist damals eine üblichere Begrüßung als der Handschlag – finden eine Art Olympische Spiele statt. Die üblichen Turniergefechte und zwei Ringkämpfe zwischen den Kraftprotzen Heinrich und Franz. Den einen gewinnt vereinbarungsgemäß der englische, den anderen der französische Athlet. Nebenher übertrumpfen beide Monarchen einander mit stylishen Outifts. Keines wird mehr als einmal getragen. Eindeutiger Sieger in Sachen Prunk, Angeberei und – man glaubt es kaum – bei den Tafelfreuden ist jedoch der Tudor.

Franz lässt bei den Festessen zwar eine neue Obsttorte servieren – aus einer Pflaumenart, die nach seiner Königin Claude als Reineclauden in die Geschichte des Obstanbaus eingeht –, aber Heinrich hat seine Campingköche bei der Gegeneinladung zu Höchstleistungen angespornt. Allein die Tafelaufsätze aus Zucker sind Meisterwerke der Ingenieurs- und Patisseriekunst. Aus Marzipanbrunnen sprudelt der Dessertwein. Eine Goldkutsche mit Uhrwerkmechanik fährt über die Mitte der aufgebockten Tafel und versprenkelt Rosenwasser.

Keine Frage, le Dernier Cri in Sachen perfektes Dinner kommt in diesem Fall aus England. Der Rest der Festgesellschaft wird mit 30.000 Fischen, 8000 Hühnern und mehr als 5000 Litern Wein abgespeist. Eine späte Wiedergutmachung für das mittelalterliche Gerücht, englische Soldaten hätten sich bei der Belagerung französischer Städte von Amseln und Kuhscheiße ernährt und nur darum so lange durchgehalten.

Vielleicht zum Dank für die kulinarischen Genüsse lässt Franz seinen zweijährigen Dauphin François offiziell mit Englands vierjähriger Prinzessin Maria verloben. Zumindest soll das mitten auf einer Festtafel geschehen sein. Süß muss das ausgesehen haben! Zwei Königskinder halten einander zwischen Zuckerwerk und palastförmigen Torten die Patschehändchen.

Nach dem Gipfeltreffen auf dem Zeltplatz verlobt Heinrich bei einem Zwischenstopp in Flandern sein Schmuckstück Maria heimlich noch mit Spaniens Karl V. Historiker nehmen an, dass er dabei auf den Rat von Charlies Tante, also Königin Katharina, gehört hat.

Sicher ist, dass Heinrich in Sachen doppelbödiger Bündnis- und Heiratspolitik inzwischen von Europas alten Schlitzohren gelernt hat. Allerdings nicht in eigener Sache.

In der Entourage seiner Königin reist ein ehemaliges Hoffräulein seiner Schwester Maria Tudor mit, seine neue Flamme. Ihr Name: Mary Boleyn. Und der Name Boleyn wird für dynastischen Ärger sorgen.

Klingelt es bei Ihnen? Ja, diese Mary ist eine Schwester der weltberühmten Anne Boleyn. Ob Mary die ältere oder die jüngere von beiden ist, ist in der Geschichtsschreibung umstritten. Geburtsdaten von Frauen, die unterhalb der Königinnenwürde rangieren, sind zu diesen Zeiten unwichtig. Gesichert scheint, dass Heinrich in Mary Boleyn Anfang 1520 einen attraktiven Ersatz für Bessie gefunden hat.

Und – so die gängige Fama – einen erotisch völlig verdorbenen. Mary Boleyn, die als Hofdame von Heinrichs Schwester Pariser Luft geschnuppert hat, soll dort eine ganz Schlimme geworden sein.

Franz I. wird sich später brüsten, bei Mary Boleyn lange vor Heinrich am und im Ziel gewesen zu sein. Und das auch noch von hinten. So offenherzig und grob beschreibt es der Casanovakönig selbst. Er behauptet zwanzig Jahre später, dass Mary erst der Maulesel seiner Höflinge, dann seine Stute und schließlich Heinrichs abgehalftertes Mietpferd wurde.

Mary Boleyn, so hält Franz schriftlich des Weiteren fest, war »eine große Fotze von schlimmstem Ruf«.

Zweifel über den Wahrheitsgehalt seiner Aussagen sind angebracht. Der Verdacht liegt nahe, dass Frankreichs Franz bei Boleyn Mary vielleicht ebenso wenig zum Zuge gekommen ist wie bei Tudor Mary, Heinrichs schöner Schwester. Natürlich dienen die drastischen Verunglimpfungen wiederum der psychologischen Kriegführung, und die Beleidigung der Boleyndame geschieht in höchster Absicht.

Wie auch immer es um Mary Boleyns Unschuld bestellt gewesen sein mag, sie bringt Heinrich auf einen neuen Geschmack in Liebesdingen. Französisches Flirten, charmante und auch drastische Zweideutigkeiten aus holdem Frauenmund erweitern das ihm bislang vertraute Repertoire. *Voulez-vous coucher avec moi?*, dürften für ihn von nun an keine

Fremdwörter mehr gewesen sein und der gewitzten Anne Boleyn später von großem Nutzen.

In seinem besten Gelehrtenlatein hingegen verfasst Heinrich im Jahr 1521 eine hochmoralische Streitschrift für den Papst. Sie haben richtig gelesen, er kämpft pro Papst. Noch.

Der Tudor-Monarch als Ritter der Feder

Während in Londons Straßen das englische Schweißfieber ausbricht – wahrscheinlich eine Grippeform – und seine Untertanen sterben wie die Fliegen, entdeckt sich Heinrich als Krieger der Feder. Wäre er zu diesem Zeitpunkt selbst der Seuche erlegen, spräche heute kein Mensch mehr von ihm!

Spaniens junger Karl und Frankreichs Franz schlagen sich anno 1520 in Italien mal wieder die Köpfe um die Vorherrschaft ein, mal gegen den Papst, mal mit dem Papst, und Heinrich sitzt bequem in seiner Studierstube, um sich mit Gänsekiel und Tinte beim Heiligen Vater beliebt zu machen. Schlaukopf Wolsey ist dafür, er spekuliert nämlich immer noch auf die Tiara. Immerhin hat er es schon zum offiziellen Legaten des Papstes in England – also zum Unterhändler des Heiligen Vaters – gebracht. Damit ist er Diener zweier mächtiger Herren.

Eine Kampfschrift für Leo X. findet Wolsey weit kostengünstiger als einen bewaffneten Kampf in dessen Namen. Glücklicherweise kommt Bücherverfassen dem Gelehrtenehrgeiz seines Tudor-Monarchen entgegen. Es ist zudem der letzte Schrei und enorm erfolgreich.

Welche Durchschlagskraft die Macht des Wortes hat, hat Heinrich von einem deutschen Mönch gelernt. Ja, genau, von Martin Luther, der 1517 mit seinen 95 Wittenberger Thesen ganz Europa hat aufhorchen lassen. An oder besser gegen diesen richtet sich Heinrichs Schrift »Die Verteidigung der sieben Heiligen Sakramente«.

Schon 1518 hat er als einer der ersten Fürsten Europas Luthers Schriften öffentlich verbrennen lassen. Jetzt, anno 1521, legt der König richtig los, um sich mit Antiketzer-Literatur beim Papst beliebt zu machen.

Es ist das erste Buch aus der Feder eines englischen Monarchen seit Alfred dem Großen, der im 9. Jahrhundert eine Art fragmentarischer Biografie zu Papier, Pardon, zu Pergament gebracht hat. Heinrich VIII., obwohl theologisch durchaus bewandert, schreibt zugegebenermaßen nicht ganz allein. Noch immer hasst er zu viel Arbeit mit Papierkram und insbesondere Schreibarbeiten, wie uns sein Busenfreund Wolsey überliefert hat.

Heinrichs Sekretär, Co-Autor und Ghostwriter wird der schon erwähnte Philosoph und Staatsmann Thomas Morus. Beiden gelingt die Propaganda für die katholischen Sakramente der Taufe, der Firmung, der Eucharistie, der Buße, der Ölung, der Priesterweihe und der Ehe so gut, dass der Papst König Heinrich den Titel *Defensor fidei* – Verteidiger des Glaubens – verleiht.

Diesen Titel trägt die derzeitige englische Queen noch immer, obwohl ihr Vorfahr Heinrich zum Todfeind des Papstes werden sollte. Seinen Co-Autor Morus befördert der König zum Dank für den schönen Beinamen in rascher Folge zum Minister und dann zum Lordkanzler.

Als Luther auf die Verteidigung der Sakramente mit einer Gegenschrift antwortet, in der er den »englischen Heinz und Sauhut« wüst beschimpft und ihm rät, bei der

Bibellektüre erst mal »die brill auf die naßen« zu setzen, beauftragt der Tudor-König seinen Lieblingsphilosophen Morus mit einer deftigen Antwort. Morus beschimpft Luther
als »Labyrinth geistiger Dummheit« und als theologisches
»Erbsenhirn«.

Das ist noch höflich. Die Theologen und Gelehrten jener
Tage eignen sich nicht als Lektüre für politisch korrekte
Zeitgenossen der Moderne und ganz sicher nicht fürs Kin-
derzimmer. Ob Luther, Morus, Erasmus oder Calvin, sie alle
bedienen sich eifrig skatologischer Beschimpfungen, um
ihre heiligen Argumente durchzubekommen. Skatologisch
ist der wissenschaftliche Begriff für Fäkaliensprache. Ob
Papst, Bischof oder König – jeder wird als Riesenfurz, Schei-
ßefresser, Pissesäufer, Hundsfott, korinthenkackender Papst-
esel oder faulgasiger Madensack geschmäht. Pardon, aber
ich zitiere hier rein wissenschaftliche Werke.

Dem feinsinnigen Morus stinkt die Arbeit an einem zweiten Anti-Luther-Pamphlet allerdings gewaltig, darum legt er
sich ein Pseudonym zu. Er hat König Heinrich schon bei der
Verteidigung der katholischen Sakramente davor gewarnt,
allzu dick aufzutragen.

Vor allem, wo es um die absolute Unterwerfung unter
den Papst geht. Morus ist zwar ein energischer Gegner des
deutschen Augustinermönches Luther, aber seine Zweifel an
Leo und dem Papsttum hat er ebenfalls. Wie Luther weiß er,
dass in der Bibel kein Pontifex vorkommt. Der schwunghafte
Ablasshandel des amtierenden Medici-Papstes ist auch Morus ein Dorn im Auge. Leo X., ein lebenslustiger römischer
Verschwender, legt die Heilige Schrift aus wie eine Anleitung
zum Geldverdienen. Einige Quellen legen ihm ein überaus zynisches Geschäftsmotto in den Mund: »Alle Welt weiß

doch, wie viel uns diese Fabel von Christus eingebracht hat.« Na denn.

Der Oberste Hirte füllt die Kassen des Vatikans schamlos wie keiner seiner Vorgänger. Auch er ist ein Superbauherr der Epoche und will den Petersdom mit dem Geld gutgläubiger Büßer neu gestalten. Peterspfennige und der Verkauf von Ablassbriefen garantieren zahlungswilligen Sündern bis zu zehntausend Jahre weniger im Fegefeuer und finanzieren das Bauprojekt. Und daneben diverse private Vergnügungen. Leo ist kein Glanzbeispiel päpstlicher Moral.

Morus warnt Heinrich auch aus einem anderen Grund vor seiner Lieblingsrolle als Papstverfechter und Moralapostel der Christenheit. Dem Philosophen ist um die sittliche und eheliche Standfestigkeit seines Königs bange. Der inzwischen zum Ritter geadelte Morus wittert früh, dass religiöser und dynastischer Ärger in der Luft liegt. In Gestalt eines erotischen Hochdruckgebietes namens Anne Boleyn.

Die aufregende Schwester von Heinrichs Bettschatz Mary Boleyn ist 1522 am englischen Hof eingetroffen. Frisch aus Frankreich, wo sie wie Mary eine Ausbildung zur Hofdame genossen und anscheinend mit Eins plus abgeschlossen hat.

Das glutäugige, gertenschlanke Fräulein, geschätztes Alter damals zwischen sechzehn oder (wahrscheinlicher) 21 Jahren, ist ein unmittelbarer Erfolg. Keine tanzt wie sie, keine plaudert wie sie, keine ist modisch derart up to date. Früher oder später muss sie Heinrichs Aufmerksamkeit erregen, das weiß Morus. Mehr noch: Die atemberaubende Hofdebütantin gilt als Befürworterin des neuen Glaubens. Das könnte zu politisch brisantem Bettgeflüster führen.

Tatsächlich wird die zweite Boleyn-Tochter Heinrich, den gerade geborenen Helden der Feder, in einen Ketzer und notorischen Henker verwandeln. Die schwarze Natter Nan, wie Wolsey sie nennen wird, soll den Tudor in eine Schlacht verwickeln, die seinem Namen den ersehnten Weltruhm verschafft. Allerdings anders, als der ehemalige *Prince charming* sich das anfangs erträumt hat.

Die schwarze Nan und eine *Ménage à quatre*

Königin Katharina, inzwischen 37 Jahre alt, ausgelaugt und unförmig, hofft 1522 noch immer, einen Thronfolger zu gebären. Sie unterzieht sich medizinischen Rosskuren, unternimmt Wallfahrten im Namen der Fruchtbarkeit, trägt das härene Hemd des franziskanischen Tertianerordens unter ihrer Robe und geißelt sich bis aufs Blut. Kein schöner Anblick. Heinrich kommt seinen ehelichen Pflichten sporadisch nach, aber Katharinas Leib »bleibt stumm«, wie Zeitgenossen es ausdrücken.

Mit der recht stabilen *Ménage à trois* zwischen Heinrich, Mary Boleyn und ihr hat sich die Spanierin abgefunden. Sie weiß, dass es immer eine Dritte im Ehebund geben wird. Immerhin scheint Mary Boleyn, die in Hoftheaterstücken oft die Rolle der weiblichen Tugend »Freundlichkeit« spielt, auch im wirklichen Leben keine Kratzbürste gewesen zu sein.

Katharina gegenüber ist sie respektvolle Hofdame und dem König gegenüber bescheiden. Lediglich ihr zur Tarnung geheirateter Gatte William Carey erhält regelmäßige karriereförderliche Zuwendungen. Er hat sogar die königliche Anweisung, mit Mary zu schlafen, damit eine eventuelle Schwangerschaft ihm allein in die Schuhe geschoben

– 153 –

werden kann. Weitere Verhütungsunfälle à la Bessie Blount möchte Heinrich vermeiden. Dank der Rosenkriege weiß der Bastard-Ahne, dass zu viel unehelicher Nachwuchs die Thronfolge kräftig durcheinanderbringen kann. Verheiratete Geliebte haben seither Tradition im britischen Königshaus.

Mary Boleyn muss sich als Anerkennung für ihre Dienste damit begnügen, dass der König ein Kriegsschiff auf ihren Namen taufen lässt. Mehr ist nicht drin. Schwester Anne schaut zu und lernt.

Ab 1522 spielt sie ebenfalls in Tudor-Stücken mit und wird als die Tugend »Hartnäckigkeit« besetzt. Um Tugenden wird damals sehr viel Theater gemacht, wohl weil sie so selten und so kostbar sind. Englands Bühnenkunst vor Shakespeare ist eine hochmoralische Angelegenheit und eher unfreiwillig komisch.

Im Rückblick ist die »Hartnäckigkeit« das ideale Rollenfach für Anne, sie würzt es mit einer Prise Dreistigkeit. Auf der Bühne erobert die kecke schwarzäugige Zofe vorerst lediglich Kulissenburgen, die von Höflingen mit Apfelsinen und Kuchenbomben bestürmt werden.

Ein Vergnügen, über das selbst Königin Katharina lacht. Die goldblonde Spanierin sieht in der zweiten Dame Boleyn keine Konkurrenz. Rabenschwarzes Haar, dünne Gliedmaßen und eine spitze Zunge waren noch nie nach Heinrichs Geschmack, er mag es blond, demütig und hingebungsvoll. Überhaupt gilt Anne eher als hässlich denn als schön.

Venedigs Gesandter bemerkt, sie habe schöne, fast schwarze Augen, die sie zu benutzen weiß, aber sonst?

»Sie ist keine besonders hübsche Frau, von mittlerem Wuchs und dunklem Teint, hat einen langen Hals, einen breiten Mund und flache Brüste.« Mit so einem Fahrgestell hat sie kaum Chancen, durch den Tudor-TÜV zu kommen. Andere Begutachter entdecken weitere gravierende Mängel: einen sechsten Nagel am kleinen Finger der linken Hand und ein erdbeergroßes Muttermal oder gar eine fette Warze am sehr schlanken Hals.

Nichtsdestotrotz, die Tochter des Botschafters Sir Thomas Boleyn ist die Sensation der Saison und dank ihrer Lehrjahre am Pariser Hof umwerfend elegant. Ihre Kleidung designt sie selbst und setzt Trends. Sie erfindet überlange Ärmel, um ihren missgebildeten kleinen Finger zu verbergen, kaschiert das Erdbeermal mit Samthalsbändern, bringt tiefere Ausschnitte und statt hölzerner Giebelhauben kokette Halbhauben in Mode, die ihre Rabenmähne zur Geltung bringen.

Von einem Zofenposten steigt Anne rasch zur Hofdame von Katharina auf. Doch im Umkreis der Königin wird mehr gebetet als gelacht und mehr gestickt als getanzt. Anne »die Hartnäckige« sucht und findet Anschluss an den Kreis von Königsschwester Maria Tudor. Die ist nach ihrer 83-tägigen Kurzehe mit Frankreichs König Ludwig wieder das *It-Girl* am Hof und Heinrichs Augapfel. Ihre Clique ist tonangebend, jung und selbstbegeistert nach Tudor-Manier.

Es wird getanzt, gefeiert und heftig geflirtet. Immer öfter funkt es in Richtung Anne. Sie heimst zahlreiche Verehrer-Reime ein – Frühformen der SMS, die in Zettelform heimlich zugestellt werden. Der Hof ist schließlich Heiratsmarkt des jungen Adels. Am französischen Hof hat la Boleyn alle Finessen der Galanterie studiert. Sie ist charmant, gebildet, aber auch bissig und *hard to get*. Sie ermutigt alle und gewährt keinem ihre Gunst.

Schon nach einem Jahr macht das Ritterfräulein auf diese

Weise einen fetten Fang. William Percy, Graf und Alleinerbe von Northumberland, verliebt sich bis über beide Ohren in sie und verspricht ihr die Ehe. Für die Tochter eines kleinen Landadligen ist der Antrag eines steinreichen Mitglieds der Hocharistokratie ein Megaerfolg. Den Lordkanzler Wolsey ihr jedoch im Namen des Königs verbietet. Percy wird Ende 1523 einer Kopfwäsche durch den Kardinal unterzogen und nach Hause geschickt. Für diese Einmischung wird Anne den Königsintimus Wolsey tödlich hassen. Anne zieht sich einige Monate vom Hof zurück, um zu schmollen, und wird allgemein vermisst.

Einige Biografen deuten die Intervention des Kardinals als erstes Zeichen für des Königs Interesse an Anne. Nun, nichts Genaues weiß man nicht; möglich sind auch rein standesrechtliche Vorbehalte gegen die Heirat Percy – Boleyn. Heinrich jedenfalls bleibt in diesen Tagen noch Mary Boleyn treu, freut sich aber sehr über Annes Rückkehr.

Der erste Beweis für Heinrichs Interessensverschiebung zugunsten der Schwester seines Bettschatzes Mary stammt aus dem Jahr 1525 und aus der Feder des Hofpoeten Thomas Wyatt. Der verliebte Poet reimt für Anne ein viel sagendes Sonett:

Wer da zu jagen wünscht, ich weiß ein Wild,
Nicht mir bestimmt, ach, ich vermag's nicht mehr:
Ermüdet von vergeblicher Beschwer ...
Wer da zu jagen wünscht ...
Wie ich gar leicht verschwendet er die Zeit,
Graviert in Diamant und aufgereiht
Um ihren hübschen Hals man lesen kann:
Noli me tangere, Caesar bin ich geweiht.

Die letzte Zeile heißt übersetzt in etwa: Finger weg, ich gehöre dem König. Man weiß also Bescheid, wem das Herz von Heinrich jetzt gehört.

1526 soll Heinrich – ebenfalls Poet und Musiker – nachgelegt und für die widerspenstige Anne eine Ballade über grüne Kleiderärmel komponiert haben. Der Song heißt *Greensleeves*, ist immer noch ein Ohrwurm und beginnt mit der Zeile: »O weh, mein Lieb, tust Unrecht mir.«

Ein Kölner Karnevalsmusikant namens Bernd Stelter, weit weniger bekannt als König Heinrich, hat die Liebesklage 2004 sehr frei in deftige Zeilen übertragen: »Knietief in der Scheiße stehen.«

Mit Liebe hat sein Text nichts zu tun, aber Heinrich Tudor hätte der Titel vielleicht gefallen, und im Rückblick hat er die sich anbahnende Affäre Anne unter Umständen so beschrieben. Im Ernst. Von diesem Einschub müssen Sie sich nichts merken, denn *Greensleeves* stammt höchstwahrscheinlich nicht aus Heinrichs Feder, auch wenn es noch immer gern behauptet wird.

Gesicherte schriftliche Beweise für Heinrichs heiße Gefühle finden sich hingegen im Vatikan. Dort sind 17 Liebesbriefe des Königs an Anne archiviert, die er zwischen 1526 und 1528 zu Papier brachte. Dass sie um 1529 mysteriöserweise nach Rom gelangten, ist aus mehreren Gründen historisch bemerkenswert.

Zum einen beweist es, dass päpstliche oder spanische Agenten sie nach 007-Manier gemopst haben, zum anderen dass Heinrichs Liebelei von Anfang an eine Staatsaffäre ist. Ansonsten sind die Briefe schlicht niedlich und weit harmloser als das telefonische Tampongeflüster, das weiland Englands derzeitiger Prinz Charles seiner Geliebten Camilla ins Ohr hauchte.

– 157 –

Allerdings sind Heinrichs Geständnisse an Anne Weltpolitik, Prinz Charles' Ergüsse hingegen seine Privataffäre.
Dass diese öffentlich so breitgetreten wurde, hat Englands
moderner Thronfolger der politischen Bedeutung von Vorfahren wie den Tudors zu verdanken, der Pressefreiheit und
unserer zeitlosen, schadenfrohen Neugier. Heute lauern Pa-
parazzi auf royale Patzer, nicht der Papst. Prinz Charles sollte
dem Fortschritt dankbar sein.

Amors Pfeil trifft den einsamen Jäger

Anne freut sich über die königliche Liebespost, bleibt ihrem
bewährten Männerfangmuster aber treu. 1526 verschwindet
sie erst einmal wieder in ihre Heimat Kent. In London geht
die Pest um, drei treue Höflinge Heinrichs sterben, ebenso
Mary Boleyns Tarnehemann; selbst Anne erkrankt – oder tut
jedenfalls so. Heinrich VIII. ist ihre Abwesenheit aus gesundheitlichen Gründen zwar recht, aber er vermisst seine neue
Flamme auch.

In seinen Briefen beschwört der Tudor-Monarch das
Hoffräulein Anne:

*Meine Herrin und Freundin, ich und mein Herz geben sich in
Eure Hände und bitten Euch, uns Eurer Gunst zu empfehlen
und in Eurer Zuneigung zu uns nicht durch die Trennung
nachzulassen. Es wäre zu grausam, unseren Kummer noch zu
vergrößern, da Eure Abwesenheit uns schon genug bereitet (…)
Da ich nicht selbst bei Euch sein kann, sende ich Euch, was meiner Person am nächsten kommt, mein Bild, in ein Armband
gefasst (…) und wünsche mich an seine Stelle, wann es Euch*

– 158 –

gefallen mag. Dies von der Hand Eures ergebenen Dieners und Freundes, H.R.

Anne schweigt klug und hartnäckig.

Amors Pfeil, wie er selber schreibt, hat ihn getroffen, und er findet keine Ruhe mehr. Heinrich reitet in der Rolle des stürmischen Verehrers unbegleitet von London nach Kent, um eine Antwort zu erhalten. Vergeblich, wie ein weiterer Brief verrät:

Obwohl es Euch, meiner Herrin, nicht gefallen hat, Euch an das Versprechen zu erinnern, welches Ihr mir bei unserer letzten Begegnung gegeben, dass ich nämlich von Euch Neuigkeiten erfahren und eine Antwort auf meinen letzten Brief erhalten solle, denke ich doch, es zieme sich für einen treuen Diener (da er doch anders nichts erfahren kann), sich nach dem Befinden seiner Herrin zu erkundigen. Um der Pflicht des treuen Dieners zu genügen, sende ich Euch diesen Brief und bitte Euch, mir über Euer Befinden Bericht zu geben (...) und damit Ihr öfter an mich denkt, lasse ich Euch durch diesen Boten einen Rehbock schicken, den ich gestern Abend mit eigener Hand erlegt, in der Hoffnung, dass Ihr öfter an mich denkt, wenn Ihr ihn verspeist.

Keine Frage, Henrys Jagdinstinkt ist geweckt.

Vom gezierten Minne-Französisch wechselt er in seinen Liebesbriefen im Laufe der Monate ins Englische und wird immer deutlicher, je distanzierter Anne sich zeigt:

Ich wünsche mich besonders am Abend in die Arme meines Schatzes, dessen hübsche Brüste (zu englisch: pretty duckies), ich bald zu küssen hoffe.

– 159 –

Doch die gewitzte Beute schlägt weitere Haken, bis der König mehr als ein Armband und selbst erlegtes Wildbret anbietet. Heinrich verspricht Anne den Titel seiner offiziellen und einzigen Mätresse. Das gab es bei ihm noch nie, und die meisten Hofdamen wären begeistert über solch ein Angebot. Anders die kluge Anne, sie kennt schließlich das Schicksal ihrer Schwester Mary und schätzt die Haltbarkeit von Heinrichs Gefühlen realistisch ein.

Mary Boleyn ist seit 1525 abgehakt. Sie hat einen Sohn geboren und stört damit Heinrichs Beuteschema in Sachen bequeme Beischläferin. Marys ebenfalls bequemer Ehemann William Carey ist – wie erwähnt – der Pest erlegen, und damit niemand auf die Idee kommt, der König sei zuständig für das Schicksal der Witwe und ihrer Waisen, schickt er sie in die Provinz. Keinen Penny erhält Mary aus der königlichen Schatulle. Sie gilt als entehrt, und selbst ihre Familie fühlt sich nicht zuständig für die Exkonkubine, die vielleicht so naiv war, den Tudor-Beau tatsächlich zu lieben und an Märchenprinzen zu glauben.

Die clevere Anne ist aus gutem Grund nicht an einer Affäre mit Heinrich VIII. interessiert. Sie will mehr, viel mehr.

Am Neujahrstag 1527 macht die Vielumschwärmte dem liebeskranken König per Post aus Kent klar, was das ist. Sie dankt für seine Gunst, nennt sich seine Dienerin, betont ihre herzlichen Gefühle und ihr Bedauern, dass sie als keusches Fräulein ihr höchstes Gut – die Jungfernschaft – leider, leider nicht riskieren kann. Jungfernschaft, das muss Musik in Heinrichs Ohren gewesen sein.

Anne fügt dem Brief eine kostbare, juwelengeschmückte Goldschmiedearbeit für den Pretiosenfan Heinrich bei: eine kleine Jungfrau am Bug eines sturmumtosten Schiffes. So zierlich kann ein weiblicher Wink mit dem Zaunpfahl sein. Anne nimmt Kurs auf den Hafen einer königlichen Ehe.

Für Heinrich ist die Botschaft unmissverständlich. Anne erwartet von ihm die Scheidung von Katharina, mit der er nunmehr seit 18 Jahren verheiratet ist und mit der er – laut eigenen Aussagen – seit 1524 keinen fleischlichen Umgang mehr pflegt. Die Boleyn pokert hoch und gewinnt.

Ab Frühjahr 1527 ist ihr Verehrer immer stärker mit dem Gedanken beschäftigt, seine Ehe aufzulösen. Zumal Katharina jetzt 42 Jahre und jenseits des gebärfähigen Alters ist. Die Thronfolgerfrage, so betonen Historiker zu Recht, spielt Anne den wichtigsten Joker und mächtige Pokerpartner in die Hand. Als Heinrich seine Scheidungsgedanken seinem Busenfreund Wolsey offenbart, ist auch der Kardinal begeistert. Von Anne ist zwischen beiden allerdings nicht die Rede.

Der Staatspolitiker Wolsey will Heinrich in zweiter Ehe an eine französische Prinzessin vermählen. Nicht im Traum kommt der geriebene Taktiker auf die Idee, dass ein unwichtiges Ritterfräulein sich als Braut ins Spiel gebracht hat.

Schließlich hat er diesem Landei vor vier Jahren im Namen des Königs noch die Ehe mit Graf Percy verboten. Anne hat in seinen Augen allerhöchstens Bettschatzqualitäten, und wie man mit Konkubinen umgeht, weiß er genau. Er hat schließlich seit Jahren selber eine.

Mehr Kopfzerbrechen bereitet dem Kardinal ein triftiger Scheidungsgrund. Kinderlosigkeit zählt offiziell nicht. Am Ende ist es der König und »Verteidiger des Glaubens«, der die Begründung findet: seine Frömmigkeit.

Eine sündhafte Ehe

Angesichts der lebenssprühenden Anne, die so ganz anders ist als die inzwischen 42-jährige, kränkelnde, verbitterte Katharina, befragt der verliebte König sein Gewissen, und das meldet ihm freundlicherweise, dass seine Leidenschaft keine blinde Vernarrtheit ist, sondern ein Wink Gottes sein muss. Statt in Annes hübschen *duckies* vergräbt er sich in der Bibel und tatsächlich: Der theologisch versierte König findet eine Bibelstelle, die ihm die Augen für seinen Frevel öffnen: »Wenn einer seines Bruders Weib nimmt, ist das schändlich«, heißt es im 3. Buch Mose und: »Die sollen ohne Kinder sein.« Sakra, darum also fehlt es am Thronerben! Schnell findet er Juristen, die ihm vollkommen rechtgeben.

Spaß beiseite: Wer hinter solchen Argumenten für eine Trennung blanken Zynismus vermutet, irrt. Heinrich, der immerhin zwei männliche Bastarde gezeugt hat, hält seine prinzenlose Ehe wirklich für eine Strafe des Herrn, dem er sich als Gottgesalbter sehr, sehr nah fühlt. Seine Gefühlswelt – und darin ist er bei aller »Modernität« sehr mittelalterlich – ist tief im Glauben verankert.

Heinrich legt Wert darauf, dass »zwischen Gott und meinem Gewissen völlige Übereinstimmung herrscht«. Dass sein Gewissen mitunter bemerkenswert elastisch ist, entgeht ihm wie den meisten seiner Thronkollegen.

Eigentlich, so flüstert ihm nun eine innere Stimme zu, ist er doch gar nicht verheiratet, sondern hat mit Katharina achtzehn Jahre in schwärzester Sünde gelebt. Das muss eine göttliche Eingebung sein. Aufs Höchste alarmiert beauftragt Heinrich seinen Kardinal und den Papstlegat Wolsey, der in England Sachwalter des Heiligen Stuhls ist, mit der sofortigen Aufhebung seiner gott- und fruchtlosen Ehe. In religiösen Notfällen darf ein Kardinal wie Wolsey eine solche Eheannullierung noch vor Rom aussprechen. Der Rest ist dann lästiger Papierkram.

Seiner Gattin Katharina sagt Heinrich nichts davon. Ebenfalls aus frommen Gründen, er will – so behauptet er wirklich – seiner tiefreligiösen Gattin eigene Gewissensqualen ersparen. Auch über den künftigen Verbleib von Katharina macht er sich keine Sorgen, sie kann in ein Kloster gehen. Trägt sie nicht ohnehin längst härene Unterröcke und ist ihr nichts widerwärtiger als der Geruch der Sünde? Ein Nonnendasein muss ihr geradewegs wie ein Geschenk erscheinen. Genau wie die Aufhebung ihrer sündigen Ehe.

Wolsey sieht in der Blitzscheidung ebenfalls kein Problem und organisiert für den 17. Mai 1527 eine geheime Bischofskonferenz in seinem Londoner Palast. Zu seiner Überraschung stellen sich Englands kirchliche Würdenträger ihm erstmals in den Weg.

Der übermächtige Metzgersohn ist ihnen längst ein Dorn im Auge, sie beharren darauf, dass eine so entscheidende Frage wie eine königliche Trennung allein in Rom und von dem mittlerweile amtierenden Papst Clemens VII. beurteilt werden kann.

Mehr noch: Die Bischöfe petzen Wolseys Blitzaktion an die Spanier in London weiter. Schon einen Tag später teilt deren Botschafter der Königin in einem verschlüsselten Brief die Scheidungsabsichten von Heinrich VIII. mit. Die Kriegerin in Katharina erwacht zu neuem Leben, sie alarmiert sofort ihren Neffen, Kaiser Karl V. Eine Staatsaffäre ist ab jetzt unvermeidbar.

Wolsey macht zur gleichen Zeit einen fatalen Fehler, er

schreibt tatsächlich nach Rom und gibt die Scheidungsverhandlungen damit aus der Hand. In gutem Glauben, schließlich sind solche Annullierungen in Fürstenhäusern üblich und – bei angemessen gottgefälliger Honorierung – eine Formsache.

Wolsey ist sich sicher, dass der Papst ihm helfen wird, schließlich hat er seinen König Heinrich für den Vatikan schon in den Krieg gegen Frankreich geschickt und Luthers Schriften verbrennen lassen. Und der brave Heinrich hat mit der Feder die römische Kirche verteidigt. Ungehorsam gegen den Papst, so hieß es in der Streitschrift, ist eine Todsünde.

Doch Wolseys Brief und die Bitte des englischen Königs treffen zu einem denkbar ungünstigen Zeitpunkt im Vatikan ein. In Italien schlagen sich Frankreich, Spanien und der Papst nach bekannter Manier wieder einmal die Köpfe um die Vorherrschaft auf dem Stiefel ein. Am 27. Mai 1527 wird Rom von spanischen und deutschen Landsknechtstruppen des Kaisers eingenommen, es wird gebrandschatzt und geplündert. Der Heilige Vater muss in die Engelsburg fliehen und ist nun praktisch der Gefangene Karls V. Und der 27-jährige Kaiser ist eben nicht nur Europas mächtigster Herrscher, sondern dummerweise auch Katharinas Neffe. Man könnte sagen, es steht zehn zu null für die Königin.

Clemens ist in einer Zwickmühle. Verscherzt er es sich mit Karl, könnte dieser den ganzen Kirchenstaat kassieren, verprellt er Heinrich, verliert er einen militärischen Bündnispartner und die satten englischen Kirchenabgaben.

Papst Clemens – für Zögerlichkeit bekannt – entscheidet sich für die Taktik des Aussitzens. Sechs Jahre wird der Nachfolger Petri den Scheidungsfall verschleppen, der von nun an *the King's great matter* – des Königs »große Sache« genannt wird.

Prozess um ein Jungfernhäutchen

Während Politiker, Kirchenleute und Diplomaten über die Rechtmäßigkeit von Katharinas Ehe streiten, hat die stolze und fromme Spanierin keinen Zweifel an der juristischen und moralischen Rechtmäßigkeit ihrer Heirat. Sie weigert sich, den Nonnenschleier zu nehmen. Kategorisch lehnt sie es ebenfalls ab, eine Ehe zu dritt zu führen. Mit Anne als Braut zur linken Hand und als Prinzenproduzentin. Auch dafür gibt es Dispense und Beispiele aus anderen Herrscherhäusern, wie Gatte Heinrich zart andeutet. Katharina die Kämpferin wäscht ihm dafür gehörig den Kopf.

Um den bald reichlich genervten Heinrich bei der Stange zu halten, gewährt Anne – so vermuten ihre Biografen – ihrem glühenden Verehrer gelegentlich das, was heute als *heavy petting* bekannt ist, verweigert aber – um es im Ton des Mittelalters zu formulieren – »die Entsiegelung ihres Brünnleins«.

Mit dem geschickten Hinweis, dass sie nur eheliche Kinder (und damit mögliche Thronerben für England) empfangen will. Eine Taktik, die aufgeht. Genau wie Annes Bemühungen, ihre Liebe als Frömmigkeitsübung zu deklarieren.

Henry schwört ihr einen Eid, keusch zu bleiben, bis die Tinte unter ihrer Heiratsurkunde trocken ist. Das alles gefällt dem Gottgesalbten, denn es eröffnet ihm eine weitere Dimension in Sachen Liebe. Man könnte es sakrale Erotik nennen. Anne und Heinrich vergöttern sich im wahrsten Sinne des Wortes.

Sogar während der (noch) heiligen katholischen Messe tauschen die beiden Liebesbriefchen aus und kritzeln sich Treueschwüre in die Gebetbücher. Ausgerechnet! Eine Notiz des Tudors lautet: »Wenn du meine Liebe so innig in deine Gebete einschließt, wie ich dich bewundere und begehre, vertraue ich darauf, dass du mich nie vergisst. Ich bin dein Heinrich R. (für Rex, also König) für immer.« Mehr geht nicht? Doch.

Die überaus kluge Anne bringt Berater aus dem Kreis des neuen Glaubens ins Spiel, um auch die weltliche Seite ihrer Liebe zu regeln. Sie fördert den Reformer und heimlichen Luther-Leser Thomas Cranmer. Der Oxford-Dozent bringt Heinrich auf die Idee, nicht den Papst, sondern Bibelexperten mit der Eheprüfung zu beauftragen.

Anne legt dem König außerdem Ketzerliteratur auf den Nachttisch, die in Butterfässern auf deutschen und niederländischen Handelsschiffen nach England geschmuggelt wird.

Heinrich findet bald ein brandneues Buch des englischen Bibelübersetzers William Tyndale neben seinem Bett. Tyndale ist in England offiziell als Häretiker angeklagt und muss von Köln und Holland aus für seinen Glauben streiten. Sein »Gehorsam eines Christenmenschen« begeistert Heinrich dennoch spontan. Vor allem die Stelle, an der Tyndale mithilfe der Bibel nachweist, dass die Autorität über die Kirche nicht dem Papst, sondern dem von Gott gesalbten König des jeweiligen Landes gehört. »Des Königs Gesetz ist Gottes Gesetz.« Heinrichs neue Herrscherformel ist gefunden.

Zu demselben Schluss kommen – von Henry geschmierte –

Universitätstheologen aus verschiedenen Ländern Europas. Bibel gegen Papst, Heinrich macht sich einen protestantischen Glaubensgrundsatz zu eigen. Katharina hält mit Gutachten romtreuer Gelehrter und mit Kriegsdrohungen von Kaiser Karl dagegen.

»Wenn wir wollen«, schreibt Spaniens Kanzler an Wolsey, »können wir Heinrich in drei Monaten aus seinem eigenen Reich hinausschmeißen. Welche Gewalt hat dieser König schon?«

Der Papst hält sich weise aus dem Gezänk heraus, außerdem kennt er inzwischen Heinrichs Liebesbriefe. Genau wie der Rest der politischen Welt, die nur noch von des Königs Großhure als Scheidungsgrund spricht. Heinrich ist auf dem besten Weg, sich lächerlich zu machen, und das gefällt ihm ganz und gar nicht.

Erst im Sommer 1529 kann Kardinal Wolsey unter Mühen ein Kirchengericht in London zusammentrommeln, dem allerdings ein päpstlicher Legat aus Rom beiwohnt. Pikanter Verhandlungsgegenstand des europaweit beachteten Prozesses ist Katharinas Jungfernhäutchen.

Verhandelt werden muss, ob die Königin bereits von ihrem ersten Gatten – Arthur – defloriert wurde. In diesem Falle wäre ihre zweite Ehe ungültig. Nicht wegen Moses, *Leviticus* und der Heiligen Schrift, sondern wegen eines ärgerlichen Formfehlers im alten Ehedispens. Wir erinnern uns: Der 1502 erteilte Freibrief für Katharinas Heirat mit Heinrich gilt nur für den Fall, dass die junge Witwe noch *virgo intacta* ist. Den zweiten Ehedispens bei Vollzug hat der damalige Papst verschlampt. So kann's gehen in der Weltgeschichte. Ein kleiner Flüchtigkeitsfehler, und schon bricht das ganze System zusammen. Wir Deutschen kennen das

– 167 –

vom Mauerfall, als ein überfordertes Politbüromitglied versehentlich völlige Reisefreiheit für alle DDR-Bürger verkündete. Eine halbe Stunde später wollten die ersten raus; der Rest ist Geschichte.

Zurück nach England anno 1529.

Damals drängen sich auf den Bänken und Fluren des Dominikanerklosters Blackfriars internationale Diplomaten, Höflinge und Scharen von Schaulustigen, die mitbekommen wollen, ob ihr König ihre Königin als Erster beschlafen hat oder nicht. Das Warten lohnt sich.

Noch bevor die eigentliche Verhandlung beginnt, hat Katharina einen eindrucksvollen Auftritt. Die Matrone erscheint im Staatshabit im Saal von Blackfriars, geht vor Heinrich in die Knie, beteuert, sie sei als Jungfrau in die Ehe mit ihm gegangen – wie Heinrich sehr wohl wisse – und dass sie sich immer bemüht habe, eine gute Königin zu sein, und dass sie ihn als Herrn und Meister liebe. Viele Kinder habe sie dem Monarchen geschenkt, beteuert sie mit rauem kastilischen Akzent, doch Gott habe es gefallen, diese zu sich zu rufen. Ein bühnenreifer Monolog, den Shakespeare später beinahe wortwörtlich für sein Drama »Heinrich VIII.« aus den Akten abschreibt.

Zum Schluss merkt Katharina eher beiläufig an, dass ohnehin kein Londoner Gericht, sondern nur eines in Rom für ihren Fall zuständig sei. Sie rauscht aus dem Saal und scheucht alle Diener beiseite, die sie aufhalten und in den Zeugenstand zurückberufen wollen. Mit Männermut vor Königsthronen ist es unter Heinrich nicht weit her, umso beachtlicher ist Katharinas Courage.

Zumal sie inzwischen Einzelkämpferin ist. Ihr Neffe Karl hat einen Rückzieher in Sachen Krieg gemacht, wegen leerer Kassen und einem Nordafrika-Feldzug gegen die Türken. Statt die umstrittene Ehre und Jungfräulichkeit seiner Tante mit Waffen zu verteidigen, hat er schriftliche Anweisung gegeben, Englands Königin zum Rückzug ins Kloster zu bewegen. So viel zu dem Gelöbnis, das auch er in Sachen Jungfern-, Witwen- und Waisenschutz als Ritter vom Goldenen Vlies abgelegt hat.

Katharina hätte es wissen können. Ihr Vater Ferdinand war aus ähnlichem Holz geschnitzt, und Neffe Karl hält seine eigene Mama, ihre Schwester Johanna, seit Jahren in einer Festung gefangen, damit sie ihm nicht die Krone Kastiliens abverlangt, die eigentlich ihr gehört. Seine fadenscheinige Begründung, Johanna sei wahnsinnig – so auch ihr Beiname »die Wahnsinnige« –, ist historisch mehr als umstritten. Aber das ist einmal mehr eine ganz eigene historische Tragödie.

Heinrich VIII. hat den Auftritt seiner Frau schweigend verfolgt und ist erst mal baff. Die intimen Beteuerungen der Königin bringen ihn in eine Zwangslage. Entweder sie sagt die Wahrheit und er muss einen Meineid schwören, oder sie lügt in Sachen Jungfernschaft. Dann hat auch er gelogen und muss zugeben, dass seine Gewissensqualen so neu nicht sein können. Oder – und das wäre eine komplette Demütigung – er muss gestehen, dass er als siebzehnjähriger Bräutigam zu unerfahren war, um hundertprozentig festzustellen, ob Katharina unberührt war oder nicht.

Der König entscheidet sich für die Rolle des sentimentalen Frömmlers und rührt sich selbst dabei fast zu Tränen. Lyrische Seele, die er nun mal ist. Heinrich übergeht Katharinas Einwendungen und beteuert sein Bedauern darüber, dass er nicht mit seiner so einzigartigen, vortrefflichen und innig geliebten Königin verheiratet bleiben darf. Nein, tut mir leid, es geht nicht. Mein Gewissen, die Pflicht als »Verteidiger des Glaubens« ... Kurz: Lauter ehrenwerte Gründe verbieten es ihm, seinem Herzen zu folgen. Es gibt im Saal wohl niemanden, der das glaubt, aber alle wissen, welches Urteil Heinrich will: eine Aufhebung seiner Ehe wegen Blutschande. Seine Juristen zitieren die entsprechenden Bibelstellen; die Drecksarbeit erledigen altgediente Höflinge.

Als Zeugen aufgerufen erinnern sich halbe Tattergreise plötzlich daran, dass der 15-jährige Arthur nach seiner Hochzeitsnacht mit Katharina nach Bier verlangt habe, weil er »mehrmals mitten in Spanien« gewesen sei (siehe oben).

Der Legat des Papstes lauscht, wägt ab, zieht die Verhandlungen wochenlang hin und verweist den Fall zurück nach Rom, wo allerdings Sommerferien sind, weshalb sich der König bitte weiter gedulden wolle.

Heinrichs Zorn erreicht imperiale Ausmaße; Anne weiß ihn zu nutzen. Für eine tödliche Rache an Wolsey.

Löwe Heinrich entdeckt seine Pranken und kegelt mit Köpfen

Anne Boleyn hat dem Kardinal nie verziehen, dass er anno 1523 ihre Ehe mit William Percy unterbunden hat. Jetzt vermasselt er auch noch ihre königlichen Heiratspläne. Übel nimmt sie außerdem, dass Heinrichs Lieblingsberater ihr Spiel früh durchschaut und den Spitznamen »die Natter« oder »Black Nan« in Umlauf gebracht hat.

Sie kann den König davon überzeugen, dass Wolsey die Schuld am stotternden Fortgang seiner Scheidung trifft. Jäger Heinrich liebt Sündenböcke.

– 170 –

Der von Thomas Morus gefürchtete Zeitpunkt, an dem der »Löwe seine wahren Kräfte entdeckt«, ist gekommen. Heinrich verstößt seinen Busenfreund und Berater, der ihm zwei Jahrzehnte gedient hat, und lässt einen Prozess vorbereiten. Dabei macht er sich das Parlament und ein 200 Jahre altes Gesetz zunutze. Das sogenannte *Statute of Praemunire* erklärt es zum Hochverrat, sich in Rechtsfällen an ausländische Machthaber und Gerichte zu wenden – etwa an päpstliche. In Wolseys Fall ist dieser Vorwurf hochgradig lächerlich, schließlich hat er in Heinrichs Auftrag gehandelt.

Wolsey verlangt nach einer Audienz, wird mehrfach abgewiesen, aber noch einmal zu einer Jagdgesellschaft geladen. Alle schneiden ihn, denn er hat buchstäblich nur Feinde. Der Kardinal kann den König vor einem Ausritt abpassen. Zitternd bittet er um Gnade. Heinrich umarmt seinen Freund unter Tränen, schenkt ihm einen kostbaren Ring, spricht vom Wert der Freundschaft, sagt Lebwohl und sitzt auf. Wolsey schöpft kurz Hoffnung, doch von nun an lässt Heinrich sich verleugnen, und bei Hof grüßt keiner mehr.

Niemand weiß besser als Wolsey, was die Stunde geschlagen hat. Eiligst legt er alle Staatsämter nieder und besinnt sich auf seine Bischofspflichten in York. 1530 wird er dort von einem königlichen Gesandten verhaftet. Es ist – ausgerechnet – William Percy, der ehemalige Verlobte von Anne Boleyn. Angenehm ist dem gutmütigen Herrn von Northumberland diese Pflicht nicht. Er ist froh, als der Chef des Tower, ein Sir Kingston, seinen Gefangenen übernimmt, um ihn nach London zu überstellen. Zum Gerichtstermin wegen Hochverrat.

Seiner sicheren Hinrichtung entgeht Wolsey während der Anreise durch seinen – vielleicht selbst durch Gift herbeigeführten – Tod. Bevor der Kardinal seinem Schöpfer entgegentritt, empfiehlt er seinem Bewacher Kingston: »Sollten Sie je in die Verlegenheit kommen, seiner Majestät etwas raten zu müssen, seien Sie vorsichtig mit dem, was Sie ihm in den Kopf setzen, denn Sie werden es nie mehr hinausbekommen.« In seinen letzten Minuten muss der Meisterpsychologe sich erinnert haben, dass er es war, der Heinrich 1514 als Erster eine Scheidung empfohlen hat.

Anne zeigt ihre Freude über den Tod ihres Intimfeindes unverhohlen. Sie lässt bei Hof ein Stück mit dem Titel »Die Höllenfahrt des Kardinals« aufführen und tritt darin als Furie auf, die eine mannsgroße Puppe in Purpurtracht überwältigt und zerfleddert. Heinrich beweist Geschmack genug, um *not amused* zu sein.

Erstmals zeichnet sich sein von nun an übliches Muster der Trauerarbeit ab: Heinrich kann sich aufs Herzlichste von Menschen verabschieden, deren Todesurteil er zuvor heimlich unterschrieben hat. Sobald den Ahnungslosen ein Licht aufgeht, vermag der König ihnen, seinen Opfern, nicht mehr in die Augen zu sehen. Sind sie vernichtet, vergießt er gern Tränen der Rührung. Heinrich hält das einem ausgeprägten Sinn für Freundschaft und seiner Empfindsamkeit zugute. Er sieht sich weiter als lyrische Seele. Schuld an den Hinrichtungen sind am Ende immer andere.

Unfassbar, aber wahr – er ist ein Monster reinen Herzens. Nun, vermutlich sind eben diese die größten und erfolgreichsten Ungeheuer von allen.

Zu Wolseys Nachfolger bestimmt der König wiederum einen Busenfreund und einen echten Feingeist: Thomas Morus. Als dessen Schwiegersohn ihm zum Gunstbeweis Heinrichs gratuliert, bemerkt der Philosoph nüchtern: »Wenn mein Kopf dem König ein Schloss in Frankreich einbrächte, wäre ich ihn morgen los.« Ganz so schnell geht es nicht.

Zunächst gewinnt der König seine gute Laune zurück. Gemeinsam mit Anne besucht er York Place – Wolseys prachtvolle Stadtresidenz am Londoner Themseufer –, um Vitrinen, Wandteppiche, venezianische Gläser, orientalische Seidenkissen und Prunkbetten des Verblichenen zu sichten. Wolseys gesamter Besitz – der unermesslich ist – fällt der Krone zu, darunter mehrere Paläste und Landhäuser.

York Place wird zum Whitehall-Palast erweitert. Es ist Annes Lieblingsresidenz, von der nur noch ein später entstandener Bankettsaal existiert. Downing Street liegt übrigens um die Ecke. Dank Heinrich residieren Englands Regierungsoberhäupter in der Folge in Whitehall.

Der Bischof von Rom

In seiner Scheidungssache schickt Heinrich 1530 noch einmal Diplomaten – darunter Annes eigenen Vater Thomas Boleyn – zum Papst, um eine Annullierung seiner Ehe zu erreichen. England bietet Militärhilfe gegen Spanien an. Clemens entlässt die diplomatische Delegation mit warmen, aber unverbindlichen Worten und schließt lieber Frieden mit Frankreich und Spanien. Der König erkennt, dass er sich zwischen Anne und dem Heiligen Vater entscheiden muss.

Kurzerhand wendet er das praktische *Praemunire*-Gesetz nun auf alle Bischöfe Englands an, die sich ja zunächst dem Papst und erst an zweiter Stelle ihrem König verpflichtet fühlen. Das ist ganz klar: flächendeckender Hochverrat!

Die durch Wolseys Ende eingeschüchterten Prälaten zahlen hohe Bußgelder und lassen sich vom König seine Anerkennung als »Oberhaupt der englischen Kirche gleich unter Gott« abpressen. Sie schwören den sogenannten Suprematseid. Tausend Jahre lang hatten englische Könige über den Leib und der Papst über die Seele der Untertanen regiert, jetzt herrscht Heinrich über beides. Lordkanzler Thomas Morus leidet, schweigt und legt 1532 seine Ämter nieder. Heinrich ist selbstverständlich beleidigt und merkt sich diesen Verrat. Als Ersatz nimmt er sich einen ehemaligen Sekretär Wolseys zum Berater. Ein weiterer Thomas, Nachname Cromwell, Sohn eines Schmieds, heimlicher Protestant und künftig sein Mann fürs Grobe. Eine Rolle, die Cromwell exzellent ausfüllen wird. Sein Beiname soll bald »Hammer der Mönche« lauten.

Die endgültige Trennung von Rom ist der Suprematseid noch nicht. Heinrich bleibt im Herzen Katholik und sämtlichen römischen Riten und Sakramenten treu. Aber die Drohung ist unüberhörbar, und Katharinas Tage als Königin sind endgültig gezählt.

Hemden nähen ist nicht genug – eine Königin wird ausgemustert

Dem peinlichen Prozess um ihr Jungfernhäutchen zum Trotz leitet die Spanierin bis zum Sommer 1531 weiterhin den königlichen Haushalt. Sie näht gar wie gewohnt des Königs Leibwäsche und seine Hemden, harrt duldsam aus. Heinrich – der angebliche Wüstling und Ehebrecher – führt ein zweifaches Zölibat, was seiner Laune abträglich ist. Der nunmehr 40-Jährige schläft nicht mehr mit seiner Noch-Ehefrau und noch nicht mit seiner Geliebten, die bei offiziellen Anlässen stets an seiner Seite ist und in den verschiedenen Palästen eigene Gemächerfluchten bewohnt.

Wagt ihr Dauerverlobter einen lustvollen Blick in Richtung anderer Damen, erwartet ihn eine heftige Eifersuchtsszene Annes. Noch hält der Tudor das für wahre Leidenschaft; für Anne geht es um viel mehr. Sie muss werden, was Katharina unbedingt bleiben will: Königin und Prinzenmutter. Nur so kann sie sich gegen Heinrichs Wankelmut absichern.

Sie kleidet sich immer prunkvoller, entwickelt Staralüüren und brüskiert Katharina, indem sie die Livreen ihres Gefolges mit einem kecken Spruch besticken lässt: »Murre, wer murren will, es wird doch geschehen«.

Es murren so einige, denn Katharina ist ungeheuer beliebt, vor allem beim Volk, das ihre Wohltätigkeit schätzt. Missfallen erregt hingegen der kometenhafte Aufstieg des Boleyn-Clans und der mächtigen Howard-Sippe, mit der Anne ebenfalls verwandt ist. Andere Hoffraktionen nehmen ihr ihr Interesse für reformatorische Schriften übel.

In höfischen Klatschzirkeln wird Annes überzähliger Nagel als Hexenfinger gebrandmarkt, und das erdbeergroße Muttermal an ihrem Hals gilt als Teufelskuss. Heimliche Tuscheleien, die Katharina und alle strengen Katholiken erfreuen, die aber Heinrichs Obsession nicht mindern.

Und auch er denkt sich perfide Demütigungen für seine Noch-Gattin aus, er verpflichtet ihre Hofdamen, sie nur noch als Prinzessin-Witwe (nämlich von Arthur) anzureden.

Einige Damen beginnen das Erfolgsmodell Anne zu kopieren. Lange Ärmel, Halsbänder und frivoles Flirten kommen in Mode. Die Boleyn bleibt Trendsetterin mit Starqualitäten – genau wie Heinrich.

Die Atmosphäre bei Hof ist dennoch gespannt. Katharina erwartet im Gegenzug für ihre geduldige Schauspielerei zumindest Besuche ihres Noch-Gatten in ihren Empfangsgemächern. Anne droht mit Eifersuchtsszenen, sobald er bei Katharina auch nur den Kopf durch die Tür steckt. Des Königs »große Sache« droht zu einem Scharmützel der Weiberröcke zu verkommen.

Im August 1531 reißt dem Monarchen der Geduldsfaden. Er verlässt sein Schloss Windsor mit Anne. Nicht ohne sich vorher von Katharina zu verabschieden. Freundlich wie von Wolsey und auf Nimmerwiedersehen.

Die Königin bleibt zurück und wird aufgefordert, ihre Kronjuwelen an die Rivalin zu übersenden. Sie weigert sich, woraufhin Heinrich ihr den Kontakt zu ihrer einzigen Tochter, der 15-jährigen Prinzessin Maria, verbietet.

Katharina schickt den Schmuck; besuchen darf sie ihr Kind trotzdem nicht mehr. Für den Rest ihres Lebens wird die Königin in wechselnde Landhäuser verbannt. Bevorzugt in klimatisch ungünstige Gegenden, die tödliche Krankheiten befördern. Unter dem Vorwand, sie plane eine »Verschwörung gegen den König«, wird der Verbannten schließlich auch der Briefkontakt zu Maria untersagt.

Im Herbst 1532 brechen Anne und Heinrich zu einem Staatsbesuch nach Frankreich auf. Anne, die am dortigen Hof erzogen wurde, hofft auf Anerkennung als Heinrichs künftige Frau, doch Frankreichs Königin empfängt sie nicht, dafür bringt Franz I. demonstrativ seine *Maîtresse en titre* mit.

Die inzwischen 31-jährige Anne entschließt sich zum letzten Gunstbeweis für Heinrich, um sich Thron und Anerkennung zu sichern, bevor auch sie in die unfruchtbaren Jahre kommt. Zur damaligen Zeit sank die Empfängnisbereitschaft – aufgrund ungesunder Ernährung und der allgemein größeren Strapazen und Gesundheitsgefahren – weit früher als heute.

Die Boleyn hat Glück, sie wird unmittelbar nach der ersten fleischlichen Begegnung mit Henricus Rex schwanger. Im Januar 1533 heiratet Heinrich sie heimlich. Das Kind soll nicht als Bastard zur Welt kommen. Anne die Hartnäckige hat ihr Ziel erreicht. Aus römischer Sicht wird Heinrich damit zum Bigamisten, was ihm nicht behagt.

Im April lässt er kurzerhand jede Einflussnahme des Papstes auf Englands Politik und auf Englands Kirche verbieten. Per Parlament und Gesetz, denn als willkürlicher Despot will er wie immer nicht dastehen. Auch Kirchenämter darf in England fürderhin nur er besetzen. Etwa mit Thomas Cranmer, der als neuer Erzbischof von Canterbury Heinrichs Ehe mit Katharina für null und nichtig erklärt. Daraufhin heiratet Heinrich seine Anne ein zweites Mal, diesmal offiziell. Der Papst droht mit Exkommunikation. Heinrich zuckt mit den Achseln, und Queen Anne wählt ungerührt ihr persönliches Motto: *The most happi of wifes.* Die glücklichste aller Ehefrauen.

Am 29. Mai 1533 wird sie in Katharinas ehemaliger Königsbarke zum Tower gerudert. Tausend Kanonenschüsse begleiten die Flussfahrt und ein Gewimmel aus 120 Prunkschiffen, 200 Nachen und einem Schiff mit einem gigantischen Feuer speienden Drachen. Lautenspiel und Fanfarenklang wehen übers Wasser. Anne gleitet unter goldenen Segeln dahin, ihr schwarzes Haar flattert offen im Wind, sie trägt ein goldenes Gewand, das in der Maisonne leuchtet, am Bug ihres Schiffes prangt ein weißer Falke mit Zepter, ihr neues Wappentier; Katharinas Granatäpfel sind von Zimmerleuten sorgfältig entfernt worden. Die Ufer sind von Gaffern gesäumt.

So ist es Tradition, wenn eine künftige Königin zum Tower geleitet wird, um sich dort auf einen Triumphzug zur Kathedrale von Westminster und auf ihre Krönung vorzubereiten.

Heinrich hat zu Ehren Annes einen kompletten Palastflügel des Tower renovieren und einen privaten Palastgarten für sie anlegen lassen. Ihre Gemächer sind mit kostbaren Tapesterien behängt und fürstlich möbliert. Für eine einzige Nacht. Es dürfte die glücklichste gewesen sein, die Anne Boleyn im Tower verbracht hat.

Schon wieder eine Tochter

Annes Krönungsumzug durch Londons Straßen wird am folgenden Tag von sehr verhaltenem Beifall und nur von wenigen Rufen begleitet. Hochrufe sollen es nicht gewesen sein. In Ohrenzeugenberichten heißt es, die gewitzten Londoner hätten lediglich die Initialen des neuen Herrscherpaars skandiert »HA, HA, HA!« So genau wird das niemand gehört haben, denn Musikanten und Theateraufführungen begleiten Annes Krönungszug.

Wenige Monate später kommt Anne mit Heinrichs Kind nieder. Zu ihrem und zu Heinrichs Entsetzen ist es ein Mädchen. Sämtliche Hofastrologen hatten doch das Gegenteil versichert. In längst vorbereiteten Geburtsanzeigen hat Heinrich das Wort Prinz eintragen lassen, nun muss er daraus eine Prinzessin machen. Das Kind ist rothaarig wie er, hübsch und gesund, aber in Heinrichs Augen genauso untauglich für Thron und Regierungsgeschäfte wie ihre ältere Halbschwester Mary.

Das Mädchen wird auf den Namen Elisabeth getauft. In

Abwesenheit des Königs. Spaniens Botschafter schwänzt die Taufe ebenfalls und fragt den ausführenden Priester hinterher, ob das Taufwasser für den Bastard der Königshure kalt oder heiß gewesen sei. Der nicht sonderlich königstreue Kleriker antwortet: »Heiß, aber nicht heiß genug.«

Niemand – auch nicht Elisabeths Eltern – konnte damit rechnen, dass der kleine Rotschopf einmal die bedeutendste Monarchin Englands sein würde.

Der Papst fordert Heinrich bei Androhung des Kirchenbanns auf, »die Großhure aus seinem Bett zu werfen«. Zu spät. 1534 müssen Heinrichs handverlesene Bischöfe der Trennung vom Pontifex zustimmen, der in England nur noch der »Bischof von Rom« genannt werden darf. Angenehmer Nebeneffekt: England braucht an diesen ausländischen Bischof keine Kirchenabgaben mehr zu zahlen.

Der knallharte Kopf hinter diesem Gesetz ist Heinrichs neuer Staatssekretär Thomas Cromwell, ein mehr oder minder geheimer Anhänger des neuen Glaubens.

Weil Anne Boleyn erneut schwanger ist, paukt Heinrich per Parlament 1534 zudem ein Gesetz über die Thronfolge durch. Ebenfalls auf Anraten Cromwells. Der heimliche Protestant ahnt, dass Englands Bevölkerung den drohenden Kirchenbann des Papstes schlecht aufnehmen wird.

Ein Kirchenbann, das heißt, Taufen, kirchliche Hochzeiten, die Sterbesakramente – nichts davon darf in England mehr erteilt werden oder stattfinden. Es ist ein massiver, für die Gläubigen höchst verstörender Eingriff in den Alltag.

Cromwell setzt eine neue ideologische Waffe dagegen. Patriotismus. Ein englischer König und die Einheit des Landes sollen sich wichtiger anfühlen als Ehrfurcht vor dem fernen, ausländischen Papst.

– 179 –

Inhaber öffentlicher Ämter und alle, die in Verdacht stehen, nicht auf Heinrichs Seite zu stehen, sollen nun einen Eid darauf ablegen, dass Anne Boleyn des Königs einzige und erste Ehefrau ist und dass nur deren Kinder ein Recht auf die Krone haben.

Heinrich, der Erbe der Rosenkriege, ist schnell überzeugt von Cromwells Gesetzesentwurf. Neu ist: Zum ersten Mal in der englischen Geschichte ist es Hochverrat für jedermann, laut zu zweifeln. Katharina von Aragon ist fürderhin nie Königin gewesen und ihre Tochter Maria ein Bastard. Eine Beleidigung Annes ist lebensgefährlich, jede Kritik am König ebenso. Heinrich hat das zwar schon immer so empfunden, aber zum Staatsgesetz wird der Maulkorb dank Cromwell.

Es ist zugleich eine Einladung zu fröhlichem Denunziantentum. Ab sofort gilt: *Big Brother is watching you.* Cromwell engagiert eine Armee von Lauschern und Spitzeln. Die Zeiten unsortierten Hof- und Diplomatenklatsches sind vorbei, jetzt werden die Herzen der Untertanen flächendeckend ausspioniert.

Unter Londons Kartäusermönchen (Wahlspruch: Das Kreuz steht fest, während die Erde sich dreht) regt sich Widerstand. Sie weigern sich, Heinrich als Kirchenobersten und Anne als neue Königin anzuerkennen. Eine willkommene Gelegenheit, ein Exempel zu statuieren. Im Mai 1535 wird die scheußliche Hinrichtungsmethode für Hochverrat an acht papsttreuen Kartäusern exerziert: Sie werden gehängt, bis sie bewusstlos sind, mit Schlägen und Essigwasser sorgfältig wiederbelebt, um ihnen die Geschlechtsteile abzuschneiden und vor ihren Augen ins Feuer zu werfen. Es folgt eine Ausweidung bei – noch mehr oder minder lebendigem Leib – und schließlich die Vierteilung.

Andere Glaubensbrüder lässt Heinrich – getreu dem neuen Gesetz – bei lebendigem Leibe im Keller ihres Klosters anketten, auspeitschen und stehend verhungern und verdursten. Schade, dass er in diesem Fall nicht die Bibel konsultiert hat. Schon der Apostel Paulus warnt: Das Gesetz ist der Tod. Und Ungehorsam mitunter die größte unter allen christlichen Tugenden.

Die entmachteten Bischöfe sehen das aus Gründen einer gesicherten Pension anders und schwören auf Anne Boleyn, auf die kleine Elisabeth und was immer da noch kommen möge.

Alle, bis auf einen Bischof. Der heißt John Fisher, ist ein letzter Freund Katharinas und verschwindet flugs im Tower. Genau wie der Laientheologe und Kartäuserfreund Thomas Morus. Heinrich nimmt es ihm immer noch übel, dass er 1532 stillschweigend seine Ämter aufgekündigt hat. Es ist ein vielsagendes Schweigen, das weiß auch Londons Bevölkerung, und sie verehrt den glaubensaufrechten Gelehrten fast wie einen Heiligen.

Nach allem bisher Gesagten kann man sich denken, dass Heinrich, dessen Hang zur Selbstvergottung kaum noch zu übersehen ist, keine Heiligen neben sich dulden mag.

Nach mehrmonatiger Haft lässt er Morus den bewährten Prozess wegen Hochverrats machen. Es ist eines von Heinrichs abscheulichsten Staatsverbrechen, denn Morus ist ihm gegenüber stets so loyal wie mutig und aufrichtig gewesen. Nie hat er öffentlich Rede gegen den König geführt, dafür hat er den Monarchen privat mehrmals vor den Folgen seiner unbedachten Politik gewarnt.

Der Ex-Lordkanzler verteidigt sich vor Cromwells Gericht so geschickt wie vergeblich und muss am 6. Juli 1535 das Schafott auf dem Tower Hill besteigen. Dieser Hügel liegt außerhalb der Palastfestung, in deren Mauern nur Mitglieder der Hocharistokratie hingerichtet werden dürfen. Ehre, wem Ehre gebührt, gilt beim Adel eben bis zum letzten Atemzug. Dem Philosophen dürfte der Ort seiner Hinrichtung gleichgültig gewesen sein. Er hinterlässt der Nachwelt zwei letzte weltberühmte Zitate.

Zum einen soll er in Richtung seines wartenden Henkers gescherzt haben: »Habt Nachsicht mit meinem Bart, er hat keinen Verrat begangen.« Zum Zweiten wendet er sich mit einem ergreifenden Lebensfazit an die riesige Schar – gerührter – Zuschauer: »Ich sterbe als treuer Diener des Königs, aber als Gottes zuerst.«

Beide Zitate sind historisch nicht einwandfrei verbürgt. Allen Schriften von Morus kann man aber entnehmen, dass er ebenso humorvoll wie weise war, weshalb sein Freund Erasmus ihn »einen Mann für alle Jahreszeiten« oder eben für jedes Wetter von Sonne bis Sturm nannte. Morus selbst wusste, dass »jeder ehrenhaft wäre, wenn Ehre profitabel wäre«.

Im Jahr 1935 – also vierhundert Jahre nach seiner Hinrichtung – hat Rom den gelehrten Widerstandsgeist heiliggesprochen. Eine politische Geste in Richtung von Hitler-Deutschland. Thomas Morus wäre auch damals ein recht einsamer Streiter für Ehre und Gewissen gewesen. Für einen Heiligen hätte er sich gewiss nicht gehalten.

Heinrich VIII. lässt Morus' klugen, aber abgeschlagenen Kopf wie den von Bischof Fisher in Kümmelwasser kochen, auf eine Pike stecken und auf der Torburg der London Bridge ausstellen. Ein übliches Verfahren, das diesmal unerwünschte Folgen zeitigt. Londons Bürger pilgern zu den schaurigen Ausstellungsstücken, um sie zu verehren wie Reliquien. Ein Aufbegehren gegen das Schweigegebot von Reformer Cromwell und gegen die willkürliche Thronfolgeregelung Heinrichs.

Morus' Tochter Margarete Roper besticht bei Nacht einen Themsefährmann, den Kopf ihres Vaters von der Torburg zu holen. Das Haupt von Bischof Fisher verschwindet wenig später auf Heinrichs Befehl. Einen Glaubensmärtyrer – egal welcher Couleur – kann er jetzt als Letztes gebrauchen.

Trotz seiner »Reformation von oben« lässt Heinrich – der im Herzen immer noch Katholik und den römische Riten treu ist – auch protestantische Ketzer foltern und hinrichten. Der König hält das für seinen goldenen Mittelweg in Sachen Religion. In Sachen Frömmigkeit darf jeder machen, was ER will.

1530 flammt der erste Scheiterhaufen auf, um einen Leser der englischen Bibel zu verbrennen – die Heinrich dank Anne selbst als Bettlektüre kennt. Tyrannendämmerung. König Heinrich ist so mächtig und so unbeliebt wie nie zuvor in seiner Regierungszeit.

Die rasende Königin

Auch Anne ist unzufrieden mit ihrem Gemahl, da der – ihrer spitzen Zunge müde – sich nach alter Manier unter ihren Hofdamen umzuschauen beginnt. Was Katharina mit dem antrainierten Gleichmut der Aristokratin hinnahm, das versetzt Anne in Rage.

Mit gutem Grund: Ihr ausgefeiltes Flirtverhalten hat ein Exempel gesetzt, dem junge Fräuleins von Rang nacheifern. Die amouröse Taktik des »Fang-mich-doch-du-kriegst-michnicht« beherrschen jetzt schon Achtzehnjährige. Schließlich winkt bei Erfolg ein Thron. Dem passionierten Jäger Heinrich gefällt dieses Beuteschema nach wie vor. Erst recht nachdem Anne im Sommer 1534 nach ihrer Tochter nur eine Fehlgeburt zustandebringt. Annes biologische Uhr und ihre Lebensuhr beginnen zeitgleich und vernehmlich zu ticken.

Obwohl sie ihre dankbare Familie und den mächtigen Howard-Clan im Rücken hat, weiß sie, dass ihre Position allein auf Heinrichs Gefühlen fußt. Und das ist brandgefährlich. Bei Hof hat sie nur Schönwetter-Freunde und Feinde aus anderen Adelscliquen, die ihren Töchtern das Augenklimpern verordnen. Ein Hoffräulein namens Madge Shelton hat Heinrichs Bett warmgehalten, während Anne im letzten Wochenbett lag. Dem Herrn sei Dank ist diese Madge eine Cousine von Anne und damit kontrollierbar. Anne heizt diese überschaubare Affäre heimlich an, um andere Wölfe von der Tür fernzuhalten.

Im Sommer 1535 erobert sich die hartnäckige Boleyn sogar ihre Favoritenrolle zurück. Sie gibt an, schwanger zu sein, und Heinrich – sieh an – sagt ihretwegen sogar einen Staatsbesuch in Frankreich ab. Doch schon im Herbst erweist sich das Babyglück als reine Einbildung oder als ausgemachte Lüge – darüber streiten Historiker noch. Selbst eine weitere Fehlgeburt ist denkbar.

Anne weiß, dass ihre Position jetzt an einem ebenso dünnen Faden hängt wie dereinst Katharinas. Was sie verkennt: Solange die alte Königin noch lebt, ist sie in Sicherheit, denn eine weitere Scheidung kann Heinrich sich nicht leisten; außerdem würde er riskieren, dann zu Katharina zurückkehren zu müssen.

Anne – inzwischen unberechenbar bis zur Hysterie – sucht ihr Heil im Angriff auf Katharina und vor allem auf die von ihrer Mutter getrennte Prinzessin Maria. Die ältere Halbschwester von Anne Boleyns zweijähriger Tochter Elizabeth muss als deren Zofe Dienst tun. Aschenputtel lässt grüßen. Eine Tante von Anne wird angewiesen, Maria streng zu überwachen und mit gelegentlichen Schlägen einzuschüchtern. Die Boleyn ist ein Besen von Stiefmutter und lebt am Rande des Nervenzusammenbruchs.

Fadendünn, blass wie der Tod und sichtlich gealtert kämpft Lady Hartnäckig ums Überleben. Dummerweise sinkt nicht nur ihre Fruchtbarkeit, auch dem 42-jährigen Heinrich macht gelegentliche Impotenz zu schaffen. Die Schuld für den Lustverlust sucht er selbstredend bei Anne.

Die verführt ihn noch einmal nach allen Regeln der Kunst, mit rauschenden Festen, als rassige Tänzerin oder als kaum verschleierte Haremsdame maskiert. Von Opium und geheimen Liebestränken wird in Klatschberichten gemunkelt – oder ist das wieder nur ein Hexengerücht? Tatsache ist, dass Heinrich sich von seinen Hausapothekern Potenzmittel aus Stierhoden mischen lässt.

Nun, Hauptsache, es wirkt. Im Winter 1535 hat Queen Anne Grund zum Jubel. Ihre Periode bleibt aus. Der Hausfrieden kehrt über die Weihnachtstage zurück, doch dann besiegeln mehrere Schicksalsschläge Annes Niedergang. Das Jahr 1536 soll ihr und Heinrichs *annus horribilis* werden.

Turnierunfall, Totgeburt und Todesurteile –
ein Tyrann wird geboren

Zunächst stirbt Anfang Januar die ins nördliche Sumpfland verbannte Königin Katharina an Krebs. Damit ist Heinrichs erste Ehe endgültig und zweifelsfrei aus der Welt und Vergangenheit. Als Legende lebt die Königin jedoch noch lange weiter, und dafür gibt es viele Gründe.

Bei einer Obduktion wird das Herz Katharinas entnommen. Es ist vollkommen schwarz, wie der Arzt notiert. Seine Diagnose: Liebeskummer hat es zerfressen. Heute tippt man auf eine seltene Form von Herzkrebs, aber auch der könnte tatsächlich seelische Ursachen gehabt haben.

Katharina hinterlässt ihrem treulosen Gatten nämlich einen der ergreifendsten Abschiedsbriefe der Weltgeschichte:

Mein teuerster Herr, König und Gemahl, da die Stunde meines Todes naht, kann ich, aus der Liebe, die ich für Euch empfinde, nicht anders, als Euch zu bitten, an das Heil Eurer Seele zu denken, welchem Ihr vor allen weltlichen Überlegungen und den Dingen des Fleisches den Vorzug geben solltet, um derentwillen Ihr mich in manches Ungemach und Ihr Euch selbst in viele Verdrießlichkeiten gestürzt habt.

Doch ich vergebe Euch alles und bitte Gott, das Gleiche zu tun. Im Übrigen empfehle ich Euch Maria, unsere Tochter, und bitte Euch, ihr ein guter Vater sein zu wollen, wie ich es immer gewünscht habe ...

Endlich spreche ich diesen Wunsch aus, dass meine Augen Euch über alles zu sehen wünschen. Lebt wohl.

Gezeichnet, Katharina, Königin (!). So hat die Spanierin ihr Leben lang unterschrieben. Nicht nur Anne Boleyn besitzt also die weibliche Tugend der Hartnäckigkeit.

Der kaiserliche Gesandte in England streut nach ihrem Tod das Gerücht, die Spanierin sei mit walisischem Bier vergiftet worden. Spanien verlegt sich von nun an auf finsterste Anti-Tudor-Propaganda; den Katholiken missfällt der aufkeimende Protestantismus auf der Insel erheblich. Staatssekretär Thomas Cromwell befürchtet nun ernsthafte Schwierigkeiten mit Kaiser Karl V. und mit den eigenen Untertanen, denen Katharinas Frömmigkeit ein Vorbild ist.

Der König zeigt derweil einmal mehr eine eigenwillige Form der Trauerarbeit. Während Queen Anne kurz nach dem Eintreffen der Todesnachricht ein Fest feiert, zieht er sich still in seine Gemächer zurück und gönnt sich eine Runde Krokodilstränen. Nun, seien wir gnädig, vielleicht hat er sich wirklich reuig an die ersten Tage seiner großen Liebe zu Katharina erinnert. Mit der Königin ist ein Teil seiner Jugend gestorben. Anne erscheint ihm zu dieser Zeit längst kein guter Tausch mehr zu sein. Die Boleyn muss ihrem eher protestantischen Gott danken, dass sie schwanger ist.

Mitte Januar hat Heinrich sich vom Kummer wieder erholt. Dafür prallt er bei einem Turnier so heftig mit einem Gegner zusammen, dass beide stürzen, unter ihren Schlachtrössern begraben werden und der König für zwei Stunden ins Koma fällt.

Kaum daraus erwacht erfährt er, dass seine derzeitige Frau bei der Überbringung der Unglücksnachricht herzlich gelacht habe. Man wird das als hysterischen Anfall werten dürfen, denn ohne König stünde die Boleyn machtlos dar. Trotzdem: Heinrich hat es nicht gern, wenn Frauen über ihn lachen, statt sich um seinetwillen die Augen auszuweinen oder Herzkrebs zu entwickeln.

In Folge des Unfalls verschlechtert sich sein Gesundheitszustand. Einige Historiker glauben sogar, dass die Schädelwunde, die er sich beim Sturz zugezogen hat, eine Persönlichkeitsänderung nach sich gezogen hat und dass während des zweistündigen Komas einige Hirnregionen abgestorben sind. Diagnose: Unfalltrauma mit nachfolgenden Wahnattacken. Eine gewagte und wenig fundierte These.

Bewiesen ist: Heinrich trägt als unschöne Erinnerung lebenslang wiederkehrende Kopfschmerzen davon. Und: Seine bemerkenswerten Waden sind für immer lädiert. Eine Beinwunde wird zum Geschwür, das nie mehr abheilen wird.

Der Superathlet muss von nun an auf die meisten sportlichen Betätigungen verzichten. In jedem Fall auf seine Lieblingsdisziplin: Turnierkämpfe. Der Mann, von dem es heißt, er habe in jungen Jahren in voller Rüstung auf sein Schlachtross springen können, beginnt seine neue Karriere als bewegungsscheuer Vielfraß.

Riesige Fleischmahlzeiten, Wein und Bier beginnen ihn aufzuschwemmen. So gut wie alle Gerichte – ja auch die Braten – sind stark gezuckert; Gemüse gilt als Bauernfraß. Der König isst ungesünder als die meisten seiner Untertanen, die oft nur Bohnen, Erbsen, Roggenbrei und, wenn sie Glück haben, Brot zu sich nehmen. Heinrichs Essgewohnheiten gründen nicht nur auf Gier. Dekadenz dient der Imagepflege, doch sie führt zu einer schweren Diabetes. Was man damals nicht weiß.

Heinrich VIII. jedenfalls kann sein Unglück von 1536 nicht fassen. Tagelang muss der Bewegungsfanatiker das Bett hüten. In seinem angeschlagenen Kopf beginnt sich der

Verdacht zu regen, Anne stecke hinter diesem Elend und habe es auf sein Leben abgesehen. Der sechste Fingernagel fällt ihm ein, das Erdbeermal.

Beunruhigend scheint ihm auch die Tatsache, dass sowohl sein illegitimer Sohn Henry Fitzroy als auch Mary im Januar schwerkrank daniederliegen. Ist Gift im Spiel? Will Anne ihre Tochter Elisabeth an allen anderen Tudors und an ihm vorbei auf den Thron bringen? Hat sie vielleicht sogar die arme, arme Katharina getötet?

Auch Annes Feinde sind nicht untätig und lancieren Gerüchte, die Königin habe mit Heinrichs erstem Kammerherrn schon über dessen Tod und ihre Neuvermählung gescherzt.

Was Heinrich einst betört hat, stößt ihn zunehmend ab: Annes loses Mundwerk, ihre geistige Unabhängigkeit und ihre Freude am galanten Flirt.

Die wichtigste Lebensversicherung der Königin ist ihre Schwangerschaft, doch diese endet am 29. Januar mit einer Fehlgeburt. Tragischerweise verliert sie einen Sohn, der sie nun nicht mehr retten kann. Heinrich grummelt vernehmlich, er sehe, dass Gott ihm auch diesmal keine Söhne schenken wolle. Ein Warnschuss der übelsten Sorte in Richtung der 34-Jährigen.

Heinrich gibt sich zwar leutselig, sucht aber bereits Trost beim Hoffräulein Jane Seymour, die blond, leicht schafsgesichtig und in Demut geschult ist. Zumindest darin, den Eindruck derselben zu erwecken. Gepusht und mit Verhaltenstipps versehen wird sie von der eigenen Familie und von mächtigen Höflingen, die die Boleyn-Clique und die Howard-Sippe entmachten wollen.

Als Heinrich der neuen Flamme seine Liebe gestehen

und ein Geldgeschenk überbringen lässt, dankt sie errötend für die Gefühle und weist den Münzbeutel zurück. Gelernt ist gelernt – von Anne Boleyn. Heinrich glaubt: Das muss Liebe sein. Einige Biografen nehmen an, der König habe das Ganze als Test inszeniert. An Janes aufrichtiges Herz glaubt er fest. Sein Hang zu emotionalem Selbstbetrug wird zunehmend manifester. Genau wie seine Absicht, sich von Anne zu befreien. Eine zweite Scheidung wäre leider allzu lächerlich. Darum muss die Trennung diesmal nicht im Namen Gottes, sondern im Namen des Teufels geschehen, empfiehlt Thomas Cromwell.

Heinrichs neuer Mann fürs Grobe ist der Mastermind hinter Annes Sturz. Der Staatssekretär und Wolsey-Schüler ist zwar Freund einer Glaubensreform und eine Weile sogar Förderer der ebenfalls reformfreundlichen Anne gewesen, aber jetzt will er eine neue Königin für Heinrich. Eine, die auch den Spaniern gefällt, denn eine Annäherung an die Weltmacht unter Karl V. scheint ihm sinnvoll. Es gibt auch persönliche Motive, sich Annes zu entledigen. Die hochmütige Queen hat den Sohn eines Schmieds oft übersehen und ihm eines Tages in einem Wutausbruch selbst mit dem Henkerbeil gedroht.

Kaum drei Monate brauchen Cromwell und verschiedene höfische Intriganten, um gegen Anne eine Anklage zu konstruieren, die Heinrich von ihr und von allen Restbeständen seiner großen Passion befreien werden. Mit einer Mischung aus Porno und Paranoia rückt man Heinrichs zweiter Queen zuleibe.

Inzest und Impotenz

Am 2. Mai 1536 wird Anne Boleyn in Greenwich Palace verhaftet und in den Tower geführt. Man wirft ihr Ehebruch mit fünf Männern – unter anderem mit dem eigenen Bruder – vor. Sie soll Sex mit Heinrichs besten Freunden, Dienern und mit Musikern gehabt haben, mal zwischen zwei Sätzen Tennis, dann während der Sommerreise des Hofes und häufig sogar an Orten, an denen sie sich nachweislich gar nicht aufgehalten hat. Die Liste ist so endlos wie fantastisch.

Außerdem soll die Queen die Ermordung des Königs geplant haben. Alle ihre Mitangeklagten bestreiten die windigen Vorwürfe – bis auf einen gewissen Mark Smeaton.

Er ist das dringend benötigte Bauernopfer für die konstruierte Anzeige. Alle anderen Beklagten gehören dem Hochadel an und dürfen daher nicht gefoltert werden. Der bildhübsche Lautenspieler stammt aus einfachen Verhältnissen und gesteht dank Eisenknebel und Daumenschrauben alles. Vom Sex mit der Königin bis hin zur Blutschande zwischen Anne und ihrem Bruder George Boleyn.

Der folgende Prozess ist eine Farce, die Annes Bruder George Boleyn dadurch würzt, dass er einen der Anklagepunkte gegen seine Schwester laut verliest – was ihm ausdrücklich untersagt worden ist. Im Angesicht seines sicheren Todes pfeift der Viscount of Rochford auf das Verbot. Der 33-Jährige teilt der zahlreichen, interessierten Zuhörerschaft aus Adel, Londoner Bürgertum und einfachem Volk mit, dass seine Schwester die mangelhafte Manneskraft und die schlechte Performance Heinrichs mehrfach erwähnt haben soll. »Der König hat weder die Tugend noch die Potenz, um

– 191 –

eine Frau zufriedenzustellen«, zitiert er Anne Boleyn öffentlich und unter Eid. So kränkt man Löwen.

Was im Prozess nur ein ohnmächtiger Seitenhieb gegen einen mörderischen Monarchen ist, beschäftigt heute die bereits zitierten Medizinhistoriker.

Heinrichs zeitweise Impotenz, seine zunehmende Verfettung, offene Geschwüre an beiden Beinen, jähe Stimmungswechsel und gelegentliche Paranoia deuten erneut auf einen schweren Diabetestyp hin – der bei hohem Blutzuckerspiegel auch zu mentalen Aussetzern führen kann.

Forscher des 19. Jahrhunderts mutmaßten, es handele sich um ererbte Syphilis, die neben unheilbaren Geschwüren ebenfalls Wahnattacken nach sich zieht. Beide Krankheiten beeinträchtigen die männliche Zeugungskraft. Wobei die Syphilis häufig zu Fehlbildungen von Föten und zu Totgeburten führt, was zu den vielen unglücklich verlaufenden Schwangerschaften von Heinrichs Frauen passt.

Dennoch wird Syphilis, die Geißel des 16. Jahrhunderts und ein Mitbringsel aus Südamerika, heute als Ursache für Heinrichs Probleme ausgeschlossen. In den Aufzeichnungen seiner Leibärzte ist nie von einer Quecksilberkur – der üblichen Behandlungsmethode – die Rede.

Das Gerücht über eine Geschlechtskrankheit verbreitet erst die Geschichtsschreibung des 19. Jahrhunderts. Im bürgerlichen Zeitalter liebte man die Diagnose Syphilis bei Herrschern. Es gibt kaum einen Monarchen von Weltrang, dem man sie damals nicht unterstellt hat. Sicher, es gab mehrere Beispiele, aber jetzt übertreibt man gewaltig und genüsslich.

Zum einen, weil es zu Zeiten Queen Victorias verklemmt zugeht und Sex in alles hineinfantasiert wird (siehe Freud), zum anderen, weil das Verdikt Machtmissbrauch dank »Gehirnerweichung« im erfolgreichen Bürgertum sehr beliebt ist. Eine kleine späte Rache für Jahrhunderte der Unterdrückung.

Seien wir also auf der Hut in Sachen wahnsinnige Tyrannen. Es gab sie, aber viele waren erschreckend normal. Unter den von ihnen beherrschten Umständen.

All das ist kein Trost für Anne. Anno 1536 wird ihr allein – der Großhure – die Schuld an aller Unbill des Königs gegeben. Das Gericht – unter dem Vorsitz ihres eigenen Onkels Thomas Howard, Herzog von Norfolk – kommt zu einem einhelligen Urteil: Tod wegen Hochverrat, entweder durch das Beil oder durch Verbrennung.

Nur ein Peer muss während der Urteilsverkündung bleich den Saal verlassen, um sich zu übergeben. Es ist William Percy, der Exverlobte von Anne Boleyn. Einer ihrer gefühlvollsten und treuesten Verehrer, wie es scheint. Seine eigene Ehe, die er kurz nach der Auflösung seiner Verlobung mit Anne gezwungenermaßen eingegangen ist, ist die Hölle. Beide Eheleute verabscheuen sich von Herzen. Percys Frau treibt das einzige Kind, das sie von ihm empfängt, eigenhändig ab.

Was wäre aus Anne und ihrem treuen William geworden, hätte man ihnen die Ehe gestattet? Vielleicht ein glückliches Paar von Landedelleuten, die gelegentlich den Hof besucht hätten, um sich über den dummen Klatsch von Höflingen zu wundern.

Stattdessen wird Königin Anne Boleyn nun zum Gossengeschwätz. Das Hexengerücht lebt dank des Sensationsprozesses in London wieder auf, wird aber von offizieller Seite nicht bestätigt, obwohl Heinrich selbst daran glaubt. Sein

Berater Thomas Cromwell will hingegen vermeiden, dass die englische Kirchenreformation, die Anne unterstützt hat, als Werk zauberischer Mächte in Misskredit gerät. Ihm geht es schließlich um eine heilige Sache.

Und darum, die 800 Klöster und Abteien Englands zu enteignen, um Heinrichs leere Staatskassen zu füllen. Mit dem ungeheuren Vermögen und den Ländereien der Kirche lässt sich einiges finanzieren. Außerdem fallen dabei großzügige Schenkungen für treue Anhänger des Königs – etwa Prozesszeugen und Cromwells Spitzel – ab.

Zeitgleich verhandelt er mit Spaniens Botschafter über eine eventuelle Neuvermählung Heinrichs mit einer spanischen Prinzessin. Hintergrund: Er will Karl V. familiär an die Tudors binden, damit der Kaiser England freie Hand in Sachen Reformation lässt. Der spanische Botschafter beschreibt Cromwells Doppelspiel als schauspielerische Meisterleistung. Englands Staatssekretär betont mit sehr ernstem Gesicht, Heinrich trenne sich von der schamlosen Ehebrecherin Anne, weil sein keusches Herz tief verletzt sei, man wisse ja, welch treues Herz in seiner Brust schlage. »Dabei musste er sich die Hand vor den Mund halten, um nicht zu lachen«, notiert der Spanier, dem es ähnlich geht. Beide wissen, dass der Prozess gegen die Boleyn ein abgefeimtes Betrugsmanöver war. Denn, so der Spanier süffisant: »Noch nie hat ein König und betrogener Ehemann derart gelassen und begierig seine Hörner der gesamten Öffentlichkeit vorgeführt.«

Annes Hinrichtung wird auf den 19. Mai 1536 festgelegt. Bis zuletzt weiß sie nicht, ob Heinrich sie als Hochverräterin verbrennen oder mit dem Beil köpfen lassen wird. Die letztere Variante wäre ihr lieber; der Flammentod ist die übliche

Strafe für weiblichen Hochverrat und die qualvollere Todesart.

Vage hofft sie sogar noch, dass sie begnadigt und in ein Kloster geschickt wird.

Erst ein paar Hinrichtungen, dann eine Hochzeit

Heinrichs elastisches Gewissen nimmt den offensichtlichen Mordbefehl per Gesetz als gerechte Strafe für Anne – seine Königin für tausend Tage – hin. Der Monarch glaubt inzwischen felsenfest, dass sie ihm untreu war, und bemitleidet sich aufrichtig dafür, dass er einige seiner besten Freunde aufs Schafott schicken muss, weil die böse schwarze Nan sie verführt hat. Und Thomas Morus, der Gute, geht er nicht auch auf ihr Schuldkonto? Selbst Wolsey war doch allein ihr Opfer, oder?

Immerhin – vielleicht ist es eine letzte Anwandlung sentimentaler Erinnerung – bestellt der Tudor einen französischen Scharfrichter für die Hinrichtung der ehemaligen französischen Hofdame. Der Henker von Calais gilt als Meister seines Faches, der sein Handwerk fleißig mit Melonen und Schweinsköpfen trainiert.

Vorher sind jedoch fünf vorgebliche Geliebte Annes an der Reihe. Mark Smeaton, der kleine Lautenspieler muss auf dem Hügel vor dem Tower sein Leben lassen. Immerhin wird ihm zum Dank für seine verräterischen Aussagen die Tortur des Vierteilens erspart. Er wird mit dem Beil geköpft. Genau wie die Mitglieder der Adelsfraktion, die aber standesgemäß im Hof des Tower und unter dem Towerfenster Annes hingerichtet werden.

Erstaunlicherweise hält ihr Bruder George Boleyn eine letzte Rede, in der er sich zwar nicht als Blutschänder bezichtigt, aber von einer gerechten Strafe wegen seiner schweren Ausschweifungen und Sünden spricht. Dann bedankt er sich ordnungsgemäß bei seinem gerechten Monarchen, so ist es Tradition.

Die englische Tudor-Expertin Alison Weir mutmaßt, dass George und einige seiner Mitangeklagten Diener der verkehrten Venus, also homosexuell, waren. Ein Schwerverbrechen und damals in der Tat eine Todsünde. Nur so, glaubt Alison Weir, lässt sich erklären, warum George von seinen Sünden spricht und warum seine eigene Frau als eine Hauptzeugin gegen ihn und Anne im Hochverratprozess ausgesagt hat. Wir werden dieser notorisch bösartigen Boleyn-Gattin namens Jane Parker, verheiratete Lady Rochford, noch einmal begegnen, und zwar wiederum als Hauptzeugin in einem von Heinrichs Scheidungsprozessen.

Zwei Tage nach ihrem Bruder muss Anne ihren letzten Weg über das Towergreen antreten. In den Nächten zuvor hat sie demonstrativ die Messe gehört und gebeichtet. Nämlich, dass sie nichts zu beichten hat. Sie weiß, dass dem König jedes einzelne Wort weitergetragen wird. Bis zuletzt hat sie, wenn schon nicht auf einen Anflug von Herzensmilde, so wenigstens auf einen Anflug von Gewissensbissen beim König gehofft.

Tower-Chef Kingston verdanken wir einen minutiösen (Spitzel-)Bericht über Queen Annes letzte Tage. Er beschreibt die Todeskandidatin als zunächst sehr hysterisch; mal lacht, mal weint die Verurteilte in ihren Gemächern, die weit weniger prachtvoll sind als der Towerflügel, den Heinrich ihr als Krönungsgeschenk gebaut hat.

Man muss keine Séance veranstalten, um sich auszumalen, wie sich die große Liebe Heinrichs, *the most happi of wifes*, als Gefangene des Towers gefühlt haben muss, dem Ort ihres größten Triumphes und ihrer tödlichen Niederlage.

Kurz vor Schluss findet die hartnäckige Anne die Fassung wieder, scherzt sogar mit Kingston über den Henker von Calais. »Es heißt, er soll sehr gut sein, und ich habe nur einen kleinen Hals.«

Am Tag der Hinrichtung steht sie um zwei Uhr morgens auf. Sie empfängt noch einmal die Heilige Kommunion und beschwört im Angesicht des Allerheiligsten zwei Mal, dass sie unschuldig sei, damit dies auch ja in die Geschichte eingeht. Was hiermit noch einmal geschehen soll.

Um sechs Uhr morgens wählt sie die Garderobe für ihren letzten Auftritt. Es soll ein königlicher Abschied werden, auch wenn sie den Titel Queen nicht mehr tragen darf. Anne entscheidet sich für ein taubengraues Gewand, einen burgunderroten Mantel und einen Hermelinkragen, der nur Royals gestattet ist. Statt eines frivolen französischen Häubchens wählt sie eine strenge englische Giebelhaube.

Kingston notiert später, dass er viele Todeskandidaten in Sorge und Angst erlebt habe, Anne hingegen sei mit Freude und Fröhlichkeit an ihre Vorbereitungen gegangen. Wir erkennen eine große Schauspielerin.

Entsprechend zahlreich ist das wartende Publikum, rund tausend Zuschauer versammeln sich ab sieben Uhr im Tower-Hof. Acht Uhr ist der damals übliche Hinrichtungstermin. Doch Anne und die Gaffer müssen warten. Der Henker Jean Rombaud verspätet sich bei der Anreise von Dover, weil auf dem Kanal Gegenwind geherrscht hat. Erst als der Bell Tower ein Uhr Mittag schlägt, beginnt das Spektakel.

Anne verlässt ihr kleines Gemach, muss vorbei an dem Festsaal, in dem ihre Krönung gefeiert wurde, passiert die Kapelle, in der ihr zwei Tage zuvor hingerichteter Bruder bestattet ist, dem sie bald folgen wird. Das Schafott erwartet sie im öffentlichen Teil der Festung. Es ist mit schwarzem Stoff verhängt und dick mit Stroh ausgelegt, damit ihr Blut aufgesaugt wird.

Augenzeugen berichten, Anne habe erschöpft ausgesehen und – ja – erstaunt. Sie geht durch einen Korridor aus Menschen, sieht vertraute Gesichter; die meisten gehören ihren Feinden. Cromwell ist da und Heinrichs 16-jähriger Bastardsohn Henry Fitzroy, der Duke von Richmond, dem sie angeblich Gift verabreicht hat. Vom Fenster einer Zelle aus schaut Thomas Wyatt, der Hofdichter und einer ihrer tatsächlichen, frühen Verehrer zu. Seltsamerweise ist er nur zu Tower-Haft und nicht zum Tod verurteilt worden.

Anne Boleyns vier Tower-Hofdamen, allesamt Spitzel und nicht sehr freundlich zu ihr während der Haft, geleiten sie die Treppen zum Schafott hinauf.

Anne legt die Hände auf die Holzbalustrade und hält die traditionelle letzte Ansprache an die Menge. Was sie sagt, ist bemerkenswert:

Gute christliche Leute, ich bin nicht hierhergekommen, um zu predigen. Ich bin hierhergekommen, um zu sterben, denn gemäß dem Gesetz und durch das Gesetz wurde ich verurteilt zu sterben, und daher werde ich nicht dagegensprechen.

Das ist nicht das traditionelle Schuldeingeständnis, aber auch kein Angriff auf den König. Schließlich muss Anne an ihre Familie und an das Schicksal ihrer Tochter Elisabeth denken, die jetzt nicht mehr Prinzessin ist, sondern ein Bastard. Und darum dankt sie dem König nicht einfach pflichtgemäß, sondern lobt Heinrich, dass ihm die Ohren geklingelt haben müssen:

Ich bin hierhergekommen weder, um einen Menschen anzuklagen noch irgendetwas darüber zu sagen, weshalb ich angeklagt und zum Tod verurteilt wurde. Aber ich bete: Gott schütze den König. Möge er noch lange über Euch herrschen. Denn einen sanftmütigeren und nachsichtigeren Fürsten als ihn gab es nie. Mir war er stets ein guter, freundlicher und gnädiger Herr. Und wenn irgendeine Person sich in meine Sache einmischt, so verlange ich von ihr, aufs Beste zu urteilen.

Und so nehme ich meinen Abschied von der Welt und von Euch allen, und ich wünsche mir herzlichst von Euch, für mich zu beten.

Ihre Hofdamen helfen ihr, das Pelzcape abzulegen. Anne Boleyns graues Kleid ist tief dekolletiert. Aus rein praktischen Gründen; der Scharfrichter soll auf keinerlei Widerstand treffen. Die Todgeweihte nimmt selbst ihre Giebelhaube ab, ihre Damen reichen ihr ein Stoffhäubchen, Anne stopft sorgfältig ihr Haar darunter, damit der Hals ganz freiliegt. Sie dankt ihren Ladies, die nun wenigstens den Anstand besitzen, gerührt zu sein und zu schluchzen.

Anne wendet sich an den Henker. Rambaud kniet ordnungsgemäß nieder und bittet um Verzeihung für das, was er verpflichtet ist zu tun.

Wie alle Henkersopfer, die über genügend Geld oder großzügige Verwandte verfügen, reicht Anne ihm eine Börse mit zwanzig Pfund, damit »Mister Quickfix« – so ein englischer Spitzname für den Scharfrichter – seinen Job rasch und sauber erledigt.

Dann kniet sie im Stroh nieder und beginnt zu beten:

Oh Herr, habe Gnade mit mir, zu Gott empfehle ich meine Seele. An Jesus Christus empfehle ich meine Seele, Herr Jesus, empfange meine Seele.

Erst jetzt, kurz vor ihrem tatsächlichen Abgang von der Bühne der Welt, zeigt Anne Anzeichen von Nervosität, schaut sich zum Henker um, man verbindet ihr die Augen. Jean Rombaud zieht lautlos sein zweischneidiges Schwert unter dem Stroh des Schafotts hervor, holt ohne innezuhalten aus – was eine Kunst ist – und trennt Annes Kopf in einem Schwung vom Leib. Eine saubere Hinrichtung, die so blitzartig geschieht, dass sich Anne Boleyns Lippen angeblich immer noch im Gebet bewegen, während ihr Kopf ins Stroh rollt.

Letzteres ist vermutlich eine Legende; wahr ist hingegen, dass man vergessen hat, einen Sarg bereitzustellen. Kopf und Rumpf der Toten werden in einer eilends herbeigebrachten Pfeilkiste verstaut und zur Towerkapelle getragen. Dort entkleiden Annes Hofdamen den Körper und legen den Kopf in den Arm der Toten. Dann wird Anne Boleyn neben ihrem Bruder in der Tower-Kapelle bestattet.

Der Augenzeuge und Boleyn-Verehrer Thomas Wyatt verewigt ihren Tod derweil in einem Gedicht mit dem Schlussreim: »The fall is grievous from aloft. And sure, circa Regna tonat.« Sinngemäß heißt das: Der Fall aus großer Höhe ist schmerzvoll und seid gewiss: Donner grollt um Englands Thron.

Der Throninhaber scheint von dem aufziehenden Gewitter rund um seinen Thron wenig mitzubekommen. Einigen Quellen zufolge schlägt Heinrich in Greenwich Tennisbälle übers Netz, während Anne den Kopf verliert. Ein Kanonenschuss, der vom Tower über die Themse abgefeuert wird, informiert ihn über das Ende seiner zweiten Gattin.

Fest steht, dass der 45-Jährige sich einen Tag nach deren Tod mit Jane Seymour verlobt, sie einen Monat später heiratet. Zwischen Verlobung und Hochzeit bekommen die Zimmerleute und Steinmetze viel zu tun. Nachdem sie drei Jahre zuvor Katharinas Granatäpfel von Kirchenbänken, Giebeldecken und Steinwappen entfernt haben, gilt es jetzt, Annes Falken zu übertünchen oder von Schlusssteinen wegzumeißeln. Ersetzt wird er durch Jane Seymours neuen Wappenvogel, einen Phoenix, der sich aus der Asche emporschwingt.

In den Wochen nach der Hochzeit gibt Heinrich sich maßloser Prasserei hin, trinkt bis zu acht Liter Bier und Wein am Tag. Vielleicht dürstet sein Gewissen?

Zumindest der Herr scheint einen heiligen Zorn auf den »Blutsäufer Heinrich« (Luthers Worte) zu haben. So jedenfalls deuten einige zeitgenössische Chronisten die weiteren Unglücksfälle, die 1536 zu Heinrichs *annus horribilis* machen.

Am 23. Juli stirbt überraschend sein Sohn Henry Fitzroy an der Pest. Viele haben den 16-Jährigen schon als Thronfolger gesehen, vielleicht an der Seite von Prinzessin Maria als Ehefrau. Heinrich lässt seinen geliebten Halbprinzen hastig und unzeremoniös bestatten. Er bleibt der Beerdigung fern – nicht der Pestgefahr wegen, sondern weil das Gerücht umgeht, der junge Duke habe eine Verschwörung gegen ihn vorbereitet, um auf den Thron zu gelangen. Die Rosenkriege lassen erneut grüßen. Heinrich scheint das bittere Gerücht geglaubt zu haben.

Im Herbst droht ihm dann tatsächlich ein Bürgerkrieg. Mehr als 50.000 Untertanen erheben sich im Norden Englands im Namen Christi. Es ist die größte Rebellenarmee, die sich je auf britischem Boden formiert hat.

Mit Waffen und einem Banner, das die fünf Wundmale des Gekreuzigten trägt, ziehen Adlige und Bürger gen London. Ihr Anführer ist ein Provinzjurist und aufrechter Katholik mit Namen Robert Aske. Er nennt die Revolte gegen Heinrichs brutale Kirchenreform einen »Pilgerzug der Gnade«.

Cromwells Angriff auf die über 800 Klöster und Konvente haben den Zorn der Bevölkerung erregt. Und das ist mehr als verständlich, wenn man in Quellen nachliest, wie lustvoll Cromwells Leute Heiligenschreine zerschlagen und plündern, Mönche in die Knie zwingen, verhöhnen, demütigen und erschlagen.

Sicher, bei den Visitationen der Klöster stoßen Cromwells Männer auf jede Menge gefälschte Reliquien und heilige Wunder, mit denen katholisches Kirchenpersonal den Gläubigen seit Jahrhunderten das Geld aus der Tasche zieht: Madonnen, die dank simpler Mechanismen im ausgehöhlten Kopf rote Tränen weinen können, Glasphiolen, die mit Entenblut statt mit dem des Erlösers gefüllt sind, und dergleichen mehr.

Frommer Budenzauber, über den Luther treffend wetterte, demnächst verehre man neben »einem Strohhalm aus der Krippe Christi« auch noch »einen heiligen Furz aus der Trompete von Jericho«.

Doch die Rebellenarmee unter Robert Aske zieht nicht für heilige Fürze ins Feld; sie hat handfeste Gründe für einen allgemeinen Aufstand.

Mit der Zerstörung der katholischen Infrastruktur berauben Cromwell und der König ihre Untertanen nicht nur gewohnter Tröstungen, sie zerschlagen mit den Klöstern auch die einzige funktionierende Armenfürsorge des Landes. Genau wie eine halbwegs funktionstüchtige Krankenpflege, wichtige Pilgerstationen, kostenlose Reiseherbergen und zahlreiche Arbeitsplätze. Der Volkszorn ist echt und mächtig. Heinrich VIII. hingegen kann den Rebellen nur 8000 Soldaten entgegenstellen – und seine inzwischen ausgereifte Doppelzüngigkeit.

Er lädt Robert Aske an den Hof ein. Das Erstaunliche: Aske geht hin. Unbewaffnet und mit einer kleinen Delegation. Der Rebellenführer und seine Anhänger streiten nämlich nicht nur für den rechten Glauben und für Jesus, sondern auch für ihren König. Sie halten Cromwell für den Erzschurken, der Heinrich im Alleingang betrogen hat. Der König ein Einfaltspinsel – so sehen sie Heinrich.

Und der spielt diese Rolle gern und perfekt. Aske wird zu royalen Partys geladen, der König verspricht Besserung und Begnadigung für alle Aufständischen, gibt sich volkstümlich, singt beliebte Balladen und säuft sich mit Aske – seinem neuen Kumpel – die Hucke voll. Aske ist gerührt, erhält noch einen Samtmantel zum Geschenk und reitet frohgemut nach Hause.

Heinrich hält seine Versprechen genau so lange, bis ein lokaler, unbedeutender Aufstand im Norden aufflammt, dann schlägt er erbarmungslos zu. Jetzt werden Mönche, Priester, die alten Pilger für die Gnade und jeder, der einen entfernt kritischen Huster von sich gegeben hat, gefangen genommen und erbarmungslos bestraft.

Kleriker werden dem Horror der Hochverratsstrafe unterzogen, ihre gevierteilten Leichen reihenweise an Bäumen,

Stadtmauern und Burgfesten aufgeknüpft. Dort baumeln die blutigen Reste als klare Warnsignale an alle, die es je wieder wagen werden, dem König zu widersprechen. Egal bei was. Heinrich rühmt sich hernach höhnisch, sein Volk habe weder »die Kühnheit noch die Kraft, ihm zu widerstehen«. Schlimmer geht's nimmer.

Der gescheiterte Kriegsheld entdeckt, dass er nicht nur Freunde und Ehefrauen, sondern sein ganzes Volk per Gesetz nach Belieben mit dem Tod bedrohen und niedermetzeln kann. Dank selbst erlassener Gesetze, die alle durch das Parlament abgesegnet sind.

Rebellenführer Aske wird im Tower festgesetzt und schreibt einen flehenden Brief an Seine Majestät, ihm doch bitte das Ausweiden und Vierteilen zu ersparen. Umsonst, Heinrich kennt ab diesem Zeitpunkt keine Gnade mehr, und seinen feinsinnigen Verstand nutzt er zur Erfindung besonders ausgeklügelter Hinrichtungsmethoden. Giftmord? Ha, dagegen weiß er ein Rezept: Man siede den mutmaßlichen Täter so lange in leicht kochendem Wasser bis er gar ist. Das gab's noch nie in England.

Vergeblich bittet seine neue Gattin Nummer drei, Jane Seymour, ihn um Milde für die katholischen Gnadenpilger. Kategorisch schnauzt er sie an, sie wisse, wie er mit ungehorsamen Ehefrauen und dem Geschlecht der Erbsünde zu verfahren pflege. Von da an hält sich die neue Queen an ihr selbst gewähltes Motto: *To obey and serve*. Geboren zum Gehorchen und zum Dienen. Das tut sie buchstäblich bis zum letzten Atemzug.

Auch die Religion kommt in diesen Jahren nicht zu kurz. Thomas Cranmer, Bischof von Canterbury und von Heinrichs Gnaden, lässt eine englischsprachige Bibel verfassen.

Gottes Wort soll in England endlich mächtiger sein als der Papst und unüberhörbar. Noch mächtiger ist freilich »Junker Heinz« (Luther) – und noch unübersehbarer. Das bebildert das Deckblatt von Englands erster offizieller Bibelübersetzung (1539). Auf dem goldbemalten, bunten Kupferstich thront in der Mitte riesengroß der König. Gott hingegen ist winzig und nur dazu da, dem Monarchen aus einem Wölkchen den Heiligen Geist einzupusten.

Endlich! Der Prinz kütt

Jane Seymour schenkt Heinrich 1537 den ersehnten Sohn. Der Tudor schmeißt ein Tauffest der Superlative, Stiefschwester Maria darf den Säugling tragen, die kleine Elisabeth darf Patin sein, und Gattin Jane, tief erschöpft von einer fast zwei Tage währenden Geburt, ist auch dabei. Wenige Tage später stirbt sie jedoch dank Ärztepfusch.

Vermutlich ist Jane Seymour inneren Blutungen erlegen. Medizinhistoriker sind überzeugt, dass Reste der Plazenta nicht vollständig entfernt wurden und sie Opfer eines zweifelhaften Privilegs geworden ist: Als Königin hatte sie das Recht auf männliche Geburtsbegleitung. Doch anders als die meisten Hebammen kennen sich nur wenige Ärzte der Tudor-Zeit mit dem Geburtsvorgang aus. Gynäkologie liegt weit unter ihrer Würde – zudem hat kein Mann außer dem König das Recht, Hand an den Leib Ihrer Majestät zu legen.

Spaniens abgefeimte Botschafter bringen freilich ein weit perfideres Gerücht in Umlauf: Königin Jane soll einem tödlichen Kaiserschnitt unterzogen worden sein, weil nur sie oder der Prinz überleben konnten. Heinrich soll sich – ohne zu zögern – gegen Frau Nummer drei und für Prinz Edward entschieden haben.

Beweise für diese Version gibt es nicht, und sie ist höchst unwahrscheinlich, da Queen Jane nach der Entbindung immerhin noch zwölf Tage gelebt hat. Ihrem armen Sohn sollen die bösen Gerüchte aber geläufig gewesen sein – genau wie alle anderen familiären Schandtaten, die Heinrich VIII. im Laufe seines Lebens an seinen Ehefrauen und seinen Kindern begangen hat.

Heute wäre Little Edward gewiss ein Fall für eine mehrjährige Psychotherapie. Genau wie seine Schwestern Maria und Elisabeth. Stattdessen wurden alle drei nacheinander Könige von England, und das Volk hatte die Folgen ziemlich finsterer royaler Kindheitstraumata zu ertragen.

Heinrich raubt das weder den Schlaf noch die Lust am Heiraten.

Ende 1537 malt Hans Holbein den Tudor zum ersten Mal in voller Pracht und so wie wir ihn heute erinnern: als fettes *Fashion Victim*, gnadenlos selbstverliebt und tyrannisch bis unter die Haarspitzen.

Es gibt noch viel von ihm und von allen seinen Opfern zu erzählen, aber da sein Porträt als Master of Sex and Crime mehr oder minder vollendet ist, fasse ich mich kurz.

Was noch passiert

Noch dreimal heiratet Heinrich. 1540 die deutsche Anna von Kleve, die er jedoch so hässlich findet, dass er die Ehe nicht vollzieht und nach wenigen Monaten annullieren lässt.

Dass er Anna eine »flandrische Mähre« genannt hat, ist

allerdings eine spätere Erfindung. Tatsache ist, dass er ihren Bauch und ihre Brüste zu üppig und zu lose für eine Jungfrau genannt hat, was ihm aber erst auffällt, nachdem das arme Mädchen vom Niederrhein bei ihrer ersten Begegnung entsetzt einen Kuss von dem fetten Mann mit den Beingeschwüren ablehnt, der wahrlich nicht aussieht wie ein König. Und der sich ihr auch nicht als solcher vorstellt.

Heinrich überrascht die frisch importierte Braut anno 1540 nämlich in der Verkleidung eines fahrenden Spielmanns und in einem Gasthaus vor London. Alter Schelm! Leider hält Anna von Kleve die Maskierung für echt und wirft ihn aus ihrem Wirtshauszimmer. Heinrich reagiert tief und unversöhnlich gekränkt.

Einen Rückzieher vor dem Traualtar kann er trotzdem nicht machen, denn der bereits unterzeichnete Ehevertrag ist bindend und eine Politurkunde. Die aus bündnispolitischen Gründen von Thomas Cromwell vorgeschlagene Ehe wird für einige Monate aufrechterhalten. Im Bett tauscht Heinrich nur einen Gutenachtkuss mit Anna. Die ist trotz angeblich loser Brüste so unerfahren, dass sie sich wundert, warum sie davon nicht schwanger wird.

Immerhin ist Anna klug genug, um schließlich einer Annullierung der Ehe wegen Nichtvollzugs zuzustimmen. Sie erhält den merkwürdigen Titel »Schwester des König«, den Palast von Richmond und eine üppige Pension. Die rheinische Prinzessin, das muss man ihr lassen, ist eine echte Überlebenskünstlerin. Heinrich stirbt zehn Jahre vor ihr. Seine abgelegte Braut vom Niederrhein wird allseits geachtet und ist bei seinen Kindern, genau wie im Volk, von Anfang an sehr beliebt.

Der Legende nach soll Heinrich VIII. sich nicht nur aus

politischen Erwägungen für sie entschieden haben, sondern dank einer Miniatur, die Holbein in Kleve von Anna angefertigt und in Cromwells Auftrag schwer geschönt hat.

Bei Google oder im Lexikon können Sie das Bild betrachten. Es ist wirklich hübsch. Mehr noch, für unsere Augen ist Anna eindeutig die attraktivste unter Heinrichs sechs Frauen. Kunsthistoriker glauben längst nicht mehr an die Theorie, dass Holbein im Auftrag von Cromwell ein bisschen zu dick aufgetragen hat. Das ging gegen die Berufsehre und wäre überdies lebensgefährlich gewesen für ihn. Auch spätere Porträts zeigen die blonde Anna von Kleve als ansehnliche Frau. Wahrscheinlich war Heinrich nicht von ihrem Aussehen, sondern von ihrer ersten Abwehrreaktion und von ihrer sexuellen Naivität enttäuscht. Hinzu kam ihre als bäuerisch beschriebene Garderobe und ein vollkommener Mangel an höfischem *savoir faire*. Mit so einem »Trampel« konnte unser Tudor-Angeber keinen Staat machen.

Anna hat weder tanzen noch singen oder Englisch gelernt, dafür Luther-Gebete und nähen. Protestantische deutsche Landesfürsten, wie Annas Bruder, erfanden und schätzten die tüchtige, züchtige Hausfrau. Nach Heinrichs Geschmack ist diese neue Mode nicht.

Den Heiratsvermittler und Sekretär Thomas Cromwell, den »Hammer der Mönche«, kostet die unglücklich verlaufene Ehe den Kopf.

Heinrich lässt den Sekretär – mal wieder – wegen Hochverrat verhaften. Er findet es plötzlich skandalös, dass Cromwell ein Freund der Reformation ist, und lässt ihn – ohne vorherigen Prozess – als Ketzer enthaupten. Heinrich braucht ab sofort keine Superminister mehr. Er hat gelernt, die Drecksarbeit allein zu erledigen. Seinem Master Cromwell weint

Heinrich, anders als Morus oder Wolsey, auch keine Krokodilstränen mehr nach. Er hat Besseres zu tun.

Im Kreis von Anna von Kleves englischen Hoffräulein hat der Scheidungsrekordler nämlich einen hübschen Fratz und Ersatz für seine Kurzzeitgattin Nummer vier entdeckt.

Es ist die kaum 16-jährige Catherine Howard. Sie ist eine Cousine von Anne Boleyn, keck im Flirten, stets gut gelaunt und für höchst albernes Gekicher bekannt, wie Höflingsbriefe überliefern.

Heinrich heiratet sie 1540 und erlebt seinen zweiten Frühling. Er überhäuft den recht unbedarften Teenager mit Schmuck und Klamotten für Millionenbeträge – nach heutiger Rechnung.

Das junge Glück hebt ihn sogar wieder in den Sattel. Er reitet erneut wilde Parforcejagden, muss allerdings öfter die Pferde wechseln, die unter seinem Gewicht schnell in die Knie gehen.

Klatschmäuler behaupten, dass Catherine den König auch im Bett wieder auf Vordermann bringt, da sie Techniken kenne, die nur einer Hure vertraut sein dürften. Etwa die Reiterstellung, bei der die Dame obenauf sitzt. Es heißt, sie verstehe es, auch ihren Mund als Paradiespforte einzusetzen. Unnötig zu erwähnen, dass dies und alles außer der Missionarstellung eigentlich verboten ist. Heinrich überwindet seine religiösen Zweifel und ist so glücklich, dass er sich die Frage verkneift, woher sein neuer Unschuldsengel derartige Beischlafvarianten kennt.

Protestantische Höflinge und der Reform-Bischof Cranmer holen den vernarrten König auf den Boden der Tatsachen zurück, damit der König statt Sex auch mal wieder Religion in den Kopf bekommt.

Anno 1542 unterbreiten sie dem Tudor schriftliche Beweise für die Untreue seiner minderjährigen Frau. Es sind Beweise für vorangegangene Liaisons des alles andere als jungfräulichen Teenagers. Vergeben und vergessen, sagt Heinrich diesmal noch.

Doch dann tauchen aktuelle Liebesbriefe von Catherine an den hübschen Höfling Thomas Culpepper auf. Der wartet Heinrich persönlich bei Tisch auf. Der Königin ist er im Bett zu Diensten. Das schmeckt dem König nicht.

1542 schickt Heinrich seine Catherine nach anderthalbjähriger Ehe aufs Schafott. Im Gegensatz zu Anne hat die Teen-Queen tatsächlich Ehebruch begangen. Noch dümmer, sie hat zwei ihrer Exboyfriends im königlichen Haushalt untergebracht und sich einer notorisch bösen Hofdame anvertraut, um Culpepper heimlich treffen zu können.

Die Hofdame heißt Lady Jane Rochford, und sie hat schon anno 1536 über Anne Boleyn ausgesagt, diese habe Sex mit ihrem Bruder George gehabt (siehe oben). Damals war Jane vermutlich böse auf George Boleyn, der ihr Ehemann und vielleicht schwul war. Diesmal verrät sie Catherine Howard beim Verhör aus lebensnotwendigen Gründen. Sie will ihren eigenen Kopf retten.

Ihre Mitschuld am Fall Catherine ist offenkundig. Immerhin hätte Lady Rocheford als Hofdame der 16-jährigen Königin auch deren Anstandsdame sein müssen. Ein bedauerliches Novum für Jane ist: Ihr Verrat an ihrer ehemaligen Dienstherrin ist umsonst. Sie wird zum Tod verurteilt, und das, obwohl sie während ihrer Tower-Haft die Wahnsinnige spielt. Idioten dürfen nämlich nicht geköpft werden, weil sie als Gottes Narren gelten. Lady Jane nimmt man den Irrsinn nicht ab.

Dass sie tatsächlich halbwegs klar im Kopf ist, beweist sie vor dem Gang zum Schafott. Die ehemalige Mrs Boleyn gesteht, dass ihr Tod eine gerechte Strafe ist dafür, dass sie ihren Mann fälschlich der Blutschande mit Anne Boleyn bezichtigt hat. »Dafür verdiene ich zu sterben«, befindet sie, und der Henker gibt ihr mit einem Hieb seiner Axt recht.

Der 52-jährige Heinrich Tudor ist hochgradig enttäuscht über die Untreue seiner Frau Nummer fünf, die er doch immer seine »Rose ohne Dornen« genannt hat.

Seine Gärtner mussten in Hampton Court extra eine entsprechende dornenfreie Rosensorte züchten, womit Catherine Howard einen botanischen Beitrag zur Weltgeschichte geleistet hat. Ansonsten wird sie als ausgemachter Hohlkopf dargestellt. Was reichlich überheblich ist.

Die jüngste Braut Heinrichs VIII. hat Mitgefühl und Verständnis verdient. Sie musste das Bett mit einem Mann teilen, dessen Wadengeschwüre unablässig stinkenden Eiter und Blut absonderten, der inzwischen ein Gewicht von beinahe 160 Kilo auf die Waage brachte und der entsetzlich launisch war. Die Juwelen und die Kleider, mit denen Heinrich den Teenager überschüttet hat, werden ein geringerer Trost gewesen sein als ihr bildhübscher Liebhaber Thomas Culpepper.

Ihm sollen auch die letzten Worte der kleinen Katharina gegolten haben: »Ich sterbe als Königin von England, aber lieber wäre ich als Mrs Culpepper gestorben.«

Sie ahnen es sicher: Dieses Paradebeispiel für britischen Galgenhumor ist gut erfunden. Weit rührender und wahr ist, dass Catherine Howard, Heinrichs Nummer fünf, den Tower-Chef Kingston in der Nacht vor ihrer Hinrichtung um einen Henkersblock bittet. Sie übt in ihrer Zelle, wie man den Kopf richtig darauf platziert. Katherine will wenigstens sterben wie eine Königin, wenn sie schon nicht gelebt hat wie eine.

So verschieden Heinrichs Frauen sind, eins haben sie alle gemein: verdammt viel Courage.

Das gilt auch für die nachfolgende, letzte und sechste Gattin.

1543 findet der Tudor-König Trost bei der attraktiven und vermögenden Witwe Katherine Parr. Bis zu Heinrichs Tod im Jahr 1547 schlüpft die 31-Jährige vor allem in die Rolle seiner Krankenschwester. Der Monarch ist endgültig zum bewegungsunfähigen Koloss angeschwollen und verfault gleichsam bei lebendigem Leib, und auch sein Geisteszustand verschlechtert sich zunehmend. Ein französischer Gesandter berichtet nach Paris, dass der Tudor beim Dinner oft das glatte Gegenteil von dem behauptet, was er noch beim Frühstück als königliche Meinung kundgetan hat. Ähnlich sprunghaft ist seine Laune.

Seinen Gelehrtenambitionen bleibt der Renaissance-König trotzdem treu. Er entwickelt Salbenrezepte für seine offenen Geschwüre, die gemahlene Perlen und Skorpionöl enthalten. Doch die Behandlungspraxis seiner Ärzte ist weit grauenhafter. Die Wadenwunde wird ständig mit einem Brenneisen kauterisiert, dann wieder aufgestochen; daneben werden Rhabarberpillen, Lakritze, Abführmittel und Hämorrhoidensalben eingesetzt. Der bewegungslose Vielfraß ist dauerhaft verstopft. Kein Wunder also, dass der Tudor wie besessen nach einer Wunderkur forscht. Eine Idee aber kommt weder ihm noch den Ärzten, nämlich die, die engen Strumpfbänder wegzulassen, die die Durchblutungsstörungen im Bein erheblich verschlimmern.

– 212 –

Seine Pharma-Experimente bringen den König immerhin auf eine neue Image-Idee. Von Holbein lässt Heinrich sich als der große »Kurator« – also Heiler – malen. Umgeben von Vertretern der medizinischen Zunft und von seinen Bischöfen. Denn als Heiler der Religion will er posthum vor allem bewundert werden. Die englische Bibel hat er freilich wieder eingezogen. Ihn stört, dass nun jeder Schafzüchter die Worte Gottes interpretieren und in Wirtsstuben diskutieren kann. Fürderhin dürfen nur noch Priester, hohe Beamte und handverlesene Höflinge in der Übersetzung der Heiligen Schrift blättern.

Zu seinem Lebensende hin gebärdet der Kloster- und Kirchenzerstörer Heinrich sich wieder als Katholik. Kein Wunder, denn prachtvolle Zeremonien, der Prunk von Messgewändern und der betörende Duft von Weihrauch sagen einem prachtliebenden Menschen wie ihm weit mehr zu als weiß getünchte Kirchen und Priester in schlichtem Schwarz.

Seine anglikanische Kirche hat ein höchst römisches Antlitz, und ihr derzeitiges Oberhaupt Elisabeth II. hält so eisern an mittelalterlichen Zeremonien fest wie ehemals Heinrich Tudor.

An Karfreitag kriecht die Königin zwar nicht mehr, wie noch Heinrich, barfuß und auf Knien zu Kreuze, sie darf auch auf die österliche Fußwaschung von Bettlern verzichten, aber immer noch verteilt sie am Gründonnerstag in einer Kirche das sogenannte *Maundy Money*. Früher handelte es sich dabei um Bargeld, heute sind es Gedenkmünzen mit dem Porträt der Königin, für die man sich nichts kaufen kann. Bei vielen Untertanen sind sie dennoch heiß begehrt.

Anno 1547 hofft die katholische Hoffraktion ihren Tudor-König wieder ganz zum wahren Glauben bekehren zu kön-

– 213 –

nen. Mittels Verleumdung einer hochrangigen Protestanten-
freundin – der Königin.

Kurz vor seinem Tod lässt sich Heinrich – beinahe – davon
überzeugen, dass Katherine Parr eine religiöse Verschwöre-
rin ist, die ihn beseitigen will. Ihr Todesurteil wird ihm in
der Unterschriftsmappe zum Gegenzeichnen vorgelegt.

Die kluge Katherine Parr entgeht ihrem Schicksal, indem
sie in der Nacht vor der Unterzeichnung eine Bibelstunde
mit Heinrich ansetzt. Gemeinsam lesen sie in der Heiligen
Schrift, und Queen Katherine bittet das Bildungswunder der
Tudors, ihr alles im Sinne seiner anglikanischen Kirche auszulegen. Schließlich sei sie nur eine unbedarfte Frau.

Heinrich VIII. hält auch das wieder einmal für die Liebe,
nach der er sein Leben lang gesucht hat. Katherine Parr
spielt eine Art christliche Scheherezade, nur dass in ihrem
Fall nicht sie 1001 Märchen erzählt, sondern der König stundenlang die Bibel erklären darf. Das muss dem Amateurthe-
ologen ausnehmend gut gefallen haben.

Das Todesurteil wandert in den Papierkorb. Heinrich
sucht nach einem Schuldigen für die Impertinenz, seine
geliebte Gattin anzuklagen. Der heißt Thomas Howard,
Herzog von Norfolk, war der Onkel der längst verstorbenen
Anne Boleyn sowie der ebenfalls geköpften Catherine Howard und kann es nicht ertragen, dass mit Katherine Parr
nicht ein weibliches Mitglied seiner Familie an Heinrichs
Thron herankommt. Howards Tod ist abgemachte Sache,
wieder wird eine entsprechende Urkunde vorbereitet, doch
diesmal muss der Henker das Beil stecken lassen.

Tod und Vermächtnis eines Gruselkönigs

Am 28. Januar 1547 erliegt Henry einer Blutvergiftung. Der Popstar der Renaissance stirbt als genau jener monströse Feistling, den Holbeins Porträts der Nachwelt überliefert haben.

Neben zwei Frauen fielen seiner Politik der Verfolgung, seinen Todesurteilen und seinen sinnlosen militärischen Unternehmungen noch etwa 70.000 Menschen zum Opfer. Dem gelernten Tyrannen kann man vielleicht allerdings zugutehalten: Sein eher eigensüchtiger, chaotischer Reformationsslalom von oben kostete insgesamt weit weniger Menschenopfer als die Religionskriege auf dem Kontinent.

Dort sterben durch die deutschen Bauernkriege, durch Ketzerverbrennungen, die Hugenottenverfolgung in Frankreich, die spanische Inquisition, die Bartholomäusnacht, den spanisch-niederländischen oder den Dreißigjährigen Krieg Millionen Menschen im Streit um Evangelium gegen Messbuch.

England machte sich währenddessen daran, die Welt zu erobern. Unter der Herrschaft von Anne Boleyns Tochter Elisabeth steigt Britannien zur Weltmacht auf. Aus nachvollziehbaren Gründen verzichtet Elisabeth auf eine Ehe, stilisiert sich lieber als »Virgin Queen« – eine beispiellose Karriere als Königin.

Sie hat viel von ihrem Vater geerbt, neben Reich, Krone und einem untrüglichen Machtinstinkt auch erotischen Appetit. Anders als ihr Papa ist Elisabeth aber klug genug, ihr Liebesleben nicht in die Politik hineinregieren zu lassen. Ob die »Virgin Queen« wirklich lebenslang Jungfrau blieb, darüber stritt man sich bereits am Tudorhof, und heute streiten die Gelehrten darüber.

– 215 –

Executioner strike home!

Eine gefährliche Liaison aus Elisabeth Biografie sei zum Exempel noch erzählt.

Im Jahr 1584 erringt der 21-jährige Robert Devereux die Gunst der 51-jährigen Monarchin. Ihr letzter Favorit ist ein Mantel-und-Degen-Beau nach Elisabeth Geschmack. Bildschön ist dieser Earl von Essex. Ein vollendeter Höfling, ein charmanter Plauderer, verwegener Draufgänger und Gelegenheitsdichter.

Einige Biografen nennen Devereux die »Liebe ihrer späten Jahre«, andere halten nüchtern fest, der jugendliche Windhund habe ihr eher Kopf- als Herzschmerzen bereitet. Herausfinden wird man das nie.

Fakt ist: Der eitle Twen und die alternde Tudor-Queen ziehen sich in den kommenden Jahren gern in die Privatgemächer der Königin zurück, wo sie unter viel Gekicher diversen Brett- und Kartenspielen frönen. Beide scheinen eher in sich selbst als ineinander vernarrt. Das geht gut, solange ihr gemeinsames Hobby die huldvolle Verehrung der Virgin Queen ist.

Devereux will selbstverständlich mehr.

Nämlich Geld, eine Beförderung und die Favoritenrolle. All das bekommt er. 1599 schließlich steigt der Edelmann, den seine Konkurrenten für den Prototyp des selbstverliebten Schwätzers halten, zum Lord Lieutenant von Irland auf. Dort soll er Rebellen in die Flucht schlagen. Das misslingt. Gegen den ausdrücklichen Befehl der Königin schließt Devereux Waffenstillstand mit den Aufrührern; das geht schneller. Hernach entfernt sich der Earl unerlaubt von seiner Truppe und kehrt ins geliebte London zurück. Seine

– 216 –

im Stich gelassenen Soldaten meutern und desertieren. Die Queen ist *not amused* und ordnet ein Gerichtsverfahren an.

Einen haarsträubend dummen Patzer erlaubt sich Devereux, als er 1599 unerlaubt in Elisabeth Schlafgemächer eindringt, um sich aus allem herauszureden. Der zu diesem Zeitpunkt 35-Jährige überrascht die Königin bar ihrer Perücke, ihres Make-ups und ihrer aufwendigen Robe. Die 66-Jährige beendet die unerwünschte »Audienz« sofort.

Auch vor dem Geheimrat der Königin kann sich Deserteur Devereux nicht charmant herausreden. Man stellt ihn wegen Feigheit vor dem Feind und wegen Verrat für zehn Monate unter Hausarrest. Essex wird aller Ämter enthoben. Auch sein einträgliches Monopol für den Import von Süßwein ist er los. Fürderhin streicht er keine Zollabgaben für die Einfuhr von Sherry mehr ein.

Immerhin hebt Elisabeth den Hausarrest wieder auf, und Höflinge befürchten, dass Darling Devereux sich mit lyrischen Lobhymnen wieder in Elisabeths Herz schmeicheln wird.

Doch diesmal verlegt sich der eitle Earl von der Schwatz- auf die Staatskunst. Er schließt sich Intriganten rund um König James IV. von Schottland an. Dieser ist der Sohn der 1587 hingerichteten Maria Stuart, und er freut sich bereits auf Englands Thron. Schließlich ist Jungfernkönigin Elisabeth kinderlos und er der erste Nachfolgekandidat. Devereux will die Thronfrage schon 1600 endgültig klären, die Queen absetzen und bis zu deren Tod als *Lord Protector* die Geschäfte lenken. Vorwand für den Staatsstreich ist die Spanien-Politik von Elisabeths Räten, die einigen Engländern inzwischen zu nachgiebig ist.

Mit rund 200 Soldaten versucht Essex am 8. Februar 1601

die Londoner Bevölkerung zum Massenaufstand zu bewegen. Als vorgeblicher Retter der Königin vor ihren Räten und vor den Verrätern zieht er durch die Gassen der City. Mit den Rufen: »Für die Queen! Für die Queen! England soll an die Spanier verkauft werden! Und gegen mich plant man ein Komplott!«.

Londons Bürger bleiben lieber daheim. Siebzehn Tage später wird Devereux geköpft für einen Putschversuch, der einer Schmierenkomödie ähnelt.

Seinen letzten Auftritt auf dem Schafott im Tower-Hof gestaltet der Delinquent und Hobbydichter hingegen als großen Abgang. Sein tragischer Schlussmonolog gelingt großartig, trotz gewisser Überlängen.

Im Morgengrauen des 25. Februar 1601 besteigt der 36-Jährige das Blutgerüst. Er wendet sich an die Menge. Er beteuert, er danke Gott für das gerechte Urteil:

Meine Sünden sind zahlreicher als die Haare auf meinem Kopf. Ich habe meine Jugend mit Ausschweifungen, Sünden der Lust und mit Schmutz verschwendet. Ich war erfüllt von unmäßigem Stolz, Eitelkeit und der Liebe zu den Vergnügungen dieser niederträchtigen Welt. Für all das ersuche ich meinen Erlöser Christus, als mein Fürsprecher vor Gott um Gnade zu bitten. Vor allem für meine letzte Sünde, diese große, blutige, schreiende, krankhafte Sünde, durch die so viele aus Liebe zu mir verleitet wurden, den Allmächtigen zu beleidigen …

Und so weiter. Wortreich wie Devereux bereuen die wenigsten Todeskandidaten auf dem Tower-Schafott ihre Sünden.

Am Ende schwört er der Königin etwas knapper ewige

Treue, legt den Mantel ab und kniet sich vor den Block. Hier spricht er noch einmal das Vaterunser, vergibt wie üblich dem Henker und spricht mit dem Beichtvater das Glaubensbekenntnis. Und das war noch nicht alles.

Devereux steht wieder auf, zieht sein Wams aus. Er kann durch eine scharlachrote Weste, die er darunter trägt, erstaunen. Wieder kniet er sich hin, rezitiert zweimal den Bußpsalm 51. Und beweist echt britisches Talent für knappe Pointen.

»Executioner strike home!«

Befiehlt Devereux. Der Satz lässt sich nur holprig ins Deutsche übertragen, etwa mit »Henker, schlag mich nach Hause«.

Holprig setzt auch der Scharfrichter den Befehl in die Tat um. Drei Mal muss er zuschlagen, bis Devereuxs Kopf fällt.

Gefühlsbetonte Biografen von Elisabeth I. schreiben, das blutige Ende ihrer letzten Liebe habe der Königin das Herz gebrochen, vielleicht sogar ihr Ableben beschleunigt. Mit Blick auf Papa Heinrich VIII. sind Zweifel erlaubt. Weder er noch Tochter Elisabeth waren dazu geboren, sich die Krone und die Show stehlen zu lassen.

III.
Wilhelm von Oranien (1533–1584)
oder: Die Ehe ist ein Todesurteil, das lebenslang vollstreckt wird

*»Er ist ein schwarzer Verräter,
aber ich habe keine Ader in meinem Leib,
die ihn nicht herzlich lieb hätte.«*
    Anna von Sachsen, Fürstin von Oranien 1561

In diesem Kapitel geht es um den Cover-Prinzen des vorliegenden Buches. Schauen Sie ihn sich kurz noch mal an. Ein Musterexemplar viriler Schönheit aus der Spezies Märchenprinz, oder? Das Gemälde von Antonis Mor aus dem Jahr 1555 zeigt Wilhelm von Oranien als 22-jährigen Beau und Grandseigneur des niederländischen Hochadels.

Bevor es ernst wird, muss ich kurz ins Schwärmen geraten. Dieses Mannsbild ist zum Niederknien. Das von Koteletten und einem Hauch von Bart konturierte Jünglingsgesicht kombiniert einen jugendlichen George Clooney mit einem verwegenen Johnny-Depp-Blick. Ältere Semester dürfen an Horst Buchholz denken, jüngere an Justin Timberlake. Das Prinzenhaupt sitzt auf einem Adoniskörper, der passgenau in der Rüstung sitzt. Dazu diese Hände! Auf dem Originalbild ruhen kräftige Pianistenfinger auf dem abgelegten Helm und dem Zepter.

Selbst wenn der Oranier optisch nicht Ihren Geschmack trifft, Hollywood würde ihn mit Kusshand nehmen. Als Hauptdarsteller für Kostümfilme. Schon deshalb, weil er für Actionszenen kein Double bräuchte. Der echte Prinz hat die übliche Ausbildung zum Ritter absolviert, ist ein erstklassiger Turnierkämpfer, Parforcejäger und Fechtkünstler.

Selbst die internationale Synchronisation des Films könnte er übernehmen. Wilhelm spricht Deutsch, Französisch und Niederländisch; Spanisch ist ihm nicht fremd. Und in Sachen Charme und Charisma macht diesem Multitalent so schnell keiner was vor. In der Rolle des Liebhabers wäre er als charmanter Mistkerl die Idealbesetzung.

Frauenherzen fliegen dem Clooney-Depp-Verschnitt der Renaissance nur so zu. Vier Mal heiratet der fesche Prinz europaweit in höchste Kreise ein. Außerehelich kann er zu Frauen noch schlechter Nein sagen. In jungen Jahren ist er ein notorischer Schürzenjäger. Das ist nicht ungewöhnlich, sondern typisch für adlige Männer seines Kalibers. Freuen Sie sich im Folgenden auf viele Beispiele.

Die Eifersuchtsszenen einer Gattin Wilhelms sprengen allerdings den üblichen Rahmen, genau wie Wilhelms Reaktion darauf, die eine wahrhaft mörderische Scheidung zu nennen ist. Aber auch das ist keine Ausnahme.

Bevor wir uns in die Braut- und Bettgeschichten des Prinzen vertiefen, ist es angebracht, sich mit seiner Lebenswelt und seinen historischen Leistungen zu befassen. Letztere waren ihm – zum Leidwesen aller Frauen – am wichtigsten. Und der Forschung auch.

Um es mit dem Dichter Jean Paul zu sagen: Wenn Frauen lieben, lieben sie in einem fort. Männer haben dazwischen zu tun. Erst recht Wilhelm von Oranien, der es vom kleinen Grafensohn zu einem Hauptdarsteller im Machttheater seiner Zeit bringt. Nicht zuletzt dank überragender Verstellungskünste, die er erst als geschmeidiger Höfling und später als geriebener Agitator und Freiheitskämpfer einsetzt. Seine Heldentaten haben Westeuropa für immer verändert und wirken bis heute nach. Bühne frei für eine Nationalikone.

Prinz Wilhelm und König Fußball

Um eine Ahnung von der Bedeutung des Prinzen zu bekommen, genügt es, ein Fußballspiel der Nationalmannschaft der Niederlande anzuschauen. Man muss lediglich vor dem Anpfiff die Ohren spitzen, statt Chips holen zu gehen. Schon bekommt man die Eckdaten seiner Biografie zu hören. Aus elf Männerkehlen, begleitet von ohrenbetäubendem Fangesang. Als *Het Wilhelmus* ist der Prinz von Oranien Titelheld der niederländischen Nationalhymne.

Sie sind des Holländischen oder des Textes nicht mächtig? Kein Problem, die Hymne findet sich rasch in deutscher Übersetzung. Genauer gesagt im Original. Sie ist nämlich – wie Wilhelm – aus Deutschland importiert. Das Lob- und Propagandalied auf den Oranier gelangt um 1568 ins Land der Deiche. Der Grafensohn Wilhelm bereits 23 Jahre zuvor. Im zarten Alter von zwölf erbt er beträchtliche Teile Hollands, Zeelands und die Stadt Breda.

Weshalb die Hymne so beginnt:

Wilhelm von Nassau bin ich, von deutschem Blut,
dem Vaterland getreu bleib' ich bis in den Tod.

Damit keine Missverständnisse aufkommen: Mit dem Vaterland sind im Lied die Besitzungen des Oraniers in den Niederlanden gemeint, sonst würde die Strophe kaum zur Nationalhymne unserer Nachbarn taugen.

Het Wilhelmus wird heute zu den musikalisch schönsten Nationalhymnen der Welt gerechnet. Angeblich ist es sogar die älteste. Behaupten Sie also nie, dass Fußball keine Kulturveranstaltung ist! Summen Sie den deutschen Export-

– 224 –

schlager lieber mit. Die Melodie ist eingängig und geht zu Herzen.

Der Liedtext ist – wie das Leben Oraniens – komplizierter. In 15 Strophen, von denen beim Fußball nur die erste zum Vortrag kommt, lässt der unbekannte Texter Wilhelm in der Ich-Form über seinen unverwüstlichen Heldenmut berichten. Die 15 Strophen sind ein Klacks, verglichen mit den Regalkilometern, die die historische Fachliteratur über das Leben und die politischen Hakenschläge des Prinzen füllt.

Ein grober Überblick vorab: Der Name Wilhelm von Oranien ist untrennbar mit dem Befreiungskampf der Niederlande gegen spanische Fremdherrschaft, Ketzerverfolgung und Inquisition verknüpft.

Dank seiner Erbschaft wird der deutsche Grafensohn Wilhelm zum Mitglied des niederländischen Hochadels und damit zu einem Vasallen Kaiser Karls V., der in Personalunion auch König von Spanien und Herr der Niederlande ist. Wilhelm macht also eine mustergültige Adelskarriere.

Vom Grandseigneur mit Prinzentitel mutiert Wilhelm später jedoch – eher wider Willen – zum Rebellen. Er wird Teilnehmer und Symbolfigur einer Revolte gegen die spanischen Landesherren.

Der Aufstand beginnt 1566 mit religiösen Unruhen in Antwerpen. Dagegen muss Wilhelm, obwohl längst ein Kritiker der Spanier, noch im Namen seines Königs mit Waffengewalt vorgehen. 1568 wechselt er die Seiten. Er flieht nach Deutschland, sammelt Truppen und zieht in den Kampf um die Freiheit der Niederlande. Klammer auf. Und um seinen zwischenzeitlich eingezogenen Besitz! Klammer zu.

Das Ganze ist der Beginn eines achtzigjährigen Krieges und beschert Europa am Ende eine Art erste Bürgerrepublik mit dem Bandwurmnamen »Republik der sieben Vereinigten Provinzen der Niederlande«. Das muss man als Aristokrat erst mal schaffen. Und wollen!

Der deutschstämmige Prinzrebell Wilhelm von Oranien wird außerdem Urahn des heute regierenden niederländischen Königshauses. Womit er selbst nie gerechnet hat! Das Geschlecht derer von Oranien-Nassau, dem er entspringt, wird erst 1815 zur royalen Dynastie erhoben und erhält das Erbrecht auf den neu installierten Thron.

Eine bemerkenswerte Geschichte und irgendwie verkehrte Welt.

Denn ringsumher geraten Monarchien gerade schwer in Verruf und in Bedrängnis. Frankreich befindet sich nach der Revolution und nach Napoleon auf dem besten Weg zur Republik. In England wird König George III. wegen wiederholter Wahnattacken in Windsor weggesperrt. In Dänemark herrscht ein anerkannter Psychopath, und in Portugal sitzt eine inzestgeschädigte, mental derangierte Königin auf dem Thron.

Trotzdem hätte unser Wilhelm ein royales Sitzmöbel sicher schon anno 1600 begrüßt. Er muss sich zu Lebzeiten aber bescheiden, weil seine Mitrebellen von Königen – vor allem die ausländischen – erst mal die Nase voll haben. Immerhin behält das Geschlecht Oranien-Nassau dank Wilhelm machtpolitisch den Fuß über Jahrhunderte in der Tür.

Seine Nachkommen – darunter auch uneheliche – regieren mit wenigen Unterbrechungen bis 1795 als sogenannte Generalstatthalter die »Republik der sieben Vereinigten Provinzen der Niederlande«. Dann überfällt Napoleon die Niederländer und gründet das Marionetten-Königreich »Batavia«. Der Name geht auf einen westgermanischen

– 226 –

Volksstamm zurück, der anno Tobak holländische Küsten-
gebiete besiedelt hat. Stichwort Tabak: Den letzten Nikotin-
freunden unter uns könnte Batavia als Drehtabak noch ein
Begriff sein. Und das kommt daher, dass die Niederländer
die Hauptstadt ihrer ostindischen Kolonien, die neben Tee
auch Tabak lieferten, ebenfalls Batavia nannten. Napoleon
hat sich also keinen Fantasienamen ausgedacht. Wobei der
legendäre Reklameslogan »Frau Antje bringt Käse aus Holland« deutlich eingängiger klingt als Käse aus Batavia.

Wie auch immer. 1815 ist es mit dem französischen Inter-
mezzo und mit dem Korsen-Kaiser vorbei. Aus der ehemaligen niederländischen Union mit dem Bandwurmnamen
wird ein hausgemachtes Königreich mit Parlament, und Wilhelm von Oranien wird zur Nationalikone.

Der Prinz, der schon zu Lebzeiten – dank Eigenpropa-
ganda – als »Vater des Vaterlandes« verehrt worden ist, weil
er Jagd auf die Spanier macht, taugt auch posthum als Tyrannenschreck und schweißt die Nation zusammen. Sogar den
Nazis haben seine Taten Angst gemacht.

Die verbieten den Niederländern im Zweiten Weltkrieg
das Absingen ihrer Nationalhymne, obgleich ein urdeut-
scher Held drin vorkommt. Der tritt in Strophe Nummer
sechs allerdings als entschlossener Widerstandskämpfer an:

»Mein Schild und mein Vertrauen seid Ihr, o Gott mein
Herr, auf Euch so will ich bauen, verlasst mich nimmer-
mehr. Dass ich doch fromm darf bleiben, Euer Diener zu
jeder Stund', die Tyrannei vertreiben, die mir mein Herz
verwund't.«

Das wollen die Nazis nicht hören. Wahrscheinlich haben
unsere gewitzten Nachbarn das Lied genau deshalb 1932 zur
offiziellen Hymne erklärt. Zuvor war es nur ihre inoffizielle

Hymne – weil eben ein Deutscher drin vorkam! Ein Hoch auf den Kampfgeist unserer Nachbarn in finsterster Zeit!

Strophe Nummer sechs wird heute bei wichtigen Staatsakten gesungen. Bei Fußballturnieren gilt sie als deplatziert. Da werden Sturm, Angriff und Verteidigung schließlich nur gespielt.

Neben Hymne und Königshaus ist dem Oranier die Staatsflagge gewidmet. Die quergestreifte Trikolore verdankt sich Wilhelms Wappenfarben und weht in ähnlicher Form im 16. Jahrhundert am Bug von Seeräuberschiffen, die mit Genehmigung des Prinzen Galeonen der spanischen Landesherren entern. Unsere Nachbarn haben also quasi eine Piratenflagge als Nationalfahne. (Nur ein Scherz!)

Mehr Nachruhm und Ehre geht nicht? Doch. Um auf König Fußball zurückzukommen: Für die grelle Farbe niederländischer Nationaltrikots, Fanschals und ähnlicher Jubelartikel ist keine Geschmacksverirrung verantwortlich, sondern der Prinzen-Titel des Renaissanceadligen. Den trägt Wilhelm dank eines französischen Minifürstentums namens Orange, das neben seinen holländischen Besitzungen zu seinen Erbgütern zählte. Daher der Titel von Oranien, niederländisch Oranje. An den Besitz nördlich von Avignon erinnert heute noch der Doppelname des Königshauses Oranien-Nassau.

Mit Vornamen heißen die zugehörigen Kronprinzen seit 1815 durchweg Willem mit Vornamen. Die meisten haben keine Heldentaten vollbracht, die mit denen ihres Stammvaters vergleichbar wären. Weshalb sie bei ihren Untertanen auch keine so klangvollen Beinamen einheimsten wie »Vater des Vaterlandes«.

So kommt ein Kronprinz Willem Nikolaus von Oranien (frz. Orange) Mitte des 19. Jahrhunderts als Prinz »Zitrone«

ins Gerede, da er sich in Paris ausführlich von »Salondamen« auspressen lässt. Er stirbt, bevor er den Thron besteigen kann. Seinem Vater König Willem II. sagt man hingegen »onnatuurlijke lusten« nach. Das ist die im 19. Jahrhundert übliche Umschreibung für Homosexualität. Was damals eine Strafsache ist, weshalb der Monarch tief in die Kasse greifen muss, um Plaudertaschen unter seinen Favoriten zum Schweigen zu bringen.

Willem III. (gestorben 1890) heißt zu Lebzeiten beim Volk »König Gorilla«, weil er mehr Liebschaften gehabt haben soll als ein Pavian, in der Schweiz eine Anzeige wegen Exhibitionismus kassiert und zum Ende seiner Tage als »half waanzinnig« gilt.

Nach ihm übernehmen die Frauen bis hin zur heutigen Königin Beatrix das Ruder. Sie machen ihre Sache so exzellent, dass unsere Nachbarn überzeugte Royalisten geblieben sind. Die eher unrühmlichen Geschehnisse im niederländischen Königshaus sind nachzulesen in dem Buch »Für den Thron wird man nicht ungestraft geboren«, das zwei niederländische Historikerinnen 2007 verfassten.

Auch der derzeit amtierende Thronfolger Willem-Alexander von Oranien-Nassau firmierte in jungen Jahren beim Volk unter einem Spitznamen: *Prinz Pilsje*. Er war alkoholischen Erfrischungen zeitweise recht zugetan. Schwamm drüber. Mittlerweile ist der 42-jährige Sohn von Königin Beatrix Experte für Wassermanagement.

Während sein Urahne und unser Kapitelheld 1573 Deiche anbohren und Land fluten lässt, um eine Attacke spanischer Truppen abzuwehren, sorgt sein heutiger Nachfahr dafür, dass die Niederländer trockene Füße behalten. Was zu begrüßen ist.

Und obwohl man dem modernen goudablonden Kronprinzen die Modell-Gene seines Urahnen nicht ansieht, macht er seit 2002 seine Ehefrau Maxima, sein Volk und die Klatschpresse sehr glücklich.

Das hinwieder kann man vom ersten, bildschönen Wilhelm von Oranien-Nassau nicht behaupten. Kommen wir nach aller gebotenen Lobhudelei zur düsteren Seite des Giganten.

Wilhelm der Mitgiftjäger und Herzensbrecher

Der schöne *Het Wilhelmus* der Hymne hat jede seiner insgesamt vier Bräute spontan begeistert. Zwei von ihnen allerdings nicht auf Dauer. Seine Ehefrauen eins und zwei – beide Anna geheißen – kränkt die außereheliche Eroberungslust des Bonvivants. Es sind politische Zweckbräute, von denen sexuell und emotional nur Duldungsstarre im Dienst der Dynastie erwartet wird. Ihr Pech: Sie verlieben sich in den hinreißenden Verführer. Was Wilhelm kräftig, aber nicht ganz gefühlsecht, befördert hat. Vor allem der Anna Nummer zwei, einer ranghöher geborenen Kurfürstentochter, spielt er – der Mitgift wegen – ganz großes Liebeskino vor. Wofür sie mit dem Leben bezahlen muss.

Prinz, Kavalier, Rebell, Beau und Casanova – der Oranier ist eine Kombination, vor der man weibliche Singles auf der Suche nach einem verlässlichen Mann heute warnen würde.

Selbstverständlich sind weder Wilhelms ungezählte Seitensprünge noch sein Liebesleben Thema der niederländischen Nationalhymne oder primärer Gegenstand historischer Forschung. Man muss in Bergen von Literatur wühlen, um Genaueres über Oraniens Scheidungsdrama von Gattin Nummer zwei, der deutschen Anna von Sachsen, zu sammeln.

Der Adelsrebell treibt Anna zwei – zum Zwecke einer Scheidung – geradezu in den Wahnsinn. Zum einen, weil er sich neu und diesmal wirklich verliebt hat, vor allem aber, weil's der Politik dient.

Mit tatkräftiger Unterstützung seiner Familie scheut er vor Folter und vor Kerker nicht zurück, um seine Fürstin eines Ehebruchs zu überführen, der zweifelhaft ist. Reich garniert mit übler Nachrede zeigt der Vorwurf die gewünschte Wirkung. Anna verschwindet hinter Gittern.

Sie stirbt 1577 mit 32 Jahren unter elenden Umständen: eingemauert, körperlich verwahrlost und nur durch eine Speisedurchreiche mit der Außenwelt verbunden. Als Grund für den Gewahrsam wird neben Ehebruch geistige Umnachtung angegeben. Dass die junge Frau und vierfache Mutter den Seitensprung bis zum Schluss hartnäckig bestreitet, wird als weiteres Indiz für Irrsinn gewertet. Diese Diagnose wird in der Forschung noch heute gern gestellt und der Ehebruch als Fakt kolportiert, obwohl es genug Hinweise gibt, dass Anna ihrem Wilhelm verhängnisvoll treu gewesen ist.

Ihr Schicksal hat Züge eines modernen Psychodramas und gemahnt an eine Festellung des Philosophen Gottfried August Bürger: »Die Geschichte der Menschheit ist voll von Beweisen, dass es nicht schwer ist, eine Wahrheit umzubringen. Eine gute Lüge ist dagegen unsterblich.« Erst recht in Scheidungsfällen.

Anna von Sachsens schauriger Tod ist der Schlusspunkt einer fünfzehnjährigen Ehe, die für die Dresdnerin mit sechzehn Jahren und als Liebe ihres Lebens beginnt. Wir werden sie eingehend betrachten. Zunächst stellt sich aber die Frage:

Der Befreier der Niederlande als Kerkermeister seiner Gattin? Wie passen so viel Licht und Schatten zusammen?

Bestens, dank Scheidungsverbot. Der Fall der Anna von Sachsen ist kein Einzelschicksal. Viele Adelsgattinnen mussten erfahren, dass die Ehe mitunter ein Todesurteil ist, das lebenslang vollstreckt wird.

Die Justiz von Mittelalter und Neuzeit kennt das Lebendigbegraben als tödliche Frauenstrafe für das Volk. Angewendet wird sie auf Kindsmörderinnen und Ehebrecherinnen, gelegentlich auch auf Homosexuelle.

Einmauern oder Isolationshaft bei regelmäßiger Verpflegung sind Spätformen dieser Strafmethode, die gern über Ehebrecherinnen aus den besseren Kreisen verhängt wird. So muss der Ruf der Familie nicht mit einem Henkersurteil in den eigenen Reihen beschmutzt werden. Das Ganze hat zudem einen frommen Touch. Schließlich werden Nonnen und Mönche, die sich als »Inklusen« freiwillig einmauern lassen, um ganz dem Glauben zu leben, seit dem Mittelalter hoch verehrt. Im Rokoko wird es in königlichen Kreisen sogar schick, in Palastgärten künstliche Höhlen anzulegen, in denen bezahlte Eremiten als Schauobjekte fasten, schweigen und beten.

Gefallene Edeldamen werden hingegen in familieneigenen Schlössern weggesperrt oder in ein Kloster gesteckt, denen Verwandte vorstehen. Nicht selten trifft dieses Schicksal Gattinnen, die nicht untreu, aber ihren Männern lästig sind. Da konstruiert man gern einen Fall von Seitensprung, der ein sexueller und religiöser Straftatbestand ist. Bei Frauen. Mächtige Männer können sich rausreden.

Gattinnen hinter Gittern

Eine fürstliche Cousine und eine Tante Annas von Sachsen, mit denen sie aufwächst, enden dank ihrer Ehemänner in Verlies und Verbannung. Angeklagt und verleumdet als Hexen, Giftmörderinnen und Ehebrecherinnen. Die Beweislage ist in beiden Fällen verdächtig fadenscheinig. Eine weitere Cousine Annas von Sachsen bleibt zwanzig Jahre lang, bis zu ihrem Tod, unter Verschluss, weil sie wohl wirklich einen Seitensprung begangen hat.

Der betrogene Gemahl nimmt eine neue Ehefrau und demütigt die weggesperrte Exgattin mit der Prägung einer Hochzeitsmünze. Auf der einen Seite ist ein sich küssendes Paar zu sehen, und da steht zu lesen: »Wie küssen sich die zwei so fein«. Auf die andere Münzseite ist ein Konterfei der inhaftierten Exfrau eingeprägt. Dazu der Spruch: »Wer küsst mich armes Nünnelein«.

Berühmt-berüchtigt ist ein späterer Fall aus dem Hause Hannover, in das Caroline von Monaco 1999 eingeheiratet hat. 1694 sperrt Georg Ludwig von Hannover seine schöne Gattin und Cousine Sophie Dorothea nach 12-jähriger Ehe für immer weg. Die leichtsinnige Prinzessin hat eine Affäre mit dem Leibgardisten, Graf Königsmarck, gewagt. Beide sind töricht genug, sich schriftlich über ihren emotionalen Überschwang und über ihre Treffen auszutauschen. »Ich sehne mich von Herzen, Sie wiederzusehen … Sie können durch die Hintertüre kommen«, schreibt die Hannover-Prinzessin Sophie. Der Graf antwortet: »Welche Wonne! Welch Entzücken! Welche Glut! Welcher Taumel …« Und: »Ich bin geboren, Sie zu lieben.« Wofür er schließlich ermordet wird.

Königsmarck wird in eine Falle gelockt und per Degenstich gemeuchelt, der Tote entweder in der Leine beseitigt oder im Schloss verscharrt. Bis heute fehlt von der Leiche jede Spur.

In einem Volkslied heißt es dazu: »Er ging zur ew'gen Ruhe mit vielen Schmerzen ein/Doch ward in keine Truhe/ Gebettet sein Gebein/Ich weiß nicht, wo er modern mag.«

Schon Zeitgenossen sind sich sicher, dass der gehörnte Gatte, der später als King George I. Englands Thron besteigt, den Mord angeordnet hat. Frankreichs Sonnenkönig Ludwig XIV. und Sachsens August der Starke setzen Detektive auf den Kriminalfall an, aber der Hannoveraner Regent ist nicht zu fassen.

Dafür ist die 32-jährige Isolationshaft seiner Frau auf dem Fachwerkschloss Ahlden in der Lüneburger Heide gut dokumentiert. Nach einer Blitzscheidung werden 40 Soldaten zur Bewachung der 27-jährigen Prinzessin abgestellt, ihre Post und ihre wenigen Besucher streng kontrolliert. Mit der Kutsche darf sie täglich eine festgelegte Spazierfahrt von zwei Kilometern unternehmen. Ein sterbenslangweiliges Leben. Für ihre Familie ist Sophie, deren Sohn den englischen Thron später vom Vater übernimmt, tot.

Der Gerechtigkeit wegen sei ein Ausnahmefall erwähnt, bei dem eine Ehefrau ihren Königsgatten in vergleichbarer Manier beseitigt haben soll, um frei für die Liebe und um Regentin zu werden. 1326 lässt Isabella, die französische Gemahlin von Englands Edward II., selbigen nach achtzehn Ehejahren in einem Burgverlies in Gloucestershire verschwinden. Als Hochverräter und auf Nimmerwiedersehen. Komplize ist Isabellas mutmaßlicher Lover Roger Mortimer, mit dem sie in Frankreich ein paar Truppen eingesammelt hat, um den Gatten zu entthronen.

Der Macht wegen und weil Isabella die homosexuellen Eskapaden Edwards satt hat, der seinen Favoriten seine ganze Aufmerksamkeit, ihre Juwelen, Pöstchen und Krongelder schenkt. Was auch dem Parlament und anderen Adligen missfällt, die ihren König im Kerker einfach vergessen.

Isabella – genannt die »Wölfin von Frankreich« – will nicht nur den Thron, sondern die endgültige Trennung. Nachdem der Gatte einen Thronverzicht zugunsten seines minderjährigen Sohnes unterzeichnet hat, soll sie den Bewachern des Gatten einen bestialischen Mord befohlen haben. Der Kerkermeister, heißt es, habe dem beklagenswerten König mittels eines abgesägten Kuhhorns eine glühende Eisenstange in den After gejagt, um einen raschen, äußerlich spurlosen Tod herbeizuführen. Hernach gewährt Witwe Isabella dem »unerwartet« Verschiedenen ein Staatsbegräbnis in der Abtei von Gloucester.

Forscher verschiedener Disziplinen melden inzwischen Zweifel an der britischen Gruselgeschichte an. Mediziner halten einen rektalen Mord mit sofortiger Todesfolge für unwahrscheinlich. Dagegen spricht auch, dass Ohrenzeugen in der Todesnacht keinen Schmerzensschrei aus dem Verlies gehört haben. Es gibt auch Indizien für eine heimliche Flucht des Exkönigs, weshalb seine Königin flugs eine fremde Leiche zu Grabe trug, um für immer frei zu sein. Motto: *Wat fott es, es fott*, egal wie. Drei Jahre kann Isabella nach dem Tod des Königs für den gemeinsamen Sohn Edward III. regieren, der 1330 an die Macht kommt, die Mutter lebenslänglich vom Hof verbannt und deren Liebling Mortimer köpfen lässt. Egal ob wahr oder halb wahr, wir dürfen froh sein, dass unser bürgerliches Gesetzbuch Scheidungen erlaubt.

Zurück zu Anna von Sachsen. In modernen Biografien über den Freiheitshelden Wilhelm von Oranien wird die Scheidungsschlacht mit seiner Gattin gern übergangen oder als Kollateralschaden einer Zweckehe abgehandelt. Im 19. Jahrhundert – als Wilhelm posthum seinen Werdegang zur Nationalikone antritt – wird es üblich, den Fall zuungunsten der Gattin auszulegen und allein den Vorwürfen des Prinzen zu trauen.

Anna, so das achselzuckende Urteil verschiedener Historiker, war eine keifende Kratzbürste, geldgierig, dem Prinzen untreu und zum Schluss plemplem. Das sieht schon Wilhelm so, und noch heute gibt es Vertreter dieser Alleinschuldthese seiner Gemahlin. Dabei sollte sich mittlerweile die Wahrheit herumgesprochen haben, dass nicht nur zur Liebe, sondern auch zur Scheidung immer zwei gehören.

Besonders perfide klingt die Anti-Anna-Version, wenn das schaurige Ende der Ehe und der Ehefrau mit Annas Aussehen, einem Klumpfuß und/oder einer schiefen Schulter, verquickt wird. Stellvertretend für diese Deutung sei das Verdikt des großen Biografen von Wilhelm von Oranien, Felix Rachfahl, zitiert: »In seiner Begierde, mit den angesehensten und mächtigsten der Fürstengeschlechter Norddeutschlands in Verwandtschaft zu treten, hatte Oranien über den Mangel an Schönheit bei seiner Braut hinweggesehen. Aber in dem missgestalteten Körper wohnte auch eine missgestaltete Seele, kleinlich, bösartig, jeder Spur des Hohen und Edlen bar. Bald nach der Hochzeit offenbarte sie dem Gemahle die bösen Seiten ihres Charakters.«

Geschrieben ist das 1906, doch der ungeheuer quellenkundige Rachfahl wird immer noch gern zitiert, und die Tatsache, dass Anna optisch einem Scheusal glich, wird ungeprüft übernommen. Die Beweise für die »hässliche Missgestalt« der Prinzenbraut Anna sind indes so zweifelhaft wie ihr Ehebruch. In einem einzigen zeitgenössischen Brief ist die Rede davon, sie sei »ungeschickten Leibes«.

Auf Porträts der 16-jährigen Braut erkennt man, wenn auch keine atemberaubende Schönheit, so doch ein hübsches blondes bis dunkelblondes Mädchen mit runden Augen, spitzem Kinn und geraden Schultern. Auch die spätere Fürstin von Oranien macht auf Bildern und Kupferstichen eine kerzengerade Figur. Kann sein, dass man für den Körper ein Double eingesetzt oder sonst wie retuschiert hat. Genauso gut ist es aber möglich, dass Historiker Anna von Sachsen mit einer gleichnamigen Cousine verwechseln, die seit einem Unfall in Kindertagen unter einem gestörten Wachstum litt.

Wie uneins sich selbst die eigene Verwandtschaft über die optischen Qualitäten von Prinzessin Anna war, beweist eine Anekdote über eine gemalte Brautminiatur, die es von der 16-Jährigen gibt. Ihr Onkel gibt das Porträt 1560 in Auftrag, um Anna dem Prinzen von Oranien schmackhaft zu machen. Und zwar in zweifacher Ausfertigung.

Bild eins fällt dem Kurfürsten zu schön aus, weshalb er eine zweite Version verlangt. Die wiederum findet er viel zu hässlich, weshalb er den Prinzen schließlich zur Brautbeschau vor Ort einlädt.

Bleibt anzumerken, dass Annas Onkel seine Nichte nie sonderlich gemocht hat. Und weil nur das, was wir mit Liebe betrachten, schön ist, sind Zweifel angebracht, wenn Anna als Vogelscheuche in die Geschichte eingegangen ist.

Was Annas über Jahrhunderte geschmähten Charakter und ihren Wahn angeht, so gibt es durchaus Hinweise, dass sie in der Ehe mit Wilhelm ein Biest sein konnte. Die Rolle der Bestie aber besetzt am Ende des Scheidungsdramas der schöne Oranier.

Doch unsere heute übliche »romantische« Liebe enthüllt, wenn sie scheitert, oft ebenfalls materielle Interessen und emotionale Bedürfnisse, die wir im Namen der großen Gefühle anfangs verschweigen. Vor uns selbst und vor dem Partner. Weggesperrt wird im Fall einer Rosenkriegscheidung heute niemand mehr, aber so manche Existenz geht dabei den Bach runter.

Unseren Vorfahren wollten dem nicht nur durch das Scheidungsverbot, sondern auch durch Kontrakte entgegenwirken. Eine Ehe ohne Vertragswerk ist für sie unvorstellbar. Quer durch alle Schichten. Unverzichtbar ist der Vertrag in Adelskreisen. In Sachen Liebe, Ehe und Finanzen sind unsere Vorfahren ehrlicher und bodenständiger, man kann auch sagen: vernünftig.

Wie existenzbedrohend es sein kann, aus reiner (vorübergehender) Verliebtheit zu heiraten – und dabei nicht nach Geld, Gut und Ehevertrag zu fragen –, ist ihnen deutlich bewusst. Und das nicht, weil unsere Vorfahren verliebte Gefühle nicht kennen, sondern gerade weil sie sie kennen. In Ehen sind sie ein unkalkulierbares Risiko. Etwa für Anna von Sachsen, die von ihrem Großvater eindringlich vor dieser Liebesehe gewarnt worden ist. Vergeblich.

Im Scheidungsfall Wilhelm von Oranien mischen sich Politik und Privates so dramatisch wie bei Heinrich VIII. Darum muss – wie schon beim Tudor-König – von beidem erzählt werden.

Vor allem von der ungleichen Verbindung zwischen einer reichen, vernarrten Erbin und einem sozialen Aufsteiger, mit dessen steiler Karriere bei seiner Geburt nicht zu rechnen ist. Statt einem Königreich wird dem kleinen Wilhelm nämlich nur ein Stück deutsches Lummerland mit 50.000 Einwohnern in die Wiege gelegt. Und dynastischer Ehrgeiz, der ihn politisch wendig und privat rücksichtslos macht.

Schauen wir zunächst in die Kinderstube des Prinzen.

Erbarmen, die Hessen kommen

Geboren ist Wilhelm in einem – Pardon an alle Leser aus dem heutigen Hessen – Provinznest namens Dillenburg, wo er auch seine Kindheit verbringt. Sein Vater ist Graf und Reichsfürst eines der kleinsten Feudalstaaten des Heiligen Römischen Reichs deutscher Nation. Nassau-Dillenburg heißt sein Hoheitsgebiet, er selber heißt ebenfalls Wilhelm.

Wilhelm junior, der erstgeborene Sohn des Fürsten, wächst in einer lutherischen Patchworkfamilie heran und wird auch so getauft. Beide Eltern sind verwitwet und haben aus vorangegangenen Ehen insgesamt sechs Kinder mitgebracht. Zwölf gemeinsame sollten folgen. Fruchtbarkeit ist also kein Problem im Hause Nassau. Der Nachwuchs wird ein Leben lang zusammenhalten wie Pech und Schwefel, was in Adelshäusern ein seltener Segen ist, wie wir aus der Familiengeschichte Heinrichs VIII. bereits wissen.

Seine Mutter, Juliane von Stolberg, hat der spätere Prinz sein Leben lang verehrt, den Vater mehr respektiert als geliebt. Star der insgesamt 18-köpfigen Kinderschar von Nassau-Dillenburg wird Wilhelm, als ihm mit elf Jahren Titel und Besitztümer der niederländischen Linie des Hauses Nassau in den Schoß fallen.

– 239 –

Der eigentliche Erbe René von Oranien ist für seinen Kaiser und Lehnsherren im Kampf gegen Frankreich gefallen. Eine Kanonenkugel reißt dem Offizier beim Erkundungsgang in einem Laufgraben nahe der Marne die Schulter weg. Der kinderlose Fürst stirbt qualvoll, hat aber zuvor noch ein Testament gemacht. Er bittet Kaiser Karl V. (1500–1558), der neben dem Feldbett seines hinscheidenden Lieblingsoffiziers ausharrt, es zu vollstrecken.

Unter anderem wird Wilhelm von Dillenburg-Nassau – wie erwähnt – Herr von Orange und damit Prinz. Das Fürstentum aber betritt er sein Leben lang nicht. Meist ist es von den Franzosen besetzt, und dann fließen auch keine Einkünfte. Politisch ist das Erbe jedoch von unschätzbarem Wert. Als Oberhaupt des unabhängigen Winzlingsfürstentums ist Wilhelm noch mit Königen gleichgestellt und leitet daraus später sein Recht ab, gegen den mächtigsten Monarchen der damaligen Welt Krieg führen zu dürfen. Ganz schön mutig.

Neben dem französischen Besitz erbt Wilhelm, wie schon erwähnt, Gebiete in Holland, Zeeland und Brabant, darunter die Stadt Breda samt Kastell, und ein enormes Stadtpalais in Brüssel. Kurz: Der Dillenburger Nassauer zieht einen Sechser im adligen Erbschaftslotto. Sein Papa war schlicht fruchtbarer als Erbonkel René. Eine große Kinderschar kann in Adelsfamilien ein erhebliches Versorgungsproblem darstellen. Im Fall der Nassauer erweist es sich als Hauptgewinn.

Wie der Oranier nassauerte

Falls Sie nun auf die hübsche Idee kommen, dass sich Wilhelms Glückstreffer das Wort »nassauern« – also sich an fremdem Besitz bereichern – verdankt, liegen Sie falsch.

Wilhelm hat nicht genassauert. Im Gegenteil. Das haben stets andere auf Kosten der Nassauer getan. Und zwar so: Im Jahr 1584 gründet ein Bruder Wilhelms auf dessen Anraten in dem oberhessischen Nest (noch mal Pardon) Herborn eine »Hohe Schule«. Also eine Uni, die aber weder vom Kaiser noch vom Papst die Universitätsrechte erhält, weil der Gründer Lutheraner ist. Folglich können Studenten dort nicht promovieren; das geht nur an Unis.

Auf Veranlassung Wilhelms von Oranien erhalten die Herborner Studenten aber die Erlaubnis, an der Göttinger Universität ihre Herborner Studien mit einem Doktortitel zu krönen. Und genau wie zuvor in Herborn bekommen die Nassauer Studenten auch in Göttingen zwei warme Mahlzeiten und drei Liter Dünnbier gratis auf Kosten der Nassauer Staatskasse. Sie sitzen an eigenen Tischen und werden von hungrigen Göttinger Kommilitonen heftig beneidet. Wenn ein Herborner Doktorand den Gang zur Mensa versäumt, machen sich die Göttinger über sein Essen und sein Freibier her. »Ich geh mal nassauern«, kündigen sie diese Mundraubzüge augenzwinkernd an.

Der elfjährige Erbe Wilhelm von Oranien ist also Nassauer, hat aber in Sachen Niederlande nicht genassauert, sondern einfach nur Schwein gehabt.

Kindheit als Exil

Der Preis für das prachtvolle Erbe ist allerdings hoch. Oberster Landes- und Lehnsherr der Niederlande, die das heutige Belgien und Luxemburg einschließen, ist der schon erwähnte Kaiser Karl V. aus dem Haus Habsburg. Zugleich ist er König von Spanien und vor allem strammer Katholik.

Der kann einen lutherischen Erben unter seinen niederländischen Hochadligen nicht gebrauchen. Darum verlangt er, dass der knapp zwölfjährige Wilhelm 1545 von Dillenburg nach Brüssel übersiedelt. Zwecks religiöser und politischer Umschulung zum kaisertreuen Vasallen. Und zwar mutter- und vaterseelenallein. Der kleine Prinz ist eben an erster Stelle Objekt dynastischer Familienpolitik und nicht Mamas Liebling.

Viele Adelskinder werden ab dem 12. Lebensjahr einer aushäusigen Erziehung übergeben, bevorzugt in einer Familie oder im Kloster, wo die Gastkinder im Sinne der Herkunftsfamilie erzogen werden. Das ist bei Wilhelm nicht der Fall.

Schon als zarter Teenager sitzt er religiös, politisch und kulturell zwischen mehreren Stühlen. Heuchelei und Maskenspiel werden für ihn zum Pflichtprogramm, er selbst wird zu einem konfessionellen und politischen Chamäleon. Der erwachsene Prinz weiß oft selbst nicht, wo er hingehört – außer nach ganz oben.

Wem die Familientrennung zwecks Machtteilhabe finster und mittelalterlich vorkommt, der möge an den Generalissimo Franco von Spanien denken. Europas letzter faschistischer Diktator nahm den heutigen spanischen König Juan Carlos 1948 als Zehnjährigen dessen im Exil lebenden Eltern

– 242 –

weg, um ihn in seinem Sinne zum Nachfolger zu erziehen.
Der kleine Prinz Juan de Bourbon musste sich allein von
Portugal zum schwarzen General nach Madrid begeben,
um seine Dynastie zu retten. Nach Francos Tod wurde Juan
Carlos – entgegen Francos faschistischen Plänen – zum fried-
lichen Vorkämpfer der Demokratie in Spanien. Er ist ein
Monarch, vor dem seine wahlberechtigten Untertanen sich
heute gern und mit gutem Grund verneigen.

Wilhelm von Oranien sollte in den Niederlanden beinahe
vierhundert Jahre zuvor eine ähnlich dramatische Entwick-
lung durchmachen. Wobei der damalige spanische König
und gleichzeitige Kaiser Karl V. in keinster Weise mit dem
Diktator Franco verglichen werden soll und darf.

Während sich Jung Wilhelm auf der Dillenburg gemeinsam mit zwei befreundeten Grafensöhnen auf seinen Umzug in das prachtvolle Kastell von Breda vorbereitet, kommt
in Dresden am 23. November 1544 eine seiner künftigen
Bräute zur Welt. Anna von Sachsen.

Eine verwaiste Prinzessin

Als Tochter eines der mächtigsten Kurfürsten Deutschlands
ist Anna eine glanzvolle (Heirats-)Zukunft sicher. Erst recht
nachdem ihr jüngerer Bruder 1546 stirbt und Anna als Einzelkind zur einzigen Erbin wird. Im Gegensatz zu Wilhelms
Vater ist der ihre einer der reichsten und mächtigsten deutschen Landesherren.

Anna wird wie Wilhelm lutherisch erzogen. Unterrichts-
hauptfach ist Bibellektüre. Die blonde Fürstentochter gilt als
fromme und intelligente Schülerin; ihre Mutter Agnes von

Hessen soll sie verwöhnt und sehr geliebt haben. Obwohl sie angeblich hinkte und eine schiefe Schulter hatte – wofür sich aber, wie erwähnt, keine direkten Quellenzeugnisse finden lassen.

Ein 18 Bogen starkes Horoskop, das der Hofastrologe Erasmus Flock der Fürstentochter 1546 stellt, prophezeit der damals zweijährigen Anna viele Freier und versichert, dass sie »keinen Fehl noch Mangel an Gliedmaßen haben, also nicht schielen, hinken, noch höger (einen Buckel) haben wird«. Darüber hinaus wird dem Mädchen ein ausgesprochen glückliches und langes Leben vorhergesagt, was sich als blanke Spökenkiekerei erweist. Nehmen wir einfach an, dass der Astrologe – ansonsten für Krieg und Frieden zuständig – seinem Auftraggeber, dem kurfürstlichen Papa Moritz, eine Freude machen wollte.

Zum Thema Weltpolitik per Horoskop ein Blick in die jüngere Vergangenheit: Nancy Reagan, US-Präsidentengattin von 1981 bis 1989, beschäftigte im Weißen Haus ebenfalls Astrologen, um Ronald beim Regieren zu helfen. Ob's geholfen hat, dürfen Sie selber beurteilen.

Die kleine Anna von Sachsen ereilt, ihren guten Sternen zum Trotz, schon im Alter von acht Jahren ein Schicksalsschlag. Ihre Kindheit als Sonnenschein-Prinzessin wird durch den Kriegstod des Vaters im Jahr 1553 getrübt. Moritz von Sachsen fällt in einem protestantischen Fürstenaufstand gegen Kaiser Karl V. Der hat Deutschland stets »als das stärkste und kriegerischste Land der Christenheit« bezeichnet und Luther als die Pest der Epoche. Ein Grund mehr, warum der Kaiser den kleinen Wilhelm von O. von seinen Eltern weggeholt hat und ihn rigoros zum Katholiken umerzieht.

Nach dem Tod ihres Vaters anno 1553 heiratet Annas

– 244 –

Mutter, Agnes von Hessen, erneut. Sie zieht mit Anna nach Weimar, stirbt aber schon 1555 nach einer Fehlgeburt.

Die Tage Annas von Sachsen als Mamas Liebling sind vorbei. Die elfjährige Vollwaise kehrt an den Dresdner Hof zurück, den inzwischen ihr Onkel August – ein Bruder ihres Vaters – und seine dänische Frau, die ebenfalls Anna heißt, übernommen haben.

Diese Stieftante und Namensvetterin geht unter dem Ehrentitel »Mutter von Sachsen« in die Geschichte ein. Anna von Dänemark importiert starre und triste Lebensregeln nach Dresden. Vor jeder ihrer eigenen Geburten legt die neue Kurfürstin statt Windeln lieber Leichentücher zurecht. Sie rechnet gern mit dem Schlimmsten. Elf Mal werden die Totenleinen gebraucht, nur vier Mal müssen Windeln vorgekramt werden. Als eine ihrer überlebenden Töchter später selbst ein Kind verliert, tröstet die lutherisch-dänische Mama sie: Besser ein Kind sei tot als calvinistisch.

Die Lutheraner verabscheuen die Calvinisten oder Wiedertäufer noch weit mehr als alle Papisten. Traurig, aber wahr: Was sich am ähnlichsten ist, bekämpft sich nicht selten am erbittertsten. Sie kennen das vielleicht aus nächster Verwandtschaft. Wenn nicht, seien Sie froh.

Anna von Sachsens dänische Stieftante ist nicht nur fromm, sondern auch von zupackendem Naturell. Sie buttert für die königliche Tafel, wäscht das Himmelbettzeug selbst, näht dem Gatten Unterhosen, brennt Aquavit (nur als Heilmittel!), erfindet Augentropfen und Magenpflaster. Sie gilt heute als eine Pionierin der Apothekerkunst und hat außerdem Kochbücher hinterlassen.

Entsprechend hausbacken gestaltet sie den Unterricht ihrer Ziehtochter Anna von Sachsen. Die lernt spinnen und

– 245 –

nähen, während auf Sprachunterricht und Tanzstunden verzichtet wird. Die kleine Anna, das wissen wir aus Briefen der Erwachsenen, hat den eintönigen Handarbeitsunterricht gehasst, und er hat ihr mehr geschadet als genützt.

Die Erziehung zu einem lutherischen Hausmütterchen hat bereits der deutschen Adelsbraut Anna von Kleve bei Englands König Heinrich VIII. Minuspunkte eingebracht. Auch Anna von Sachsen wird dank Bildungsmangel im Kreis der internationalen Adelselite um Wilhelm von Oranien später Probleme bekommen.

Zurück zu ihrer gestrengen Ziehmutter: Mit einer züchtig waltenden Hausfrau im Sinne von Schillers Gedicht »Die Glocke« darf man die Dänin selber in keinem Fall verwechseln. Weil Hausarbeit, Kinderaufzucht und Kräuterkunde die Landesmutter nicht ausfüllen, mischt sie auch in den Staatsgeschäften des Gatten mit, und zwar so deutlich, dass in Spottschriften von einer Gynäkokratie (Weiberherrschaft) am sächsischen Hof die Rede ist.

Politische Mitwirkung durch die Hintertür ist eine der wenigen Möglichkeiten, die es Fürstinnen und Königsgattinnen erlaubt, am Machttheater ihrer Männer teilzuhaben. Dass sie dabei nicht offen, sondern verdeckt vorgehen, ist nicht einem weiblichen Hang zur Manipulation zuzuschreiben, sondern dem engen Lebensraster, in dem Frauen sich anno 1600 und noch weit darüber hinaus offiziell betätigen dürfen. Im Gegensatz zu ihrer Ziehtochter ist die resolute Dänin ein Paradebeispiel für jene Frauen ihrer Epoche, die trotz behindernder Verhältnisse Bemerkenswertes leisten.

Die Dänin Anna beruft sich bei all ihrem Tun – wie die männlichen Zeitgenossen – gern auf Gott und den Glauben, um ihren Spielraum und ihren Einfluss zu erweitern. Was für

Menschen in ihrer Umgebung nicht immer angenehme Folgen hat.

Höflinge, die es mit dem Protestantismus nicht ganz so streng halten wie »Mutter Annen« und in Plaudereien der Hoffnung Ausdruck verleihen, die Chefin loszuwerden, enden auf der Folterbank und im Kerker. Zur Feier solcher Verhaftungen wird eine Gedenkmünze geprägt, in »Erinnerung an den Sieg der Rechtgläubigkeit über die Vernunft« (!). Eine erfrischend klare Ansage, die dem damaligen Papst auch gefallen hätte.

Aber der ist ja leider Katholik, muss also eigene Gedenkmünzen prägen oder Dankesmessen feiern. Papst Gregor XIII. etwa lässt 1572 im Petersdom das *Te Deum* singen, nachdem in der Pariser Bartholomäusnacht mehrere Tausend protestantische Hugenotten von einem fanatisierten katholischen Mob massakriert worden sind. Augenzeugen beschreiben das spontane Pogrom im Namen der Religion so: »Da setzte überall in Paris ein Gemetzel ein, dass es bald keine Gasse mehr gab, auch die allerkleinste nicht, wo nicht einer den Tod fand, und das Blut floss über die Straßen, als habe es stark geregnet.« Und: »Schon war der Fluss mit Leichen bedeckt und ganz rot vom Blut.«

Anno 1600 und noch weit darüber hinaus ist in Europa mit Religionsfragen nicht zu spaßen. Exzessiver religiöser Fundamentalismus durchzieht alle christlichen Konfessionen. Es gibt kaum einen Herrscher jener und späterer Tage, dem man nicht gern Matthäus Kapitel 7, Vers 21 bis 23 zur Lektüre empfohlen hätte. Darin verkündet Jesus bezüglich des Jüngsten Gerichts:

»Es werden nicht alle, die zu mir sagen: HERR, HERR! in das Himmelreich kommen, sondern die den Willen tun meines Vaters im Himmel. Es werden viele zu mir sagen an jenem Tage: HERR, HERR, haben wir nicht in deinem Namen geweissaget, haben wir nicht in deinem Namen Teufel ausgetrieben, haben wir nicht in deinem Namen viel Taten getan? Dann werde ich ihnen bekennen: Ich habe euch noch nie erkannt; weichet alle von mir, ihr Übeltäter!«

Die frohe Botschaft von der Erlösung durch Christus kommt in Annas Erziehung spektakulär freudlos daher. Anna von Dänemark kümmert sich zwar lobenswerterweise um Schwangere, Kranke und Glaubensverfolgte aus katholischen Gebieten, doch Herzenswärme scheint nicht zu ihren Haupttugenden gezählt zu haben.

Anna von Sachsen wird am Ende ihres Lebens erklären, dass sie die Stieftante aus tiefstem Herzen gehasst hat. Das Ganze scheint auf Gegenseitigkeit zu beruhen.

Auch Annas Onkel, Kurfürst August, hat nicht gerade einen Narren an seiner Nichte gefressen. Er gilt als habsüchtig und als Freund der Sparsamkeit. Was Sachsen eine solide Staatskasse beschert und ihm in Geschichtsbüchern Anerkennung einbringt. Augusts Hauptinteresse gilt der Landwirtschaft und der Verbesserung von Anbaumethoden. Besonders als Pomologe – also als Experte für Obstanbau – macht sich der Kurfürst einen Namen. Als »Vater von Sachsen« geht der bodenständige Fürst in die Geschichte ein.

Geschickte Landesväter sind leider nicht notgedrungen gute Familienväter. In Sachen seiner Stiefnichte Anna zeigt der Regent seine berechnende Seite. Er verwaltet ihr riesiges Erbe zu seinem Vorteil. So wird er sich später weigern, Anna ein Erbteil von 30.000 Talern auszuzahlen, für die sie nur Landverschreibungen besitzt. Als Vormund und Treuhänder eines anderen Adelskindes schreckt der Fürst vor Un-

– 248 –

terschlagung und Urkundenfälschung nicht zurück, um das ihm anvertraute Legat der eigenen Kasse zuzuführen.

Von einer behüteten Kindheit im Kreise liebender Anverwandter kann in Annas Fall also nicht die Rede sein. Und das merkt man der emotional unterversorgten Fürstentochter früh an. Sie wird widerspenstig.

Briefe von Hofdamen berichten, dass das Stiefkind am Dresdner Hof oft trotzig und eigenwillig ist. Man sagt, sie habe einen Sturschädel nach Art ihres im Feld gefallenen Papas Moritz, über den es hieß: »Wo er den Kopf hinstreckt, da ist er nicht wohl zu wenden.«

Für einen Fürsten ist dies eine nützliche Tugend, für ein Mädchen ist es das Gegenteil.

Als äußerst standesstolz gilt Anna von Sachsen außerdem. Immerhin ist sie ein Heiratsobjekt erster Klasse. Andere Erwerbsquellen als eine möglichst lukrative Ehe hat sie als Adelstochter nicht. Sie muss ihr Leben heiraten, statt es selber zu führen. Bei manchen Frauen ist das noch heute beliebt.

Bewerber um Annas Hand stehen ab ihrem elften Lebensjahr – also ab 1556 – Schlange. Es wird eine Warteschlange, in die sich unter anderem der Thronfolger von Schweden einreiht. Annas Verwandte und – Skandal! – auch sie selbst sind wählerisch und voll Hoffnung auf eine royale Partie, möglichst eine lutherische.

Den inzwischen katholischen Kaiserzögling Wilhelm von Oranien mit Wohnsitz in Brüssel und Breda haben die Sachsen nicht auf der Liste. Trotz seines glanzvollen Erbes rangiert er als geborener Grafensohn weit unter ihrem Stand und ihrer kurfürstlichen Würde. Geburtsrecht gilt bei Adel und Königs nun mal per definitionem mehr als das Prinzip Leistung.

Wilhelm von O. wird Kaisers Liebling und Musterschüler

Zurück ins Jahr 1546 und in die Niederlande. Nach einer kurzen Akklimatisierung Wilhelms in Breda beginnt am kaiserlichen Hof zu Brüssel die Umschulung des dreizehnjährigen Oraniers. Aus dem getauften Lutheraner muss ein Katholik, Höfling und loyaler Vasall des habsburgischen Kaisers Karl V. werden.

Wilhelm hat ein strammes Lernpensum zu absolvieren. Es umfasst die Fächer Religion, Staatskunde, Diplomatie, Geschichte, Sprachen, königliche Sportarten, Ritterideale, höfisches Benehmen und eine gehörige Portion Geografie. Schauen wir in seinen Lehrplan hinein. Er ist anspruchsvoll und höllisch kompliziert. Trösten wir uns damit, dass wir an königlichen Schulstunden teilnehmen, die früher nur einer Handvoll Menschen vergönnt waren.

Zunächst zur Erdkunde:

Gemeint ist mit den Niederlanden Mitte des 16. Jahrhunderts das Gebiet der heutigen Beneluxstaaten, ein beträchtlicher Teil Nordfrankreichs und Regionen Nordwestdeutschlands. Um die Sache noch unübersichtlicher zu machen: Die Niederlande sind nur Teil des mittelalterlichen Superherzogtums Burgund. Schon das war ein geografischer, religiöser, politischer und sozialer Flickenteppich. Das Haus Habsburg hat ihn sich im 15. Jahrhundert als Erbland angeheiratet, genau wie später Spanien.

Im 16. Jahrhundert sind die Niederlande das »Filetstück« des alten Burgund (frz. Bourgogne), und Brüssel hat Dijon den Rang als Regierungs- und Residenzstadt des burgundischen Hofes abgelaufen. Hofsprache bleibt das Französische.

– 250 –

Die Niederlande sind zu Kaiser Karls Zeiten das am dichtesten besiedelte Gebiet Europas. Es ist in 17 Provinzen unterteilt. Dazu gehören die hochurbanisierten Gewerbe- und Handelsregionen von Flandern und Brabant mit Brüssel und der Welthandelsmetropole Antwerpen, Grafschaften wie Holland und Überseehäfen wie Amsterdam. Kurz: Die Niederlande sind wirtschaftliche Kronjuwelen von unschätzbarem Wert.

Allerdings nur, solange dort Ruhe und Ordnung herrscht, solange die Kaufleute, Handwerker und Bauern brav arbeiten und Steuern zahlen und niemand religiösen Ärger à la Luther macht.

Damit das so ist und bleibt, braucht Kaiser Karl V. in den Niederlanden loyale Verwalter und Stellvertreter. Wilhelm von Oranien soll einer von ihnen werden. Dazu muss das Dillenburger Landei auch die Fächer Staatskunde und Geschichte büffeln.

Das Haus Habsburg ist ein royales Familienunternehmen, das weltweit tätig ist. Das ererbte, erheiratete und erkämpfte Reich Karls V. ist so groß, dass darin »die Sonne niemals untergeht«. Neben Spanien, Österreich, Teilen Italiens und Frankreichs sowie Deutschland gehören auch Kolumbus' Kolonien dazu. Und eben die reichen Niederlande, wo Karl V. im Jahr 1500 geboren und von einer Tante erzogen wurde.

Einige Historiker nennen Karl V. den »ersten Europäer«. Eine Art EU hat der natürlich nicht im Sinn. Er ist Dynast und will ein habsburgisches Europa schaffen. Zu diesem Zweck ist der Kaiser ständig in der (seiner) Weltgeschichte unterwegs, während Verwandte die Erbländer regieren.

Auch wenn Karl als Hauptwohnsitz ab 1517 Spanien wählt,

liegt ihm das Land seiner Kindertage und vor allem Flandern besonders am Herzen. Die Folgen der kaiserlichen Heimatliebe prägen Europa noch heute. Die EU hat nicht umsonst ihren Hauptsitz in Brüssel.

Von der heute belgischen Metropole aus führt in Karls Kindheit zunächst seine Tante Margarethe von Österreich für ihn die Staatsgeschäfte. Ihren Posten und den Titel »Generalstatthalterin der Niederlande« übernimmt ab 1531 Karls Schwester Maria von Ungarn. Ab 1559 ist seine uneheliche Tochter Margarethe von Parma dran, die der Kaiser mit der flotten flandrischen Magd Johanna van der Gheynst gezeugt hat. Ja, auch so kann's flugs nach oben gehen. Margarethes Großvater hat sein Geld noch als Teppichweber verdient. Die Enkelin darf den kaiserlichen Flickenteppich Niederlande regieren. Wobei sie übrigens viel Einfühlungsvermögen und Geschick zeigt. Ob's nur an den kaiserlichen Genen lag?

Alle drei Generalstatthalterinnen müssen den heimischen Fürsten, dem adligen Klerus und der Stadtelite beim Regieren alte Mitspracherechte einräumen.

Karl V. weiß als gebürtiger Genter, was sich in den Niederlanden gehört. Man muss die heimische Aristokratie bei Laune und unter Kontrolle halten, ohne ihr das Gefühl zu geben, bloße Handlanger der Habsburger und der kommenden Weltmacht Spanien zu sein. Um diesen Eindruck zu vermeiden, betreibt Karl eine ausgeklügelte Günstlingswirtschaft.

Wer dem Kaiser in den Niederlanden als treuer Vasall dient, kann mit einträglichen Militärkommandos, Verwaltungsposten, weiteren Herrschaftsrechten und mit Landbesitz rechnen. Es ist ein Geschäft auf Gegenseitigkeit nach dem traditionellen Modell der mittelalterlichen Feudalordnung.

Höchste Ehre ist es, in den exklusiven Klub der »Ritter vom Goldenen Vlies« aufgenommen zu werden. Maximal 40 Männer dürfen mitmachen. Oberhaupt des bereits von burgundischen Herzögen gegründeten Ordens ist der jeweilige Landesherr. Wer von Karl V. zum Ordensritter gewählt wird, darf ihm auch ungebeten Ratschläge in privaten und politischen Fragen erteilen, hat ein Vorzugsrecht auf Posten im Brüssler Staatsrat und beim Militär. Noch besser: Ein Vlies-Ritter untersteht bei Rechtsverletzungen nur dem Urteilsspruch des Ordens und darf vor kein anderes Gericht gestellt werden. Mehr Narrenfreiheit und Karrieregarantie geht nicht. Klein Wilhelm strebt die höchste Ritterehre früh an und wird sie auch erhalten.

Einem Vlies-Ritter ist neben Macht ein rauschendes High-Society-Leben sicher. Auch das stärkt den Zusammenhalt zwischen dem Kaiser und den Adelsgeschlechtern der Niederlande.

Störend sind für den Kaiser hingegen niederländische Aristokraten, die hartnäckig auf ihre uralten Mitbestimmungsrechte pochen. Noch ärgerlicher sind Adelsherren, die sich weigern, ihre Zustimmung zu Steuererhöhungen zu geben, die die arbeitende Bevölkerung zugunsten Karls und seiner Kriege leisten sollen.

Darum will der Kaiser – wie alle gewitzten neuzeitlichen Monarchen – eine zukunftsweisende Zentralregierung aufbauen. In Brüssel. Statt mit unberechenbaren Lokalgrößen möchte er künftig durch handverlesene und zu diesem Zweck geschulte Vasallen wie Wilhelm von Oranien regieren.

Kommen wir zu einem weiteren Hauptfach des Prinzen. Katholische Religion. Protestant Wilhelm muss es als Konvertit mit Bestnoten absolvieren. Der katholische Glaube ist bei der Zähmung des niederländischen Adels und in Sachen Ruhe und Ordnung unverzichtbar.

Kaiser Karl hat in seinen Niederlanden seit 1519 zahlreiche Ketzeredikte erlassen. Die Lektüre reformatorischer Schriften ist verboten, ihre Erörterung auch im Familienkreis untersagt, niemand darf einen Anhänger protestantischer Lehren beherbergen, und wer sie nicht anzeigt, wird genauso brutal verfolgt wie jene.

Hängen ist die übliche Strafe für männliche Ketzer, falls sie bereuen. Frauen werden wie Kindsmörderinnen und Ehebrecherinnen gern lebendig begraben. So will man verhindern, heißt es, dass Zuschauer bei der Hinrichtung der Weibspersonen auf unzüchtige Gedanken kommen. Am Galgen könnte der Wind die Röcke baumelnder Ketzerinnen hochheben. Da sei Gott vor.

Während Karl V. in Deutschland gegen Luther und dessen Freunde unter den Reichsfürsten wenig ausrichten kann, greift er in den ererbten Niederlanden gnadenlos durch. Bis 1530 lässt er alle Führer der lutherischen Reformation hinrichten. Andere treibt er in die Flucht und zieht ihren Besitz ein. Seine Stellvertreterin und Schwester Maria von Ungarn äußert 1533 die Ansicht, dass man selbst reuige Ketzer gnadenlos ausmerzen müsse. Als Einschränkung setzt sie hinzu, man solle lediglich darauf achten, nicht ganze Landstriche zu entvölkern. Was darauf schließen lässt, wie groß der religiöse Ungehorsam anno 1600 in ihrem Regierungsbezirk ist.

Noch gnadenloser als die Lutheraner lässt der Kaiser die

Wiedertäufer verfolgen. Diese Glaubensströmung breitet sich zwischen 1531 und 1534 in den niederländischen Nordprovinzen – vor allem in Holland – aus. Also dort, wo sich Wilhelm von Oraniens Erbgüter befinden.

Die Wiedertäufer glauben, dass die Errichtung eines Tausendjährigen Reiches Gottes auf Erden bevorstehe. Die Bewegung ist bei Bauern und armen Bevölkerungsgruppen beliebt. Sie lässt auf rasche Erlösung aus sozialem Elend hoffen. Allerdings nicht lange.

In Amsterdam wird 1534 ein Widertäuferaufstand zugunsten des kommenden Gottes blutig niedergeschlagen. 1535 fällt das Widertäuferreich von Münster, das von niederländischen Glaubensbrüdern tatkräftig unterstützt wird.

Ingesamt 2000 Wiedertäufer lässt Karl V. während seiner Regierungszeit europaweit hinrichten. Nach der kaiserlichen Säuberungsaktion erwarten die Wiedertäufer vorzugsweise heimlich und passiv das Himmelreich auf Erden.

Ab 1540 fassen die Calvinisten Fuß in den Niederlanden – wiederum vor allem in den Nordprovinzen. Zu Calvins Lehre bekennen sich vor allem Handwerker, Kaufleute und der niedere Adel. Also gesellschaftliche Stände, die wirtschaftliche Macht und Einfluss haben. Der Kalvinismus ist kämpferischer als das Luthertum. Er erlaubt ein weltliches Widerstandsrecht gegen Herrscher, solange diese noch nicht zum einzig wahren, also ihrem Gottesbegriff bekehrt sind. Ein Unding für göttlich gesalbte Könige. Die Kirchenverfassung dieser Lehre, die der Genfer Reformator Johannes Calvin begründet, kennt Mitbestimmungsrechte und lehnt strenge Hierarchien in der Gemeinde ab. Erste Ansätze von demokratischen Strukturen sind unübersehbar.

Aus all diesen Gründen werden die Calvinisten zur größten Gefahr für den Landesherrn Karl V. und erst recht für seinen Sohn und späteren Nachfolger Philipp II.

Kurz: In Sachen Treue zum katholischen Glauben können die spanischen Habsburger im Interesse ihrer Machtfülle keine Gnade walten lassen. Der Papst gibt seinen Segen dazu und erlaubt in den Niederlanden eine »apostolische Sonderinquisition«. Diese Behörde hat das Recht, jeden Verdächtigen festzunehmen, an einem Ort ihres Gutdünkens vor Gericht zu stellen, zum Tod zu verurteilen und zugunsten der Krone zu enteignen. Vorbild ist die spanische Inquisition.

Das Verfahren mag fromm gemeint gewesen sein, ist aber im Grunde nur ein prachtvolles Herrschaftsinstrument. So kann der Kaiser unter frommem Vorwand einen widerspenstigen Adligen in Verdacht der Ketzerei bringen oder Gerüchten darüber Glauben schenken und ihn per Ketzerurteil entmachten und enteignen.

Da bleibt man im niederländischen Adel doch gern Katholik, und zwar eisern.

Kaiserschüler Wilhelm von Oranien schwört mit 12 Jahren dem Glauben seiner Eltern ab. Brav besucht er die Messe, wie die Generalstatthalterin Maria von Ungarn ihrem herumreisenden Bruder Karl V. regelmäßig berichtet. Vertrauen ist gut, Kontrolle ist besser, und für Wilhelm ist die Karriere das Wichtigste. Wie die meisten Mitglieder des Hochadels nimmt er lange nicht Anstoß an der aus Spanien importierten Ketzerpolitik.

Der hübsche Prinz will und muss eine Art linientreuer Politbeamter werden und ein Militär, der im Namen des Kaisers auch mit Waffengewalt durchgreifen kann. Gegen Ketzer in den Niederlanden und gegen Feinde von außerhalb. In der ersten Hälfte des 16. Jahrhunderts herrscht beinahe

– 256 –

permanent Krieg zwischen den Habsburgern und Frankreichs Königen um die Vorherrschaft in Europa.

Und damit zum Sport. Körperliche Ertüchtigung als Turnierkämpfer, Reiter, Fechter und Schütze zählen zu Wilhelms Lieblingsfächern. Wie jeder Adlige muss er seinen Machtanspruch buchstäblich »verkörpern« können.

Nicht nur in Sachen Kampftechniken findet Wilhelms Schulung maßgeblich nach dem Prinzip *learning by doing* statt. Er begleitet die bereits erwähnte Kaiserschwester Maria von Ungarn auch auf Inspektionsreisen durch die Niederlande und zu Staatsempfängen.

1549, da ist Wilhelm 16, erlebt er die feierliche Ankunft von Philipp, dem Sohn und späteren Nachfolger des Kaisers, in den Niederlanden. Der in Spanien erzogene Kronprinz tourt an der Seite seines Vaters wochenlang durch die Niederlande.

Allerorten wird der 23-Jährige mit Festumzügen empfangen: Fahnenschwinger, Stelzenläufer, Fanfarenbläser, Feuerschlucker, Gaukler, Zauberer, Dudelsackpfeifer, Bogenschützen und zahlloses Adelsvolk in Samt und Hermelin begleiten ihn – darunter ganz vorn dabei: Wilhelm.

Umrahmt werden solche Staatsempfänge und Politmissionen von endlosen Festen, Turnieren und prachtvollen Jagdpartien. Die Adligen dieser Landstriche sind für rauschende Partys, ausgefeilte Tafelfreuden und für Trinkfestigkeit berühmt. Der junge Prinz von Oranien tut eifrig mit.

Der spätere Landesherr Philipp hingegen macht bei den Feierlichkeiten eine schlechte Figur. Dem blassen, schmalen Prinzen bekommt das Trinken nicht. Einmal muss er nach einem Turnier bewusstlos nach Hause getragen werden. Schwächling, murren seine künftigen Adelsvasallen und bemerken spitz, »dass er in kirchlichen Aufzügen (dagegen) nicht genug tun konnte«. Soll heißen: Nach öffentlichen, rituellen Glaubensbekundungen scheint Philipp den Niederländern nachgerade süchtig zu sein.

Der 16-jährige Wilhelm ist von ganz anderem Kaliber, und er lernt das flämische Hofleben schnell zu schätzen. Auch die tiefere Bedeutung der Feierfreude begreift er rasch. Feste sind Machtshows und eine weitere Gelegenheit, die heimische Aristokratie an den Kaiser zu binden. Motto: *We are family*. Wer mitmachen darf, gehört dazu und hat Spaß und Vorteile.

Zwecks praktischer Studien lädt Karl V. den Teenager Wilhelm auch zu Reichstagen in Deutschland ein. Dort darf der Oranier noch mehr feiern und an Geheimgesprächen teilnehmen.

Karl V. hält den Jugendlichen – zu Recht – für seinen begabtesten Lehrling. Charakterlich gilt Musterschüler Wilhelm als liebenswürdig, aber scheu und undurchschaubar. Der mit aller Raffinesse hochgezüchtete Favorit übt sich von Kindesbeinen an in Charme und Diskretion, um seinen steilen Aufstieg nicht zu gefährden. Nicht umsonst erhält er später den Beinamen »der Schweiger«. Seine intimsten Ansichten und Absichten kann Chamäleon Wilhelm in allen Lebenslagen verbergen. Die besten Voraussetzungen, um erfolgreich Politik zu machen. Damals wie heute. Tarnen, täuschen und sich im Zweifelsfall verdrücken, da fällt sicher jedem von uns ein Beispiel aus dem deutschen Bundestag ein. Na?

Scherz beiseite. Sicher ist, dass Prinz Wilhelm von der Wiege bis zur Bahre den Aufstieg der Dynastie Nassau-Oranien immer im Blick behält – so wie der Kaiser den Aufstieg der Habsburger. Der hübsche junge Dillenburger kann sich nach allen Seiten beliebt machen und wird zum Vorzeigevasall. Zugleich nimmt er mit Feuereifer die außerdienstlichen Gewohnheiten der niederländischen Aristokratie an.

Problemlos findet Wilhelm adlige Kumpane und Zechbrüder, mit denen er nachts städtische Gassen durchstreift. Also, erst mal genug gelernt, und ab ins Vergnügen.

Ein Kavalier und Schürzenjäger

Eine Vorstellung von der Prunkentfaltung und dem Reiz der Städte, die für den jungen Wilhelm von Oranien zum nächtlichen Ausflugsziel werden, kann man sich heute noch machen.

Etwa in Brügge. Der Stadtkern ist beinahe vollständig erhalten. So muss es anno 1600 in vielen flandrischen und holländischen Städten ausgesehen haben. Gepflasterte Gassen, steingefasste Kanäle, Bürgerhäuser mit steil aufragenden Stufengiebeln, gotische Kirchen und zahllose Wirtshäuser und Schenken. Brügge gilt schon im 15. Jahrhundert als das Venedig des Nordens in Sachen Überseehandel mit Luxusgütern und Lebensart. Hier wird 1409 die weltweit erste Börse gegründet. Benannt ist sie wahrscheinlich nach einer Brügger Patrizierfamilie »van der Beurse« und dem lateinischen Wort für Fell und Ledersack »bursa«.

Später gibt Brügge seine wirtschaftliche Hauptrolle an Antwerpen ab, weil der direkte Meereszugang in der Höhe von Brügge um 1500 zunehmend verlandet. Der Abstieg ist Pech für Brügge und ein Glück für uns. Armut ist der beste Denkmalschutz, und weil den Brüggern in den folgenden

Jahrhunderten das Geld ausgeht, fehlten bis ins frühe 20. Jahrhundert hinein die Mittel, um alte Bausubstanz abzureißen. Wer also das Lebensgefühl der Epoche des jugendlichen Wilhelm atmen will, findet in Brügge die Gelegenheit dazu.

Am besten im Januar, noch besser bei Nacht, wenn in den Gassen das (Touristen-)Leben erstirbt, wenn die Kanäle überfrieren und Frost und Stille einkehren. Untermalt von Hufgetrappel und vom Räderrasseln spät heimkehrender Sightseeing-Kutschen kann man in abgelegenen Gassen, im Schatten gotischer Kirchen und prachtvollen Wirtshäusern leicht Bilder aus den Tagen von gepanzerten Reitern und edel gewandeten Höflingen – wie Wilhelm von Oranien einer war – auferstehen lassen.

Zecherlärm stört die Fantasiearbeit nicht. Im Gegenteil. Den gibt es in Wilhelms Tagen reichlich. Und der Teenagerprinz ist in Sachen zwanglose Lebensfreude immer mit von der Partie. Dass der Prinz bei nächtlichen Kneipentouren auch den holländischen und flandrischen »meisjes« und »maykens« zugetan ist und gern Hurenschenken besucht, gilt als sicher.

Sexuelle Umtriebigkeit gehört zum Geburtsrecht männlicher Adliger. Potentaten der Renaissance leben ihre Männlichkeit gern aus und führen sie plakativ zur Schau. Schamkapseln statt Hosenlatz sind modisch Trumpf. Erfunden werden sie bereits im 15. Jahrhundert im französischen Burgund. In der ersten Hälfte des 16. Jahrhunderts sind sie ein modisches Muss. Aus Puff- und Pluderhosen ragen Genitalienschoner hervor – wir haben darüber schon bei Heinrich VIII. gesprochen –, die weniger dem Schutz und schon gar nicht der Verhüllung des adligen Gemächts dienen. Von innen gepolstert, gern verziert mit Schleifchen und zu Hörnern von abnormer Größe hochgebogen, täuschen sie eine Dauererektion vor.

Eine frühe burgundische Quelle vermerkt in Sachen Schamkapseln sinngemäß: Das junge Volk trug Röcke, die nicht mehr als eine Handbreit unter den Gürtel reichten. Und die Hosen seien »so scharf gemacht«, dass sie »die arßkerb« teilten. Weiter im O-Ton der Quelle: »Das war ein hübsch ding, und (die Hosen) hatten züllen (Schamkapseln) … groß und spitz vorausgohn. Wenn einer vor dem tisch stand, so lag ihm die züll auf dem Tisch.« Zur allgemeinen Bewunderung.

Die Zurschaustellung ist sexuell und politisch gemeint. Der ideale Edelmann verkörpert seine übermenschliche Größe nicht nur als kraftstrotzender Ritter. Mächtige Geschlechtswerkzeuge dienen als Beweis für Potenz und Zeugungsfähigkeit. Die Fortpflanzung der Dynastie ist schließlich Staatsgeschäft. Wer heute sein bestes Stück mit Viagra aufpumpt, es chirurgisch vergrößern oder verlängern lässt, muss sich eine bessere Erklärung einfallen lassen. Fortpflanzung und Politik stehen dabei sicher nicht im Vordergrund.

Der Oranier hingegen verliert bei aller Zügellosigkeit beides nie aus dem Blick und wird sechzehn legale Nachkommen hinterlassen. Bastarde hat er zudem produziert. Doch seine zahllosen Geliebten sind nur »spilkinder«, wie er im Ton der Zeit sagt. Ein Aufstieg per Heirat und eine reiche Mitgift sind wichtiger. Weshalb Wilhelm, Sohn eines Provinzgrafen, auch im Fach »Minne und offizielles Höflingsbenehmen« eine Eins plus anstrebt.

Seine Begabung für verbindlich-unverbindlichen Smalltalk und seine Tanzkünste werden gerühmt. Schreit- und

Sprungtänze wie Pavane und Gaillarde, bei denen Berührungen verboten, aber heiße Blicke erlaubt sind, stilisieren das erotische Spiel gegenseitiger Verführung und dienen der Brautwerbung. Der Hof zu Brüssel ist einer der wichtigsten Flirt- und Heiratsmärkte der europäischen Adelssociety.

Doch es gilt, haarscharf zwischen standesgemäßem Freien bei Hof und Sex zum Vergnügen außerhalb zu trennen. Höflinge und Hofdamen, die unerlaubte Affären miteinander beginnen, riskieren ihren Ruf und im Fall der Dame ihre Heiratschancen. Manchmal sogar ihr Leben. Beispiel gefällig?

Der Schneewittchenmord zu Brüssel

Eine tödliche *Amour fou* spielt sich zwischen den Jahren 1549 bis 1554 am Brüsseler Hof ab. Wilhelm wird Beginn und Ende der Affäre miterlebt haben. Das deutsche Hoffräulein Margarethe von Waldeck kommt mit 16 Jahren an den Hof. Sie gilt als atemberaubend schön und erregt das Interesse vieler Adelsherren. Graf von Egmont – ein enger Freund Wilhelms – und selbst der blasse spanische Prinz Philipp von Spanien machen der Deutschen eindeutige Angebote.

Von beiden soll Margarethe nicht nur Gunstbeweise, sondern reichlich Gulden entgegengenommen haben. Ihre – wie auch immer beschaffenen – Minnedienste sind dem Kaiser und seiner Generalstatthalterin ein Dorn im Auge.

Als das Gerücht aufkommt, Kronprinz Philipp hege vielleicht ernstere Absichten, ist Schluss mit lustig. Die hessische Adelstochter erkrankt recht plötzlich. Sie stirbt 1554 unter mysteriösen Umständen an Fieber und Leibschmerzen. In einer Heimatchronik aus Waldeck ist vermerkt, die schöne, junge Margarethe sei vergiftet worden. Als ein Indiz für diese Behauptung gilt ein Testament, das die junge Frau wegen der unerklärlichen Krämpfe noch hastig verfasst und mit zittriger Hand unterschreibt. Hat irgendwer im Auftrag der Habsburger ihren Tod mit Arsen herbeigeführt?

Der Heimatforscher Eckhard Sander geht davon aus. Er hat den ungelösten historischen Kriminalfall in einem spannenden Buch (siehe Bibliografie) außerdem mit der Entstehung des Märchens Schneewittchen in Zusammenhang gebracht. Selbst die Vorbilder für die sieben Zwerge findet der Hobbyhistoriker in Margarethes hessischer Heimat. Dort wird nämlich zu ihren Lebzeiten Bergbau mit Kinderarbeit betrieben. Die Kinder müssen oft für mehrere Wochen in den Berg einfahren, um unter Tage Kupfererz abzubauen. Hernach kommen sie wie früh vergreiste, gebeugte Gnomen wieder ans Tageslicht.

Selbst die sieben Berge, hinter die das Grimm'sche Schneewittchen flieht, findet Sander auf der Landkarte: das Siebengebirge. Margarethe von Waldeck durchquert es als 16-Jährige auf ihrem Weg nach Brüssel. Und eine böse Stiefmutter hat das früh verstorbene und vielleicht ermordete Hoffräulein ebenfalls. Lediglich ein Happy End fehlt ihrer Lebensgeschichte. Ihr eilt kein Prinz zu Hilfe. Erst recht nicht der spanische Habsburger-Sohn.

Der muss zum Zeitpunkt ihres Todes nach England übersetzen, um die dortige Königin zu heiraten und damit Vaters Weltreich zu erweitern. Seine Braut ist Maria Tudor, die 37-jährige Tochter von Heinrich VIII. und Katharina von Aragon und damit Philipps Großtante. Sie ist elf Jahre älter, recht verhärmt, und Philipp spürt »kein fleischliches Verlangen«, wie ein Chronist vermerkt. Dafür haben beide ein gemeinsames Interesse: die Protestanten zu verfolgen.

Maria will England nämlich wieder katholisch machen. Daher schickt sie nach der Hochzeit in knapp drei Jahren 300 Ketzer auf den Scheiterhaufen, was Philipp gutgeheißen hat. Doch Liebe vermag Maria nicht in ihm zu entfachen. Philipp ist während der Ehe die meiste Zeit in den Niederlanden. Muss er in England weilen, tröstet er sich mit einer Bäckerstochter. Londons Bürger wissen Bescheid und reimen einen Gassenhauer auf die Liaison:

»Better the baker's daughter in her russet gown than Queen Mary without her crown.« Übersetzt heißt das: »Lieber eine Bäckerstochter im groben Gewand als Königin Mary ohne Krone und Geschmeid.«

Für Königin Maria ist die Ehe privat und politisch eine Katastrophe. Sie liebt ihren Gatten und Großneffen abgöttisch, finanziert ihm sinnlose Kriege und durchleidet nacheinander zwei Scheinschwangerschaften. Immer hoffend, ihren Philipp zurückzugewinnen und obendrein einen Thronfolger zu bekommen. Lohn aller Liebesmüh: Maria Tudor stirbt nach nur drei Ehejahren und bekommt wegen ihrer Ketzerpolitik den Beinamen *Bloody Mary* (Blutige Maria). Die Engländer haben nach ihr – typisch britisch – den bekannten Tomatensaft-Wodka-Cocktail benannt, ansonsten gilt Maria Tudor ihnen eher als geschichtliche Unperson.

Schneewittchen Margarethe von Waldeck wäre mit Philipp von Spanien vermutlich kaum glücklicher geworden als sie. Happy Ends mit reichen Kronprinzen gehören eben überwiegend ins Land der Märchen.

Manierenkunde und Maskenspiele

Zurück zu Margarethes Heimatgenossen Wilhelm. Der Oranier riskiert seinen sozialen Aufstieg nicht für gefährliche Liebschaften bei Hof. Er studiert im Palast lieber offizielle Etikette. Und da ist er in Brüssel an der besten Adresse. Auch wenn das Hofklima hinter den Kulissen giftig ist, gilt das kaiserliche Palais in Benimmfragen als stilprägend für ganz Europa. Vergleichbar ist das Hofleben der Niederlande und Burgunds mit der Prachtentfaltung, die Frankreichs Sonnenkönig Ludwig XIV. im 17. Jahrhundert zu Europas Dernier Cri macht.

Schon 1524 hat Erasmus von Rotterdam ein Grundlagenwerk über Manieren verfasst, das zur Benimmbibel der Habsburger wird.

Nach diesem Lehrbuch ist am Kaiserhof zu Brüssel alles exakt geregelt: wie man die parfümierte Serviette beim Mahl über die Schulter wirft, dass man nur den kleinen Finger der rechten Hand ins Salzfass tunkt, um nachzuwürzen, und wie man ihn hernach fein abspreizt, wie und vor wem man sich verneigt, vor wem das Barett gezogen wird und so weiter. Aus den niederländisch-burgundischen Benimmregeln geht unter Kaiser Karl V. das spanische Hofzeremoniell hervor, das bekanntlich überaus streng war.

Wilhelm heimst bereits als 17-Jähriger als Turnierkämpfer und Tänzer bei einem Augsburger Reichstag den Titel »Galantester Ritter« ein. Nachts ein notorischer Casanova, ist er tagsüber ein tadelloser Kavalier. Er kann sich an den mächtigsten Höfen Europas sehen lassen, und er kann beeindrucken. Vor allem die Damenwelt.

Der züchtig und streng gehaltenen Anna von Sachsen

wird Wilhelm zehn Jahre später als Gottes Antwort auf ihre sehnsüchtigsten Gebete erscheinen. Kein Wunder, denn in Dresden, wo die künftige Braut heranwächst, hapert es in Sachen Etikette im Gegensatz zu Brüssel noch ein wenig. Kurfürst August, der Onkel der verwaisten Fürstentochter, muss 1554 eine Hofordnung erlassen, aus der hervorgeht, dass seine Gäste, Pagen und Höflinge noch Benimmprobleme haben.

Etwa in Sachen pünktliches Erscheinen bei Tisch und Respekt vor ihrem Landesherren. So werden die fürstlichen Tafelzeiten ausdrücklich festgeschrieben, und es wird vermerkt, man möge rechtzeitig erscheinen:

»Damit man einen jeden, wie bisher oft geschehen, nicht suchen oder auf ihn warten dürfte.« Das geht nun wirklich nicht. Der Fürst allein bei Tisch, während sein Mundschenk im Park die saumseligen Vasallen einsammelt.

Als ebenso ungebührlich werden Überpünktlichkeit und einfaches Zulangen bei Tisch abgelehnt:

»Es sollen auch unsere Kämmerer und Edelleute, die wir speisen (also verkostigen), nicht eher zu Tische sitzen, als bis wir uns zuvor gesetzt haben«, heißt es. Zu deutsch: Einfach hinsetzen und Essen fassen gilt nicht mehr. Oder: Eine Mahlzeit bei Hof ist kein Snack für zwischendurch, auch wenn der kleine Hunger vor den offiziellen Tischzeiten einsetzt.

Anders als an den Höfen, die der junge Wilhelm in den Niederlanden kennenlernt, geht es in Anna von Sachsens Heimat also benimmtechnisch noch ein wenig drunter und drüber. Dafür wird streng auf lutherische Tischgebete – die Anna wie alle Hofdamen stehend vor dem Fürsten vortragen muss – und weibliche Züchtigkeit geachtet.

Der reguläre Hofstaat summiert sich in Dresden auf etwa

40 bis 60 Personen. Im kaiserlichen Palast zu Brüssel kommen täglich zwischen 150 und 250 Adlige aus aller Herren Länder zusammen, Gäste nicht mitgerechnet. Der kurfürstliche Hof zu Dresden wirkt – trotz erster Prachtentfaltung – im Gegensatz zum kosmopolitischen kaiserlichen Hofleben der Niederlande bieder.

Kleiner Blick in die Zukunft: Als Ehefrau wird Anna, wie Wilhelm, einen Platz zwischen zwei Stühlen, zwei Welten und zwei Konfessionen einnehmen. Doch im Gegensatz zum Prinzen, der früh den Spagat zwischen dem Provinzhof und dem niederländischen Jetset-Palast übt, kann die Fürstentochter kein Kapital daraus schlagen und entwickelt keine Chamäleonnatur. Sie reagiert mit Gemütsschwankungen auf den Kulturschock. Eine labile Grundstimmung, ob angeboren oder erworben oder beides, bringt sie bereits aus Dresden mit.

Die kulturelle Kluft zwischen den späteren Brautleuten ist früh erkennbar, aber noch wissen die beiden jungen Leute ja nichts von ihrem künftigen Eheglück.

Beenden wir den Blick auf Wilhelms Werdegang und Lehrjahre. Seine Umschulung ist 1551 vollendet. Der kluge, diskrete, charmante Prinz ist achtzehn, ein erklärter Liebling des Kaisers, und er will auch nichts anderes sein. Als Lohn für die ganze Paukerei darf der fesche Prinz von Oranien sich seine erste Prinzessin aussuchen. Es ist ein weiterer Griff in die Glückskiste.

Ein Casanova auf Freiersfüßen

Kaisers Liebling erhält mit achtzehn Jahren von Karl neben der Mündigkeitserklärung die Erlaubnis, um die gleichaltrige Anna von Buren zu freien. Sie ist die einzige Tochter eines gräflichen Landbesitzers in Holland und Geldern. Standestechnisch rückt der Prinz von Oranien durch die Heirat nicht auf, erhält aber immerhin die reichste Erbin der Niederlande. Dem Bräutigam bringt die Trauung im Jahr 1551 weitere Grafschaften und das Käsestädtchen Leerdam ein. Damit verfügt Wilhelm nun insgesamt über Besitzungen im Wert von drei bis vier Millionen Gulden. Der jährliche Ertrag der Güter und Pfründe übersteigt mitunter die niederländischen Einkünfte des Kaisers. Karl muss ihn wirklich gemocht haben.

Zum Vergleich: Eine Bleich- und Waschmagd bringt es zu dieser Zeit auf 20 bis 25 Gulden Jahreslohn bei 200 Arbeitstagen. Ein Landsknecht riskiert für vier Gulden monatlichen Grundsold – plus Beute – Kopf und Kragen. Im Gegensatz zur Waschmagd wird er an arbeitsfreien Tagen durchbezahlt. Weshalb das Kriegshandwerk zu den Topjobs für Nichtadlige zählt.

Nach Art des Kaisers baut Wilhelm ein System der Günstlingswirtschaft auf, indem er Posten in seinen Ländereien mit Niederländern besetzt. Auch seine deutschen Brüder versorgt er mit Pfründen und Privilegien. Der fünf Jahre jüngere Ludwig von Nassau wird sein engster Vertrauter und darf – obwohl bekennender Lutheraner – bei ihm im Wasserschloss Breda leben und Karriere machen. Ludwig darf sogar lutherische Prediger beschäftigen. Das gefällt einigen kaiserlichen Räten und Bischöfen zwar nicht, aber böse Absichten gegen Kaiser oder Katholizismus traut man seinem großen Bruder Wilhelm nicht zu. Und er hegt zu dieser Zeit auch keine, schließlich geht es ihm gold. Religiös ist er nach allen Seiten offen. Dem jüngsten Spross seiner lutherischen Sippe will Wilhelm einen katholischen Bischofssitz zuschanzen.

Der achtzehnjährige Prinz kombiniert seine Vasallenpflichten weiter mit dem Leben eines Bonvivants, Verschwenders und Schürzenjägers.

Wilhelms Partys gelten als die besten. Schon sein Hochzeitsfest mit Anna von Buren ist legendär. Vier Tage wird turniert, getanzt und getafelt. Zu den opulenten Mahlzeiten gehören Schaugerichte wie »Feuer speiender Königsadler im eigenen Federkleid«. Falls Sie es – mit einem Huhn bitteschön – nachkochen wollen, hier das Rezept:

Man nehme einen Adler (Huhn), enthäute ihn ungerupft, würze ihn mit Nelken, Ingwer, Muskat und Zucker, brate ihn, streife ihm das Federkleid erneut über und stecke ihn auf Eisenstangen. Die Augen sind durch Glassteine zu ersetzen, die Gurgel wird mit einem kampfergetränkten Tuch gestopft. Kurz vor dem Servieren entzünde man dieses Tuch, damit Flammen aus dem Schnabel schlagen.

Lecker geht wahrscheinlich anders, aber pompös wird der Funken sprühende Vogel ausgesehen haben. Das Gericht wird auch gern mit Schwänen oder Pfauen zubereitet.

Wilhelms erste Ehe mit Anna von Buren ist zu Anfang glücklich. Neben Land und Gut erhält Wilhelm eine hübsche dunkelhaarige Frau von leicht melancholischem Aussehen. Über sie ist wenig bekannt. Über ihren Vater hingegen berichten Zeitgenossen, dass er fluche wie ein Pferdeknecht, unmäßig im Trinken und Essen sei, die Fasten- und Feiertage ebenso wenig achte wie die eheliche Treue und dass er das offen kundtue. Seine Tochter wird also einiges gewohnt gewesen sein – und Wilhelm blieb ihr zuliebe vielleicht eine Weile monogam.

In der Wasserburg von Breda hält das Paar nach der Hochzeit prachtvoll Hof. Schon bald füttert der Oranier 160 adlige Herren, Pagen und Höflinge durch. Dazu 18 Hellebardiere als Leibwache, Kapläne, Kammerdiener, Sekretäre, Falkner, Windhunde- und Dachshundezüchter, Stallmeister, Goldschmiede und niedere Dienstboten. Das kostet, und gefeiert wird weiterhin auf höchstem Niveau.

Kleine Kostprobe in Sachen Partyausgaben: Vor dem dreitägigen Tauffest für die erste Tochter von Wilhelm und Anna von Buren, die 1553 geboren wird und zum Kummer der Mutter ein Jahr später stirbt, schreibt der Küchenchef folgenden Einkaufszettel:

30 Lammkeulen zum Einsalzen, 18 Keulen für Pasteten, 26 Rohrdommeln, 3 Reiher, 15 Schwäne, 18 Pfauen, 1 Hirsch, 4 Kälber, 362 Regenpfeifer, 1100 Krebse, 44 Schinken …

Und so weiter und so weiter. Südfrüchte, Marzipan, sündteure Gewürze und viele Fässer Wein kommen hinzu. Bei solchen Festbanketten lässt Oranien bis zu vier Gänge servieren. Jeder Gang besteht aus vier bis 28 Gerichten. Natürlich kosten die Gäste nur von dem, was ihnen gerade vor die Nase kommt, aber in Fress- und Trinkgelage artet es jedes Mal aus. Wilhelms Festprinzip lautet »de ne boyr trop d'eau car on sèn nuge« – zu Deutsch: »Nicht zu viel Wasser trinken, das macht müde.« Um die 5000 Gulden kostet der jährliche Weinkonsum in Breda.

Ein bisschen schlecht wird dem trinkfesten Wilhelm erst

angesichts der Rechnungen. Trotz hoher Einkünfte sind seine Ausgaben für das Hofleben so hoch, dass ihm kein Kaufmann und kein Bankier in Antwerpen mehr Kredit gewährt.

Sein Finanzrat empfiehlt Einsparungen. Wilhelm entlässt brav 28 Köche. Was einen Eindruck davon vermittelt, wie groß seine Küche gewesen sein muss. Von seinen Schulden kommt der junge Oranier durch den Rauswurf von Küchenpersonal nicht runter. Im Gegenteil. Statt 55.000 Gulden gibt er bald bis zu 90.000 Gulden jährlich für seine fürstliche Hofhaltung aus. Sie gilt als prunkvoller als die der kaiserlichen Statthalterin zu Brüssel. Seine Küche ist so legendär, dass Deutschlands Fürsten ihre Köche bei denen Wilhelms in die Lehre schicken. Später beordert Spaniens König Philipp II. – als neuer Landesherr der Niederlande – Wilhelms Küchenchef gar nach Madrid. Erhalten ist ein Brief, in dem der Monarch dem Oranier entsprechende Anweisungen erteilt:

Mein Hauptkoch ist tot, ich wünsche einen neuen zu haben, der gut und verlässlich ist. Ich habe gehört, dass Ihr einen Meister Hermann als Küchenmeister beschäftigt, der als gut gilt und sicher verlässlich ist, da er der Eure ist. Tut mir den Gefallen und sendet ihn so rasch als möglich zu mir.
Gegeben zu Madrid, am 3. April 1564.

Wie alle seine Standesgenossen verbucht Wilhelm seine Verschwendungslust unter Repräsentationsspesen. Nebenher verzockt er bei Kartenspielen mit so lustigen Namen wie »der Dickedack«, »Spannen und Bocken« oder dem »Karnöffelspiel« Unsummen an Geld und Juwelen.

– 271 –

Augenzwinkernd schreibt der Bonvivant seinem Bruder Graf Johann nach Dillenburg: »Mir scheint, wir sind von einer Art, die in der Jugend ein wenig schlecht haushält, aber wenn wir alt sind, werden wir es besser machen, wie es unser Vater getan hat.«

Der Prinz irrt, Schulden wird er sein Leben lang haben und sich deshalb auch mehrmals auf dem Heiratsmarkt feilbieten. Zu seiner Entlastung sei noch einmal betont, dass Prunk politische Pflicht ist. Man muss Freund und Feind beeindrucken und unerschöpfliche Mittel vortäuschen. Auf dem Feld der Ehre genau wie bei Schauturnieren und bei der Schlacht am Büffet.

Wirtschaftskapitäne und Bankentycoone halten es heute im Prinzip nicht anders, um Shareholder, Großaktionäre und Politiker zu begeistern, dürfen aber auf Prügelspiele in Rüstungen verzichten und müssen auch nicht Angela Merkel heiraten, um ihre Schulden zu tilgen.

Zurück in die Vergangenheit. Durch die Schuldenlast wird Wilhelms erstes Eheglück nicht getrübt. Überhaupt scheint zunächst pure Harmonie zu herrschen. Was nicht zuletzt daran liegt, dass für die Jungvermählten nach einem Dreivierteljahr voller Partys eine typische, adlige Fernbeziehung beginnt. Wilhelm muss zu den Waffen.

Moderne Liebespendler wissen, dass die Distanz den Reiz des Wiedersehens erhöht. Tatsächlich funktioniert die Ehe des Oraniers exakt so, wie 2008 Popikone Madonna sang: »You always love me most, when you are miles away.«

Wie viele Königinnen ihrer Zeit hat Gattin Anna in Zeiten der Trennung reichlich Ablenkung durch Schwangerschaften, und Wilhelm hat selbige durch die Abenteuer, die ein Soldaten- und Diplomatenleben bietet.

Lustig ist das Soldatenleben – erst recht im Bett

Im Frühjahr 1552 betraut der Kaiser seinen Liebling Wilhelm mit dem Kommando eines Fußvolks von zehn Fähnlein, das sind rund 4000 Mann. Es geht wieder einmal gegen Frankreich, mit dem Karl V. sich ständig in den Haaren liegt. Mal darüber, wo sein Spanien und sein Flandern aufhören und wo Frankreich anfängt, mal darüber, wem was in Italien gehört. Das Kaiserhaus Habsburg und Frankreichs Monarchen rasseln im 16. Jahrhundert – wie mehrfach erwähnt – mit langweiliger Regelmäßigkeit europaweit zusammen, und alle anderen machen irgendwie und irgendwann mit. Etwa der Papst oder Heinrich VIII. von England (siehe dort). Wer ganz genau Bescheid wissen will, schlage unter dem Stichwort der »spanisch-habsburgische und französische Konflikt« nach.

Der 19-jährige Deutsch-Niederländer Wilhelm hat jedenfalls zwischen 1552 und 1559 ständig im Feld zu tun. Seine Frau erhält währenddessen hinreißende Briefe vom »Schweiger«. Etwa im November 1552: »Lieber heute als morgen möchte ich zu dir kommen ... denn es dünkt mich, als sei ich schon ein ganzes Jahr von dir entfernt.« Er schwört, dass er sie – nächst Gott – am meisten liebe.

Aus einem anderen Feldlager schreibt der ferne Gatte drei Jahre später: »Wollte es Gott, dass meine Wünsche in Erfüllung gingen, so würde ich diese Nacht nicht fern von Dir sein, und während ich jetzt mein Kopfkissen umarmen muss, würde ich Dich, mein Liebchen, umarmen.« Klingt sehr schön. Wann haben Sie zuletzt so einen Brief erhalten oder geschrieben?

Zehn Tage später verspricht Wilhelm postalisch, einen

heimatlichen Zwischenstopp einzulegen, sobald sein militärischer Auftrag erledigt ist: »Und dann wollen wir sehen, ob Klein Annchen mich wird zähmen können.«

Nun ja, das passiert nicht, und wollen tut Wilhelm es wohl auch nicht wirklich. Ganz Flandern weiß, dass der Prinz und seine besten Kumpels, die vornehmen Grafen Egmont und Horn, in Kampfpausen wieder Stammgäste in Brüssels Bordellen sind. Oft erscheinen sie unausgeschlafen und alles andere als nüchtern zu Sitzungen des kaiserlichen Staatsrates. Manchmal verlegt Wilhelm politische Verhandlungen gleich aufs Schlaflager. Und auf was für eins!

Meistermaler Albrecht Dürer staunt in einem Reisetagebuch über ein prachtvolles Bett, wo »fünfzig Menschen mügen inne liegen«, das in Wilhelms Brüsseler Palast steht.

Es ist als Nacht- und Massenlager für sturzbetrunkene Zecher und Freunde Wilhelms bestimmt. Gemeinsam wird dort gelegentlich der Rausch ausgeschnarcht. Am späten Vormittag werden in horizontaler Lage dann Diplomaten und Politiker empfangen. Eine leichte liegende Tätigkeit, bei der ein Katerfrühstück und Lautenklänge serviert werden.

Politik vom Prunkbett aus wird bald zur Spezialität von Monarchen. Ludwig XIV. macht daraus großes Staatstheater. Sein offizielles Schlafzimmer ist architektonischer Mittelpunkt von Versailles. Damit die Höflinge ihm beim Aufstehen, genannt Grand Levé, und beim Zubettgehen, dem Couché, zusehen können. Wer ganz nah ran darf, etwa zum Strümpfeanreichen, steht auf der Karriereleiter ganz oben. Wenn der Sonnenkönig zu Bett geht, geht Frankreichs Sonne unter, wenn er aufsteht, geht sie wieder auf.

Ganz so weit hat Wilhelm von Oranien es in seinem Massenbett zu Brüssel nicht gebracht. Außerdem ist er im Gegensatz zu Ludwig, der sich stets pünktlich erhebt und mindestens acht Stunden täglich Staatsgeschäfte erledigt, in der Jugend ein saumseliger Langschläfer.

Vielleicht haben ja wenigstens Wilhelms feste Mätressen, die er neben zahlreichen One-Night-Stands unterhält, mit dem Hallodri geschimpft. Seine erotische Unersättlichkeit ist in hochadligen Männerkreisen natürlich nicht untypisch. Seine Liebesbriefe an Anna von Buren sehr wohl, weshalb Historiker seine erste (Fern-)Ehe gern als glücklich beschreiben. Die Gattin sieht das später anders.

Eins ist die Verbindung in jedem Fall – fruchtbar. Von 1553 bis 1556 schenkt Anna Wilhelm pro Jahr ein Kind, darunter seinen ersten Sohn und designierten Stammhalter Philipp Wilhelm von Oranien. Alle drei Babys entstehen zwischen kurzen Fronturlauben und diplomatischen Missionen im Dienste seiner Majestät. Von Abstechern ins Bordell und Mätressenbesuch mal abgesehen.

Karl V. überträgt dem Prinzen 1555 das Kommando über seine gesamte Maasarmee; rund 40.000 Mann stehen damit unter dem Befehl eines 22-Jährigen. Weit erfahrenere Feldherrn werden zu seinen Gunsten übergangen. Der Kaiser ahnt nicht, dass er mit der Bevorzugung und Schulung des Militärs und Taktikers Wilhelm von Oranien seinen künftigen Feind heranzieht. Zur Verteidigung seines jungen Favoriten sei angemerkt, dass Wilhelm zu diesem Zeitpunkt selbst noch nicht ahnt, dass er zum Rebellen werden wird.

Einige Monate später erreicht die Karriere von Kaisers Liebling einen neuen Höhepunkt. Der gichtkranke, amtsmüde Karl V. legt im Oktober 1555 die Kaiserkrone nieder und dankt als spanischer König und Herr der Niederlande zugunsten seines jetzt 28-jährigen Sohnes Philipp in Brüssel ab. Zur feierlichen Zeremonie erscheint der gebeugte Karl gestützt auf die Schultern des Prinzen von Oranien.

Es wird ein rührender, tränenreicher Staatsakt. Vielen scheint es, als nehme man mit dem Kaiser nun tatsächlich Abschied vom allerletzten Ritter, obwohl dieser Beiname schon Karls Großvater – dem Kaiser Maximilian I. – verliehen wurde.

Manche Biografen mutmaßen, dass Karls Sohn, der neue König Philipp II. von Spanien und Staatschef der Niederlande, die Bevorzugung des sechs Jahre jüngeren Wilhelm bei der Zeremonie persönlich übel genommen und eine bösartige Eifersucht entwickelt hat.

Sicher ist nur, dass die beiden Männer charakterlich grundverschieden sind. Von Missgunst ist zunächst nichts zu spüren. Im März 1556 schlägt Philipp den Grafensohn aus Dillenburg im Auftrag seines Vaters zum Ritter des habsburgischen Hausordens »vom Goldenen Vlies«. Später macht er ihn zum offiziellen Statthalter der Provinzen Holland, Zeeland und Utrecht, wo Wilhelms riesige Erbgüter liegen.

König Philipp II. hat zwar Differenzen mit seinem Vasallen von Oranien, aber er ahnt so wenig wie sein Vater, dass er seinen gefährlichsten Gegner befördert. Und auch Wilhelm weiß es zu Zeiten der Abdankung des Kaisers noch immer nicht.

Dafür kommt seiner jungen Gattin in Breda zu Ohren, dass het Wilhelmus nicht nur als Ritter Karriere macht, sondern auch als größter Casanova von Brüssel. Die gelegentlichen Begegnungen des Paares geraten zu verbalen Schlachtfesten. Hinter verschlossenen Türen. Anna von Buren weiß, was sich in ihren Kreisen gehört. Öffentlich stellt man einen Aristokraten nicht bloß und zur Rede. Verliebt, verletzt und rasend eifersüchtig – so munkeln Zeitzeugen – ist sie trotzdem.

Wilhelms Konzept der offenen Ehe

Weniger diskret als seine Frau ist Wilhelm, genannt der »Schweiger«. Ende Februar 1558 ist er dienstlich in Frankfurt am Main unterwegs. Der Prinz darf die Kaiserkrone aus Brüssel überbringen. Die deutschen Kurfürsten haben einen Nachfolger für den verwaisten Kaiserthron Karls V. gekürt: seinen in Österreich herrschenden Bruder Ferdinand I. Zwar wollte Karl auch die Kaiserwürde seinem Sohn Philipp zuschanzen, aber das wahlberechtigte deutsche Kurfürstengremium ist mit Protestanten durchsetzt und will den spanischen Erzkatholiken Philipp nicht zum Chefmonarchen. So kommt es faktisch zur Spaltung des Hauses Habsburg in eine österreichische und eine spanische Linie.

Der 25-jährige Fürst von Oranien nutzt die Kronübergabe, um engere Kontakte zu Deutschlands Kurfürsten zu knüpfen, unter denen Verwandte seiner künftigen Braut Anna von Sachsen sind. Von der Ehe von Oranien/von Sachsen ahnt man freilich noch nichts, schließlich ist Wilhelm noch mit Anna Nummer eins aus Buren verheiratet. Allerdings nicht mehr lange, genauer gesagt noch knapp einen Monat.

Wilhelm und die deutschen Fürsten kommen sich in Frankfurt bei nächtelangen Fress- und Saufgelagen näher. Man tauscht sich privat aus. Fußball ist auf dem Kontinent noch nicht in Mode – in England schon –, also landet man beim Lieblingsthema Nummer zwei: Sex.

In später Runde erklärt Jung Wilhelm seinen neuen Zechbrüdern August von Sachsen – dem Onkel seiner künftigen, zweiten Gemahlin – und Christoph von Württemberg freimütig, was er von der Ehe hält. Sie sei nur dazu bestimmt, legitime Söhne zu zeugen, ansonsten sei es keine Sünde, sich Konkubinen zu halten, meint der Oranier. Typisch Katholik! Die beiden lutherischen deutschen Reichsfürsten zeigen sich empört. So was sagt man doch nicht!

Man tut es nur und schweigt fromm darüber. In lutherischen Kreisen schweigt man besonders eisern, weil man eine neue Moral in Mode bringen will.

Tatsächlich hat Wilhelm nur ausgesprochen, was im Hochadel europaweit gang und gäbe ist. Allerdings gelten Niederlandes Aristokraten zu diesen Zeiten als besonders sittenlos.

So sittenlos wie das Gemälde »Der Garten der Lüste« von Hieronymus Bosch, das in Wilhelm von Oraniens Palast in Brüssel hängt. Darauf treiben Rudel von Nackerten es fröhlich miteinander und mit allerhand Fabelgetier. Nach einer Warnung vor der Wollust sieht das als Altarschmuck gedachte Bild nicht aus. Selbst Nönnchen mit Flagellantenriemchen als Strumpfbändern schauen höchst zufrieden und unschuldig drein. Der Kunsthistoriker Wilhelm Fraenger interpretiert die muntere Pornografie als Utopie eines Liebesparadieses, der sich die Kirche doch bitte nicht verschließen möge. Man weiß doch, was in Rom los ist! Also Schluss mit verlogener Moral. Der in den Niederlanden aufgewachsene Wilhelm von Oranien dürfte wohl ähnlich gedacht haben.

Konkubinen und das Zeugen von Bastarden haben im fetten Flandern Tradition. Der Heimatchronist Jacques du Clercq schreibt dazu im 15. Jahrhundert mit schwach erho-

– 278 –

benem Zeigefinger: »Die Sünde der Unzucht (war) stark verbreitet, insbesondere unter Prinzen und verheirateten Männern; wer die meisten Frauen gleichzeitig betrügen und täuschen konnte, galt als der angenehmste Gefährte.«

In der Tat bringen viele Flamen-Fürsten es auf stattliche Mätressenzahlen.

Herzog Philipp III. von Burgund (1396–1467) schießt mit 33 Mätressen, mit denen er nachweislich 26 Bastarde zeugt, den Vogel ab. Über ihn fällen Zeitzeugen das Urteil: »Mit der Gier seines Herzens vermehrten sich seine Vergehen. Was er wollte, geschah.« Trotzdem erhält er den Beinamen »der Gute«, und seine Vasallen ahmen ihn nach. Darunter ein Bischof von Cambrai, der siebzehn Bastarde hinterlässt.

Weil Flandern, ehemals Burgund, beispielgebend ist in Sachen Mode, Luxus und Lebensart, finden die Fürsten aus den Gebieten, die heute die Beneluxländer bilden, in deutschen Grenzregionen eifrige Nachahmer.

Herzog Johann II. von Kleve (1458–1521) etwa, erzogen in Burgund, nimmt sich ein Beispiel. Der gutkatholische Niederrheiner erhält den sprechenden Beinamen »der Kindermacher«. Er bringt es auf angeblich 63 uneheliche Sprösslinge. Die sexuellen Eskapaden haben politische Folgen. Die Steuerzahler seines Herzogtums Kleve proben 1496 den Aufstand, weil Johann viele der Bastarde auf ihre Kosten unterhält. Die Aufzählung ließe sich in beliebiger Länge fortführen.

Gut geheuchelt ist es also schon, wenn im Jahr 1558 die neuprotestantischen Reichsfürsten erstaunt reagieren und empört tun, als Wilhelm von Oranien sich freimütig zum Konzept der offenen Ehe bekennt. Allen voran und im Namen des Luthertums übrigens Anna von Sachsens kurfürstlicher Ziehvater August.

Dabei sind gerade Reichstage für die Sündenfälle seiner Familie bekannt. Gönnen wir uns der Gerechtigkeit halber einen Blick auf die lutherischen Schwerenöter in Anna von Sachsens Verwandtschaft. Es lohnt sich.

Sächsische Ausschweifungen und ein
sexuell hyperaktiver hessischer Reichsfürst

Bei einem Reichstag des Jahres 1550 in Augsburg streiten Karl V. und die protestantischen Kurfürsten wieder mal heftig um die Anerkennung des Luthertums. Man beschließt außerdem eine Münzreform, die Einführung des Kreuzers, die Vertreibung aller Zigeuner und bestätigt noch einmal die Todesstrafe für Safranfälscher.

Nebenher amüsiert man sich – unabhängig von der Konfession – königlich.

Fürst Moritz von Sachsen, also der Vater der damals sechsjährigen Anna von Sachsen und späteren Ehefrau Wilhelms. Nach hitzigen Polit-Diskussionen über den rechten Glauben und gefälschte Gewürze sucht Moritz die Bekanntschaft vieler bayerischer Frauenzimmer. Unter anderem badet er fast täglich mit der Tochter seines Herbergsvaters. Gern steigt er auch zu dritt mit Jungfer Jakobine und einem Adelskumpel in die Wanne. Nicht aus hygienischen Gründen. In Dresden gibt Annas Papa sich züchtiger und predigt öffentlich anderen Adelssündern gern die neue Moral.

Etwa dem Landgrafen Philipp von Hessen (1504–1567), seinem Schwiegervater und Anna von Sachsens Opa, ebenfalls ein Lutheraner. Der hat sich 1540 nach sechzehn Ehejahren zusätzlich zu Frau Nummer eins, mit der er neun

Kinder gezeugt hat, eine zweite, siebzehnjährige Gattin genommen. Fürderhin lebt er bis 1566 eine Ehe zu dritt. Gattin Nummer eins bekommt im Rahmen der *Ménage à trois* einen letzten Sohn von ihm, Ehefrau Nummer zwei zehn weitere Kinder.

Seine Bigamie begründet der Landgraf so: Er habe zu Frau Nummer eins »nie liebe oder brunstlichkeit« empfunden, da sie »unfreundtlich und heslich« gewesen sei und »auch übel roch«. Die althergebrachten Argumente halt.

Fürstliche und königliche Ehe-Annullierungsakten sind voll von ähnlichen Verunglimpfungen lästiger Gattinnen. Ganz ernst muss man sie nicht nehmen. Erst recht das Geruchsargument ist anrüchig. Es ist ein seit dem Mittelalter häufig gebrauchtes Stereotyp, aber kein Beweis dafür, dass adlige Ehefrauen sich nachlässig gewaschen haben. Sie erinnern sich vielleicht, dass Heinrich VIII. ähnlich über Anna von Kleves Körperhygiene herzog.

Ludwig XII. von Frankreich gibt bei seinem Trennungsantrag in Rom 1498 ebenfalls zu Protokoll, seine Königin Johanna sei ein übel riechender Schmutzfink. Nehmen wir zugunsten der genannten Royals an, dass sie ihre Zweckbräute schlicht nicht riechen konnten oder dass die Pheromone verflogen waren.

Zurück zur heimlichen Doppelehe des Landgrafen Philipp von Hessen. Gern wäre er Frau Nummer eins ganz losgeworden, aber der Fürst ist Deutschlands führender Protestant, weshalb ein Dispens vom Papst nicht infrage kommt. Dumm gelaufen.

Luther hat die Ehe als heiliges Sakrament zwar gestrichen und nennt sie »ein weltlich Ding«, ist in puncto Scheidung aber alles andere als ein lockerer Vogel. Mit Geld und fadenscheinigen Gründen wie Geruchsbelästigung durch die Gattin ist bei ihm in Sachen Trennung nichts zu machen.

In einer Predigt vom Ehestand stellt der Reformator 1525 ausdrücklich fest, dass »Aussatz oder stinkender Atem« keine Scheidungsgründe sind. Exmönch Martin kannte seine Pappenheimer! »Du sollst deine Frau nicht achten wie ein Fußtuch«, lautet ein weiteres Credo Luthers, der als Kind seiner Zeit freilich auch übliche Ansichten über die Rechte und Pflichten von Ehefrauen hinterlässt. Etwa: »Will die Frau nicht, so komme die Magd.«

Wie auch immer. Um religiös begründet und halbwegs legal zu einer neuen Gattin zu kommen, muss der lutherische Landgraf sich gute Argumente ausdenken. Nur welche?

Zwei Gründe erlauben laut der neuen Bibelauslegung von Luther eine Auflösung der christlichen Ehe und eine Wiederverheiratung:

1. Hurerei und Ehebruch. Letzteren plant in Philipps Fall aber nur er selber, und Hurerei ist sein Spezialgebiet. Seine Frau hat, wie alle Geschlechtsgenossinnen ihrer Tage, faktisch kein Klagerecht dagegen. Was natürlich nicht Luthers Schuld ist.

2. »Wenn Mann oder Frau untüchtig zur Ehe ist«, ist Trennung für Luther ebenfalls tolerabel. Sprich: Wenn Impotenz beziehungsweise Unfruchtbarkeit vorliegt und das bei der Vermählung verheimlicht wird. Beides trifft auf den neunfachen Vater Philipp von Hessen und seine erste Frau erkennbar nicht zu. Somit darf Philipp sich auch keine »heimliche Ehehelferin« zwecks Kindszeugung nehmen, was Luther bei unfruchtbaren Verbindungen für zulässig hält. Auch für Frauen. Kin-

– 282 –

derlose Männer dürfen eine Gattin, die die ehelichen
Pflichten mutwillig verweigert, sogar gegen eine neue
eintauschen. Allerdings darf das in keinem Fall heimlich geschehen. Der trennungsbereite Gatte muss vor
versammelter Gemeinde bekannt geben, dass im Ehebett permanent tote Hose ist. Sonst bestünde unzweifel-
haft die Gefahr, dass Ehemänner mit der Behauptung
»meine Frau lässt mich nicht ran« heimliche Zweithoch-
zeiten feiern. Und das auch noch mit bestem Gewissen.

Das Zerrüttungsprinzip, das Luther in ganz seltenen Ausnahmefällen anerkennt, kommt für den Landgrafen überhaupt
nicht infrage. Eine Trennung mit dieser Begründung verbietet beiden Gatten nämlich eine erneute Heirat. Da kann er
ja gleich bei seinem üblichen Verfahren bleiben, nämlich
Bordellbesuchen und einer ausgeprägten Mätressenwirtschaft. Doch beides ist Sünde und schadet seinem Ruf als
Vorzeigelutheraner.

Darum will er eine heimliche Doppelehe. Polygamie – so
argumentiert der pfiffige Philipp endlich im Einklang mit
seinem protestantischen Berater Melanchthon – ist in der
Bibel nicht ausdrücklich verboten, und Luther hat sie unter dem Stichwort »Ehehelfer« doch immerhin angedacht.
Kurz: Erlaubte Bigamie sei immer noch anständiger als das,
was er zuvor mit »allerlei Jungfrawen unzüchtig« getrieben
habe. Armer Bruder Martin! So eine frivole Auslegung seiner Schriften zur Ehe in Christo hat er nicht gewollt.

Landgraf Philipp von Hessen gilt als Paradebeispiel eines
»sexuell hyperaktiven« Mannes und Fürsten. Medizinhistoriker haben sich jahrhundertelang den Kopf darüber
zerbrochen, warum der Hesse erotisch so außerordentlich

umtriebig war, während es ihn zugleich so reute. Sorge ums Seelenheil lassen sie als alleinigen Grund nicht durchgehen.

Eine klassische Erklärung für das zwiespältige Lustleben stammt aus dem 19. Jahrhundert. Die Diagnose: Philipp »litt« an einer Triorchie. Zu deutsch: Er hatte drei Hoden. Entsprechend übersteigert, so mutmaßten Mediziner vor 150 Jahren, war sein Geschlechtstrieb. Und dank seiner häufigen Sexualkontakte zog der Landgraf sich eine Geschlechtskrankheit zu, woraufhin er seine Ausschweifungen bereute, auf die er aber – dank Triorchie – nicht verzichten konnte.

Da kann man nur einmal mehr sagen: Ausufernde Sexfantasien waren im verklemmten bürgerlichen 19. Jahrhundert sehr beliebt. Besonders dann, wenn man sie mit erhobenem Zeigefinger dem Adel ankreiden konnte. Aus der gleichen Epoche stammt die medizinische Legende, Napoleon habe nur ein Ei gehabt. So beschneidet man Kaiser zumindest theoretisch in Macht und Größe.

Moderne Mediziner stutzen derartige Diagnosen gern auf Normalmaß zurecht. 2004 – anlässlich von Landgraf Philipps 500. Geburtstag – haben sie eine Nachuntersuchung in Sachen Triochie vorgenommen. In den alten Berichten der landgräflichen Leibärzte ist zwar von einer außergewöhnlichen Verwachsung an den fürstlichen Genitalien die Rede, aber um einen dritten Hoden handelte es sich nicht.

Philipp von Hessen, so kann man in einer Ausgabe des Hessischen Ärzteblatts von 2004 nachlesen, litt lediglich an einer Spermatozele. Das sind Geschwülste, die sich nach einer Genitalverletzung bilden und die sich mit Samenflüssigkeit füllen. 80 Prozent aller Männer entwickeln im Laufe ihres Lebens solche Spermatozelen. Bevor Sie jetzt atemringend den Kopf schütteln: Gewöhnlich sind diese Missbildungen im Scrotalbereich mikroskopisch klein.

Nur in etwa fünf Prozent der Fälle schwellen sie so stark an, dass sie wirken wie ein dritter Hoden. Bei Landgraf Philipp könnte das der Fall gewesen sein. Doch mehr Lust auf Lust oder mehr Potenz gehen mit der Herausbildung einer Spermatozele nicht einher. Die sexuelle Hyperaktivität des Landgrafen ist also nicht medizinisch zu begründen.

Seine simultan vorhandene Reue schon. Sie verdankt sich zwar nicht einer Syphilis, aber einem Tripper, den seine Leibärzte wie jede Geschlechtskrankheit als »die Franzosenkrankheit« diagnostizieren und mit denselben Mitteln behandeln wie die Syphilis. Symptome eines Trippers sind unerträgliches Jucken, Schmerzen beim Wasserlassen und eitriger Ausfluss. Eine Strafe Gottes, so sieht man das anno 1600 mangels anderer Erklärungen.

Die damals übliche Rosskur bei Geschlechtskrankheiten verschafft dem Fürsten Philipp mäßige Linderung. In einem Fass sitzend wird der Fürst hochgiftigen Quecksilberdämpfen und extrem heißen Räucherungen mit exotischem Guajakholz ausgesetzt. Das muss höllisch wehgetan und seine Bereitschaft zu Besserung befördert haben. Abstinent machen die Qualen ihn nicht.

Um fürderhin Lust mit Frömmigkeit zu vereinen, beides in abgesegnete Bahnen zu lenken und die Ansteckungsgefahr zu minimieren, ist Bigamie somit eine fabelhafte Lösung.

Leider kann der Skandal um den Landgrafen nicht so geheim gehalten werden wie gewünscht. Er wird ein beliebtes Tuschelthema in ganz Europa, und die Katholiken schlachten es politisch aus. Typisch Lutheraner! Lauter Heuchler.

Die Töchter und die Enkeltöchter des Landgrafen – von denen Anna von Sachsen eine ist – werden davon kaum etwas zu hören bekommen haben. Weiblichen, insbesondere lutherischen Fürstenkindern der Renaissance wird in Sachen Sexualität nur die offizielle Version gepredigt. Also die von Bienchen, Blümchen und von Eva als Ursache aller Sünden, deren Töchtern man den Apfel vom Baum der Erkenntnis besser in mikroskopischen Schnitzelchen verabreicht. Der neuen Moral zuliebe und mit lebensfremden Folgen.

Wie Anna von Kleve – die Braut Heinrichs VIII. – wachsen fürderhin viele protestantische Adelsjungfern in dem Glauben auf, dass man vom Küssen Kinder bekommen kann. Die schmutzigen Details sind Männersache. Das gilt mit Beginn der Gegenreformation bald auch für katholische, insbesondere spanische Jungfern.

Damit der Landgraf Ihnen nun nicht allein wegen seines Sexualverhaltens im Gedächtnis bleibt, sei noch erwähnt, dass er in Sachen Religionspolitik Verdienste verbuchen kann, die bis heute wirksam sind. So ist er der Erfinder des evangelischen Konfirmandenunterrichts.

Seine Landeskinder sind die Ersten, die sich mit vierzehn Jahren noch einmal und ausdrücklich für ihren protestantischen Glauben »entscheiden« dürfen. Damit nimmt der Fürst der gefürchteten protestantischen Splittergruppe der »Wiedertäufer« den Wind aus den Segeln. Die lehnen die Kindertaufe mit dem Argument ab, ein Baby könne sich unmöglich bewusst für Gott entscheiden, weshalb die Taufe ins Erwachsenenalter zu verlegen sei. Mit der Konfirmation, dem bewussten Ja zu Gott im Jugendalter, findet Philipp einen Mittelweg, der seine Landeskinder von religiösen Dummheiten abhalten soll.

Entscheidungsfreiheit – egal für oder gegen was – ist anno 1600 beim Volk aber kaum erwünscht. Weshalb ein Nein zum lutherischen Gott im Rahmen der Konfirmation nicht gestattet und sicher so selten war wie eine Gegenstimme für Erich Honecker bei den Staatsratswahlen in der ehemaligen DDR. Immerhin macht die Einführung der Konfirmation im Hessen des 16. Jahrhunderts eine Schulung aller Kinder im Lesen und Schreiben nötig. Ein Fortschritt, den man dem Landgrafen hoch anrechnen muss. Es ist der Beginn einer allgemeinen Schulbildung. Darüber hinaus ist Philipp der Stifter und Gründer der Universität Marburg. Weshalb er den Beinamen »der Großmütige« erhält.

Zurück zum 25-jährigen Wilhelm von Oranien und dem Reichstagsbesäufnis von 1558 in Frankfurt. Mit seinem Bekenntnis in Sachen Ehe zwecks dynastischer Fortpflanzung und in Sachen Sex zum Vergnügen ist der Prinz pragmatischer als viele scheinheilige Sünder seiner Zeit. Die Tatsache, dass er in beiden Konfessionen unterwiesen worden ist, dürfte eine Rolle gespielt haben.

Noch eins unterscheidet den Prinzen von Fürstenkollegen wie Philipp von Hessen: Der Oranier ist peinlich darauf bedacht, dass ihm seine Konkubinenwirtschaft nie ins politische Geschäft hineinregiert. Keine Mätresse hat je Einfluss an seinem Hof erlangt, und eine Doppelehe wäre der Prinz nie eingegangen. Darauf steht nämlich laut kaiserlicher Halsgerichtsordnung der Tod durch Ertränken in einem Sack oder die Enthauptung.

Philipp von Hessen ist nach 1540 wegen seiner Bigamie politisch jahrelang erpressbar und kann weniger vehement für seine protestantischen Reformen ein- und gegen den katho-

lischen Kaiser auftreten, als er es wünscht. 1547 kommt ein
kriegerischer Krach mit dem Kaiser hinzu, und der Landgraf
wandert für fünf Jahre in kaiserliche Gefangenschaft. Übrigens in den Niederlanden, wo so hübsch rigide Ketzeredikte
herrschen. Nein, leicht hat es der Schwerenöter Philipp nicht
gehabt. Zumal sich nach seinem fünfzigsten Lebensjahr
schwere Krankheiten einstellen. Neben der Gicht, einer üblichen Folge fürstlicher Fresslust, leidet der Landgraf an den
Spätfolgen seiner drastischen Quecksilberkur gegen den Tripper. Der Symptomkatalog der landgräflichen Leiden liest sich
entsetzlicher als sein Sündenregister: Kopfschmerzen, Depressionen, Sehstörungen, Hautausschlag, Haarausfall, Asthma.

Bis dass der Tod euch scheidet –
Wilhelm wird frei für eine neue Ehe

Vielleicht hat Wilhelm von Oranien sich für sein Bekenntnis zur offenen Ehe im Februar des Jahres 1558 nur wenige
Tage später ein wenig geschämt. Am 11. März erhält der Oranier noch während des Frankfurter Reichstages einen Brief
seiner Anna von Buren. Geschrieben hat die 25-Jährige ihn
knapp vierzehn Tage zuvor in Breda. Er enthält die Nachricht, sie sei krank. Wilhelm kündigt seine Rückkehr an und
schließt den Brief mit den Worten: »Ich bitte den Schöpfer,
dass er Dir schnelle und gute Genesung gewähre, damit wir
uns zärtlicher umarmen können, wenn wir später wieder beisammen sind.«

Nein, herzlos ist der Prinz nicht, und Anna von Buren, die
sich recht großzügig mit der für ihn offenen Ehe abgefunden hat, ist wohl eine Gattin nach seinem Geschmack.

Wilhelm reist über seinen Geburtsort Dillenburg zurück nach Breda, wo er am 20. März eintrifft. Zu spät. Anna von Buren ist kaum noch bei Bewusstsein. Am 24. März stirbt Wilhelms erste Frau an einer Lungenentzündung. Es heißt, Wilhelm sei tief erschüttert gewesen über ihren Tod. Enthaltsam macht ihn der Verlust jedoch genauso wenig, wie das bei seinem künftigen Schwiegeropa, dem Bigamisten Philipp von Hessen, der Fall gewesen war.

Neben seinen Pflichten als Truppenbefehlshaber lenken den Oranier mehrere Liebschaften und kurze Affären vom Verlust der Gattin ab. Mit einer Eva Ellings zeugt er im Trauerjahr einen Sohn, Justin von Nassau, der 1559 zur Welt kommt. Es ist der einzige Bastard, den Wilhelm je anerkennt. Zum Dank führt Justin mit seinen legitimen Brüdern Papas Freiheitskampf später fort.

Die Rede ist im Trauerjahr auch von grenzüberschreitenden Techtelmechteln mit einer Mademoiselle de Maudrimont und einer Barbara Lier, Bürgermeisterstochter aus Emmerich am Niederrhein. In einem Brief an seinen Dillenburger Bruder Graf Johann verleiht Wilhelm 1560 zudem seiner Hoffnung Ausdruck, dass er nach den diversen Abenteuern mit dunklen Damen »nun blonde finden möge«.

Er sucht sie von Breda bis Dillenburg. Im dortigen Stammschloss soll es einen geheimen Gang gegeben haben, der Wilhelms »spilkindern« einen bequemen Zugang zum Prinzenbett erlaubte. So etwa einer nassauischen Magd, die ihm einen weiteren illegitimen Sohn schenkt und der er zum Dank ein Fachwerkhaus und eine Prunkbibel verehrt.

Neue Bündnisse im Ehebett –
Sex fürs Vaterland und eigene für Truppen

Zeitgleich ist der Prinz eifrig auf Brautschau. Adlige schulden ihrem Rang nun mal eine Eheallianz, die dem eigenen Fortkommen dient, die Dynastie sichert und nützliche Bündnisse schmiedet. Modern heißt das Networking.

Adlige Männer bis hinauf zu Königs dürfen es oft betreiben. Die Sterblichkeitsrate von Ehefrauen ist enorm hoch. Dank häufiger und risikoreicher Geburten, Kindbettfieber, üppiger, aber ungesunder Ernährung bei oft mangelnder Bewegung und aufgrund stets lauernder Krankheiten verscheiden sie gewöhnlich vor ihren Männern. Die kommen – ohne Scheidung – schnell auf drei, vier Frauen und mehr.

Den gemütvollsten Kommentar zur Praxis rascher Wiederverheiratung hat ein österreichischer Habsburger hinterlassen. Der letzte Kaiser des Heiligen Römischen Reiches deutscher Nation, Franz II., heiratet 1816 mit 48 Jahren seine vierte und letzte Frau. Karoline von Bayern ist 24 Jahre jung, blühend gesund, und der Kaiser freut sich: »Dann hab ich nicht in ein paar Jahren gleich wieder eine Leich'.«

Auch Wilhelm von Oranien will ein gesunde zweite Gemahlin, mit der er repräsentieren, angeben, Besitz und Einfluss vergrößern kann. Nur wenige Wochen nach Anna von Burens Tod bringen seine Dillenburger Verwandten neue Bräute ins Gespräch. Lauter deutsche Edelfrauen und Reichsfürstentöchter, deren Eltern nicht abgeneigt scheinen. Im Gegenteil.

Der erst 26-jährige Prinz will noch höher hinaus. Anfang 1559 freit der Oranier um die 16-jährige Tochter der Herzogin von Lothringen. Die regierende verwitwete Mama sagt Nein, mit der Begründung, sie wolle den hübschen Oranier lieber selber zum Mann. Das mag ein Witz gewesen sein; die besagte Herzogin Christina von Lothringen – mit 37 noch flott anzuschauen – ist bekannt für ihre Schlagfertigkeit.

Dem englischen König Heinrich VIII. soll sie zwanzig Jahre zuvor als 17-Jährige einen Korb gegeben haben mit folgender Begründung: Sie besäße nur einen Kopf, hätte sie derer zwei, stünde sie gern zur Verfügung. Der dreifache Witwer Heinrich hatte zu diesem Zeitpunkt bereits Ehefrau Nummer eins verstoßen, Anna Boleyn köpfen lassen und Jane Seymour im Kindbett verloren.

Verglichen mit Heinrich Tudor ist der 27-jährige Wilhelm eine begehrenswertere Partie. Aber die Herzogin von Lothringen ist eine noch viel bessere. Sie war schon mal Königin von Dänemark, ist Habsburgerin und die Nichte von Exkaiser Karl V. Dessen Sohn, König Philipp II., hintertreibt die Verbindung. Der Oranier ist dem neuen niederländischen Regierungschef inzwischen zu mächtig.

Auch Frankreichs König Karl IX. lässt Wilhelm abblitzen, als der in dessen Reich um eine Fürstentochter freit. Klar wird durch diese Anträge, dass der Oranier in Sachen Heirat große Politik im Kopf hat. Und mögliche Truppenhilfe. Sein Verhältnis zum niederländischen Landesherrn Philipp II. hat im Jahr 1559 nämlich bereits deutliche Risse. Der Oranier befindet sich am Wendepunkt seines Lebens und seiner Karriere.

Vom Prinzen zum Rebellen

Philipp ist als Chef der Niederlande von Anfang an deutlich unbeliebter als sein Vater Karl V. und macht im Umgang mit den Holländern und Flamen einen Fehler nach dem anderen. Anders als sein in Gent geborener Papa ist Philipp in Spanien aufgewachsen und erzogen worden. Er spricht nur seine Heimatsprache gut, die vornehme Hofsprache Französisch rudimentär und Niederländisch überhaupt nicht.

Philipp hat von Kindesbeinen an Lernschwierigkeiten gehabt; die Grundrechenarten bereiten ihm sein Leben lang Kopfzerbrechen. Trotzdem entwickelt er sich zu einem wahren Büchernarren, und Akten sind sein Steckenpferd. Er liest und verfasst fleißig Dokumente, erklärt alles zur Chefsache und untersucht fremde Staatspapiere gern auf Rechtschreibfehler. Kurz: Er ist als Herrscher ein Autokrat und ein Bürokrat und übrigens der erste König, der eine Brille trägt. Am liebsten regiert er von Madrid und vom Schreibtisch aus.

Der spanische Habsburger ist so gar nicht nach dem Geschmack der Niederländer, und ihm geht es mit den Niederländern genauso. Wenn der wenig lebensfrohe Monarch in den Niederlanden residiert, umgibt er sich mit spanischen Granden und schanzt ihnen die besten Posten zu. Der heimische Adel grummelt vernehmlich.

In Sachen Ketzerverfolgung will Philipp seinen 1558 verstorbenen Vater noch übertreffen. Kaiser Karl hat ihm in seinem Testament klare Anweisungen hinterlassen: »Ich befehle es ihm als sein liebender Vater, dass die Ketzer vernichtet und bestraft werden mit allem nur möglichen Nachdruck der Gewalt, ohne Ausnahme und ohne Barmherzigkeit.« Ein Anflug greisenhaften Starrsinns und später Rache.

Karl V. selber ist an Luther und dessen Freunden unter den deutschen Kurfürsten gescheitert, weil er an allen Ecken und Enden seines Reiches Krieg führen musste. Geld und Kampfgefährten dafür hat Karl auch bei den deutschen Reichsfürsten gesucht. Die Protestanten unter ihnen haben ihm im Gegenzug den Augsburger Religionsfrieden abgetrotzt. Nach dem Motto *cuius regio, eius religio* dürfen in deutschen Landen die Fürsten entscheiden, ob Gott der Herr in ihrem Land katholisch ist oder evangelisch. »Der Türk ist der Protestanten Glück«, heißt es zu Zeiten Kaiser Karls, der in teuren Kriegen auch die Osmanen zurückdrängen muss.

Luther hat in Sachen Spott gegen seinen Erzfeind Karl nie gespart: »Denn hier siehst Du«, schrieb der Exmönch über ihn, »wie der arme, sterbliche Madensack, der Kaiser, der seines Lebens nicht einen Augenblick sicher ist, sich unverschämt rühmt, er sei der wahre, oberste Beschirmer des christlichen Glaubens.«

Karl zürnt erst per Testament zurück: »Ich irrte, als ich damals den Luther nicht umbrachte … und so wuchs dieser Irrtum ins Ungeheure, das hätte ich verhindern können.«

Schluss mit Luther, Calvin und Co., lautet darum Philipps Devise. Vor allem in seinen Niederlanden, die ein wahres Ketzernest und ein Zentrum des modernen Buchdrucks sind. Nirgendwo sonst in Europa werden so viele häretische Schriften gedruckt. Das will Philipp ändern. Koste es, was es wolle: »Bevor ich zulasse, dass der Religion oder dem Dienst an Gott der kleinste Schaden zugefügt wird, möchte ich lieber alle meine Länder verlieren und hundert Leben.«

Neben einer religiösen Mission hat der Vater Philipp allerdings auch Millionenschulden hinterlassen. Darum sollen die reichen Niederländer Philipps internationalen

Kampf gegen die Ketzer, auch gegen die in den eigenen Reihen, mitfinanzieren. Das findet das Volk recht dreist. Noch dreister finden die niederländischen Adligen, dass Philipp ihnen jegliches Mitspracherecht darüber nehmen will, wo das schöne Geld hinfließt.

Statt die Ständeversammlung aus Adel, Klerus und Bürgern – genannt Generalstaaten – über die Geldmittel für den Landesherrn mitentscheiden zu lassen, plant Philipp, eine direkte Besteuerung einzuführen. Die Niederlande sollen ein Einheitsstaat unter spanischer Führung werden.

Auch die Vergabe von Bischofssitzen will Philipp allein bestimmen, womit er dem heimischen Adel ein wichtiges Mittel zur Versorgung der Verwandtschaft entziehen will. Endgültig empört ist Niederlandes Adel, als Philipp 1559 bei einer Stippvisite in Brüssel ankündigt, er werde von nun an nur noch von Madrid aus regieren. Seine Granden und Verwalter sollen – statt Niederlandes Hochadel – seine absolutistischen Pläne verwirklichen. Eine spanische Elitetruppe von 3000 Soldaten hinterlässt der König ebenfalls im Land. Bislang hat allein der heimische Hochadel militärisch die vordersten Posten besetzt.

Ein stehendes Fremdheer riecht nach dem Beginn einer spanischen Militärdiktatur. Tatsächlich möchte Philipp II. die Privilegien des niederländischen Adels ein für alle Mal brechen. Die Niederlande sollen zu einem Stützpunkt und zum Finanzier der spanischen Monarchie werden.

Kaum ist Philipp Richtung Iberien verschwunden, formiert sich eine Adelsopposition. Der Vorzeigevasall Wilhelm von Oranien macht mit und wird bald zur Seele der Bewegung. Heimlich sucht er nach Bündnispartnern. Er streckt die Fühler nach Frankreichs Hugenotten und ins protestantische England aus. Nebenher sucht der Prinz Allianzen im Ehebett.

Ab Herbst 1559 beginnt der 27-Jährige unter Einsatz seiner sämtlichen Talente um die vierzehnjährige Protestantin Anna von Sachsen zu werben. Ihn locken 100.000 Taler Mitgift und protestantische Truppenkontingente.

Wie schon Kaiser Karl weiß auch Wilhelm, dass Deutschlands lutherische Reichsfürsten im Kampf gegen die katholische Superdynastie Habsburg herzhaft zuschlagen können. Seine Werbung um die Kurfürstentochter Anna ist ein Affront in Richtung Philipp. Und der will die Heirat seines Vasallen mit einer lutherischen Deutschen verbieten. Aus religiösen Gründen, heißt es offiziell.

Woraufhin Wilhelm von Oranien in einem Brief nach Spanien ebenso offiziell beteuert: »Es gibt nichts, was mir so sehr am Herzen liegt, wie unsere wahre Religion, darauf kann sich Eure Majestät ganz und gar verlassen. Daher bitte ich Eure Majestät, diese Verbindung gutzuheißen und zu glauben, dass ich hierin wie in allen anderen Stücken nur die Ehre Gottes und den Dienst (an) Eurer Majestät suche.«

Das ist gleich mehrfach geflunkert und eine Kostprobe dafür, wie beredt und geschmeidig der »Schweiger« lügen kann. Im Dienste seiner Karriere und des Hauses Nassau. Das Ganze nennt sich hohe Politik und Geheimdiplomatie. Beides hat er bei Philipps inzwischen verstorbenem Papa gelernt, und es ist übliches Tagesgeschäft.

Während der Prinz dem König heilige Eide auf seine Papsttreue schwört, lässt er seinem Bruder Ludwig in Dresden (mündlich) versichern, dass er dem Protestantismus zwar nur heimlich, aber umso herzlicher zugeneigt sei.

Für Braut Anna sichert der Prinz die Anstellung eines

lutherischen Hofpredigers zu, gemeinsame Kinder sollen protestantisch getauft werden. Da Wilhelms kleiner Bruder Ludwig diese Versprechen vorträgt, klingen sie glaubwürdig. Ludwig von Nassau ist tatsächlich Lutheraner wie alle Geschwister Wilhelms. Schriftliche Zusagen darf er dem Kurfürsten von Sachsen in Glaubensdingen jedoch nicht geben. Sein großer Bruder achtet stets darauf, keine schriftlichen Beweise für sein doppeltes Spiel zu hinterlassen. Wilhelm hat im Fach Staatsdokumente gut aufgepasst.

»Es scheint mir immer besser, so wenig Briefe wie möglich über sensible Themen (zu schreiben). Selbst wenn Menschen momentan Freunde sind, können solche Briefe nach deren Tod leicht in die Hände (von Gegnern) geraten, die Kapital daraus schlagen können«, schreibt er später an seinen Bruder.

An diesen Grundsatz hält er sich von 1559 bis 1561 auch bei seinen Heiratsverhandlungen mit Sachsen. Der Oranier liefert eine schauspielerische und diplomatische Meisterleistung, um das Ehebündnis zu schmieden.

Und Anna?

Die zu Beginn der Werbung 14-Jährige hat mit den Verhandlungen über ihr Schicksal selbstredend nichts zu tun. Sie ist Gegenstand des Geschäfts. Aber Anna ist begierig darauf, dem Regiment von Onkel und Tante endlich zu entkommen. Erst recht in die sagenhaft lebenslustigen Niederlande und in die Arme eines legendären Ritters.

Eine sächsische Hofdame schreibt über die Stimmungslage der umworbenen Braut an eine befreundete Fürstin: »Eure Fürstliche Gnaden kennen ja des Fräuleins Kopf und Sinn und wissen, dass sie … immer eigenwillig darauf besteht, was sie sich vornimmt.«

– 296 –

Über Wilhelm kann man getrost dasselbe sagen, nur wird ihm das weder als schlechtes Benehmen noch als Charakterfehler angekreidet. In der Forschung bekommt er noch heute Bestnoten in Sachen Geheimdiplomatie. Man nennt den Prinzen gern einen der ersten großen Politiker von europäischem Format.

Die Ehetragödie beginnt als Kuhhandel und Groschenroman

Die religiösen Vorbehalte von Annas Vormund August von Sachsen gegen die Ehe seiner Nichte mit dem Prinzen sind rasch zerstreut.

Im katholischen Brüssel gestaltet sich das schwieriger. König Philipp verweigert seinem Vasallen weiterhin die Heiratserlaubnis. Bis Wilhelm endlich unverhohlen politisch argumentiert: Als Mitglied des Hochadels und Prinz von Orange stehe es ihm frei, zu heiraten, wen er wolle. Das sind ganz neue Töne.

In seiner Eheangelegenheit zeigt der Oranier sich erstmals offen rebellisch und – gewinnt. Philipps Vertreter und seine Generalstatthalterin haben genug Ärger mit aufflammenden Volksunruhen in Stadt und Land. Sie wollen nicht gleichzeitig mächtige Statthalter und Militärs wie einen Oranier gegen sich aufbringen. Darum genehmigen sie dem Prinzen, was dem Volk bei Todesstrafe untersagt ist – die Ehe mit einer Protestantin. Wieder einmal kommt die hübsche Herrscherregel *quod licet jovi, non licet bovi* zur Anwendung. »Was dem Jupiter erlaubt ist, ist dem Rindvieh noch lange nicht erlaubt.«

Bevor ich es vergesse: Gesehen haben sich der Brautwerber Wilhelm und das Objekt seiner Begierde Anna bislang noch nicht! Und das kann auch jetzt noch warten. Zunächst gilt es nun, die finanzielle Seite des Brautgeschäfts zu regeln. Der kostenbewusste Landesherr von Sachsen gibt sich hartleibig. Für die 100.000 Taler Mitgift, die seine Nichte in Form von Bargeld, Schmuck, Pfründen und Landbesitz einbringt, will August eine Gegenverschreibung. So ist es in Adelskreisen üblich.

Wilhelm muss Anna für den Fall, dass sie Witwe wird, niederländische Güter übertragen, die ihr ein standesgemäßes Auskommen sichern. Seine Verwandten aus Dillenburg müssen darüber hinaus eine Bürgschaft unterzeichnen, falls der Prinz zahlungsunfähig stirbt. Würde dieser Fall eintreten, soll Anna Güter im wunderschönen Westerwald erhalten: die nassauischen Burgen Diez oder Hadamar samt Ländereien. Vollwaise Anna soll ihrem Onkel nach ihrer Verheiratung nie mehr auf der Tasche liegen. Die Nassauer bestätigen den für sie nicht unriskanten Deal, um dynastisch voranzukommen.

Inwieweit sich adlige Witwen auf ihre vertraglich festgelegte Versorgung verlassen können, steht jedoch immer auf einem anderen Blatt. Gerade in Richtung der Frauen werden diese Verträge häufig gebrochen, wenn die verwitwete Frau als politisches Instrument unattraktiv geworden ist.

Auch etwaige Nachkommen muss Wilhelm mit Garantien über Titel und Erbgüter ausstatten. Dieser übliche Kuhhandel wird per Brief und über Zwischenhändler geregelt. Der Oranier geht in Sachen seiner Vermögensverhältnisse wiederum flexibel um mit der Wahrheit. Nur zwei Jahre später werden sächsische Buchprüfer herausfinden, dass die angebotenen Pfründe weniger einträglich und teils nur auf dem

Papier sein Eigentum sind. Er hat sie teilweise bereits verpfändet, aber zu diesem Zeitpunkt sind Anna und Wilhelm
schon ein Paar.

Zurück zur Brautwerbung. Im Sommer 1560 scheint der
Hochzeit nach sechs Monaten Feilscherei endlich nichts
mehr im Wege zu stehen.

Außer Annas Großvater, Landgraf Philipp von Hessen,
den wir oben schon einmal als notorischen Ehebrecher und
Bigamisten kennengelernt haben. Genau, der mit den angeblich drei Hoden.

In mehreren wütenden Briefen an Annas Onkel rät der
liebeserfahrene Schwerenöter entschieden von der Verbindung ab. An erster Stelle – wie üblich – aus religiösen
Gründen. Philipp von Hessen ist inzwischen 56 und mehr
am seelischen als am sexuellen Wohlbefinden interessiert.
Doch nicht nur die Kluft der Konfession in der Ehesache
seiner Enkelin bereitet dem Landgrafen Sorgen. Wichtig,
wenn nicht sogar am wichtigsten, erscheinen ihm folgende
Punkte:

Erstens: Wilhelm steht als Grafensohn rangmäßig unter einer Kurfürstentochter. Wer bitte sind denn schon diese
Dillenburger?

Zweitens: Der Prinz könne als spanischer Vasall seiner Frau
nie und nimmer freie Glaubensausübung gestatten, ohne
Leib und Gut zu riskieren. Der gewiefte Landgraf enttarnt
Wilhelms mündliche Zusicherungen als Schwindel. Er
kennt die Ketzeredikte der Niederlande aus dem Effeff,
befürchtet gar, dass Anna verfolgt werden könnte und aus
den Niederlanden fliehen muss und in wirtschaftliche Not
gerät.

– 299 –

Drittens: Wilhelm sei bekanntlich ein Verschwender und hoch verschuldet, weshalb seinen Zusagen in Sachen Witwengut und Versorgung der Nachkommen nicht zu trauen sei.

Viertens: Wilhelm hat bereits einen Sohn und Haupterben aus erster Ehe, der voraussichtlich den Prinzentitel und den Hauptbesitz erben wird. Was die Sache noch unschöner macht: Die verstorbene Mutter stand im Rang niedriger als Anna von Sachsen.

Fünftens: Wilhelm sei für Sittenlosigkeit und eheliche Untreue bekannt, die schon seine erste Frau gegrämt hätten. Seiner jungen Enkelin Anna – so Philipp – fehlen die Voraussetzungen, um die sattsam bekannte Umtriebigkeit des Oraniers mit der gebotenen christlichen Geduld zu ertragen.

Abgesehen davon, dass Moralpredigten aus dem Mund von älteren Herren, die es jahrzehntelang hemmungslos und toll getrieben haben, ein wenig bigott klingen, sind die Vorahnungen des Großvaters bemerkenswert hellsichtig und weise.

Aber Onkel August, dem Wilhelm anno 1558 beim Reichstag in Frankfurt seine Ansichten über Ehe und Konkubinen selbst erläutert hat, wischt die Einwände beiseite. Die Vorwürfe wegen Sittenlosigkeit nennt er sogar Gerüchte.

Einen Oranier, der Zugang zu den wichtigsten Machtzentren Europas hat, kann man als Bräutigam nicht abweisen, schreibt er sinngemäß dem Landgrafen. In Sachen Religion habe der Oranier ihm überdies die schriftliche Zusage versprochen, dass Anna stets und überall ihren lutherischen Glauben praktizieren darf. (Ein Schriftstück, das August nie erhalten wird.)

Abschließend stellt der Brautonkel klar: Man müsse froh sein über jede Werbung um Anna, da sie – jetzt fällt zum ersten und einzigen Mal das Stichwort »Behinderung« – »ungeschickten Leibes« sei. Also sozusagen ein Mängelexemplar auf dem Heiratsmarkt. Hinzu käme ein kleiner Dachschaden in Form von Eigenwilligkeit. Womit der Kurfürst das Muster vorgibt, dem spätere Historiker bei der Charakterisierung Annas getreu folgen.

Tatsache ist vor allem eins: Der Kurfürst August will die Nichte als Kostenfaktor einträglich loswerden.

Zu Augusts Bedauern hat der Landgraf Philipp aber leider ein Recht auf Einspruch. Wochenlang gehen spitze Briefe zwischen dem Hof von Dresden und der Residenz zu Kassel hin und her. Der Großvater kann die Heirat um ein volles Jahr hinauszögern.

Bis Wilhelm seine schärfste Waffe einsetzt: sich selbst in voller Schönheit und Lebensgröße. Im Dezember 1560 nutzt der Prinz eine Reise nach Dillenburg für einen vierzehntägigen Abstecher nach Dresden. Er reitet mit großem Gefolge und als glanzvoller Ritter im Zwinger ein. Ein bestrickender Anblick. Sein entwaffnender Charme tut ein Übriges. Teenager Anna – emotional unterversorgt und der Dresdner Tristesse müde – verliebt sich auf den allerersten Blick.

Kaum ist der Prinz abgereist, setzt sich die inzwischen knapp 16-Jährige ans Schreibpult und verfasst glühende Liebesbriefe. Gleich drei Stück erwarten Wilhelm, als er im 97 Kilometer entfernten Leipzig eintrifft. Die vernarrte Anna eröffnet dem Prinzen, dass ihr Herz ihm gehört und sie ihn nie vergessen wird.

Eine hervorragende Nachricht, auf die Wilhelm seinen Bruder Ludwig auch sofort eine liebevolle Antwort formulieren lässt, die er dann abschreibt, unterzeichnet und abschickt. Er selber hat wichtigere Korrespondenz zu erledigen. Es gilt einen Brief an Annas Tante, die Kurfürstin, zu verfassen. Die spröde Landesmutter Anna von Dänemark ist seinem Charme noch nicht ganz erlegen – und hat ja einiges zu sagen am Dresdner Hof. Wilhelm bittet sie, sich seiner Liebespein anzunehmen: »Denn wenn Euer Lieben wüssten, wie mir das Würmlein Tag und Nacht das Herz durchfrisst, so würden sie sonder Zweifel ein großes Mitleid mit mir haben.«

Das muss doch wirken! Zumal Wilhelm im Beisein der Landesmutter eifrig lutherischen Predigten gelauscht hat.

Auch Kurfürst August bekommt in den nächsten Wochen Post vom Prinzen. Während seiner Rückreise nach Breda – so berichtet Wilhelm seinem Schwiegervater in spe – habe er so »dicke und offt« auf die Gesundheit »Eurer Lieben Fürstlichen Gnaden« getrunken, dass seine eigene davon etwas geschwächt sei. Überhaupt habe er es »unmessig« getrieben, aber lustig. Klingt ganz nach »Männer wie wir, Wicküler Bier«. Wahre Männerfreundschaft halt. Einmal mehr beweist der geschmeidige Wilhelm, dass er überall den richtigen Ton anzuschlagen weiß. Die Rundumausbildung zum politischen Taktiker, charmanten Edelmann und adligen Saufkumpan zahlt sich aus.

Anna ist derweil trunken vor Glück und drängt ihren Großvater Philipp von Hessen um Zustimmung zur Heirat. Der Prinz und kein anderer sei ihr von »Gott auserkoren«, schreibt sie nach Kassel.

Der Landgraf bleibt nüchtern. Augusts Dresdner Gesandten, die in Kassel seine Unterschrift unter den Ehevertrag einholen wollen, lässt er abblitzen mit den Worten: Lieber wolle er sich erwürgen lassen als zustimmen.

Noch einmal verweist er auf Wilhelms erheblichen Mangel an Treue und Aufrichtigkeit. »So er aber bei unserer Tochter (gemeint ist: Enkeltochter) seine Ehe halten wird wie bei der vorigen, so wird es beschwerlich genug sein.« Philipp fordert ein Gespräch unter vier Augen mit seiner Enkeltochter Anna, will ihr sogar 50.000 Gulden schenken, wenn sie auf den Prinzen verzichtet.

Bevor nun der Eindruck entsteht, Philipp von Hessen sei der historische Inbegriff eines liebenden, besorgten Großvaters, muss ich darauf hinweisen, dass er – wie alle Teilnehmer dieser Brautschacherei – heimliche Eigeninteressen hegt. Schlitzohr Philipp fasst den angeblich unstandesgemäßen Oranier nämlich kurzfristig selbst als Bräutigam für eine seiner Töchter ins Auge. Der politischen Verbindungen wegen, die der Oranier nun mal zu bieten hat. Modern ausgedrückt ist der Prinz eine internationale Risikoanlage, die im günstigen Fall hohe Gewinne verspricht.

Als dem Prinzen das Bestechungsangebot von Opa Philipp zu Ohren kommt, schickt er seinen Bruder Ludwig umgehend nach Sachsen. Mit klaren Anweisungen: »… drücke die Hand der Jungfer in meinem Namen und erzähle ihr, wie ich Dein Glück beneide, dass Du in der Lage bist, sie zu sehen und ich nicht.« Ludwig soll unbedingt dafür sorgen, dass sich Anna »nicht zu unbestimmten Verschiebungen (der Hochzeit) überreden« lässt. Aus den Zeilen des Prinzen spricht Kalkül, aber kaum Sehnsucht. Die drückt er hingegen warmherzigst in Richtung des Bruders aus. »Ich bedauere, Dich (damit) belästigen zu müssen, und es tut mir leid, dass ich auf Deine Gesellschaft so lange verzichten muss.«

Die Mission des Bruders verläuft erfolgreich. August von Sachsen lehnt ein Privatgespräch zwischen Opa Philipp und der Enkelin dankend ab. Anna lässt ihren Traumprinzen »hunderttausendmal küssen« und versichert, ihre Gefühle seien unwandelbar. Selbst von Wilhelms schlechtem Ruf lässt sie sich nicht schrecken: »Er ist ein schwarzer Verräter, aber ich habe keine Ader in meinem Leib, die ihn nicht herzlich lieb hätte«, vertraut sie einer Hofdame an. Junge Liebe eben. Und wenn diese mit Eigensinn gepaart ist, kommt bekanntlich niemand dagegen an, und wer es versucht, erreicht das Gegenteil.

Die erwähnte Hofdame berichtet in einem Brief Richtung Hessen: »Gar oftmals habe ich sie sagen hören, niemand von ihrer ganzen Verwandtschaft solle ihr einen Gatten aufschwätzen, der ihr nicht gefalle.«

Oranien-treue Forscher haben Annas jugendliche Hartnäckigkeit gern als ersten Hinweis auf ihr »schwieriges Gemüt«, sogar als Hinweis auf ihren späteren Wahnsinn gedeutet. Was reichlich gewagt ist. Richtig scheint aber, dass Anna sich in Liebesdingen gern etwas vormacht, so wie Wilhelm es bei anderen tut.

Mit der Weisheit *what you see is what you get* wäre Anna besser gefahren als mit ihrer hemmungslosen Leidenschaft für den »schwarzen Verräter«. Insofern, ja, sie war leicht irre, ein Zustand der sich bei allen Verliebten vorübergehend einstellt, erst recht im Alter von sechzehn Jahren. Schon Opa Philipp nennt die himmelstürmende Liebe des Teenagers ganz richtig »Narrheit und Kinderwerk«.

Im August 1561 wird Ernst daraus. Mit Pauken und Trompeten.

Die sächsische Hochzeit –
närrische Metzger und raffinierte Maskenspiele

Bräutigam Wilhelm zieht mit prachtvoll ausgestattetem Adelstross, Musikanten, Maskenspielern und orange livrierter Dienerschaft in Sachsen ein. Der Kurfürst reitet dem Prinzen mit noch größerem Begleitzug entgegen. Insgesamt werden 5647 Pferde in Bewegung gesetzt: Turnier-, Jagd-, Reit- und Packrösser, von denen 1101 zum Gefolge des Prinzen gehören. Zu einem Zug vereinigt, reitet die Festgesellschaft am 24. August in Leipzig ein, wo der Marktplatz extra neu gepflastert und zum Turnierplatz gerüstet worden ist.

Anna begrüßt ihren Prinzen auf der Treppe des Rathauses. Es folgen abschließende Vertragsverhandlungen, bei denen Wilhelm wieder eine schriftliche Zusicherung über Annas Religionsfreiheit verweigert. Sein Fürstenwort, so sagt er, genügt.

Es folgen die Trauung und das öffentliche Beilager im Festsaal des Rathauses. Symbolisch, versteht sich. Das frisch vermählte Paar nimmt lediglich auf einem vergoldeten Prunkbett Platz. Wilhelm wird ermahnt, seine Gattin zu lieben und im evangelischen Glauben zu belassen. Dann wird erst einmal gegessen und das Paar zur Brautkammer geleitet, wo der erfahrene Oranier sicher gehalten hat, was Frauen sich von ihm versprechen durften. Am nächsten Morgen geht es gemeinsam in die protestantische Nikolaikirche, dann wird tagelang gefeiert.

Zu den Höhepunkten zählen ein nächtliches Turnier bei Fackelschein, Feuerwerk, Tänze und sächsischer Mummenschanz mit Metzgern, die in Kuhhäuten auftreten. Bei einem abendlichen Tanz schlägt Kurfürstin Anna von Dänemark ernstere Töne an. Sie ermahnt Wilhelm, ihre Pflegetochter stets zu Gottesfurcht und christlichem Lebenswandel anzuhalten. Der nunmehr verheiratete Prinz erwidert, dass er seine Prinzessin nicht mit solchen melancholischen Dingen plagen und ihr statt der Bibel den Ritterroman *Amadis von Gallien* zu lesen geben wolle, der »die amore traktiere«. Statt sticken und nähen will er die 16-Jährige »tanzen lernen lassen und dergleichen Courtoisie mehr«, die in den Niederlanden üblich sei. Diese bissig anmutende Replik in Richtung der moralinsauren Pflegemama gehört mit zum Nettesten, was Wilhelm je für seine Gattin Anna tun wird. Der 16-Jährigen werden die frechen Anmerkungen des Prinzen bestimmt gefallen haben.

Die Feierlaune haben sie niemandem verdorben. Insgesamt werden auf Kosten des Kurfürsten 3600 Eimer Wein und 1600 Fass Bier getrunken, notiert der Kämmerer. In Wahrheit dürfte noch mehr Alkohol geflossen sein. Der kostenbewusste Kurfürst hat nämlich darum gebeten, dass die unzähligen Adligen für ihren Anhang eigene Vorräte und Getränke mitbringen mögen und Wilhelm seine renommierten niederländischen Musikanten und Maskenspieler. Die dürften ausgeklügeltere Narrenkünste zur Darbietung gebracht haben als Sachsens Metzger. Nun, jeder nach seinem Vermögen und seines Landes Sitte.

Das Können der sächsischen Kulturträger lässt sich anhand eines Abschiedsgedichtes erahnen, das ein Gelegenheitspoet dem Brautpaar mit auf den Weg gibt. Es endet mit folgenden Versen:

Gott der Herr geb Euch sein Segen
Und tue Euer in Gnaden pflegen.
Das wünschen all in einer Summ
Die wohnen im Christentum.

Nichts gegen Heimatdichter, aber vielleicht wird an dieser Stelle nachvollziehbar, was für ein Kultursprung Anna erwartet, als sie einen Monat später an Wilhelms Seite in sein Wasserschloss von Breda einreitet.

Herzschmerz im Traumschloss

Das von einem italienischen Baumeister zu einem Renaissancepalais erweiterte Kastell gilt als eine der schönsten Adelsresidenzen nördlich der Alpen. Kostbare Wandteppiche, flämische Meisterwerke der Kunst und Silberwerk zieren die Räume. Immerhin muss Anna sich in Sachen Tafelgeschirr und Schmuck nicht verstecken. Ihre von der Mama ererbten Juwelen sind kostbar, und ihre Aussteuer in Form von Luxushausrat ergänzt Wilhelms Schätze perfekt.

Über 200 Menschen leben inzwischen mehr oder minder regelmäßig am Hof des Oraniers. In Sachsen sind es weit weniger. Hinzu kommen in Breda Politgäste, von denen – anders als beim kostenbewussten Kurfürsten von Sachsen – keiner was zu essen mitbringen muss. Den ganzen Tag über stehen in den Schlossräumen Tische mit Leckerbissen bereit. Abends wird musiziert, getanzt, geflirtet und um hohe Einsätze gespielt. Tagsüber geritten, gejagt und turniert. Und diesem prachtvollen Verschwenderhof soll die sechzehnjährige Anna als Fürstin vorstehen?

Nicht wirklich. Selbst Königinnen sind meist dazu verdammt unauffällig mit dem Hintergrund zu verschmelzen. Aber das weiß Anna noch nicht, und zunächst wird die Fürstenhochzeit nachgefeiert. Über mehrere Wochen, ein Staatsempfang am kaiserlichen Hof zu Brüssel inklusive.

Sie werde gehalten wie eine Königin, schwärmt die junge Fürstin über ihre ersten Wochen als Fürstin von Oranien nach Hause. Das niederländische Leben berauscht sie. Ihr hessischer Großvater schickt als Antwort eine Goldkette, auf deren zehntes Glied ein Bibelwort eingeätzt ist: »Verbum Domini manet in aeternum.« Seine Enkelin soll über dem Feiern nicht Gebet und Abendmahl vergessen. Ähnlich fromme Wünsche erreichen sie aus Sachsen, nur schmuckloser.

Die Wünsche nutzen nicht viel. Religiös gerät sich das gemischtkonfessionelle Paar zwar nicht in die Haare; dafür tut sich rasch die kulturelle und emotionale Kluft zwischen der weltunerfahrenen Kurfürstentochter und dem kosmopolitischen Prinzen auf.

Annas sächsische Hoffräulein – zwei an der Zahl – verlassen nach vier Wochen in Breda und Brüssel gleichsam kreischend vor Empörung die Niederlande. Zurück in Sachsen geben die Teenager zu Protokoll, sie seien verspottet worden, weil sie sich auf die losen Sitten bei Hof nicht eingelassen hätten, »sonderlich sich nicht wollten küssen lassen«. Auch Annas hausbackene Hofmeisterin Sophie von Miltitz streicht nach sechs Monaten die Segel. Anna bleibt allein zurück, mit nichts als den frommen Ermahnungen ihrer Verwandten versehen und mit einem Mann, der sein ausschweifendes Leben wieder aufnimmt.

Die Vorahnungen von Annas Großvater Philipp von Hessen erweisen sich als berechtigt. Wilhelm küsst gelegentlich fremd, und für seine vernarrte Anna bricht ihre Traumwelt zusammen. Zudem ist der Prinz wieder viel unterwegs. Liebesbriefe an die Gattin lässt er diesmal allerdings weg. Sein persönliches Interesse an Anna war schließlich von Anfang an begrenzt. Der Sechzehnjährigen dämmert langsam, dass sie ihm bei allem, was er tut, vornehmlich im Weg ist.

In der Hauptsache muss der Oranier sich dringender denn je um die Politik kümmern. Im Mai 1562 gründet er mit den Grafen Egmont und Hoorn, zwei Freunden und Zechkumpanen, die oppositionelle »Liga«. Gemeinsam wird gegen Kardinal Granvelle, König Philipps ersten Mann in Brüssel, protestiert. Nächtelang werden Pläne geschmiedet. Die Feste und Jagdgesellschaften des Oraniers dienen mehr und mehr dazu, geheime Männergespräche mit dem heimischen Adel zu führen.

Nebenher hat der Statthalter Hollands für seinen König Dienstreisen zu erledigen. Dazwischen ein paar Bordell- und Mätressenbesuche, schwupps ist der Terminkalender voll.

Der Haussegen hängt im Schloss Breda und im Brüssler Palast des Prinzen bereits wenige Monate nach der Hochzeitsfeier ziemlich schief. Was nicht nur Wilhelm, sondern auch viele Forscher Anna jahrhundertelang übel genommen haben.

Was in der Beziehung zwischen Anna von Buren und dem Oranier gelegentliche Eifersuchtsdramen ausgelöst hat, wird für die sächsische Anna zum Gefühlstrauma. Ihr Märchenprinz hält nicht, was er ihr vorgegaukelt und was sie sich versprochen hat. Der Fall von Wolke sieben ist für den gefühlskarg aufgewachsenen Teenager anscheinend abgrundtief.

Nach der überstürzten Abreise ihrer sächsischen Damen findet sie zudem keine neuen Vertrauten am Hof, der ganz

um Wilhelm kreist. Damit teilt sie das Schicksal vieler Polit-
bräute, die fern der Heimat verheiratet werden. Anpassung
ist gefragt. Doch Anna spricht weder Französisch noch Flä-
misch, und allein mit der sächsischen Mundart und mit Bi-
belkunde kommt man selbst als Kurfürstentochter schlecht
ins Gespräch. Vor allem aber ist sie nach wie vor – wenn
auch mit verzweifeltem Beigeschmack – verliebt und will sich
nicht damit abfinden, als schickes Stilmöbel herumzustehen
oder nutzlose Handarbeiten zu verrichten. Der Anspruch
der Teenagerbraut auf Liebesglück stört die große Politik
empfindlich.

Bereits Anfang 1562, also ein halbes Jahr nach der Trauung, munkelt man in der niederländischen High Society,
dass die Importprinzessin ihrem Prinzen lautstarke Szenen
mache. Der Oranier verlegt sich auf seine taktische Lieblingsrolle als »der Schweiger«. Was Anna rasend macht.
Sie verstrickt Wilhelm vor versammeltem Hof in Ausei-
nandersetzungen, die in der Folge ganz Europa zu hören
bekommt. Anders als Wilhelm hat Anna von Sachsen in
Sachen offizielles Benehmen keine Eins verdient, und in
Politikverständnis bekommt sie eine glatte Sechs. Was man
ihr, da Betstunden ihr Hauptfach waren, nicht wirklich vor-
werfen kann.

Schelte bekommt sie trotzdem. Vor allem von der eigenen
Familie. Annas deutsche Verwandte reagieren alarmiert, zumal parallel zu Annas Querelen mit Wilhelm die Ehe einer
weiteren Sachsenfürstin in die Brüche geht – dazu später
mehr. Der Fall Anna geht vor – auch bei ihren deutschen
Verwandten. In den bedeutenden Niederlanden gibt es für
die sächsischen und hessischen Reichsfürsten nämlich mehr
zu verlieren.

Im Hinblick auf den internationalen Heiratsmarkt, der über Aufstieg und Fall von Dynastien entscheidet, darf keinesfalls der Eindruck entstehen, dass lutherische Bräute *made in Germany* nicht funktionieren. Eine Intervention und friedensbildende Maßnahmen sind geboten.

Aus Hessen schickt Landgraf Wilhelm – der die Regierungsgeschäfte für seinen 58-jährigen, kränkelnden Papa Philipp übernommen hat – einen Kammerdiener für Anna. Offiziell als Tröster und Vertrauten. Inoffiziell dient er als Spitzel, der den Verwandten Mitteilung über Annas Betragen als Gattin macht.

Onkel August sendet aus Sachsen einen Politiker mit dem lustigen Namen Bemmelburg in gleicher Mission. In den kommenden Jahren wird Anna mehrmals um persönliche Besuche ihrer Verwandten bitten, sogar betteln. Sie will ihre Lage persönlich schildern, will Unterstützung und Trost erhalten. Stattdessen schauen nur Diener, Räte, Offiziere und Gesandte vorbei.

Deren Anweisungen sind stets die gleichen. Sollte Annas Benehmen zu wünschen übrig lassen, muss die Ehefrau zur Räson gebracht und daran erinnert werden, dass sie ihrem Gemahl »als ihrem heupt in allen christlichen sachen« Gehorsam schulde. Den Gatten Wilhelm hingegen gilt es »als heupt« mit Samthandschuhen anzufassen. Keinesfalls dürfen ihm Vorwürfe gemacht werden.

Schelte für die alberne Anna, Verständnis für den leidgeprüften Wilhelm – das bleibt das Grundmuster im Verhalten ihrer Verwandtschaft und einer jahrelangen Korrespondenz. Wilhelms Nassauer Familie ist ebenso parteiisch – was nicht verwundert. Dass die Forschung sich dieser einseitigen, zeittypischen Behandlung des Ehedramas über Jahrhunderte angeschlossen und Anna von Sachsen als halsstarrige Prinzessin verteufelt hat, schon eher.

Annas Verwandtschaft will vor allem eins: lukrative und störungsfreie Beziehungen mit Wilhelm pflegen. Und Wilhelm möchte das Gleiche. Weshalb er schon 1562 per Rundschreiben an seine deutsche Verwandtschaft versichert, alles sei »erdichtet geschrei«, vor allem das Gerücht, er betrüge seine Gattin. Dieser Darstellung wird jahrelang keiner widersprechen, obwohl alle es besser wissen.

Er sei seiner Gemahlin treu und »begegne ihr dermaßen«, schreibt der Prinz 1562, dass bald »Leipserben« dabei »abkommen« müssten. Was doch alle Gerüchte über seine Untreue und über Zank widerlegen müsse. Mit anderen Worten: Er geht regelmäßig zwecks Erbenproduktion mit Anna ins Bett. Erfolgreich. Fortpflanzungsbiologisch passt das Paar hervorragend. Wilhelm ist bekanntermaßen höchst zeugungsfähig und Anna höchst fruchtbar.

Nur ein Jahr nach der Hochzeit bringt die 17-Jährige ihr erstes Baby zur Welt. Das Mädchen stirbt – wie damals so oft – nach nur wenigen Tagen. Anna wird weiterhin mit schöner Regelmäßigkeit schwanger, wofür kurze Stippvisiten Wilhelms im Ehebett genügen. 1563 gebiert die Fürstin von Oranien Tochter Anna, Ende 1564 einen Sohn, der schon im März 1566 stirbt. 1567 kommt Sohn Moritz zur Welt, der später Wilhelms eifrigster Nachfolger als Befreiungskämpfer werden soll, 1569 folgt eine Tochter Emilie. Dynastisch gesehen läuft also alles nach Plan, und Anna, so scheint es, lässt sich durch erotische Zuwendung selbst nach heftigem Zwist nachhaltig beruhigen.

Das Wilhelm neben »Leipserben« auch ein paar Bastarde mit »spilkindern« produziert, ist in den Augen von Annas

Onkeln und Opas so bedeutungslos wie die Mätressen für ihn.

In Sachen von Annas seelischer Gesundheit macht sich ihre Familie nur Sorgen darum, ob sie im Schloss genug protestantische Predigten zu hören bekommt und dass sie keinen Schaden beim Besuch der katholischen Messe an der Seite ihres Ehemannes nimmt.

Anna macht dieses Spiel nach den ersten Mahnbesuchen aus Hessen und Sachsen eine Weile tapfer mit, beteuert in Briefen nach Deutschland, es gehe ihr »an Leipsgesundheit« gut. Sie sei »allenthalben glückselig« und wolle lieber tot sein als so leben, dass ihre Verwandten dadurch entehrt würden.

Zugleich verdichten sich jedoch die Hinweise darauf, wie unglücklich sie schon bald war. Mal schließt sich die noch immer minderjährige Fürstin von Oranien verzweifelt in ihre Gemächer ein, dann stürzt sie sich manisch ins höfische Vergnügen. Mal himmelhochjauchzend, mal zu Tode betrübt – heute würde man auf Anzeichen einer fürstlichen Depression, einer bipolaren Störung, tippen. Ihre Familie vermutet hinter Annas sprunghaftem Verhalten reine Bockigkeit.

Bände von Briefen gehen hin und her. Von Trost findet sich seitens der Familie keine Spur, es hagelt Ermahnungen. Vor allem soll Anna vermeiden, »mit hitzigen worten« Wilhelms Unwillen zu erregen und dadurch – das wäre unverzeihlich – das Haus Sachsen mit »ärgerlicher Nachrede zu beschweren«.

Anna bedankt sich für alle Ratschläge, und zwar wärmstens. Sogar bei ihrer Tante und ehemaligen Ersatzmama Anna von Dänemark. Die Ziehtochter bittet sogar um Nachschlag, falls »Euer Gnaden etwas von mir hört, dass ich mich nicht recht verhalte, denn ich habe hier niemand, der es mir sagt«. In dem zitierten Brief von 1563 setzt sie sogar hinzu: »Mein herzlieber Herr, der hat mich dazu auch viel zu lieb, um mir etwas zu sagen.«

Von vielen Oranien-Biografen sind diese unterwürfigen Antworten als Heuchelei einer abgefeimten Kratzbürste und frommen Helene gedeutet worden. Eine sehr freie Interpretation.

Der näherliegende Gedanke, dass die noch nicht einmal zwanzig Jahre alte Prinzessin Hilfe sucht, verzweifelt verliebt und bemüht ist, sich ihrem Ehemann – von dem sie emotional und materiell abhängig ist – anzupassen, findet sich in der Forschung selten.

Der moralisierende Vorwurf raffinierter Heuchelei ihr gegenüber ist umso befremdlicher, wenn man an Wilhelms Liebesheuchelei während der Brautwerbung denkt. Oranier-Biografen rechnen es ihrem Helden außerdem hoch an, dass er die Ehe in Briefen an Annas Familie als unbelastet darstellt. Das geht als liebevolle Diskretion durch, ist aber vor allem hohe Diplomatie. Der Prinz will es sich mit seiner politisch potenten Verwandtschaft nicht verderben. Darum gehen diesen Privatbriefen des Prinzen oft mehrere Entwürfe voraus. Sprich: Sie sind sorgfältig durchdacht und komponiert. Mündlich und gegenüber Vertrauten äußert der Fürst sich anders.

Annas Anhänglichkeit, ihre Stimmungswechsel und erst recht die Szenen gehen ihm auf die Nerven. Untereinander nennen die Nassauer Anna bald nur noch »die Person«.

Wilhelms Bruder Ludwig übernimmt es, der jungen Ehefrau die Leviten zu lesen. So wie er schon den ersten Liebesbrief in Stellvertretung seines großen Bruders verfasst hat.

Annas »heupt und herzlieber herr« selber sagt seiner Frau hingegen wirklich nichts Böses.

Die anscheinend naive und ahnungslose Anna beschwert sich nur über Ludwig und andere »böse leut« bei Hof. Die Prinzessin scheint jener Kategorie liebender Frauen anzugehören, die nur sehen und hören wollen, was sie sich wünschen. Sie klammert sich an die Fiktion, dass Wilhelms taktisches Schweigen ein Zeichen seiner unsterblichen Liebe ist. Eine Hoffnung, die der Prinz durch gelegentliche Bettbesuche nährt.

Auch in seinen Briefen an die Schwiegerfamilie vermeidet der Prinz Attacken gegen seine »herzliebe Gemahlin«. So etwas hat der Kavalier nicht nötig – dazu sind schließlich die deutschen Spitzel da, die nunmehr regelmäßig aus Sachsen und Hessen geschickt werden. Der Prinz darf sich sicher sein, dass Annas Szenen getreulich nach Hause berichtet und mit Gardinenpredigten beantwortet werden.

Der Zweck seiner eigenen Zurückhaltung ist klar. Der Meister der Verstellungskünste braucht seine Verwandten noch. Die Rolle des langmütigen Prinzgemahls kommt besser an als Zetern. Das ist Weiberkram, und darin scheint Anna – zu ihrem eigenen Schaden – im Laufe der Jahre sehr gut zu werden.

Wilhelm hat Annas Verwandtschaft Angenehmeres und Wichtigeres mitzuteilen. Einiges über die Politik und noch mehr über Gefälligkeiten und Geschenke. Der Prinz schickt Jagdhunde aus eigener Züchtung und exotischen Blumensamen aus Übersee nach Sachsen und erhält im Gegenzug Tipps zur Kräuterzucht von »Mutter Annen« oder Schießpulver vom Kurfürsten.

Für Wilhelms Ehefrau Anna fällt auch einmal etwas ab. Die

junge Fürstin bittet ihre heilkundige sächsische Ersatzmutter um Hirsekörner, die ihr die Niederkunft erleichtern sollen. Sie bekommt sie. Das war's dann aber auch. Die sächsische Hebamme, um deren Entsendung nach Breda die schwangere Anna ebenfalls bittet, bleibt aus.

Fruchtbarer entwickelt sich der Austausch zwischen Prinz Wilhelm und dem Kurfürsten. Frei nach dem Motto: Geht nicht gibt's nicht. Mal bittet der Oranier um Zollfreiheit für eine Großlieferung deutscher Bausteine an das Rathaus von Antwerpen. Im Gegenzug fragt Sachsens Kurfürst wegen der Beschäftigung eines Günstlings als Page in Breda nach. Wilhelm kann einen sächsischen Untertanen aus dem Aachener Kerker freibekommen, Kurfürst August im Jahr 1564 den Ankauf von 200 Lasten Roggen vermitteln, als in Wilhelms Gebieten das Korn knapp wird und die Untertanen hungrig und entsprechend rebellisch werden.

Das Verhältnis könnte herzlicher nicht sein. Man hilft sich, wo man kann. Wilhelm gibt großzügiger als Sachsens Kurfürst oder die hessischen Landgrafen, denn der politische Konflikt mit König Philipp spitzt sich Ende 1564 weiter zu. Genau wie seine Ehekrise, die just in diesem Moment aber keinesfalls zum Hauptkriegsschauplatz werden darf.

Ein paar kurze Stichworte in Sachen Politik müssen sein, bevor wir uns dem weiteren Niedergang der Unglücksehe widmen.

Seit 1563 fordert die oppositionelle »Liga« unter Führung von Wilhelm von Oranien den Rückzug von Kardinal Granvelle – Philipps erstem Mann im Staat – aus den Niederlanden. Wilhelm und seine hochadligen Mitstreiter bleiben demonstrativ allen Staatsratssitzungen fern. Sie kleiden ihr

Gefolge einheitlich in schwarze Röcke, die an Priesterroben erinnern und mit Abzeichen geschmückt werden, auf denen Köpfe mit Narrenkappen eingestickt sind. Von der Generalstatthalterin zur Rede gestellt erklärt Wilhelm scheinheilig, der Adel habe die albernen Livreen aus Sparsamkeitsgründen und zu Ehren des Königs angeschafft. Es ist eine Verhöhnung von Philipps Versuch, die Adligen zu vereinigen und seiner Allmacht zu unterwerfen. Die aufgenähten Narrenkappen sind eine Anspielung auf Granvelle, den Politiker mit dem Kardinalshut. Die Abzeichen sind ein Renner. 2000 Stück werden allein in Brüssel in wenigen Tagen verkauft. Revolution darf auch Spaß machen.

Wenig später kursieren Karikaturen, auf denen der Kardinal Bischofsmützen legt wie Eier. Es ist eine Antwort auf den Versuch Spaniens, die Vergabe von Bistümern ohne Mitspracherecht der Niederländer zu regeln. Ins 16. Jahrhundert fällt unter anderem auch die Geburtsstunde der politischen Karikatur. Zeitgleich flammen in den Städten und auf dem platten Land religiöse Unruhen auf.

Anfang März 1564 beruft Philipp den verhassten Granvelle aus den Niederlanden ab. Die Liga feiert ihren Triumph mit einem tagelangen Trinkgelage in Wilhelms Brüsseler Palais. Man hält sich für die strahlenden Sieger des politischen Machtkampfes. Der gewitzte Wilhelm ahnt als einer von wenigen, dass es so leicht nicht abgehen wird und dass schwerere Geschütze aufgefahren werden müssen.

Im Dezember hält der Prinz vor dem Staatsrat in Brüssel eine flammende Rede. Er verlangt eine Staatsreform zugunsten des heimischen Adels und weg von der spanischen Herrschaft. Mehr noch: Erstmals verknüpft der Oranier die Rückforderung der Adelsprivilegien mit einem Plädoyer gegen

– 317 –

Ketzerverfolgung und für religiöse Toleranz. Ein Anliegen, das der Hochadel, erst recht der katholische, bislang nicht hatte, wohl aber das Volk. Zum ersten Mal bringt der Prinz die Idee einer Zusammenarbeit ins Spiel. Und das meint Wilhelm – im Gegensatz zu vielen seiner Mitstreiter – ernst.

Im Rückblick darf dieser Versuch als genialer politischer Lösungsversuch gesehen werden, auch wenn der Prinz dabei die Festigung der herkömmlichen Ordnung – oben König und Adel, unten das Volk – zum Ziel hat, und nicht die Hinwendung zum Gleichheitsgedanken. Der gewinnt erst mit der französischen Revolution an Macht.

1565 reist Wilhelms Mitstreiter, Graf Egmont, nach Spanien, um dem König die Forderungen des niederländischen Hochadels zu unterbreiten. Erfolglos, wie sein Freund Wilhelm von Oranien prophezeit hat. Im November des Jahres treffen Briefe des Königs in Brüssel ein, in denen der Monarch es ablehnt, die Ketzerverfolgung einzustellen. Den Staatsrat erweitert er zum Hohn der »Liga« um zwei Niederländer, die so spanientreu wie katholisch sind. Die »Liga« ist gescheitert und entmachtet.

Ab diesem Punkt werden Mitglieder der niedrigeren Adelsränge aktiv, mit denen sich die heimischen Hocharistokraten nicht abgeben wollen. Die Kleinadligen, von denen viele längst Calvinisten sind, verfassen eine Petition gegen die Ketzerverfolgung. Sie verlangen, jedwede Glaubensinquisition zu unterlassen, »sei es offen oder verhüllt ... sondern sie ganz zu vertilgen und auszurotten als die Mutter aller Unordnung und Ungerechtigkeit«. Dieser sogenannten »Kompromiss«-Bewegung schließen sich rasch 500 Kleinadlige an – und heimlich, heimlich auch Wilhelm von Oranien.

Sein lutherischer Bruder Ludwig unterschreibt den

»Kompromiss« ganz offen, um Solidarität zu zeigen. Sozusagen stellvertretend für den großen Bruder, der es sich mit der »Liga« nicht verderben will und nach außen weiter den treuen Königsvasallen geben muss, um nicht seine Macht zu verlieren. Prinz Wilhelms taktisches Geschick verdient Anerkennung. Ein höchst komplexes doppeltes Spiel ist das Gebot der Stunde. Auch in der Ehe des Prinzen.

Prinz Pokerface schreibt gezinkte Briefe

Einen privaten Skandal und einen Imageschaden kann sich der Fürst und Oppositionsführer von Oranien in dieser brenzligen Situation nicht leisten. Mit Vergnügen verbreiten seine spanischen Feinde den neuesten Hofklatsch aus Breda – nämlich dass der Held und Casanova daheim Opfer einer »Fürstin Xanthippe« ist. Das kommt in diesen Zeiten einem politischen Kastrationsversuch gleich.

Später – da herrscht schon Krieg – zahlt Propagandakünstler Wilhelm mit noch härterer Münze zurück: Er lässt auf Flugblättern verbreiten, König Philipp II. sei Bigamist, vergnüge sich im Bett mit seinen Töchtern und mit einer Schwester. Außerdem habe er seine dritte Gattin Elisabeth von Valois vergiftet, um eine Inzestehe mit seiner österreichischen Nichte einzugehen.

Nun, Philipp war gewiss kein Waisenknabe, aber Blutschande, zumindest ersten Grades, und Bigamie sind erfunden. Ob von Wilhelm oder von anderen ist unklar. Der Prinz könnte es heute jedenfalls locker mit den schärfsten Klatschreportern aufnehmen.

Einstweilen aber sorgen spanische Spitzel und Plaudertaschen dafür, dass sein Ruf als Ehemann und oberster Gebieter von Anna Schaden nimmt. Gegenmaßnahmen sind nötig.

Wie oft die Fürstin ihrem Wilhelm eine Szene macht, weiß man nicht. Dafür kennt man den prall gefüllten Terminkalender des Prinzen genau. Fest steht: Er ist selten zu Hause, und Anna beklagt in Briefen nach Hause regelmäßig ihre Einsamkeit und Isolation bei Hof. Zwischen den Gatten herrscht postalische Funkstille, nur im Bett kommt es nach wie vor zu entscheidenden Begegnungen.

Am 8. Dezember 1564 bringt Anna ihr drittes Kind, einen Sohn, zur Welt. Danach stellen sich – zusätzlich zum gewohnten Kummer – bei Anna anscheinend postnatale Depressionen ein.

Wilhelm selbst hat der Statthalterin der Niederlande bei einem privaten Essen schon im Mai des Jahres berichtet, seine Frau sei seltsam, schließe sich oft tagelang ein. Belauscht wird die Konversation bei Tisch wie üblich von Spitzeln; diesmal ist es ein Lakai im Dienste von Wilhelms Intimfeind Kardinal Granvelle. Der Prinz wird das gewusst haben. Spitzel gehören zur politischen Grundausstattung in Palästen – auch in den seinen.

Dass der »Schweiger« ausgerechnet gegenüber der Stellvertreterin von König Philipp so offenherzig über seine Ehe berichtet, ist darum vielleicht kein versehentlicher Ausrutscher. Er scheint die Version »Fürstin Xanthippe« in die für ihn günstigere Variante, »meine Frau ist plemplem« ummünzen zu wollen. Bald kursiert sogar Klatsch über Selbstmordgedanken seiner Gattin, oder wird er gestreut? Die freiwillige Selbstentleibung gilt in diesen Tagen nicht nur als Todsünde, sondern als sicheres Anzeichen von Wahnsinn.

Wer würde schließlich aus freien Stücken die ewige Verdammnis riskieren?

In Deutschland reagiert man auf die neuen Gerüchte wie gewohnt, Sachsen und Hessen schicken am 8. Februar 1565 hochrangige Stellvertreter zur Tauffeier des frisch geborenen Sohnes. Allen voran soll diesmal ein kursächsischer Marschall von Loeser ins Ehegefecht eingreifen. Statt des hochrangigen Militärs wäre Anna Familienbesuch lieber gewesen. Schließlich ist Oraniens zahlreiche Familie – man erinnere sich an seine 15 Geschwister – oft in Mannschaftsstärke samt Ehemännern und Ehefrauen beim Prinzen zu Gast, so auch bei der Tauffeier.

Sachsens und Hessens Fürsten möchten aber gerade jetzt nicht bei Familienfeiern in Breda vorbeischauen, denn das käme einem politischen Statement gleich. Kurfürst August und Landgraf Wilhelm entschuldigen sich mit fadenscheinigen Gründen. Sie wollen den Eindruck vermeiden, dass sie auf Seiten des Prinzen stehen und dessen Opposition zu Spaniens König befürworten. Schließlich springt für sie nichts dabei heraus.

Anna hofft trotzdem auf Hilfe. Sie schüttet dem sächsischen Marschall und per Brief auch der Familie ihr Herz aus. Darüber, dass sie allein ist, dass man sie isoliert und ihr keine loyalen Diener zur Verfügung stellt, dass Wilhelms Bruder Ludwig sie ständig maßregelt, dass sie sich verleumdet fühlt und dass sie nicht behandelt wird wie eine Fürstin.

Erstmals klagt sie auch, dass ihr geliebter Prinz all das widerstandslos geschehen lässt. »Ich hab Geduld gehabt drei Jahr lang; ich sehe, ich gewinne nichts damit«, schreibt sie und, »ob mir solches zu Herzen geht, das weiß Gott der Herr«. Das klingt nicht durchgeknallt, sondern nach einer

Frau am Ende ihrer Kraft, am falschen Platz und am Rande des Nervenzusammenbruchs.

Annas Appelle an den »freundlich hertz liebsten, hochgeborenen« Fürsten von Sachsen sind vergebens. Die Instruktionen seines Gesandten sind klar wie immer. Er soll Anna zureden, dass das Ansehen des Hauses Sachsen auf dem Spiel steht und dass sie sich zu benehmen hat. Den Prinzen möge man um jene Geduld bitten, die man »mit den Weibsbildern als schwachen Gefäßen« nun mal haben muss.

Dem Oranier wird versichert, man gehe selbstverständlich davon aus, dass alle Probleme nicht »an Seiner Lieben (Wilhelm), sondern an Seiner Lieben Gemahl« läge. Sprich an Anna.

Wilhelms hartnäckige Schweigepolitik in Sachen Ehekrise hat sich bezahlt gemacht. Die Alleinschuldthese gedeiht prächtig. Gehegt, genährt und gepflegt wird sie mit allen Kräften von Wilhelm, von seiner und auch Annas Familie, die ebenfalls die politische Allianz nicht gefährden will. Den größten Vorteil aus der Verketzerung der Gattin zieht der Prinz. Es ist ein hervorragendes Druckmittel gegenüber ihrer deutschen Herkunftsfamilie, die eine gebrauchte, international diskreditierte Braut nicht zurückhaben will.

Die Folgen der einseitigen Maßregelung der Ehefrau sind betrüblich. Von nun an geht es bergab mit Anna. Die von allen Seiten gedeckelte Gattin entwickelt diverse Suchtsymptome. Man könnte auch sagen, Anna passt sich endlich an Wilhelms Lebensstil an und macht aus ihrer Not eine Tugend.

Zu den Fakten: Anna verzockt nach Art des Hausherrn Geld beim Kartenspiel und muss persönliche Kleinodien versetzen, um ihr neues Hobby zu finanzieren. Sie reist überdies ohne Wilhelms Erlaubnis allein in das Kurbad Spa. Das dortige Mineralwasser gilt als heilsam bei sämtlichen Leiden von Gicht bis Melancholie. Obwohl Anna sich keinen Kurschatten anlacht und sich auf Kosten ihrer eigenen Apanage amüsiert, wirft man ihr unpassende Vergnügungs- und Prunksucht vor. Zur Erinnerung: Sie ist als reichste Erbin Deutschlands zur Welt gekommen. Aber wer wie viel verschwenden darf, hat natürlich der Gatte zu bestimmen.

Eine vergnügungs- und verschwendungssüchtige Ehefrau steht nicht auf Wilhelms Kostenplan. Der stets am Kreditlimit lebende Fürst muss schließlich eigene Spielschulden und Reiserechnungen begleichen und den beginnenden Freiheitskampf finanzieren.

Anna bekommt wieder Schimpfe von Wilhelms kleinem Bruder Ludwig. Und über Jahrhunderte hinweg auch von diversen Oranier-Biografen.

Heute würde man wahrscheinlich beiden Ehepartnern eine Schuldnerberatung empfehlen und sie eventuell an eine Suchtberatungsstelle verweisen. Vor allem zur Behandlung von Laster Nummer drei: Anna beginnt gelegentlich über den Durst zu trinken. Was in den Niederlanden und im Palast zu Breda üblich ist. Doch Anna trinkt nicht aus Freude an Geselligkeit oder um politische Deals zu befördern – und sie ist halt eine Frau.

Dass Anna zu viel trinkt, wird in mehreren Quellen erwähnt. Von bis zu drei Litern Wein am Tag wird allerdings erst später und nur in Briefen von Wilhelms Familie berichtet. Vorsicht ist geboten. Die Familie der gegnerischen Partei ist bei Ehestreitigkeiten selten eine verlässliche Quelle.

Immerhin scheint es bei Anna Ende 1565 genug Wein gewesen zu sein, dass sie ihrem Prinzen bei Festen die Meinung sagt. Anna teilt seinen Liga-Freunden und solchen, die es werden sollen, in angeheiterter Runde ihren Kummer mit und wird ausfallend. Unter anderem tut sie politischen Gästen im Winter 1565 lauthals kund, der Oranier sei nur ein unbedeutender Grafensohn, der ihrer als Kurfürstentochter nicht würdig sei. Schließlich hätte sie einen König haben können.

Eine derartige öffentliche Ehrverletzung ist ähnlich unverzeihlich wie eine Majestätsbeleidigung. Daneben dürfte ein Vorfall, der hinter den Kulissen stattfindet, Wilhelm in Rage und in Alarmzustand versetzt haben.

In einem Brief an ihren hessischen Onkel Wilhelm, den Anna heimlich einem von dessen Lakaien zusteckt, scheint sie im Januar 1566 wegen »weicher« Trennungsmöglichkeiten angefragt zu haben. Erhalten ist nur die Antwort des Landgrafen. Der Sohn des Bigamisten Philipp von Hessen stellt kategorisch fest, dass der Ehebund nur durch den Tod geschieden werden könne. Er ermahnt seine Nichte, lieber gehorsam und nachgiebig, verschwiegen, freundlich und holdselig gegen ihren Gatten zu sein.

Sie soll sich damit trösten, dass der Prinz sie so stattlich und prächtig hält, wie »ich keine Fürstin im Reich kenne«. In einem Postskriptum fügt er hinzu, Anna solle sich die schweren Gedanken aus dem Kopf schlagen und fleißig die »Heilige Schrift und den lieben Psalter« lesen.

Um an dieser Stelle mal einen von Annas Verwandten in Schutz zu nehmen: Landgraf Wilhelm weiß, dass die Chancen seiner Nichte Anna für eine machbare und lebbare Trennung von Tisch und Bett gleich null sind.

Diese Art der »Scheidung«, bei der die Ehe nur auf dem Papier bestehen bleibt, die Gatten aber getrennte Haushalte führen, ist zwar für Adlige rechtlich durchsetzbar, aber nur wenn die beteiligten Partner ein ausnehmend freundschaftliches Verhältnis zueinander haben. Außerdem darf es in Finanzfragen keinen Streit geben. Das heißt, der Ehemann muss bereit sein, seiner Gattin Teile ihrer Mitgift zurückzuerstatten, ihr die Zinsen ihres Heiratsgutes zu überweisen oder sie sonst wie zu versorgen. Ansonsten bleibt man verheiratet. All das ist in Annas Fall undenkbar. Und selbst heute sind Paare, die eine derart einvernehmliche Trennung hinbekommen, eher die Ausnahme als die Regel. Erst recht, wenn eine Ehefrau Anspruch auf Ehegattenunterhalt erhebt.

Trennung? Jetzt? Allein die Idee muss den Oranier aufs Höchste empört haben. Sie hätte für den Prinzen weit konkretere Konsequenzen als die ehrverletzenden Äußerungen einer angetrunkenen Gattin, die ohnehin als leicht derangiert gilt und von ihm auch so dargestellt wird. Die Trennung würde den hoch verschuldeten Adligen etwas kosten und seine Aussichten auf sächsische und hessische Zuschüsse zu seiner Revolutionskasse und auf militärische Beihilfe zum Kampf zunichte machen.

Der Prinz muss also mit all seinem taktischen Geschick nicht nur gegen König Philipp intrigieren, sondern auch gegen seine lästige Gattin.

Zu diesem Zweck verfasst Wilhelm von Oranien im Februar 1566 erstmals einen eigenen Klagebrief nach Deutschland. Darin greift er die üblichen Sorgen von Annas deutscher Verwandtschaft geschickt auf und verstärkt sie.

Seine Gattin, so schreibt Wilhelm, sei nun endgültig eine Schande für Sachsen und auch für ihn. Ihr Betragen bringe beide Adelshäuser in Verruf.

Das ist eine Drohung in Richtung sozialer Abstieg.

Es folgt der Bericht über Annas ehrabschneidenen Auftritt vor Politgästen. Dann werden ihre Spiel-, Trunk- und Prunksucht aufgezählt und zumindest ein wenig übertrieben. Nur dem Kurfürsten und dessen Ruf zuliebe, so fährt der Prinz fort, habe er bislang davon abgesehen, die sächsische Skandalnudel postwendend heimzuschicken.

Wo sie keiner haben will.

Wilhelms Vorschlag zur Güte: Der Kurfürst möge bitte wenigstens ein verlässliches Ehepaar nach Breda entsenden, das die 21-jährige Anna rund um die Uhr zu überwachen habe.

Die vorgeschlagene Maßnahme kommt einer Entmündigung gleich und hieße für Anna Hausarrest von unbestimmter Dauer. Und: Die Drecksarbeit würde der Kurfürst übernehmen, Annas Ruf wäre dahin, und der Oranier stünde als bedauernswerter Ehemann dar, der außerdem keinen Pfennig Mitgift zurückzahlen muss. Prima Lösung. Für den Prinzen. Falls sich der Kurfürst darauf einlässt, was unsicher ist.

Der Landesherr von Sachsen ist schließlich selber ein Schlitzohr. Vor allem in Finanzfragen. Darum schickt der Prinz – Experte für Drohgebärden – den Brief erst einmal nicht ab, sondern liest ihn Anna vor. Als eine Art Gnadenakt.

Seine Frau weiß, was ständige Bewachung in Breda oder eine Verbannung nach Sachsen – wo jeder glaubt, dass sie schuld ist – bedeuten würde. Lebenslanger Hausarrest. Dafür gibt es höchst aktuelle Beispiele aus ihrer nächsten Verwandtschaft, etwa das ihrer Tante Sidonie, einer Vertrauten seit Kindertagen. Ein Fall zum Fürchten.

Annas Onkel August von Sachsen ist zu seinem Verdruss seit einem Jahr in den Ehekrieg seiner Schwester Sidonie mit dem Herzog von Braunschweig verstrickt. Sidonie ist von ih-

– 326 –

rem Gatten unter fadenscheinigen Gründen wegen Hexerei und einem Giftanschlag auf ihn angeklagt worden. Sie selbst hat zuvor den – tatsächlich begründeten – Verdacht geäußert, der Herzog habe ihre Vergiftung geplant. Wofür sie einen Zeugen hat. Der Genuese bestätigt, dass Sidonies Mann bei ihm Gift bestellt habe, mit der Bemerkung, »sein Weib sei lutherisch, es sei besser, dass sie zugrunde ginge«.

Der zehn Jahre jüngere Gatte ist nämlich gerade zum katholischen Glauben zurückgekehrt und neu verliebt. Sidonie droht »der Hur die Nase abschneiden und ein Auge ausstechen« zu lassen. Weshalb der Gatte sie – na was wohl – wegsperrt. Ein zeittypischer Ehekrimi.

Dabei hat die Verbindung dero zu Braunschweig – so wie Annas Ehe – als ganz heiße Lovestory begonnen. Eine weitere Romanze, vor der einmal mehr der kluge Philipp von Hessen vergeblich gewarnt hatte: »Es wird sich nach der Endigung des Küssmonats in dieser Ehe noch allerhand zutragen.« Ich beginne den weisen Bigamisten richtig lieb zu haben!

Seit 1564 steht die aufmüpfige Sächsin Sidonie unter Hausarrest im ehelichen Schloss bei Hildesheim. Schlimmeres steht zu befürchten, etwa eine Hexenverbrennung. Sidonies Bruder Kurfürst August findet das zwar gar nicht nett, tut aber wenig, um seiner 46-jährigen Schwester zu helfen. Dabei hat er die – im Gegensatz zu Anna – sogar ein bisschen lieb. Als Alternative zu ewigem Hausarrest oder zu Verbrennung kann er Sidonie, die um ihre Freilassung und später um Unterhalt kämpft wie eine Löwin, 1572 in einem ehemaligen sächsischen Kloster unterbringen. Was ebenfalls nach Knast klingt.

Nur das nicht! Muss Anna von Sachsen sich gesagt haben. Sie verspricht Wilhelm nach Verlesung seines Briefes an ihren Onkel absoluten Gehorsam. Das Anklageschreiben des Prinzen wandert in das Körbchen »zur gelegentlichen Wiedervorlage«.

Und damit Anna künftig keine Klagen oder Trennungswünsche mehr nach Hause sendet, bestimmt der Prinz, dass sämtliche Briefe, die sie schreibt oder empfängt, über seinen Tisch gehen.

Das hätte der Inquisitor Philipp II. von Spanien, Wilhelms Erzfeind und König aller Kontrollfreaks, nicht besser regeln können. Ein dem Oranier treu ergebener Biograf kommentiert den Vorfall und die Tricksereien des Helden noch im 20. Jahrhundert so: »Es müssen äußerst leidvolle Tage für den Prinzen gewesen sein.«

Tja, für Anna nicht minder.

Nur wenige Wochen später, am 4. März 1566, stirbt ihr 1564 geborener Sohn Moritz. Von nun an schließt sie sich immer öfter in ihre abgedunkelten Gemächer ein, verweigert die Nahrung und äußert wohl tatsächlich Selbstmordgedanken. Immerhin herrscht auf diese Weise erst einmal Ruhe im Schloss zu Breda. Das Paar wird die nächsten neun Monate beinahe ständig getrennt verbringen, und Wilhelm kann sich ganz dem Freiheitskampf widmen, der gerade in eine entscheidende Phase tritt.

Der Freiheitskämpfer macht weiter

Im März 1566 arrangiert Wilhelm ein Treffen zwischen seiner »Liga« und den kleinadligen Vertretern des »Kompromiss«. Doch seine schöne Idee, gemeinsame Sache gegen Spanien zu machen, geht schief. Selbst Wilhelms beste Zechkumpane Graf Egmont und Graf Horn wollen mit adligem Fußvolk, Calvinisten oder etwaigen Volksunruhen nichts zu tun haben.

Wilhelm trifft sich weiter mit den Vertretern der »Kompromiss«-Bewegung und bewirtet sie auf seine unnachahmliche Weise. Ganz wie er es als Lieblingsschüler des Kaisers gelernt hat, macht er sich wieder einmal nach allen Seiten beliebt.

Das Fußvolk entschließt sich, ohne die Liga in Aktion zu treten. Am 5. April ziehen die Kleinadligen zum Palast der Generalstatthalterin von Brüssel. Anführer Heinrich von Brederode übergibt eine Massenpetition, in der das Mitspracherecht des gesamten Adels und das Ende der Ketzerverfolgung gefordert werden. Margarethe von Parma – die tatsächlich um Ausgleich bemüht ist – verspricht, die Bittschrift an Philipp weiterzuleiten. Woraufhin ein Mitglied ihres Staatsrates die Frage stellt: »Haben Ihre Hoheit etwa Angst vor diesen Bettlern?«

Der Anführer der Bittsteller – Brederode – hört die abfällige Bemerkung. Er gibt sie bei einem Essen zur Feier des Tages zum Besten und erklärt, er werde fortan Bettelsack und Trinknapf als Ehrenzeichen tragen. Das französische Wort für Bettler »gueux«, im Niederländischen: »geusen«, wird zum feierlichen Sammelnamen für alle antispanischen Widerstandskämpfer und der Bettelsack zu ihrem Markenzeichen.

»Liga«-Chef Wilhelm versucht, seine Anhänger mit denen von Brederode zusammenzubringen. Die Hocharistokraten der »Liga« lehnen es dankend ab, als »Bettler« Karriere zu machen, und setzen darauf, dass König Philipp von allein zur Vernunft kommt. Der schmettert die von den Geusen vorgetragenen Bitten jedoch ab. Daraufhin entfachen Calvinisten im August 1566 einen Bildersturm in den katholischen Kirchen der Niederlande. Es kommt zu Ausschreitungen, vor allem in Antwerpen.

Wilhelm von Oranien muss sich als königlicher Militär um die Niederschlagung des Aufstandes kümmern und die Rädelsführer hinrichten lassen. Eigenmächtig gewährt er calvinistischen, lutherischen und sogar widertäuferischen Christen jedoch an bestimmten Orten Versammlungsfreiheit.

Die Generalstatthalterin genehmigt um des lieben Friedens willen ebenfalls einige protestantische Freiheiten. Im Gegenzug verlangt sie jedoch die Auflösung des »Geusen«-Verbundes und einen neuen Treuschwur aller Hochadligen auf den König. Wilhelms »Liga«-Anhänger gehorchen. Wilhelm, der ehemalige Kaiserliebling, lehnt mit der Begründung ab, er habe seinen ersten Treueid niemals gebrochen, sondern immer im Sinne des Landesherrn gehandelt.

Auch die Geusen – so nennen sich mittlerweile alle calvinistisch geprägten Widerständler – zeigen mehr Durchhaltevermögen als der Hochadel. Der Prinz von Oranien unterstützt sie. Offiziell muss er lokal aufflammende Unruhen ablehnen, inoffiziell signalisiert er Zustimmung zur Sache der Geusen. Vor allem über seinen Bruder. Ludwig von Nassau gehört inzwischen zu den führenden Köpfen der ständeübergreifenden Bewegung. Das nennt man Familienzusammenhalt.

Anna hält sich derweil brav an die Briefzensur und sendet nur positive Mitteilungen nach Deutschland. Im Sommer 1566 bedauert sie, dass ihr hessischer Onkel Wilhelm ihr nicht den versprochenen Besuch in Brüssel abgestattet hat. Nein, einen Familienzusammenhalt wie bei den Nassauern kennt sie nicht.

Ihre Verwandten bleiben lieber auf Distanz, solange unklar ist, wie sicher Wilhelms Position als Mitglied der niederländischen Hocharistokratie noch ist. So ist auch das Fernbleiben ihres hessischen Onkels im Sommer 1566 zu verstehen. Ferien in Breda? Nein danke!

Im November des Jahres 1566 trifft dann tatsächlich eine Hiobsbotschaft in Brüssel ein. König Philipp II. hat sich entschlossen, Herzog Alba mitsamt einer Elitetruppe in die Niederlande zu entsenden. Zur Niederschlagung der lokalen Unruhen, heißt es.

Die meisten niederländischen Hocharistokraten begrüßen in Verkennung der Lage die zu erwartende Militäraktion. Selbst hochrangige Mitglieder der ehemaligen Oppositionsbewegung »Liga« sind überzeugt, dass Philipp keine Maßnahmen gegen sie plant, sondern die alte Ordnung wiederherstellen und sie in ihren Ämtern und Privilegien bestätigen wird. Wilhelm weiß es besser.

Im April des Jahres 1567 kommt es in dem Dörfchen Willebroek nahe Mecheln zu einem berühmten Treffen zwischen ihm und seinem ehemals liebsten Zechkumpan Egmont. Der Graf beschwört den Prinzen, seine Opposition gegen Philipp aufzugeben.

Wilhelm bittet seinen alten Mitstreiter, sich ihm anzuschließen und vor dem drohenden Einmarsch Albas zu fliehen. Am Ende sollen beide sich mit folgenden Worten voneinander verabschiedet haben:

Egmont: »Leb wohl, Fürst ohne Land.«

Wilhelm: »Leb wohl, Graf ohne Kopf.«

Ob erfunden oder nicht: Beide Gesprächspartner sollten recht behalten, wobei der Oranier allerdings besser wegkommt.

– 331 –

Die spanische Furie schlägt zurück

Alba ist ein Hardliner, der die Rekatholisierung der Niederlande und eine Unterwerfung des Hochadels im Sinn hat. Im August 1567 marschiert der Herzog mit 10.000 italienischen, deutschen und spanischen Söldnern in Brüssel ein. Obwohl schon sechzig, gehört Alba zu den besten Heerführern des Königs und zu den gründlichsten.

Er richtet einen »Rat der Unruhen« ein, der im Volk bald nur noch »Blutrat« genannt wird. Unter Übergehung traditioneller Gerichte lässt Alba bis 1573 mindestens 12.000 Personen wegen »Aufruhr« den Prozess machen. 9000 werden mit der teilweisen oder völligen Konfiszierung ihres Besitzes bestraft, über 1000 lässt er hinrichten.

Im Juni 1568 besteigen Graf Egmont und Graf von Hoorn, wie von Wilhelm vorausgesagt, das Blutgerüst auf dem Brüsseler Marktplatz. Ihre Hinrichtung ist – wie alle Urteile des Blutrates – selbst nach damaligem Recht ein glatter Justizmord. Als Ritter vom »Goldenen Vlies« unterstehen die beiden Aristokraten nur ihrem Ordensgericht.

In vielen Geschichtsbüchern werden dem Herzog von Alba noch weit mehr Hinrichtungen – von bis zu 18.000 ist die Rede – zugeschrieben. Das ist eine gewaltige Übertreibung, die sich antikatholischer und antispanischer Propaganda verdankt, die bereits zu Wilhelm von Oraniens Lebzeiten kräftig betrieben wird. Vom Prinzen selber und in der Folge besonders gern vom protestantischen England.

Die oben genannten, niedrigeren Hinrichtungszahlen sind der 2006 erschienenen Biografie »Wilhelm von Oranien« von Olaf Mörke, Professor für Geschichte der Frühen Neuzeit in Kiel, entnommen und entsprechen dem heutigen

– 332 –

Forschungsstand. Sie sind erschreckend genug, und bei den militärischen Strafaktionen Albas sind Tausende Todesopfer hinzugekommen. Spaniens Soldaten – ein internationales Söldnerheer wohlgemerkt – gehen ab 1567 gegen Unruhestifter und Aufständische in Städten wie Antwerpen mit beispielloser Grausamkeit vor und finden als »spanische Furie« Eingang in die Geschichtsbücher.

Wer sich genauer über Zahlen informieren will, muss sich in die historische Debatte über die sogenannte »leyenda negra« einarbeiten. Die nach oben frisierten Todeszahlen und die vollkommene Dämonisierung Albas sind Teil einer »schwarzen Legende«, die ganz Spanien und insbesondere Philipp II. jahrhundertelang den Ruf einbrachte, ein beispiellos gewaltlüsterner Tyrann gewesen zu sein.

Ganz richtig ist das sicher nicht. Strafexpeditionen und Krieg – mit all den damit verbundenen Grausamkeiten – gehören zum Politrepertoire aller großen Herrscher der Neuzeit und dem ihrer Gegenspieler. Man hat errechnet, dass es im 16. Jahrhundert nur 25 Jahre ohne große militärische Operationen in Europa gab, während im 17. Jahrhundert nur sieben Jahre ohne entscheidende Kriege zwischen den sich herausbildenden Staaten und Nationen vergingen. Die Niederschlagung regionaler und lokaler Unruhen ist ein zusätzliches Tagesgeschäft.

Zeitgenössische Staatstheoretiker wie Italiens Machiavelli und später Englands Thomas Hobbes empfahlen: »Suche den Frieden, wo du ihn haben kannst; wo du ihn – in einer deinen Interessen angemessenen Weise – nicht haben kannst, rüste zum Krieg.«

Und Luther predigt: »Denn weil das Schwert ist von Gott eingesetzt, die Bösen zu strafen, die Frommen zu schützen und Friede zu handhaben, so ist's auch gewaltiglich genug bewiesen, dass Kriege und Würgen von Gott eingesetzt sind und was Kriegslauf und Kriegsrecht mitbringet.«

Friedensphilosophen und Freunde gewaltloser Verständigung – die es auch zu diesen Zeiten gibt – werden nicht gehört.

Anno 1600 ist Krieg in Europa also Alltag. Nebenher brennen allerorten die Scheiterhaufen in nie zuvor gekanntem Ausmaß. In Mitteleuropa etwa werden vom Ende des 15. bis ins 18. Jahrhundert hinein zwischen fünfzehn- und zwanzigtausend Hexen verbrannt. Deutschland erweist sich als besonders aktiv, quer durch katholische und protestantische Regionen.

In Spanien sterben hingegen »nur« tausend Hexen und Hexer den Flammentod; man hat mit Andersgläubigen genug zu tun. Die berüchtigte spanische Inquisition richtet sich nämlich vornehmlich gegen Juden und Moslems und dient der Re-Christianisierung der spanischen Halbinsel, was nicht minder brutal und grauenhaft ist. Die Schauverbrennungen von Andersgläubigen gehen als Autodafés (von *actus fidei*, das heißt »Akt des Glaubens«) in die Geschichte ein.

Es sind genau orchestrierte Veranstaltungen, bei denen die Opfer in gelbe Schandgewänder gekleidet sind und ein Kreuz vor sich hertragen müssen. An manchen Tagen werden so viele Opfer verbrannt, dass die Luft schwarz ist vom »fetten Rauch schmelzender Leiber«. Diese Bilder sind es, die sich beim Stichwort »Inquisition« über Jahrhunderte in unsere kollektive seelische Festplatte buchstäblich eingebrannt haben. Indes, schwarz vom Rauch brennender Leiber ist die Luft anno 1600 auch in anderen Gebieten Europas.

– 334 –

Der Höhepunkt der königlich verfügten Verfolgung Andersgläubiger in Spanien liegt zwischen 1481 und 1530. In der Forschung schwanken die Angaben über die Zahl der Todesopfer in diesem Zeitraum zwischen 1500 und 12.000. Erfinder der »schwarzen Legende« legen auch hier gern ein paar Tausend bis Zehntausende drauf.

Für jedes einzelne Opfer – ob Ketzer oder Hexe – dürften die Statistiken ziemlich uninteressant gewesen sein. Folter und Verbrennung im Namen Gottes gehören zu den besonders bestialischen Heimsuchungen der Neuzeit. Das Mittelalter – man glaubt es kaum – war in Sachen Hexen- und Ketzerverbrennung zurückhaltender. Der systematische Missbrauch der Frömmigkeit nimmt mit dem 16. Jahrhundert bis dahin nie gekannte Ausmaße an – in allen Konfessionen.

Bilder des Schreckens und fürstliche Fluchtpläne

Wie das niederländische Volk Albas Rollkommando ab 1567 erlebt hat, illustriert in eindringlicher Weise das Werk des flämischen Renaissancekünstlers Pieter van Breughel. Der als »Bauernbreughel« und »de Droll« (der Drollige) bekannte Maler, der zünftige Dorffeste und ländliche Hochzeiten in herzhafter Weise festgehalten hat, malt um 1567 sein Bild »Der bethlehemitische Kindermord«. Eine Betrachtung lohnt, um sich die Schrecken der Strafkommandos vor Augen zu führen.

Ein Trupp spanischer Schergen metzelt zusammen mit französischen und deutschen Söldnern in flämischer Winterlandschaft ein halbes Dorf nieder. Vor beschaulicher Kulisse zerstückelt die Soldateska die ihren Müttern entrissenen

Kinder und dringt plündernd in Häuser ein. Erschütternder als das Geschehnis ist die arrogante Lässigkeit des schick gewandeten Überfallkommandos. Die Befehlshaber wirken nahezu gelangweilt bei der Menschenhatz mit Speer und Degen, während die Opfer vergeblich um Gnade flehen, zu fliehen versuchen oder sich verstecken wollen. Breughel zeigt *Business as usual* und die Banalität des Bösen. Bedrückender kann man Grausamkeit nicht illustrieren.

Die Statthalterin Margarethe von Parma, uneheliche Tochter einer niederländischen Dienstmagd, legt Ende 1567 resigniert ihr Amt nieder. Die Brutalität Albas und die Politik ihres Halbbruders Philipp II. sind ihre Sache nicht. Der spanische Herzog übernimmt die Regierungsgeschäfte und führt neben brutaler Verfolgung die Zensur des Buchdrucks und ein Steuersystem zugunsten des Königs ein, das die heimischen Ständeversammlungen vollkommen entmachtet. Jetzt bluten die Niederländer auch finanziell.

Kein Wunder, dass angesichts eines solchen Strafgerichts und Existenzvernichtungsprogramms schon 1567 etwa 60.000 Niederländer, die es sich leisten können, ihr Heil im Exil suchen. Unter ihnen ist als einer der Ersten im April 1567 der Prinz von Oranien.

Die Flucht tarnt der Prinz als private Besuchsreise nach Dillenburg. Seinen Sohn aus erster Ehe lässt Wilhelm als Garant für seine Rückkehr in der Universität von Löwen zurück, wo der dreizehnjährige Philipp seit einem Jahr zwecks Studiums weilt.

Der Verbleib des Stammhalters in den Niederlanden soll den Anspruch auf den Besitz in Holland, Zeeland und Utrecht sichern.

So wie einst Wilhelm selbst dient auch sein Sohn bereits in

jungen Jahren als Objekt der Familienpolitik. Prinzenrollen sind in diesen Zeiten fürwahr kein Zuckerschlecken. Philipp von Oranien wird für sein Dableiben und für die Absentierung des Vaters büßen müssen. Doch das kommt später.

Am 23. April 1567 zieht der Prinz samt Hofstaat, verschiedenen Kaufleuten, die sich seinem Tross anschließen, mit Wandteppichen und wertvollem Silbergeschirr im Gepäck gen Deutschland. Seine Ehefrau Anna, um die es in den letzten Monaten vor der Flucht und nach Wilhelms Drohbrief still geworden ist, ist natürlich mit von der Partie und erneut »schweren Leips«.

Das Kind ist einmal mehr das Ergebnis eines hastigen Zwischenstopps Wilhelms in Breda im bewegten Sommer 1566. So viel Zeit muss – bei allen Unruhen, Geheimmissionen und Staatsaufgaben – sein. Zudem dient der erotische Austausch mal wieder der Sache. Der Prinz hat mehr denn je ein Interesse daran, die Familienbande mit Sachsen und seine Ehe mit Anna zu stärken. Da sind Schwangerschaften und eine handzahme Gattin nützlich. Der Prinz scheint seine Sache gut gemacht zu haben. Die Stippvisite im Ehebett lässt Annas schwankende Gefühle für den schönen Oranier wieder ganz zu seinen Gunsten ausfallen.

Was Anna durchlebt, heißt im modernen Psychojargon Beziehungssucht. An schädlichen und sogar gefährlichen Ehen im Namen der Liebe festzuhalten ist noch heute ein beliebtes weibliches Verhaltensmuster. Obwohl wir anders könnten! Stattdessen hören wir uns haufenweise Songhits darüber an.

Die historische *Amour fou* der Anna von Sachsen erinnert fatal an einen Hit des Schweizer Popsternchens Stefanie Heinzmann von 2008. Titel: *My man is a mean man, but he is*

– 337 –

my man. Zu deutsch: »Mein Mann ist ein fieser Mann, aber er ist mein Mann.«

Was in der englischen Version und mit Musik unterlegt hübsch und unbekümmert klingt, liest sich in der Übersetzung recht bedenklich und erinnert schwer an das Liebesmuster von Prinzessin Anna. Vor allem folgende Textkostprobe:

Er lügt und betrügt, er liebt und verschwindet. So läuft es halt.
Aber ich tu', was ich kann,
ich halte' zu meinem Mann. Ich glaube, er liebt mich.
Ich glaube, er weiß es.
Ja, ich glaube, er weiß es.

Davon darf man im Fall des Prinzen ausgehen. Was Anna angeht, so sei noch einmal an ihr Liebesgeständnis aus Teenietagen erinnert: »Er ist ein schwarzer Verräter, aber ich habe keine Ader in meinem Leib, die ihn nicht herzlich lieb hätte.«

Nun, wenn moderne Frauen den falschen Mann zu sehr und bis an die Grenze zur Selbstaufgabe lieben, steht ihnen rein rechtlich der Absprung jederzeit offen. Oder eine Karriere als Popsternchen. Zu Annas Zeiten sieht es für vernarrte Ehefrauen bekanntlich düsterer aus. Einstweilen – so ist es später in Briefen zu lesen – freut sich die schwangere Liebesnärrin darauf, an Wilhelms Seite ins Exil zu gehen.

Dillenburger Depressionen

Das Verhältnis der Eheleute von Oranien bessert sich auf der gemeinsamen Flucht zusehends. Erstmals seit Langem darf Anna darauf hoffen, Monate, vielleicht den Rest ihres Lebens, ganz an der Seite ihres Mannes verbringen zu dürfen. Mit dieser Illusion scheint sie hochzufrieden. Ein Exil in Dänemark, weitab von Wilhelms Familie und den Querelen in den Niederlanden, hätte sie freilich vorgezogen. In Deutschland wartet schließlich die Dillenburger Verwandtschaft, mit der sie wenig Herzliches verbindet.

Im Mai 1567 weilt das Paar erst einmal allein in der nassauischen Residenz zu Siegen. Wilhelm berichtet nach Sachsen, dass seiner Gattin der Aufenthalt hier ausnehmend gut gefalle.

Der Oranier pflegt seine Brieffreundschaft mit Annas Verwandten rege wie selten. Berittene Eilkuriere sind mehrmals die Woche von Siegen nach Dresden unterwegs. Kein Wunder, denn nun ist der Ernstfall eingetreten. Der nahezu mittellose Emigrant braucht jede Unterstützung, die er kriegen kann.

Kurfürst August hat inzwischen eine herzliche Beziehung zu dem seit drei Jahren amtierenden Kaiser Maximilian I. aufgebaut. Der ist Habsburger, ein Vetter des spanischen Königs Philipp II., und noch besser: ein leiser Kritiker von dessen Herrschaftsstil. Religiös gilt Kaiser Maximilian als Vertreter einer Toleranzpolitik und als Protestantenfreund. Er hat dem sächsischen Kurfürst sogar Sympathie für Wilhelms Widerstandspolitik signalisiert. Das darf der Oranier sich nicht verderben.

Schon in den allerersten Briefen, die von Siegen nach

– 339 –

Sachsen gehen, betreibt er eine ausgefeilte Selbstvermarktungskampagne und Werbung für seine Sache. Zunächst gilt es, den hastigen Aufbruch aus den Niederlanden ins rechte Licht zu rücken. Der Prinz stellt die Flucht als selbstlose Rettungsaktion Annas dar. Schließlich sei sie Lutheranerin und folglich samt ihrer ungeborenen Leibesfrucht in Lebensgefahr gewesen. Nur darum habe er Hab und Gut im Stich gelassen.

Zumal seine Gattin, wie der Prinz in ein und demselben Brief betont, bekanntermaßen keine holdselige Jungfrau, sondern schwierig und ein »schwer christlich Kreuz« sei. Weitere Schreiben ähnlicher Art folgen. Zuckerbrot für sich und die Peitsche für die Gattin, so lässt sich sein Konzept umreißen.

Man darf davon ausgehen, dass Anna diese Korrespondenz nicht zu Gesicht bekommt. Sie schwelgt im wiederbelebten Eheglück, und dabei will Wilhelm sie nicht stören. Zu seinen Gunsten sei angemerkt, dass er sich die Rolle des edlen Ritters sicher selbst abnimmt, schließlich ist er so erzogen. Zudem neigen Menschen, speziell in gestörten Ehen, dazu, von sich selbst nur das Beste und vom anderen das Gegenteil anzunehmen.

Die Idylle à deux in Siegen dauert nur wenige Wochen. Im Frühsommer 1568 ziehen die Eheleute mit einem Hofstaat von etwa 100 Personen in der nassauischen Dillenburg und damit bei Wilhelms Familie ein. Unter anderem, weil das Geld zu knapp ist für eine doppelte Haushaltsführung, aber vor allem, weil Wilhelm sich auf seine Familie hundertprozentig verlassen kann. Der Clan hat reges Interesse daran, ihm als Goldkind der Sippe wieder zu Rang und Namen zu verhelfen.

Als regierender Graf und Schlossherr von Dillenburg fungiert inzwischen Wilhelms Bruder Johann. Mama Juliane führt den Damenhof. Nach lutherischer Manier. So wie Anna es aus Dresden kennt und hasst. Von den Frauen wird Beten, Hausarbeit und Demut gegenüber ihren »christlichen heuptern« – also den Ehemännern – erwartet. Und ihrer Schwiegermama Juliane von Stolberg ist es ernst damit. Ihrem Sohn muss sie sämtliche Eskapaden verzeihen, aber einer Frau und Schwiegertochter? Nö! Das sind nicht die besten Voraussetzungen für eine friedliche Wohngemeinschaft.

Auch räumlich wird es knapp. Die Schlossanlage von Dillenburg kann in Kriegszeiten zwar bis zu 1000 Personen aufnehmen, die meisten allerdings in unterirdischen Kasematten, die der Verteidigung dienen. In der Beletage des Nassauer Stammsitzes dürfte es eng geworden sein – angesichts von Wilhelms und Annas fürstlichem Hofstaat.

Nun, man rückt zusammen und sammelt Geld für Wilhelm und für einen Feldzug gegen Alba. Gern, wie sie später betont, steuert auch die schwangere Anna von Sachsen ihr Aussteuergut bei: Tafelaufsätze, Geschirr und Besteck. Von Krach um ihre echt silbernen Blechlöffel berichtet auch Wilhelm nichts. Ein Indiz dafür, dass seine Gattin zu diesem Zeitpunkt an der Ehe nichts auszusetzen hat.

Zusammen mit den Wandteppichen des Prinzen und seinem Silberzeug werden Annas sächsische Schätze versetzt. Der Erlös aus den Verpfändungen ist ein erster Tropfen auf den heißen Stein. Die Aufstellung eines Heeres kostet Unsummen.

Daher sondiert der Oranier, wer ihm – neben Deutschlands Protestanten – beim Kampf gegen Alba und beim

Kampf um seine holländischen Güter noch Hilfe leisten könnte. Englands Königin Elisabeth weicht in Sachen Truppenhilfe aus Kostengründen aus. Frankreichs adlige Hugenotten, die daheim seit Jahren einen bewaffneten Kampf gegen ihren katholischen König führen, bieten eine Waffenbruderschaft an. Wieder bewährt sich die Arbeitsteilung zwischen den Brüdern Wilhelm und Ludwig. Der jüngere Nassauer ist jetzt bekennender Calvinist und Geuse und kann die Verhandlungen mit seinen französischen Glaubensgenossen vorantreiben.

Wilhelm hingegen darf seine Neigung zu den kampferprobten gallischen Calvinisten nicht so deutlich zeigen. Er hält sich an seine deutschen Verwandten, die Lutheraner sind und den Calvinisten spinnefeind. In Sachen Militärhilfe für Wilhelms Sache sind die deutschen Verwandten zunächst störrisch. Sie bevorzugen – wie schon beschrieben – eine versöhnliche Diplomatie. Der deutsche Protestantismus ist schließlich seit dem Augsburger Religionsfrieden von 1555 halbwegs gesichert, solange sie dem Kaiser keinen Ärger machen.

Der Kurfürst von Sachsen und der Landgraf von Hessen unternehmen im August 1567 eine diplomatische Mission nach Brüssel, um die Tolerierung des lutherisch-protestantischen Glaubens nach deutschem Muster anzuregen und den Frieden wiederherzustellen. Sie werden abgeschmettert. Kriegspläne gegen Herzog Alba und die Spanier wollen sie trotzdem nicht schmieden. Sie haben in den Niederlanden schließlich keine Besitztümer verloren.

Noch einmal entschließt sich der Oranier zu einer komplexen Charmeattacke. Er bittet Annas Onkel, den Landgrafen von Hessen, um die Entsendung von dessen lutherischem Lieblingsprediger nach Dillenburg. Er will, so schreibt er,

Beistand für einen Konfessionswechsel zurück zum Luthertum. Himmel noch mal, das muss den Reichsfürsten in der Verwandtschaft doch gefallen!

Auch dem Kurfürst August und dessen dänischer Gattin berichtet der Prinz eifrig über seinen geplanten Glaubenswechsel. Nicht ohne dezent darauf hinzuweisen, dass er als künftiger Lutheraner auf ein gemeinsames Vorgehen gegen den spanischen König setzt. Der katholische Ketzerverbrenner sei schließlich auch für Deutschlands protestantische Fürsten eine akute Gefahr. Was ein wenig weit hergeholt ist. Das Reich steht nicht auf Philipps To-do-Liste. Es wird schließlich von seinem toleranten Vetter, dem Kaiser, beherrscht.

Um sich bei den Sachsen noch beliebter zu machen, beschreibt der Prinz in Briefen wortreich, was er alles plant und vorhat, um Anna im Falle einer Witwenschaft abzusichern. De facto kann und will der Oranier weniger denn je für die Absicherung seiner Gattin tun; schließlich ist er akut pleite. Seine Versicherungen aber klingen ganz nach fürsorglichem Versorger und kapitalstarkem Fürsten. Doch um sich finanziell ein Hintertürchen offen zu lassen, streut der gewitzte Wilhelm hie und da die bewährten Klagen darüber ein, dass Anna sich als Ehefrau erneut rufschädigend verhalte und sogar Selbstmorddrohungen wiederholt habe.

Kurfürst August reagiert wie gewohnt alarmiert. Dank Wilhelms prekären Finanzen ist die Gefahr, dass er die ungezogene Gattin an Dresden zurückliefert, größer denn je. Womit die leidige Pflicht zur Unterhalts- und Witwenversorgung auf ihn als Onkel überginge. Dazu der Skandal – nicht auszudenken.

August schickt unverzüglich einen Gesandten los, um der Nichte die übliche Strafpredigt verabreichen zu lassen. Der

Emissär gibt kurz später Entwarnung nach Dresden: Anna wirke fröhlich, dem Gatten sehr zugetan und habe keine Klagen. Kurz, ihr gehe es besser denn je, weshalb er auf die üblichen Ermahnungen verzichtet habe.

Da kann man nur sagen: Erwischt! Wilhelm hat anscheinend heftig übertrieben oder gar geschwindelt. Seine aus taktischen Gründen gepflegten Vorwürfe gegen Anna gehen diesmal daneben. Weshalb sich der Prinz für eine Weile negative Charakterskizzen seiner Gattin verkneift.

Stattdessen schlachtet er Annas Schwangerschaft familienpolitisch aus. Im November 1567 bringt die 24-Jährige das vierte gemeinsame Kind auf der Dillenburg zur Welt. Einen Sohn. Papa Wilhelm lädt die Sachsen und Hessen im Januar zur Taufe, die diesmal nach lutherischem Ritus vollzogen wird, in die Dillenburger Stadtkirche ein. Das Baby ist das erste von Wilhelms und Annas Kindern, das – wie von ihm bei den Eheverhandlungen zugesichert – wirklich protestantisch getauft wird. Und zwar auf den Namen Moritz, wie sein kürzlich verstorbenes Brüderchen.

Der Name ist eine Hommage an Annas längst verblichenen Vater und rundet das Schmeichelprogramm in Richtung Sachsen ab. Und, Wunder über Wunder, zur Taufe erscheint erstmals Verwandtschaft von Anna. Wenn auch nur der Landgraf von Hessen.

Das anschließende achttägige Fest ist eine Werbeveranstaltung für Wilhelm und für seine Sache. Es kann in gewohnter, wenn auch geborgter Pracht stattfinden. Dank einer Bürgschaft der Stadt Siegen hat Wilhelm sein und Annas Tafelgeschirr für die Feier kurzfristig zurückgeliehen. Er gibt noch einmal sein Bestes und hofft, dass keiner merkt, wie knapp er bei Kasse ist.

Leider platzt mitten in das Fest die Nachricht, dass Herzog Alba den gesamten niederländischen Besitz Wilhelms von Oranien eingezogen hat und Wilhelm und dessen Bruder Ludwig vor den Blutrat zitiert. Die Brüder sind als Rebellen und »Zerstörer des Friedens« angeklagt. Mit anderen Worten: Der ohnehin verschuldete Prinz ist bankrott, und in Brüssel droht das Todesurteil. Eine Rückkehr in die Niederlande ist lediglich in Kampfmontur denkbar.

Der Landgraf von Hessen drückt sein Bedauern aus, verspricht vage Hilfe und bricht eiligst auf, um dem Kurfürsten von Sachsen über die Misere des Oraniers zu berichten. Er regt an, der Kurfürst möge beim Kaiser zugunsten Wilhelms intervenieren. August reagiert mit Zurückhaltung. Er schreibt zwar an den Kaiser und schickt eine Kopie des Briefes an Wilhelm, teilt diesem aber mit: »Euer Lieben werden sich als ein Christ selbst zu trösten und ... Gott um seine Hilfe zu bitten wissen.« Nur bitte nicht ihn.

Auch Annas Onkel Wilhelm, der Landgraf von Hessen, verweist in verschiedenen Schreiben an den Oranier darauf, dass sein Geldbeutel leer sei. Großzügig verteilt er nur Ratschläge. Er empfiehlt dem Ehepaar von Oranien, sich beim reichen Kurfürsten nach Kräften einzuschmeicheln. Zitat: »Denn es tut den großen Herren wohl, dass man ihnen zu Zeiten gute Worte gibt, so erforderts auch (euer) beider ... Notdurft.«

Ach nee? Dürfte Wilhelm sich gedacht haben. Diesmal wird Anna aktiv und schildert ihrem Onkel in Dresden die Not des Prinzen. Sie verteidigt ihren Mann wie eine Löwin, während sich die Probleme des Prinzen fast mit jedem Tag mehren.

Am 14. Februar 1568 wird sein Sohn Philipp Wilhelm junior, den er an der Universität zu Löwen zurückgelassen hat, von Herzog Alba gekidnappt und nach Madrid verbracht. Sohn und Vater werden sich ihr Leben lang nicht wiedersehen. Die Entführung ist ein brutaler Akt der Entrechtung und Enteignung Wilhelms. Sein Landes- und Lehnsherr König Philipp will unmissverständlich klarmachen, dass in letzter Instanz er entscheidet, wem was gehört.

Fernziel der Geiselnahme: Das dreizehnjährige Entführungsopfer soll zum Gegner und Konkurrenten des eigenen Vaters herangezogen werden. Wie dereinst der junge Wilhelm wird auch Philipp von Oranien einer Umerziehung zum Spanienvasallen und Katholiken unterworfen. Nur weit rigider. Sollte die Umschulungsmaßnahme erfolgreich verlaufen und Oranien junior brav sein, darf er später die Güter seines Papas übernehmen. Wenn nicht, Pech gehabt. Es gibt auch andere Vasallen. Wilhelms eigene Ansprüche auf das niederländische Erbe sind in jedem Fall perdu.

Für die Nassauer geht es ums Ganze. Wilhelm muss und soll der Goldprinz der Sippe bleiben. Die Familie sammelt eifrig wie nie Geld für einen Feldzug. Wilhelms letzte Kostbarkeiten werden versetzt, sein Bruder Johann verpfändet Dillenburger Ländereien zum Kanonenkauf, man verschuldet sich bis an die Grenze des Ruins. Nach Annas Aussteuergut fließen nun auch die Reste ihrer Mitgift in die Finanzierung des Heeres ein. Sie scheint wieder nichts dagegen zu haben.

Zwar gibt es gelegentliche Reibereien im Damentrakt des Schlosses, aber die kann Anna ertragen, solange Wilhelm bereit zum Austausch ehelicher Zärtlichkeiten und stets an ihrer Seite ist. Und das bleibt er, während seine Brüder Ludwig, Adolf und Heinrich im April 1568 zu einem Sühnefeldzug gegen Alba aufbrechen.

Mit insgesamt 20.000 Söldnern marschiert das militärische Familienunternehmen Nassau aus mehreren Himmelsrichtungen in die Niederlande ein. Wilhelm hat die Operation geplant und erledigt nun daheim in Dillenburg Propagandaaufgaben. Er verfasst eine Rechtfertigungsschrift für den Angriff, damit der nicht wie die simple Privatfehde eines enteigneten Vasallen aussieht, sondern nach einer politischen Großtat, der sich andere Adlige, Deutschlands protestantische Reichsfürsten und die Niederländer zwingend anschließen müssen.

Der erste Feldzug beginnt hoffnungsvoll, um dann umso gründlicher zu scheitern. Der Mittdreißiger Wilhelm ist dem alten Haudegen Alba als Stratege weit unterlegen. Sein kleiner Bruder Ludwig heimst anfangs ein paar beachtliche Siege ein, kann aber keine Entscheidungsschlacht herbeiführen. Der Angriff aus mehreren Himmelsrichtungen zerfasert in unkoordinierte Einzelaktionen.

Eine hugenottische Hilfstruppe, die von Süden her in die Niederlande eindringt, wird aufgerieben. Waldgeusen, die aus dem Wald und aus dem Hinterhalt gegen Alba vorgehen, werden gestellt und hingerichtet. Die Truppen des eben noch erfolgreichen Ludwig von Nassau werden im Juli in einem ostfriesischen Dorf gestellt und von Albas Männern nahezu restlos niedergemacht. Nur eine Handvoll nassauischer Kämpfer kann sich durch einen Sprung in die Ems retten und entkommt. Ludwig ist unter ihnen. Sein Bruder Adolf ist in einer vorangegangenen Schlacht gefallen.

Wilhelm von Oranien hat vor allem die Solidarität der Niederländer mit seiner Sache deutlich überschätzt. Weder der niedere Adel noch die Städte oder das Landvolk sind ihm in Scharen zugelaufen – da muss er propagandistisch noch nachlegen. Einstweilen sehen viele Niederländer in dem gebürtigen Deutschen nur einen unberechenbaren Gesellen mit unklaren konfessionellen und politischen Präferenzen, der in eigener Sache kämpft und kämpfen lässt.

Geschlagen geben sich die Nassauer dennoch nicht. Prinz Wilhelm gehört zu der Sorte Politiker, die viermal hinfallen und fünfmal wieder aufstehen.

Während Bruder Ludwig im Sommer 1568 Anschluss an die Partisanengruppen der Wassergeusen, der Widerstandsbewegung zu Wasser, findet, die in der Nordsee die Handels- und Nachschubschiffe der Spanier abfangen, widmet sich Wilhelm ab Juli 1568 verstärkt dem, was er am besten kann: der Geheimdiplomatie, Selbstvermarktung und Propaganda unter der Überschrift Kampf gegen Ketzerverfolgung und fürs Vaterland.

Um diese Zeit schreibt ein Anhänger des Prinzen das Propagandalied *Het Wilhelmus*, in dem der Prinz seine Treue zum Vaterland – gemeint sind die Niederlande – bis in den Tod schwört. Damit schreibt er Wilhelm von Oranien die Rolle seines Lebens als »Vater des Vaterlandes« auf den Leib. Wie wir bereits wissen, wird aus dem Heldensong ein Hit und Evergreen, doch zum Zeitpunkt seines Entstehens ist der Prinz noch weit entfernt von Sieg und Ruhm.

Patriotismus als verbindende Idee ist damals ein erregendes Novum.

Das revolutionäre *Allons enfants de la Patrie* (Auf, Kinder des Vaterlandes) der französischen Revolution liegt noch in weiter Ferne.

Europas Bevölkerung, die gleichzeitig einem Herrschergeflecht aus Kaiser, Königen, Landesherren, diversen Grafen und anderen Gebietsherren bis hinunter zum Dorfschulzen untersteht und gehorchen muss, kennt Vaterlandsliebe nur als ganz lokale Angelegenheit und nicht als nationale Sache.

Kölner etwa nannten lediglich ihre kaiserliche freie Reichs- und Domstadt ihr Vaterland. Außerhalb der Stadtmauern von Köln begannen für sie bereits das Ausland und das Hoheitsgebiet eines kurfürstlichen Erzbischofs, mit dem sie sich beständig in den Haaren lagen, weil der ihnen und ihrem Vaterland Köln einige Rechte abknöpfen wollte. Dieser Kurfürst hatte unter anderem im Sauerland und im schönen Recklinghausen teilweise etwas zu sagen, dazwischen gar nichts oder nur ein wenig. Und nach diesem politischen Patchworkprinzip funktionierte so ziemlich ganz Europa.

Selbst vergleichsweise einheitliche königliche Hoheitsgebiete wie Frankreich sahen auf der politischen Landkarte noch aus wie ein Schweizer Käse. Überall lauerten Machtlöcher; in der Mitte, im Süden und im Norden stellten sich Frankreichs Königen selbstständige Herrschaftsgebiete in den Weg.

Ein Beispiel: Die wichtige Hafenstadt Calais gehört, wie schon dargelegt, bis 1558 Englands Königen, die den günstigen Brückenkopf gern für kriegerische Ausflüge nach Frankreich, Flandern und Holland nutzen oder ihn Bündnispartnern als solchen anbieten.

Bei Friedensverträgen spielen die Könige dieser Tage gern Länder- und Städtetausch à la Monopoly, um ihre Gebiete zu erweitern und zu schließen. Die Nationalisierung Europas beginnt. Monopolyfans kennen das: Wer Schlossallee und Parkstraße beisammen hat, hat die Nase vorn; wer sich mit der schäbigen Badstraße und einem davon abgelegenen Bahnhof über Wasser halten muss, ist auf die Dauer arm dran.

Das Vaterland als übergeordnete, verbindende Idee einzuführen gehört zu den genialsten Eingebungen Wilhelms von Oranien und eröffnet ihm ungeahnte neue Karrierechancen.

Als Sohn eines Grafen, der nur ein Lummerland besaß, als entmachteter Statthalter in Spaniens Diensten, der alle seine holländischen und zeeländischen Besitzungen verloren hat, und als jemand, der nur dem Titel nach Prinz eines winzigen Fürstentums ist, kann man normalerweise keinen großen Staat machen. Mit der Idee vom Vaterland, das unter seiner Führung zusammenhält, um einen Tyrannen abzuschütteln, und eine eigene Regierung aufbaut, schon.

Leider steht dem gewitzten Prinzen die religiöse Vielfalt und Zerstrittenheit innerhalb der niederländischen Bevölkerung bei seinen ausgesprochen modernen Vereinigungs- und Vaterlandsideen ebenso im Weg wie seinem Widersacher König Philipp, der seine Untertanen weltweit unter dem Dach des Katholizismus zusammenbringen möchte. Noch ist die Idee von der Allmacht Gottes auf Erden stärker als die Idee eines einigen Vaterlandes.

Da hilft nichts. Um sich mehr Unterstützung im niederländischen Volk zu sichern, muss Wilhelm sich wohl irgendwann für eine der dortigen Religionsgemeinschaften entscheiden. Die calvinistischen Geusen sind die nächstliegende Wahl. Wir erinnern uns: Ihr Gott erlaubt den Widerstand gegen Herrscher, solange diese noch nicht zum wahren, also ihrem Glauben, gefunden haben. Darin sind sie weit kämpferischer als die Lutheraner.

Doch ein klares Bekenntnis zum Calvinismus kann und will sich Wilhelm 1568 noch immer nicht leisten. Zum einen möchte er seine überzeugte lutherische Mutter und seinen Bruder Johann, den Herrn der Dillenburg, nicht vor den

Kopf stoßen. Die geben schließlich gerade ihr Letztes zur Finanzierung des Feldzuges. Zum anderen ist es ihm endlich gelungen, Kurfürst August einen Beitrag zur Kriegskasse abzuschmeicheln. Der Sachse leiht ihm 100.000 Gulden, betont allerdings, dass diese Finanzspritze geheim und die letzte Beihilfe bleiben muss, die von ihm zu erwarten ist.

Neben aller Politik widmet sich Wilhelm einmal mehr dem Kinderzeugen. Im Juli wird Gattin Anna, die erst ein halbes Jahr zuvor einen Sohn entbunden hat, erneut schwanger. Gegen einen Feldherrn, der an ihrer Seite Propagandaschlachten führt, hat sie nichts einzuwenden. Doch lange ist ihr das seltene Glück von Wilhelms Anwesenheit nicht vergönnt.

Mit der Leihgabe aus Sachsen, mit Zuschüssen des calvinistischen Kurfürsten und Pfalzgrafen Friedrich III. aus Heidelberg und mit den Spenden reicher niederländischer Exilanten kann Wilhelm im August 1568 ein neues Heer aufstellen. Er plant einen Direktangriff auf das Zentrum der Niederlande und auf Brüssel. Diesmal unter persönlicher Leitung. Mit 30.000 Mann zieht der Prinz im September in Richtung Brabant.

Während Wilhelm auf dem Feld der Ehre antritt, entspinnt sich daheim eine Privatfehde zwischen der frisch geschwängerten Gattin und ihrer Schwiegerfamilie. Ohne den Prinzen macht sich eine unverhohlen feindselige Stimmung im Stammschloss der Nassauer breit. Nach knapp zwei Jahren erzwungener Lebensgemeinschaft kochen alte Ressentiments wieder hoch. Strohwitwe Anna hat die Dillenburg schon kurz nach der Abreise ihres Gemahls satt.

Die Stimmung ist angesichts der bislang erlittenen militärischen Schlappen und Verluste gereizt. Sie wird nicht besser, als die ersten Frontberichte Wilhelms eintreffen. Es zeichnet sich ab, dass der persönliche Feldzug des Prinzen noch katastrophaler verläuft als die Militäraktion des Frühjahrs. Der Herzog von Alba weicht der Stellungsschlacht aus und verwickelt den Oranier in zermürbende Scharmützel. Die Mietsöldner des Prinzen beginnen mangels Entsoldung munter zu plündern und lassen den künftigen »Vater des Vaterlandes« aussehen wie einen Räuberhauptmann.

Und wer hat Schuld an allem Ungemach? In den Augen der Nassauer ist das glasklar – Anna!

Die Dillenburger, so ist einem Brief ihres hessischen Onkels zu entnehmen, werfen dessen Nichte vor, »all Ursach« ihrer Sorgen, ihres drohenden Ruins und des Kriegspechs ihres Gatten zu sein.

Die Schreckschraube Anna als Auslöser für Wilhelm von Oraniens Rebellion, seine Flucht und seinen scheiternden Feldzug? Darauf muss man erst mal kommen. Anna ist schließlich nicht die schöne Helena, und Prinz Wilhelm führt keinen trojanischen Krieg für sie.

Verstehen kann man die Vorwürfe seiner Verwandten so: Man gibt Anna die Schuld daran, dass ihre fürstliche Verwandtschaft nicht hält, was sich die gräflichen Nassauer von ihr versprochen haben. Massive militärische Unterstützung und fette Beiträge zur Kriegskasse. Geheiratet wird schließlich nicht zum Vergnügen.

Dafür, dass Anna genau das und nichts anderes getan hat, muss sie von nun an bitter büßen.

Krieg in den Niederlanden und Krach im Nähzirkel

In den privaten Klatschbriefen der Nassauer liest sich das natürlich anders. Nämlich so: Anna habe sich in den bangen Tagen dieses Herbstes hochmütig, kapriziös, albern und selbstbezogen verhalten. Ständig habe sie über finanzielle Nöte lamentiert und um ihr persönliches Auskommen gebangt. Noch schlimmer: Statt im Dillenburger Damenkreis zu sticken oder zu spinnen und für die kämpfenden Familienhelden Wilhelm und Ludwig zu beten, habe sie sich demonstrativ gelangweilt und fürstliche Vergnügungen vermisst.

Dieser Schilderung von Wilhelms Angehörigen haben sich viele Historiker unkritisch angeschlossen. Anna, so auch deren Fazit, war allein auf ihren Vorteil bedacht, frivol, kurz: ein schlechter Charakter, und sie hatte nicht das Zeug zur duldsamen Heldengattin.

Letzteres mag durchaus zutreffen. In der Rückschau sollte man allerdings nicht unterschlagen, dass Wilhelms Unternehmungen in den Jahren 1568 bis 1572 nicht nach einer erfolgreichen Heldenfahrt, sondern nach einem Himmelfahrtskommando aussehen. In nahezu allen Oranier-Biografien wird dieser Karriereknick im Leben des Prinzen flugs abgehandelt und als *seine* finstersten Jahre beschrieben. Das waren sie jedoch nicht nur für ihn oder für die Nassauer.

Versetzen wir uns probehalber in Annas Lage anno 1568. Ihr in die Ehe eingeflossenes Vermögen geht bei einem Kriegsabenteuer drauf, das zum Desaster zu werden droht. Sie ist abhängig von einem bankrotten Ehemann, dessen Ruf so gut wie ruiniert ist. Ihre Onkel sind ausgemachte Geizkragen, die sie in keinem Fall versorgen wollen.

Es ist nachvollziehbar, dass die Fürstin von Oranien sich

um ihren Unterhalt Gedanken macht, die beklemmend gewesen sein müssen. Das Unterhaltungsprogramm im weiblichen Nähzirkel der Dillenburg hat kaum zu ihrer Aufmunterung beigetragen. Still zu verarmen und demütig am Spinnrad zu drehen ist nicht jedermanns Sache. Schon gar nicht, wenn man dabei zu hören bekommt, man sei an allem Unglück schuld. So einen Unsinn musste sich nicht einmal Aschenputtel anhören.

Wenn Wilhelm da war, hat die Prinzessin den Verzicht auf ein fürstliches Leben im Stile Bredas anscheinend gut verkraftet. Jetzt aber soll sie sich dem Regiment einer Schwiegermutter unterwerfen, die im Rang weit unter ihr steht und die sie verdächtig an die dänische Ziehmutter ihrer Kindheit erinnert. Eine gewisse Frustration aufseiten Annas gepaart mit Nervosität wegen der Finanzen ist nachvollziehbar.

Für die Nassauer allerdings nicht.

Die Fürstengattin berichtet in einem späteren Brief, man habe sie weitgehend ignoriert, kaum mit ihr gesprochen oder sie in ihrem Gemach besucht, wenn Schwangerschaftsmalaisen ihr zu schaffen machten. Oft habe man ihr sogar einen Trunk »geringen Weins oder Biers« verweigert.

Weil sie eine Trinkerin war? Von überhöhtem Alkoholkonsum ist in einigen Briefen der Dillenburger Verwandtschaft tatsächlich die Rede. Etwa, dass man Anna am 18. Juni des Jahres bei Tisch drei Maß Wein serviert habe, Wilhelm hingegen nur zwei. Wer da wohl so eifrig mitgezählt hat? Heute würde man sagen, dass beide Ehepartner gern und öfter zu viel gebechert haben, wobei Wilhelm seiner Anna im Training weit voraus ist.

Ein Maß bedeutet damals übrigens je nach Landstrich einen oder 1,7 Liter Flüssigkeit. Nun, wer Sorgen hat, hat auch

Likör, um es mit Wilhelm Busch zu sagen, und Wein (meist mit Wasser verdünnt) gilt damals als Grundnahrungsmittel. Bier übrigens heute noch.

Nichtsdestotrotz deutet sich bei Anna auf der Dillenburg ein Hang zu Trinkexzessen an, die allerdings erst Jahre später und dank Mitwirkung ihrer lieben Verwandten gravierende Ausmaße annehmen. Ihre Briefe aus jenen Tagen sprechen für einen klaren Kopf und – seit Wilhelms Abmarsch – von ihrer altbekannten Verzweiflung. Nach dem Motto: Dein ist mein ganzes Herz, wo du nicht bist, kann ich nicht sein, verzehrt sich Anna nach ihrer besseren Hälfte oder nach dem, was sie dafür hält.

Die Prinzessin ist – modern gesprochen – ein Suchtcharakter, doch abhängig ist sie zu diesem Zeitpunkt nach wie vor von der Droge »unsterbliche Liebe«. Eine Droge, die bei Entzug depressiv macht. Was wiederum schnell dazu führt, dass man nach Ersatzdrogen greift.

Eine Methode mit Geschichte auch in besseren Kreisen.

Viele royale und adlige Zweckbräute, die sich nach der Liebe ihres Angetrauten verzehrten, sind für Suchtmittelkonsum bekannt geworden und konnten es sich leisten. Sie gestatten einen kleinen Schlenker, bevor es zu depressiv wird?

Shopping, Schuhe und zu viel Schokolade

Maria Theresia von Spanien, verliebt in und verheiratet mit Frankreichs Sonnenkönig, tröstet sich rund hundert Jahre nach Anna von Sachsen mit heißer Schokolade über Ludwigs mäßiges Interesse an ihr und über seine Vorliebe für aufregende Mätressen hinweg.

Die Königin schlürft täglich um die zwanzig Tassen. Das damals sündteure Vergnügen und sieben Pflichtschwangerschaften kosten sie fast alle Zähne und die ohnehin schon üppige, aber in Teeniejahren reizvolle Figur. Kunstfreunde begeistert die Spanierin übrigens noch heute als zauberhaftes kleines Mädchen auf Velázquez' Gemälde »Die Infantin«. (Schnell mal googeln!)

Ihr Gemahl teilt diese Begeisterung nicht, und Maria Theresia hat nicht das Zeug zur Verführerin. »Königinnen haben keine Beine!« heißt das lustfeindliche Motto weiblicher Sexualkunde in Spanien. Soll heißen: Spaß bei der Fortpflanzung ist unerwünscht.

Weshalb Maria sich neben Kakao auf Affenliebe verlegt. Ohne einen Pulk von Meerkatzen geht sie nirgends hin; nebenher sammelt die selbst recht klein gewachsene Königin »Zwerge«. Mehr als ein Dutzend Liliputaner gehören als Spaßmacher zur Entourage der Monarchin.

Immerhin behandelt Ludwig seine ungeliebte Maria mit Respekt. Das heißt in Versailles: Seine neuesten Mätressen müssen sich offiziell bei seiner Königin vorstellen und dürfen niemals den Hofknicks vergessen. Außerdem steigt der Erfinder des theatralischsten Hofzeremoniells aller Zeiten jede Nacht pünktlich auf ein halbes Stündchen in Marias Bett. Meist nur zum Gutenachtsagen und so, dass ganz Versailles Bescheid weiß. Ludwig XIV. geht es nicht um die eheliche Pflicht, er muss eine tadellose Figur machen. Nach Maria Theresias frühem Krebstod verdrückt der polygame Monarch, der nah am Wasser gebaut hat, gar echte Tränen und bemerkt: »Sie hat mich keinen einzigen Tag ihres Lebens verärgert.« Wilhelm von Oranien wäre vor Neid erblasst.

– 356 –

Maria Theresias Schwägerin Liselotte von der Pfalz, Gattin von Ludwigs homosexuellem Bruder Philippe von Orléans, wärmt ihr zumeist leeres Bett mit bis zu acht Schoßhunden. Die Pfälzerin findet wahrlich Anlass genug, sich außerdem mit Fress- und Klatschsucht zu trösten. Wodurch sie uns ein einzigartiges Geschenk hinterlassen hat: Tagebücher, die von Giftmorden, Sexskandalen und Kapitalverbrechen in Versailles nur so strotzen.

Ehemann Philippe, ein Fan von modischem Firlefanz, Chichi und ganz viel Rüschen, kommt seiner Pflicht zum Kinderzeugen nur widerwillig nach. Beim Akt umwindet er sein Gemächt mit einem Rosenkranz aus Perlen, um seine Laune und seine edelsten Teile zu heben. Liselotte stören das Geklimper beim Routinesex und der Rattenschwanz seiner Galane, die sie beim Gatten und beim Sonnenkönig schlecht machen. Philippes erste Frau, eine englische Königstochter, sollen die Günstlinge gar per Gift aus dem Ehebett ihres Gönners entfernt haben. Ihrer Juwelen wegen, die sie lieber selber tragen wollten. Auch die Klunker von Liselotte luchsten sie Philippe später ab.

Die Pfälzerin kommentiert ihr spannendes, aber kaum beneidenswertes Schicksal, mit umwerfendem Esprit und Humor, genau wie ihre nach dem 40. Lebensjahr unförmige Figur: »Mein Fett hat sich gar übel platziert: Ich habe einen abscheulichen – mit Verlaub – Hintern, Bauch und Hüften und gar breite Achseln. Hals und Brüste sehr platt ... habe aber das Glück, gar nichts danach zu fragen, denn ich begehre nicht, dass jemandes verliebt von mir sein solle.« Eine Frau, von der Anna von Sachsen viel hätte lernen können.

Für eine Shoppingsucht à la Marie Antoinette hingegen fehlt unserer unglücklichen Oranier-Gattin das Geld. Ausgelöst wird der Kaufrausch bei Frankreichs Skandalkönigin unter anderem dadurch, dass ihr Gatte Ludwig XVI. die Ehe drei Jahre nicht vollzieht. Dabei ist seine 15-jährige Braut blond, blauäugig und bildschön. Zu viel des Guten für Ludwig Nummer 16. Er versagt aus Schüchternheit. Im 19. Jahrhundert, das ja für gewagte Diagnosen im Genitalbereich bekannt ist, tippte man noch auf eine Phimose (zu Deutsch: Vorhautverengung). Aber dafür gibt es keine Beweise.

Aktenkundig ist, dass Ludwigs österreichischer Schwager Leopold empfohlen hat, den überforderten Ehemann mit der Peitsche anzutreiben, damit der König wie »ein Esel ejakuliere«. Aus purer Not. Wie auch immer – Marie Antoinette wird schwanger, kann von ihren Süchten allerdings nicht mehr lassen, was Frankreich viel Geld und sie schlussendlich den Kopf gekostet hat.

Napoleons Gattin Nummer eins, Joséphine de Beauharnais, verfällt hingegen dem klassischen Schuhtick, während der Korse sich zunehmend von ihr abwendet. 524 Paar soll sie allein im Jahr 1809 gekauft haben, daneben besitzt sie 872 Röcke und 399 Unterröcke. Billig kommt ihr Gemahl in Sachen Dessous davon, die Kaiserin verabscheut das Tragen von Unterhosen. Ansonsten ist die gebürtige Kreolin ein Paradebeispiel für neureiche Verschwendungssucht. Bei einer jährlichen Apanage von drei Millionen Francs bringt die Kaiserin es nebenbei auf Schulden von dreieinhalb Millionen.

Da wäre selbst die kauflustige und labile Lady Di erblasst. Die berühmteste betrogene Königin der Moderne hat auf ihre königliche Ehe, von der sie sich zu viel versprochen hat, bekanntlich mit Ess-Brech-Sucht reagiert.

Leider verfügt die sächsische Prinzessin Anna auf der Dillenburg nicht über die Mittel, um ihre Suchtveranlagung auf Mode umzulenken, Schokolade gibt's noch nicht, und das sonnige Gemüt einer Liselotte von der Pfalz ist ihr nicht gegeben.

Im Gegenteil: Die Fürstentochter fühlt sich auf der Dillenburg mehr denn je als Gefangene eines Schicksals, das für sie stets die Rolle des unerwünschten Anhängsels vorsieht. Erst als lästige Waise, dann als vernachlässigte Gattin und nun als verarmte Strohwitwe. Nur nie als glückliche Fürstin. Auf der Burg der Nassauer scheint sich der Kreis zu schließen. Die Dillenburger Tristesse gemahnt fatal an die Dresdner Tristesse ihrer Kindertage.

Trotz hoher Geburt und prachtvollem Erbe, trotz brennender Liebe und trotz Prinzenhochzeit scheint sie keinen Schritt vorangekommen zu sein. In diesem Zustand muss sie ihre Umgebung – wie sich den Briefen der Nassauer über »die Person« entnehmen lässt – gewaltig genervt haben. Auf der Dillenburg hat man weder Verständnis noch genug Matratzen für eine hypersensible Prinzessin auf der Erbse übrig.

Anna bittet ihren Onkel Wilhelm von Hessen flehentlich um eine Einladung an den Kasseler Hof, um dort mit ihrem Gefolge in ihr angenehmerer und in standesgemäßer Atmosphäre auf den Prinzen zu warten. Die Einladung bleibt aus. Höflich ist das nicht, aber Besuch von verarmten Verwandten mit angeschlagenem Ruf ist nicht jedermanns Sache. Zumal wenn die eine Entourage von Höflingen mitbringen, die es durchzufüttern gilt.

Ende Oktober 1568 tut sich eine andere Fluchtmöglichkeit für die Prinzessin auf, die sie so beherzt wie unüberlegt ergreift.

Jede Krise ist eine Chance – sogar die Pest

Auf der Dillenburg bricht eine Seuche aus. Wie damals üblich wird von Pest geredet, womit jede tödliche Ansteckungskrankheit gemeint sein kann. Der Schlossbäcker und weitere Bewohner der Burg erkranken und sterben; bald sind auch das Städtchen samt Umgebung betroffen.

Annas Kinder werden nach Braunsfeld evakuiert, die Schwiegermutter und die Schwägerin verlassen das Schloss ebenfalls. Die schwangere Anna bleibt zurück. Mit der Begründung, dass sie unter heftiger Morgenübelkeit leide und darum nicht reisefähig sei. Sie bricht mit ihrem Gefolge erst ein paar Tage später auf. Ihr Ziel ist Köln. Eine eigenmächtige Entscheidung, die ihre Schwiegerfamilie als böswilliges Verlassen deutet. Vor allem weil Burgherr Johann einen Reisewagen für Anna und Bargeld aus der Schlosskasse rausrücken muss, um den Umzug der Schwangeren samt niederländischem Gefolge von 20 oder 40 Personen zu ermöglichen.

Nach dem Motto »Jede Krise ist eine Chance« wagt die Prinzessin den Absprung in ein Sololeben. Mit den Dillenburgern will sie ohne ihren Mann nie mehr zusammenleben, schreibt sie später kategorisch nach Sachsen. Lieber wäre sie tot.

An ihrem Prinzen hält sie hingegen weiter fest, möchte aber in einem eigenen Haushalt mit ihm zusammenleben. Die wenigen Wochen auf dem Siegener Schloss haben sie auf den Geschmack gebracht, und ihre Sucht nach Wilhelm scheint ungebrochen.

Per Feldpost gibt der Prinz seinem Schatzmeister, der als Exilant in Köln lebt, Anweisung, seine Gattin samt Gefolge aufzunehmen und zu unterhalten. Auf Kredit versteht sich.

Auch Annas hessischer Onkel, der sie in Kassel nicht haben wollte und der an Ermahnungen sonst nicht spart, zeigt Verständnis für ihren Abschied von den Dillenburgern. Die ständigen Vorwürfe und Beleidigungen der Nassauer seien zu unverschämt gewesen.

Annas Spontanumzug nach Köln stellt die Dillenburger vor ein Versorgungsproblem. Selbstredend hat die Prinzessin als Gegenleistung für ihre Mitgift Anspruch darauf, von ihrem Mann oder seinem Clan versorgt zu werden, aber bitte nicht wie eine Fürstin und schon gar nicht in einem Singlehaushalt! Finden die Dillenburger und erkennen immer klarer, dass ihre Absicht, sich über die Verbindung Nassau/Sachsen an die adlige Tabellenspitze heranzuarbeiten, mit einem unkalkulierbaren Risiko verbunden war.

Die Einheirat einer Fürstentochter in den Grafenclan sieht jetzt nach einem brandgefährlichen finanziellen Eigentor aus. Der militärische Kampf gegen den dynastischen Abstieg kostet bereits ein Vermögen. Nebenher eine lästige Fürstentochter, die sich als Fehlinvestition erwiesen hat, standesgemäß zu unterhalten ist ein Nullsummenspiel.

Man scheut von nun an kein taktisches Foul mehr, um Anna auszumanövrieren. Die Nassauer werfen der Prinzessin neben Frivolität und einem schlechten Charakter vor allem übersteigerten Standesstolz und Gier vor. Zwei unschöne Eigenschaften, die es in ihrer eigenen Familie allerdings genauso gegeben haben dürfte wie in der von Anna.

Fürderhin wird die Kurfürstentochter in den Briefen der Nassauer immer heftiger verunglimpft. Anna redet im Gegenzug verächtlich von »diesen Westerwäldern«. Kurz: Das Band scheint auf immer zerschnitten.

Anna scheint dennoch zu hoffen, ihren Wilhelm halten zu

können. Immerhin hat der Prinz ihr den Aufenthalt in Köln nicht untersagt und sogar Anweisung gegeben, für ihren Unterhalt zu sorgen.

Prunk auf Pump

Ob nun gierig oder nur verzweifelt naiv – sorgsam durchgerechnet ist Annas Plan einer eigenen Haushaltung in keinem Fall. Weder von ihr noch von Wilhelm. Der notorische Schuldenmacher steht in Köln bei diversen Pfandleihern bereits mit 60.000 Gulden in der Kreide. Sein Schatzmeister Johann Mohren tut für Anna, was er kann, aber der Kreditrahmen des Prinzen ist auch in der Domstadt bald erschöpft. Der Titel Prinz von Oranien ist als Sicherheit keinen Heller mehr wert.

Die im fünften Monat schwangere Prinzessin beginnt ihren Schmuck – darunter ihren Ehering im Wert von 6000 Gulden – und andere persönliche Wertgegenstände zu versetzen, um sich und ihren Hofstaat samt Gesinde, Hofprediger, Fuhrknecht, Wasch- und Kindermagd durchzufüttern, unterzubringen, zu zahlen und zu kleiden. Köln ist ein teures Pflaster. Die Lebensmittelpreise gelten als extrem hoch. Ein Lamm kostet einen Gulden, ein Kapaun einen halben. 250 Gulden verbraucht Annas Haushalt in drei Monaten für Wein.

Wilhelms nassauische Verwandten lehnen einen Beitrag zu Annas Sololeben ab. Sie bieten allenfalls eine Unterkunft für sie und zehn Dienstboten in einem ihrer Landgüter sowie Verpflegung mit Lebensmitteln und Brennholz an. Mit anderen Worten, sie offerieren eine Naturalversorgung nach ihrem Gutdünken. Was man angesichts ihrer Kassenlage verstehen kann. Anna sieht darin ein Gnadenbrot, bleibt lieber im Kölner Stadthof von Wilhelms Schatzmeister wohnen und versucht nach Art des Hochadels zu überleben.

Sie lädt jeden Tag andere niederländische Exilanten zu Tisch. Das ist weniger eine Extravaganz als der Versuch, sich ein hochkarätiges Netzwerk in den eigenen Kreisen zu erhalten. Und den guten Namen. Eine Strategie, die nicht zuletzt Wilhelm ihr in seinen ehemaligen Schlössern in Holland und Brüssel auf höchstem Niveau vorgelebt hat. Dass Anna lieber mit ehemaligen Bekannten aus Breda plaudert und Freunde sucht, statt in der Dillenburg Gebete und Nähstunden zu absolvieren, kommt hinzu.

Aus moderner Sicht ist ihr Verhalten leichtsinnig, aber ist es pure Selbstsucht, wie Forscher jahrhundertelang kolportierten? Ein schwer haltbarer Vorwurf. Beim Versetzen ihres Schmucks muss die Fürstin von Oranien von der Pfandsumme regelmäßig Schuldscheine ihres bankrotten Gatten einlösen. Was sie auch tut. Leider schmälert das den Erlös für ihre Haushaltskasse, und die Rechnungen stapeln sich.

Im November 1568 bittet Anna ihren Onkel, Kurfürst August, »dieweil Euer Gnaden es nicht ratsam finden, meinem Gemahl und Herrn im Kriegshandel zu helfen«, wenigstens ihr beizustehen, da »höchste Not mich dazu zwingt«. In der Tat.

Aus den Niederlanden ist inzwischen die Nachricht eingetroffen, dass der Prinz sich in einem Rückzugsgefecht gen Frankreich bewegt. Er kämpft jetzt vor allem gegen seine eigenen Söldner, die weiter munter plündern und Wilhelm mit dem Tod bedrohen, falls er ihnen nicht endlich Sold zahlt.

Zur Besserung der ehelichen Einkünfte macht Anna derweil genauer durchdachte Vorschläge. Sie will keine Almosen von August, sondern einen Vorschuss auf die 12.000 Taler jährlichen Witweneinkommens, die ihr laut Ehevertrag im Fall von Wilhelms Versterben zustehen. Nein, sie kalkuliert dabei nicht mit dem baldigen Heldentod des Prinzen oder mit einem Meuchelmord durch dessen Landsknechte. Anna hat in Köln clevere Juristen gefunden, die ihr raten, umgehend den ihr zustehenden Witwenunterhalt einzufordern. Das nämlich, so die Rechtsgelehrten, steht ihr in ihrer jetzigen Lage zu.

Die Begründung:

3. Ad 1: Da ihr Gatte bankrott und von seinem Lehnsherrn Philipp für vogelfrei und rechtlos erklärt worden ist, ist er sozial ein toter Mann, der nicht mehr für sie sorgen kann. Annas Status entspräche damit nach gängiger Rechtsauslegung dem Witwenstand. Ihre Kölner Berater nennen Präzedenzfälle und Urteile.

4. Ad 2: Die Einziehung von Wilhelms holländischen Gütern wegen Kriegsführung gegen seinen Lehnsherrn darf nicht die ihr überschriebenen Gebiete und deren Erträge einschließen. Schließlich marschiert nicht sie mit Truppen in den Niederlanden herum.

5. Ad 3: König Philipp II. muss Annas Anteil sofort freigeben, da er die Urkunde über die Übertragung der Grafschaften und Landgüter an Anna unterzeichnet hat.

6. Ad 4: Sollte Brüssel nichts rausrücken, kann Anna sich auf eine Zusatzklausel im Vertrag berufen. Darin haben sich die Nassauer verpflichtet, Anna auf ihrem Boden einen eigenen Wohnsitz mit einem jährlichen Einkommen von

12.000 Talern einzurichten, falls ihre niederländischen Güter weniger abwerfen, verschuldet oder verloren sind. Das war der Preis, um den die Nassauer 1561 die Einheirat ihres Goldprinzen ins Kurfürstenhaus gesichert haben.

Daraus folgt: Da mit Wilhelms sozialer Wiederauferstehung nicht zu rechnen ist, hat ein Prozess um Annas Witwengüter – Leibgedinge genannt – durchaus Aussichten auf Erfolg.

Annas Bitte an ihren Onkel um einen Vorschuss aufs Leibgedinge dagegen nicht. August, der als frühmoderner Vorläufer von Dagobert Duck bezeichnet werden kann, rät lediglich dazu, in Sachen »Leibgedinge« eine Petition an den Kaiser und an Philipp II. zu schreiben. Er will es dann mit seinen Empfehlungen weiterleiten. Das kostet nicht viel, vermeidet einen skandalträchtigen Prozess mit den Habsburgern und begeistert zumindest Annas Onkel Nummer zwei, Wilhelm von Hessen, auf Anhieb.

Der Landgraf verspricht seiner Nichte ebenfalls, sich umgehend an den Schreibtisch zu setzen, um sich mit warmen Worten beim Kaiser für sie zu verwenden. Tatkräftige Hilfe zum Lebensunterhalt sieht anders aus.

Anna, die den Prozess und erst recht die Kosten dafür noch scheut, verfasst die Petition und erlangt die Zusage Kaiser Maximilians II., sich für sie zu verwenden. Sie findet also an höchster Stelle durchaus Verständnis für ihr Vorgehen, und ihre Argumente scheinen rechtskonform. Allerdings ist eine kaiserliche Empfehlung keine Garantie für eine Sofortrente, sondern der Beginn einer langwierigen Prozedur. Weshalb Kurfürst August Vorschüsse auf ihr Witwengut weiterhin ablehnt, sodass Anna ihren Bettelbriefverkehr fortsetzen muss.

Bereits im Dezember 1568 schreibt sie erneut nach Dresden und bittet um Geld. Schließlich könne sie mit ihren Kindern nicht »Füße und Hände essen und vom Wind leben«. Als Antwort kommt keine fürstliche Überweisung, sondern ein kurfürstlicher Buchprüfer nach Köln.

Der Gesandte mit dem schönen sächsischen Namen von Berlepsch – bitte einmal laut nachsprechen – hat ein paar Notgroschen im Gepäck, die nicht einmal genügen, um die Fleischerrechnungen zu begleichen. Ansonsten soll er Annas Haushaltsführung kontrollieren. Allzu viel hat der Finanzfachmann nicht zu beanstanden.

Von Berlepsch berichtet nach Dresden, Anna haushalte »genau und sparlich« und serviere frugale Kost. Da sei es in Dillenburg, wo er gelegentlich zu Gast war, stattlicher und höher hergegangen. Zurück dahin will Anna dennoch nicht.

Berlepsch rät zur Entlassung weiterer Lakaien und zur Einschränkung der Gastfreundschaft. Gehorsam reduziert Anna ihre Hofhaltung und schafft bis auf zwei Wagenpferde und zwei Esel alle Fortbewegungsmittel ab. Berlepsch macht einen Abstecher nach Dillenburg, um die Nassauer auf ihre Unterhaltspflichten hinzuweisen. Graf Johann von Nassau rechnet ihm vor, was er bislang in den Krieg seines Bruders gesteckt hat. 170.000 Gulden. Er sei nahezu blank.

Auf die versetzten Teller und Schätze der Prinzessin angesprochen schlägt der Graf vor, der Kurfürst von Sachsen möge sie zusammen mit Wilhelms Kunstschätzen auslösen. Der Wert des fürstlichen Hausrats übersteige die Pfandsumme von 40.000 Gulden erheblich. Graf Johann verlangt im Gegenzug für das Silberporzellan, dass man im Ehevertrag alle Klauseln über Annas Witwensitz auf Nassauer Gebiet und die Leibrente von 12.000 Talern streicht.

Berlepsch, der in weiser Vorausahnung davon ausgeht, dass der Kurfürst kein Interesse an gebrauchtem Hausinventar und der Übernahme von Annas Rentenversicherung hat, reist noch einmal nach Köln. Er ermahnt Anna, auf die Dillenburg zurückzukehren und dort auf bessere Zeiten zu hoffen. Ihr Singledasein in Köln sei »schwer schimpflich« – und nicht finanzierbar. Jedenfalls nicht vom Kurfürsten. Unter »beständigem Weinen«, so Berlepsch, besteht Anna darauf, in Köln zu bleiben.

Statt im Schutz der Dillenburg zu versauern, bleibt sie lieber Stammgast in Pfandhäusern von Köln bis Frankfurt, obwohl der Hochschwangeren das Reisen schwerfällt und wiederum Geld kostet. Ihr Gesinde überfällt gar einen Brennholztransport bei Kerpen nahe Köln, um die Heizkosten zu senken. Erst später bezahlt Anna für das Holz mit der Behauptung, das immer vorgehabt zu haben. Der Ikea-Slogan »gleich mitnehmen, später zahlen« ist damals allerdings noch nicht gängig.

Kurz: Ihre Lage bleibt klamm. Allen Sparmaßnahmen zum Trotz muss Anna auch in den Folgemonaten bei Kölns Metzgern, Weinzapfern und Lebensmittelhändlern anschreiben und kann ihr Gesinde vom Koch bis zur Waschmagd nur unregelmäßig entlohnen.

Wie von Berlepsch richtig prophezeit hat, ist aus Sachsen keine weitere Hilfe zu erwarten. Onkel August rechnet ihr nur noch vor, was ihn ihr Hochzeitsfest gekostet hat. Die Landesherrin Anna von Dänemark stellt den Schriftverkehr ein. Dreimal bittet ihre Ziehtochter die dänische Hobbyapothekerin im Frühjahr 1569 um die Übersendung von Hirsekorn, um die bevorstehende Geburt ihres fünften Kindes zu erleichtern. Nicht einmal das scheint man für die Nichte übrig zu haben.

Hessens Landgraf gibt sich ebenso knauserig. Mit der Begründung, sein Vater habe vor der Heirat mit dem Oranier ausdrücklich gewarnt.

Am plausibelsten begründen die Nassauer die Unterlassung jeglicher Hilfeleistung. Nach Wilhelms desaströsen Feldzügen ist es bei ihnen wirklich knapp. Annas Petition betreffs ihrer Burgen Diez und Hadamar macht ihnen heftige Sorgen. Noch einmal bieten sie ein Landgut plus Brennholz und Naturalien an, um billiger davonzukommen.

Ansonsten raten sie, Anna möge sich in Geduld üben, bis Wilhelm sein Hab und Gut wiedergewonnen habe, und sich bis dahin an ihre reiche »herzliebe« eigene Familie wenden. Von der man in Dillenburg am besten weiß, was dort zu holen ist. Nichts. Und Wilhelms Sieg – so sieht es zu diesem Zeitpunkt aus – dürfte auf den Sankt-Nimmerleins-Tag fallen.

Angesichts solcher Verwandter, deren Leistungen und Biografien in Geschichtsbüchern differenziert gewürdigt werden, ist es zumindest fragwürdig, wenn Anna von Sachsen von Oranier-Forschern jahrhundertelang als singuläres Beispiel für Egoismus, Habgier und Heuchelei im Umfeld des Oraniers dargestellt wurde. Und noch wird.

So mutmaßt der brillante Historiker Olaf Mörke in einer 2006 erschienen Biografie über Wilhelm, dass der Prinz für die standesbewusste Anna als Gatte bereits bei der Flucht aus Breda erledigt gewesen sei, da ihm nicht mehr der Glanz eines Grandseigneurs anhaftete.

Tatsächlich plant die schwangere Anna noch im Frühjahr 1569 und darüber hinaus, mit Wilhelm gemeinsam zu leben. Und zwar von ihrem Leibgedinge. In einem Brief an Kurfürst August betont sie ausdrücklich, dass, egal wie das

»Kriegswerk« ausgehe, Wilhelm sich von den Zinsen ihrer Güter »wenigstens wie ein Graf, ein Edelmann oder ein Bürger erhalten könne«. Dass Wilhelm irgendwann seinen alten Status zurückerlangen könnte, dafür spricht – wie gesagt – zu diesem Zeitpunkt nicht viel. Aber noch weniger spricht dafür, dass der Prinz seine Zukunft mit Anna als dauerhafte Idylle à deux zu leben wünscht.

Doch die Hoffnung stirbt bekanntlich zuletzt, und im März 1569 kann Anna ihren Prinzen wiedersehen. Hochschwanger reist sie per Schiff nach Mannheim, wohin sich der Prinz nach seinem Feldzug der Kategorie »Unternehmen Titanic« in bedauernswertem Zustand geflüchtet hat.

Ein Fürst in Lumpen

Wilhelms Versuch, auf französischem Boden zu überwintern, ist im Dezember 1568 fehlgeschlagen. Frankreichs König hat ihm und seiner wild gewordenen Truppe das Biwakieren untersagt. Im Januar ist Wilhelm ins Elsass ausgewichen. Von seinen ehemals 30.000 Söldnern ziehen nur noch 8000 mit ihm. Die weichen dem Prinzen nur deshalb nicht von der Seite, weil er ihnen Sold schuldet. Statt anderweitig Beschäftigung zu suchen, setzen sie Wilhelm lieber buchstäblich das Messer an die Kehle. Ein derart rüdes Gebaren ist bei den Mietsöldnern jener Tage üblich und verdankt sich nicht einer Führungsschwäche des Prinzen.

Wilhelm muss in Straßburg seine Kanonen in Zahlung geben und seine letzte Habe versetzen, um seine Soldateska zu zähmen. Doch der Erlös aus den Notverkäufen reicht nicht, und nach Frankreichs König fordert ihn Ende Januar

1568 auch der Kaiser auf, das deutsche Reichsgebiet mit seinem ungehobelten Kriegsvolk zu verlassen. Er verhängt die Reichsacht über den Prinzen. Wilhelm kann sich ab sofort nur noch möglichst unsichtbar auf deutschem Boden bewegen und ist nun auch hier rechtlos.

Als Kaufmann und Bauer verkleidet flieht er vor seinen eigenen Landsknechten nach Heidelberg. Dort nimmt ihn der befreundete calvinistische Kurfürst und Pfalzgraf Friedrich III. auf, dessen Sohn Johann Kasimir bei Wilhelms Kampf in den Niederlanden dabei war. Johann Kasimir ist übrigens Vorbild für das berühmte Volkslied vom »Jäger aus Kurpfalz«, wird später eine Cousine Annas heiraten und diese nach 21 Jahren Ehe ebenfalls wegsperren. Wegen angeblichen Ehebruchs und eines Mordkomplotts. Wer's glaubt, wird selig. Sächsische Bräute haben damals wirklich notorisch Pech mit Männern.

So wie jetzt Anna. Nach sechsmonatiger Trennung trifft die Hochschwangere im März 1569 auf einen Fürsten in Lumpen. Vom ehemaligen Grandseigneur und Großgrundbesitzer hat sich der Prinz in einen marodierenden Condottiere von zweifelhaftem Ruf verwandelt. Seine Schuldenlast beträgt um die zwei Millionen Gulden.

Doch Wilhelm hat bereits neue Pläne für die Rückeroberung seines Erbes und für die Befreiung der Niederlande von den Spaniern. Er und sein Bruder Ludwig haben sich entschlossen, in Frankreich bei den Hugenotten Zuflucht zu suchen, um dort unter deren Admiral Coligny für die calvinistische Sache zu kämpfen. Nach dem Motto »eine Hand wäscht die andere« verspricht Wilhelm sich von der Waffenbruderschaft spätere Truppenhilfe für seinen Kampf in den Niederlanden.

Anna ist bereit, ihn in dieses Exil fernab von Dillenburg zu begleiten. So hartnäckig wie der Prinz an seinen Wiederaufstieg glaubt, so unbeirrt scheint Anna auf eine gemeinsame, wenn auch zunächst bescheidenere Zukunft zu setzen. Wieder einmal sieht Anna nur, was sie sehen will, und übersieht, dass bescheidene Pläne nie die Sache des Oraniers gewesen sind. Dass beide ein inkompatibles Paar sind, ist inzwischen mehr als deutlich.

Anna will retten, was zu retten ist, und setzt auf ihr erlerntes Statusdenken. Sie glaubt, als Kurfürstentochter und Prinzengattin sei sie an diversen protestantischen Höfen Europas willkommen, wenn ihr Gatte es will. Doch ihrem Wilhelm schwebt keine Karriere als adliger Bittsteller vor. Um wieder ganz oben mitzuspielen, bleibt ihm nur ein Aufbruch zu neuen Ufern. Sein Kurs steht nicht endgültig fest, doch sein Talent zum Richtungswechsel je nach politischer Wetterlage ist ungebrochen.

Von den lutherischen Deutschen wendet sich der Oranier – rein innerlich – mehr und mehr ab. Frankreichs Calvinisten scheinen längst potentere Bündnispartner zu sein. In Heidelberg bei Freund Johann Kasimir hat er gerade vielversprechende Begegnungen mit hochrangigen Hugenotten gehabt, möglicherweise auch mit weiblichen, die ihn mehr als verzückt haben.

Nach außen und gegenüber Anna legt er beim Treffen in Mannheim jedoch weiterhin Wert auf eine gute Verbindung zu Deutschlands Lutheranern und deren mächtigsten Vertretern – also Annas Familie. Schließlich kann man nie wissen.

Ein eheliches Exil in Frankreich lehnt er ab. Charmant wie immer, mit Hinweis auf die baldige Niederkunft und ohne

Annas eher beschauliche Zukunftsplanung zu bemängeln. Finanziell kann er seiner Frau nicht weiterhelfen. Fazit der Reise für Anna: Außer Spesen nichts gewesen.

Annas Kampf um ihre Leipserben und ihr Leibgedinge

Die Prinzessin kehrt »schweren Leips« und schweren Herzens, aber nicht entmutigt nach Köln zurück. Am 10. April bringt sie ihr fünftes Kind, Tochter Emilie, zur Welt.

Auch ihre anderen Kinder, die ein Jahr zuvor der Pest evakuiert worden sind, holt sie zu sich nach Köln. Vorangegangen ist ein Sorgerechtskampf mit ihrer Schwiegermutter Juliane von Stolberg. Anna besteht darauf, auch Maria, ihre Stieftochter aus der ersten Ehe des Oraniers, in ihrem Haushalt aufzunehmen. Wilhelm selbst bestätigt später, dass dies wohl Grund des endgültigen Zerwürfnisses zwischen den beiden Frauen ist.

Die Schwiegermutter hält Anna neben allen anderen Vergehen vor, sie sei eine Rabenmutter, was Anti-Anna-Biografen gern für bare Münze nehmen. Überprüfen lässt sich dieser Vorwurf jedoch nicht, und in unserem heutigen Sinne dürfte er in keinem Fall zu verstehen sein.

Im Rahmen üblicher dynastischer Familienpolitik neigen die Nassauer schließlich selbst dazu, Söhne und auch Töchter anderweitig unterzubringen oder früh von daheim wegzugeben und als Politinstrument einzusetzen. Aushäusige Erziehung setzt damals eben allgemein früh ein. Unter einer Rabenmutter verstehen die Dillenburger also eher eine Mutter, die die Kinder eines Oraniers nicht komplett in die nassauische Familienpolitik einspannen lässt, sondern eigene Pläne für sich, ihren Nachwuchs und ihren Ehemann hat.

Zu diesen Plänen gehört es, in Sachen Leibgedinge weiter zur Tat zu schreiten. Anna will nun Rechtsbeistand einschalten. In gutem Glauben wendet sie sich zunächst an einen Vertrauten ihres Gemahls, einen gewissen Dr. Johann Betz aus Mecheln. Schließlich will sie ihren Mann nicht verärgern, sondern wieder mit ihm zusammenleben.

Dr. Betz soll zunächst nach München zum Kaiser und dann nach Spanien zu Philipp reisen, um ihre Petition betreffs Witwenpension noch einmal persönlich zu überbringen und zu erläutern. Gegen diese zahme Form, den Rechtsweg zu beschreiten, erheben weder die Nassauer noch Annas Verwandte Einspruch. Im Gegenteil, Kurfürst August und der Landgraf von Hessen stellen sogar das Honorar und die Reisespesen des Advokaten. Aus gutem Grund: Ein juristischer Briefbote, der auf ihre Kosten arbeitet, lenkt Anna von handfesten Prozessabsichten ab und kann nicht viel Schaden anrichten. Denn Petitionsverfahren können dauern und dauern und dauern. Das behagt auch den Nassauern. In einem sind sich Annas und Wilhelms Verwandte nämlich einig: Die Prinzessin am ausgestreckten Arm verhungern zu lassen ist die beste Taktik.

Die Mission des Dr. Betz ist ein juristisches Äquivalent zu Baldriantropfen. Der Advokat erfüllt seinen Auftrag ganz im Sinne seiner fürstlichen Geldgeber. Mit dem Temperament einer Schlaftablette macht er im Vorzimmer des Kaisers Dienst nach Vorschrift. Er übergibt die Petition betreffs des Leibgedinges, die bereits vorliegt, noch mal und wartet auf eine Audienz. Und wenn er nicht gestorben wäre, würde er noch heute warten. Nach einigen Monaten beschließt der

Advokat, dass er für 500 Taler genug gewartet hat, und verabschiedet sich nach Heidelberg. Die Spanienreise tritt er gar nicht erst an.

Den Kurfürsten von Sachsen und Wilhelm von Hessen hat das Scheitern von Betz weder verwundert noch verärgert. Sie vertrösten Anna damit, dass ihre eigenen Empfehlungsschreiben samt Annas Petition nun in zweifacher Ausführung im Postkörbchen des Kaisers liegen. Sie beten darum, dass der Fall Anna damit vom Tisch ist und der Oranier weit weg in Frankreich bleibt.

Und was macht derweil Wilhelm?

Der Prinz selbst hält sich nach bewährter Manier zunächst aus der Sache heraus und hat bis Herbst glücklicherweise eine gute Ausrede. Er kämpft und lebt meist in Frankreich, lernt dabei weitere Hugenotten kennen, darunter die Königin von Navarra und einige ihrer höchst attraktiven Freundinnen. Eine heißt Charlotte de Bourbon, ist mit dem französischen Königshaus verwandt und bis 1571 Äbtissin eines katholischen Klosters. Wider Willen. Die Eltern haben sie mit dreizehn zwecks Versorgung dorthin abgeschoben. Sie hat zwar einige Reisefreiheiten, die sie gelegentlich auch für Ausflüge in die Kurpfalz nutzt, will aber lieber weltlich und calvinistisch leben. Weshalb sie im Sommer 1571 nach Heidelberg flieht, wo sie anscheinend ihr Herz verloren hat. An Wilhelm. Dem es ganz ähnlich geht.

Gattin Anna bittet den Prinzen zwischen 1569 und 1570 mehrmals um ein Treffen, um ihre finanziellen Probleme und die Möglichkeiten eines eigenen gemeinsamen Hausstandes zu erörtern.

Im Rückblick ist klar, dass diese Idee höchst naiv ist. Die Kurfürstentochter unterschätzt Wilhelms Ehrgeiz und überschätzt ihr Angebot eines beschaulichen Heimatidylls in deutschen Landen. Prinz Wilhelm ist allen Rückschlägen zum Trotz keinesfalls bereit, seine Rolle als europäischer *Global Player* aufzugeben, um ausgerechnet mit Anna in der Heimat zu versauern.

Der Oranier schlägt zwecks einer Aussprache nur weit entfernte Orte vor oder nassauische Gebiete, denen er undercover gelegentliche Stippvisiten abstattet und die Anna ungern betritt. Da sie sich mit seinen Verwandten ja um ihren Witwensitz streitet, möchte sie nicht Gefahr laufen, dem Anhang ihres Gatten zu begegnen.

Dem Prinzen selbst vertraut sie anscheinend nach wie vor, und Wilhelm nährt Annas vage Hoffnungen auf ein gemeinsames Zuhause. Einmal mehr mit Hintergedanken.

Im November 1569 reist er, unmittelbar nach seiner Auszeit in Frankreich, nicht zu Anna, sondern ins sächsische Meißen, um Onkel Kurfürst zu treffen. Obwohl Wilhelm inzwischen die besten Kontakte zu Calvinisten und Hugenotten pflegt, will er es noch einmal mit dem lutherischen August versuchen.

Die antispanische Stimmung hat sich in den Niederlanden merklich verschärft, nachdem Philipp II. eine drastische Zusatzsteuer eingeführt hat. Alle Zeichen – da liegt Wilhelm richtig – stehen auf Sturm. Eine Massenerhebung gegen Albas Terror liegt in der Luft. Da will und muss er dabei sein. Koste es, was es wolle. Etwa Schmeichelei beim Kurfürsten von Sachsen.

Der kann sich denken, was der angeheiratete Verwandte plötzlich vor seiner Haustür will. Um eine Übersiedlung als braver Ehe- und Hausmann nach Deutschland geht es ihm sicher nicht. August lässt den Oranier acht Tage lang in Meißen warten und entschuldigt sich dann mit Krankheit. Eine Audienz kommt nicht zustande. Ein klarer Affront, und dem Prinzen ist endgültig klar: In Sachsen ist nichts zu holen. Seine Ehe mit Anna hat jegliche Geschäftsgrundlage verloren. Die Unterhaltsfrage ist genau wie die Gattin nur noch lästig. Kurz: Das Beste wäre es, sie loszuwerden. Nur wie?

Ein Anwalt namens Rubens

Anna, die sich noch immer mit Pfandgeschäften über Wasser hält, sucht derweil in Köln auf eigene Faust nach einem Advokaten, der bereit ist, um ihr Witwengut zu kämpfen. Im Herbst 1569 hat sie Glück.

Ein Exilant aus den Niederlanden, der keinerlei Verbindungen zum Haus Nassau oder nach Dresden und Hessen hat, übernimmt den brisanten Fall. Mehr noch: Der vierfache Familienvater wird Anna und ihre Kinder vorübergehend sogar in seinem Kölner Haus, einen ehemaligen Patrizierhof, aufnehmen. Seine Frau mit dem fröhlichen Namen Maria Pypelinx wird eine Freundin der einsamen Fürstin. Entscheidender als solche Freundschaftsbeweise ist das Können des Juristen. Schon bald beginnen die Nassauer, die Sachsen und die Hessen seinen Namen zu fürchten. Er lautet: Jan Rubens.

Wenn Sie nun an den berühmten Barockmaler Peter Paul Rubens denken, liegen sie ziemlich richtig. Der weltberühmte Künstler wird sechs Jahre später als Sohn von Annas Advokaten zur Welt kommen. Ein Glücksfall für die Familie Rubens und für die Kunst, den der Prinz von Oranien beinahe verhindert hätte.

Konfrontiert mit einem Juristen vom Format des Jan Rubens zeigen sich er und das Haus Nassau – wie so mancher Adelsclan jener Tage – von einer extrem brutalen Seite.

Die Scheidungsfehde beginnt lautlos

Zunächst verfasst Rubens eine direkte Anfrage nach Brüssel, mit der Bitte um die Freigabe ihrer dortigen Witwengüter und den daraus anfallenden Einnahmen; schließlich sei Anna keine Gegnerin Spaniens. Der Antrag wird trotzdem abgeschmettert. Begründung: Die Prinzessin habe finanziell zu Wilhelms »teuflischen« Feldzügen beigetragen. Dass einer fürstlichen Gattin kaum eine andere Wahl bleibt und dass ihr kein Einspruchsrecht zusteht, ist uninteressant. Der Name von Oranien ist den Spaniern einfach verhasst. Herzog Alba hat längst vorgeschlagen, den Prinzen in Abwesenheit verurteilen und »in effigie« verbrennen zu lassen. Das heißt, eine fürstliche Strohpuppe soll feierlich auf dem Scheiterhaufen hingerichtet werden, um vor Gott und der Welt klarzustellen: Der Prinz ist ein verbrannter Mann. Zur Hölle mit ihm.

Manche Wilhelm-Biografen haben Annas direkte Anfrage an Brüssel und Alba als selbstsüchtiges Manöver gedeutet, mit dem sie der Widerstandspolitik ihres Gatten in den Rücken fällt. Das ist bei genauem Hinsehen nicht haltbar. Zum einen befindet sich der Oranier zu diesem Zeitpunkt in Frankreich, und seine weiteren Pläne sind ihr unklar. Nicht umsonst heißt er der Schweiger.

Zum anderen hat sogar Kaiser Maximilian II. inzwischen ein Empfehlungsschreiben in ihrer Sache an seinen Vetter

Philipp II. nach Madrid weitergeleitet. Rubens hat den Vorgang mit seinem Antrag lediglich beschleunigt. Er will Fakten schaffen. Und das ist ihm gelungen.

Das Nein aus Brüssel macht klar, dass Anna nur noch der Gerichtsweg offen steht. Rubens und Anna beschließen, sich nun auf die Übergabe der Burg Diez oder Hadamar zu konzentrieren. Und wie immer, wenn es zwischen Paaren um Geld geht, wird es fies. Noch heute ist Geld der Hauptstreitpunkt zwischen Eheleuten und Langzeitliebenden.

Der Briefwechsel der Gatten von Sachsen/von Oranien gewinnt deutlich an Schärfe. Nachdem ein Jahr lang kein Treffen zustande gekommen ist, hat Anna die Nase voll und schreibt am 6. April 1570 einen kämpferischen Brief:

»Mein lieber freundlicher Herr ... Ich kann nicht glauben, dass Sie wirklich wünschen, mich zu sehen, denn Ihre Worte widersprechen Ihrem Verlangen. Bezüglich des Ortes, den ich auf Ihren Wunsch hin aufsuchen und in dem ich in drei Tagen eintreffen soll, kann ich nur sagen, dass er für mich sehr ungünstig liegt und dass ich zudem nicht weiß, wie ich in drei Tagen dort eintreffen soll und dass ich zudem nicht weiß, wie ich die Mittel zum Reisen auftreiben soll ... Sie schrieben mir, dass Sie nicht in der Lage seien, mir Geld zu schicken, aber ich habe schon längst gemerkt, dass mir zu helfen eine Ihrer geringsten Sorgen ist. Sie wissen viel besser als ich, ob Sie mich finanziell unterstützen können oder nicht. Da ich weder von Ihnen noch von Ihren Verwandten erhalten kann, was mir zusteht, muss ich mich an meine Freunde wenden, um das Notwendige für den Lebensunterhalt zu erlangen. Denn ich sehe, dass ich von Ihnen keine Hilfe zu erwarten habe ... Zu ihrer Bemerkung, dass, wenn ich zu Ihnen komme, ich meinen Zorn besser in Köln zurücklassen sollte, kann ich nur sagen, dass ich niemals auf Sie und Ihre Verwandten zornig war, es sei denn, es lag ein berechtigter Grund vor.«

Der Prinz will kein Provinzfürst werden

Wilhelm, der sich von Sachsen nichts mehr erhofft und der nunmehr in keinem Fall nassauische Besitzgüter opfern will, entschließt sich zu einem Gegenangriff, der seiner taktischen Meisterleistung bei der Brautwerbung von 1561 in nichts nachsteht. Was tut er? Er überschwemmt Anna von nun an mit zu Tränen rührenden Briefen, nennt sie kosend *ma mie* und und erinnert sie daran, dass sie als christliche Gattin seine Stütze in allen Lebenslagen sein muss. Die Briefe sind wieder sorgfältig komponiert, gehen erst nach mehreren Entwürfen in die Post, und der Prinz heftet Kopien davon sorgfältig ab. Anna reagiert gereizt und besteht auf einem Treffen, um zu besprechen, wovon sie – bei aller Liebe – denn bitte leben sollen. Auch diese Briefe heftet Wilhelm sorgfältig ab.

Als er genug von seinen Liebesnachrichten und Annas pampigen Antworten beisammen hat, lässt er die Falle zuschnappen. Der Prinz schreibt einen Beschwerdebrief an Wilhelm von Hessen und an August von Sachsen, in denen er beide auffordert, sie mögen der Nichte »den Kopf zurechtsetzen …«. Er habe Annas »ungereumpte, spitze« Schreiben satt, und er habe lange genug Geduld und wahre Liebe gezeigt. Was er – nach außen hin – ja tatsächlich getan hat. Zum Beweis legt er Kopien seiner *Ma mie*-Briefe und von Annas genervten Schreiben dazu.

Der Prinz, der ungern schriftliche Beweise hinterlässt, hat sehr gezielt und fleißig gesammelt. Mit solch einer Kratzbürste, so schreibt Wilhelm, könne er nicht weiter zusammenleben. Basta.

Diese Trennungsandrohung Wilhelms auf der einen Seite und Anna von Sachsens entschlossenes Vorgehen mithilfe des Juristen Jan Rubens andererseits versprechen einen fürstlichen Scheidungskrieg und bringen beider Verwandtschaft endlich mal in Bewegung.

Annas sächsischer und ihr hessischer Onkel verständigen sich mit den Nassauern über die Aufbringung eines »ziemlichen, fürstlichen« Unterhaltes für die beiden Streithähne, deren Kinder und einen Hof von 24 Personen. Das besitzlose Fürstenpaar soll einen dauerhaften Exilhaushalt in Erfurt einrichten. Die Kosten werden geteilt, wobei die sächsische und die hessische Verwandtschaft den größten Anteil von 3500 Talern bestreiten und die (weit weniger vermögenden) Nassauer 1000 Taler beisteuern sollen. Die Dillenburger Hilfe darf außerdem nicht mit Annas Leibgedinge verrechnet werden. Mit anderen Worten: Die einst so lukrative Ehe kommt die Nassauer teuer zu stehen.

Anna ist mit der Lösung einverstanden. Wilhelm tut erst einmal so. Aber Erfurt als Hauptwohnsitz? Und nebenan der Kurfürst, der unmissverständlich klargemacht hat, dass er das Paar nie empfangen wird. Im Leben nicht!

Nachdem das Finanzielle scheinbar geklärt ist, darf Anna ihren neuen alten Liebling Wilhelm im Juni 1570 zur Hochzeit seines besten Calvinistenfreundes, Pfalzgraf Johann Kasimir, nach Heidelberg begleiten.

Das Leben könnte in ihren Augen wieder einmal nicht schöner sein. Beim Hochzeitsbankett werden bis zu 200 ver-

– 380 –

schiedene Gerichte aufgetischt und hernach die üblichen Ritterturniere und Maskeraden geboten. Anna fühlt sich als Siegerin auf der ganzen Linie, vor allem weil sie den Rest des Sommers mit Wilhelm im Siegener Schloss verbringen darf.

Dort hat sie sich ja schon direkt nach der Flucht mit ihrem Prinzen ausgesprochen heimisch gefühlt. Obwohl sie sich auf Nassauer Hoheitsgebiet befindet, das sie lange gemieden hat, genießt Anna die unverhoffte Idylle zu zweit. Auch von Wilhelm ist nichts Gegenteiliges bekannt. Vielleicht weil er längst einen Plan B verfolgt, der nichts mit E wie Erfurt, sondern mit B wie Beseitigung der Gattin und B wie Bourbon, genauer gesagt mit Charlotte von Bourbon zu tun hat. Aber davon ahnt die Fürstin nichts. Genießen wir einstweilen mit Anna ihr kurzes Glücksintermezzo.

Der Widerspenstigen Zähmung

Im Herbst 1570 reist die Fürstin zur Frankfurter Messe, um versetzte Diamanten wieder einzulösen und dann mit Gewinn zum Verkauf anzubieten. Sie will das eheliche Haushaltsbudget von 4500 Talern jährlich ein wenig aufstocken.

Anschließend reist sie nach Köln, um ihre Kinder und ihr Gesinde im Haus Rubens abzuholen und nach Siegen zu bringen. Ihr Gatte verbringt die Zeit ihrer Abwesenheit in der Dillenburg und in Erwartung neuer Nachrichten von den Wassergeusen und von Kampfaktionen seines Bruders Ludwig in den Niederlanden.

Der Krieg gegen die Spanier tritt endlich in eine neue heiße Phase ein.

Der Briefverkehr des Paares gestaltet sich währenddessen

herzlich und beschäftigt sich mit der gemeinsamen Zukunft. Wilhelm bittet Anna dringend, in keinem Fall in der freien Reichsstadt Köln zu verbleiben, sondern rasch nach Siegen zurückzukehren.

Sogar Annas Schwager Johann, der Herr der Dillenburg, korrespondiert plötzlich freundlichst mit Anna, wo er sie doch kurz zuvor noch mit einem Gnadenbrot abspeisen wollte. Jetzt sichert er ihr zu, sie dürfe gern in seinem prachtvollen Siegener Schloss wohnen und sei auch kein bisschen Dank schuldig. Falls etwas fehle, etwa Möbel, Geschirr, Personal, möge sie Bescheid geben. Geld spielt anscheinend kaum noch eine Rolle. Was nach allem, was bislang geschehen ist, aufhorchen lässt. Nur Anna lässt es nicht aufhorchen. Die löst ihren umstrittenen Kölner Singlehaushalt auf, kehrt im November nach Siegen zurück und genießt das Dasein als Schlossherrin von Nassaus Gnaden.

Dass Wilhelm weiterhin in Dillenburg logiert, macht sie nicht stutzig. Sie ist es nicht gewöhnt, nur einen Katzensprung vom Prinzen entfernt zu sein. Mit eingefahrenen Krallen schaltet sie vom Kampf- in den Versöhnungsmodus. Der eheliche Frieden und die gesicherte Zukunft in Siegen behagen ihr. So sehr, dass sie nach Sachsen schreibt, sie und Wilhelm könnten leider vorerst nicht nach Erfurt übersiedeln. Weil, nun ja, der Gemahl sei krank.

Es ist anzunehmen, dass der Prinz in etwa so krank war wie Kurfürst August, als er im November des vorangegangenen Jahres den Oranier nicht in Meißen besucht hat. Und Anna möchte lieber in Siegens Schloss leben als unter der Kontrollmacht des sächsischen Kurfürstenpaares.

Eine leichte Stimmungseintrübung setzt bei ihr ein, als erstens der versprochene Nassauer Beitrag von 1000 Talern zur Haushaltskasse ausbleibt und zweitens ihr Gemahl im Dezember direkt an Siegen vorbei ins siegerländische Freudenberg aufbricht, ohne einen Zwischenstopp bei ihr einzulegen.

In Freudenberg erwartet der Prinz mit einem Trupp Getreuer Nachrichten über eine Aktion der Wassergeusen gegen die Spanier in Deventer. Politik bleibt sein zentrales Thema – in allem.

Schwamm drüber, Weihnachten macht der viel beschäftigte Wilhelm auf dem Siegener Schloss wieder alles gut. So gut, dass Anna im Januar seine Einladung auf die verhasste Dillenburg annimmt, um den Nassauern ein beispiellos großzügiges Geschenk zu machen. Am 16. Januar 1571 unterzeichnet sie eine Verzichtsurkunde für ein Wittum in Hadamar oder Diez. Aus Dankbarkeit für all die Hilfe und all die Freundlichkeiten, die sie und Wilhelm seit ihrer Flucht aus den Niederlanden durch die Nassauer erfahren hätten. Man höre und staune! Der Widerspenstigen Zähmung ist vollendet und ein taktischer Sieg des Prinzen auf der ganzen Linie.

Im sächsischen Erfurt wäre das nicht passiert. Onkel August hätte seiner Nichte die leichtsinnige Unterschrift gewiss verboten. Vor allem zum Schutz der eigenen Schatulle, aus der er im Falle eines Falles – nämlich im Falle von Wilhelms Ableben – dann Annas Witwenrente bestreiten muss. Und in Köln hätte der umsichtige Anwalt Rubens sicher von der schönen Bescherung abgeraten, mit der Anna ihren Witwensitz ins Niemandsland verlegt.

Ist die 26-Jährige einmal mehr blind vor Liebe? Zumindest könnte hormoneller Überschwang eine Rolle gespielt haben. Kurz nach der Unterschrift stellt Anna fest, dass sie erneut »schweren Leips« ist.

Die Ankündigung neuen Lebens ist ihr Verhängnis. Wie das?

Prinz Wilhelm wird das Baby als Beweisstück A für einen Ehebruch seiner Gattin nutzen. Die große historische Frage ist, hat Anna überhaupt oder hat sie nicht?

Der notorische Schürzenjäger Wilhelm lässt daran keinen Zweifel zu, und die Forschung ist seiner Darstellung jahrhundertlang gefolgt. Nicht selten, ohne den Prinzen ausführlich zu bedauern.

Selbst in neueren Wilhelm-von-Oranien-Biografien ist zu lesen, dass der höchst zeugungsfähige Prinz keinesfalls als Vater von Annas Kind Nummer sechs infrage kommt. Die wissenschaftliche Beweisführung für diese These ist bemerkenswert schlicht. Wilhelm von Oranien hat die Vaterschaft bestritten.

Übersehen wurde und wird dabei gern, dass Ehebruch einer der wenigen Scheidungsgründe ist, die Luther gestattet und die eine Wiederverheiratung erlauben. Wenn auch nur ganz ausnahmsweise und ohne dass seine fürstlichen Anhänger in Deutschland daraus ein Gesetz machen. So weit ist man noch lange nicht.

Einige herrschaftsbefugte Calvinisten, mit denen Wilhelm eng befreundet ist, gehen da schon weiter: Sie regeln Untreue als Trennungsgrund gesetzlich. Etwa die Königin Johanna von Navarra, in deren Pariser Residenz Wilhelms Bruder Ludwig ein und aus geht und wo auch der Prinz selbst gern zu Gast ist. Genau wie Charlotte von Bourbon, seine künftige Gattin. Navarra sagt ihnen vielleicht nicht viel oder lässt sie eher an Spanien denken. Anno 1600 ist es jedoch ein gespaltenes Königreich und der frankreichnahe Teil wird von der calvinistischen Königin Johanna regiert. Das Ländchen im Norden der Pyrenäen spielt eine Haupt-

– 384 –

rolle im Kampf von Frankreichs Hugenotten kontra Frankreichs Katholiken. Königin Johannas Sohn wird als Heinrich IV. 1594 sogar König von ganz Frankreich werden. Und vom Calvinisten wieder zum Katholiken, weil's politisch geboten ist. Angeblich mit dem Satz: »Paris ist eine Messe wert.« Aber das ist eine andere Geschichte. Wichtig zu merken bleibt: Wilhelm hat sehr gute Freunde (und eine feste Freundin), die Scheidung wegen Untreue nicht skandalös finden. Der Prinz findet es wohl vor allem praktisch.

Aber noch ist er verheiratet, und um auf Ehebruch zu plädieren, muss erst mal ein Liebhaber für Anna her. Möglichst einer, der schlecht widersprechen und sich kaum wehren kann.

Wen könnte man da nehmen? Nun, wie wäre es mit dem lästigen Advokaten Jan Rubens! Bürgerliche Anwälte sind damals unwichtiges Fußvolk.

Vaterschaftstest per Folter

Die offizielle Kurzversion vom Vergehen der Fürstin von Oranien lautet bei Wilhelm und in der Forschung traditionell so:

Anna hat dem Prinzen nach der Flucht aus den Niederlanden ihr Interesse am Fortbestand der Ehe nur vorgegaukelt, bis sie dank Zetern und Rubens die Unterhaltsregelung der Nassauer, Sachsen und Hessen in der Tasche und einen Wohnsitz auf Schloss Siegen sicher hatte. Und weil sie nicht nur gierig, sondern die haltlose Person ist, als die die Nassauer sie schon immer geschildert haben, verführt sie parallel ihren Anwalt.

Wahrscheinlich mit der Entblößung ihrer schiefen Schulter und dem kokettem Hinken. Wir erinnern uns kurz: Anna ist, laut Forschung, innerlich *und* äußerlich abgrundtief hässlich.

Unwissenschaftlich gesprochen ist der edle Ritter von Oranien also Opfer einer abstoßenden Schlampe. Die trinkt zwar so viel, dass sie kaum Herrin ihrer Sinne ist, ist aber zugleich berechnend wie eine Registrierkasse. Ihr Ehebruch hat Wilhelm den Oranier derart enttäuscht und in Rage versetzt, so seine Apologeten, dass er sich nach langem Leiden und schwersten Herzens zur Trennung durchringt.

Selbstverständlich gibt es Quellenzeugnisse für diese Version. Nämlich wieder einmal Briefe aus der Feder Wilhelms und Verhörprotokolle sowie ein schriftliches Geständnis des Advokaten über eine Affäre mit Anna.

Leider haben Rubens' Bekenntnisse einen winzigen Schönheitsfehler. Sie verdanken sich der ausführlichen Folterung und monatelangen Inhaftierung des Juristen auf einer Burg der Nassauer.

Es ist mehr als fragwürdig, diese Folterakten als objektive Quelle für Rubens' Vaterschaft zu zitieren. Und was die hochmoralischen Klagebriefe des angeblich betrogenen Wilhelm von Oranien angeht – nun, ja. Propaganda und Rechtfertigungspamphlete sind seine Königsdisziplin, mit der er zu Lebzeiten sogar gekrönte Häupter an der Nase herumgeführt hat. Und verunglimpft. Man denke an die Flugblätter über König Philipps Blutschande.

Es ist das Verdienst der studierten, wenn auch unifern forschenden Historikerin Maike Vogt-Lüerssen, die Quellen und Briefe von Wilhelm, den Nassauern und Anna aus jenen Tagen ausführlich gegen den Strich gelesen zu haben. Ihr

2010 erschienenes Buch »Anna von Sachsen«, ist nicht un-umstritten. Das Verdienst des Siegener Heimatforschers und Archivars Dr. Hans Kruse ist es, die ungeheure Quellenflut zum Fall Anna im Jahr 1934 gesichtet und erschlossen zu haben. Sein Aufsatz über die Ehetragödie vertritt vehement Wilhelms Position.

Vogt-Lürssens Lesart hingegen enthüllt ein mutmaßliches Komplott der Nassauer, das so kaltblütig und deprimierend ist, dass man verstehen kann, warum Wilhelm-Freunde es übersehen, übergehen oder rasch abhandeln.

Zu den Fakten. Wilhelm äußert erst einmal keine Zweifel an der Vaterschaft von Annas Leibesfrucht. Sein Schweigen könnte wie immer überlegt gewesen sein. Die Nassauer wollen die Fürstin und ihren Rechtsbeistand, den sie untereinander schon seit Monaten als »teufels plag« bezeichnen, wohl nicht vorwarnen.

Zwischen dem 7. und dem 10. März 1571 reist Rubens von Köln nach Siegen. Noch immer sind Unterhaltsfragen mit seiner Mandantin zu erörtern. Die von Nassau zugesagten Beiträge zum Siegener Haushalt stehen noch aus, und die Witwenversorgung ist nach Annas voreiligem Verzicht auf Hadamar und Diez mehr als unklar.

Rubens kommt bis Siegen, aber nicht ins Schloss. Die Nassauer lassen den Advokaten vor den Stadttoren verhaften. In der Freien Reichsstadt Köln wäre ihnen dieses Recht nicht vergönnt gewesen. Paradox, aber wahr: Im erzkatholischen Köln genießt der calvinistische Exilant Rubens mehr Schutz und Einfluss als im protestantischen Siegen. Köln profitiert gern vom Können und von der Wirtschaftskraft der niederländischen Flüchtlinge. In Siegen hingegen haben die Nassauer das Sagen und die Gerichtshoheit.

– 387 –

Auffallend günstig ist darum auch, dass Wilhelm seine Anna während der gemeinsamen Sommerfrische anno 1570 für eine Residenz im nassauischen Siegen statt im mächtigen Köln oder im sächsischen Erfurt erwärmen konnte. Der Verdacht liegt nahe, dass die gezielten Charmeattacken des Prinzen und die Freundlichkeiten seines Bruders Graf Johann nicht reiner Herzensgüte entsprungen sind. Mit etwas Geld und guten Worten haben sie Anna in ihr Herrschaftsgebiet gelockt. Hier ist sie von anderen Rechtswegen – etwa dem kaiserlichen Gericht zu Speyer – erst einmal abgeschnitten und nun praktischerweise auch von ihrem Rechtsbeistand.

Der Anwalt wird nach Dillenburg verbracht und »peinlich« befragt. Per Folter kann man ihn dazu bewegen, den Ehebruch mit Anna zu gestehen. Streckbank und Daumenschrauben zeigen rasch Wirkung. Mitte März unterzeichnet Rubens die Schilderungen des Ehebruchs.

Kostprobe aus den Folterakten: Beim Abendessen nach der Erledigung der Rechtsgeschäfte sei es zu holden Blickwechseln gekommen, die Anna erröten und Rubens schwach werden ließen. Die verhängnisvolle Affäre habe im Mai 1570 begonnen und zwölf bis vierzehn Mal zu außerehelichem Verkehr unter anderem in Kassel und in Ebersbach geführt. Ordnungsgemäß bereut der Delinquent seine Taten, die die Summe seines »bösen Lebens« und ein »Werk des Teufels« seien. Demütig bittet er darum, für seine und Annas Sünden Genugtuung leisten zu dürfen. Ansonsten empfiehlt er sich der Barmherzigkeit Gottes. Auf die der Nassauer kann er nicht zählen.

Anna erfährt von der Verhaftung zunächst nichts. Drei Briefe von ihr an Rubens' Adresse in Köln bleiben unbeantwortet. Ihre berittenen Boten kehren nicht zurück. Am 11. März schickt sie einen weiteren Kurier nach Köln, dem sie »auf sein Leben« befiehlt, spätestens in einer Woche zurück zu sein. Damit der vierte Meldegänger das Nassauer Hoheitsgebiet unauffällig durchqueren kann, schickt Anna ihn zu Fuß los. Die Fürstin ahnt jetzt, dass etwas nicht stimmen kann.

Ihre Aufregung ist der Nachricht deutlich zu entnehmen (Achtung uralte Rechtschreibung!): »Ruebens (also Rubens), ich kan mich nicht genucksam verwundern, das ich auf alle die Briefe, so ich Euch schicke (…) kein andtwort habe. (…) Ich weis nicht, was ich denken sal.«

Unterzeichnet ist die Mitteilung mit »eure gute Freundin Anna von Sachsen«.

Das klingt nicht nach liebender Sehnsucht, wohl aber nach Verzweiflung und Angst. Keiner der erhalten gebliebenen Briefe zwischen Anna und Jan Rubens enthält auch nur den Hauch eines Liebesschwures.

Statt einer Antwort aus Köln erhält Anna am 19. März Besuch aus der Dillenburg. Ein lutherischer Kirchenfunktionär ihres Schwagers Johann von Nassau unterrichtet die Fürstin von Rubens' Inhaftierung und von seinem Geständnis. Er hat den Auftrag, Anna zu einem gleichlautenden Schuldbekenntnis zu bewegen. Ohne Folter, weil die bei Fürstinnen nicht erlaubt ist. Weshalb man erst mal Rubens drangenommen hat. In weiser Voraussicht.

Anna weigert sich tatsächlich energisch, einen Ehebruch zuzugeben. Stattdessen verfasst sie einen entrüsteten siebenseitigen Brief an Prinz Wilhelm:

»Diese Schande, so ihr mir nun anthuet, schandt (schändet) sie nicht mehr euer ansicht (Angesicht), dan als ob ihr

– 389 –

Nase und Ohren verloren hadt? Wißt ihr nicht, dass man in gemeinen sprichwordt sagt, dass es ein böser Vogel ist, der sein selbst nest bescheist.« Welch erfrischend offene Sprache.

Überhaupt ist die vorgeblich schwere Trinkerin noch sehr klar in ihrer Gegenwehr. Was Rubens' Geständnis betrifft, schreibt sie, dass er nur aus Angst vor der Folter dazu verleitet worden sei. Wilhelm selbst, zürnt sie, würde, falls er in Albas Hände und auf die Streckbank geriete, ebenfalls schwören, dass »schwarz weiß ist«.

Der kirchliche Bote der Nassauer muss der Fürstin überdies angedroht haben, ihre Dienerschaft zu verhören. Sie schreibt dazu, es sei ausgeschlossen, dass ihr Gesinde gegen sie aussagen kann und wird, da es nichts auszusagen gebe.

Abschließend warnt sie davor, die Verleumdungen »vor die leut« zu bringen, also öffentlich zu machen. Es sei auch nicht nötig, dass der Prinz drei Frauen zu ihrer Überwachung geschickt und die Entfernung aller Messer aus ihrer Umgebung angeordnet habe. Sie plane nicht, Hand an sich zu legen, sondern vertraue darauf, wie der biblische Daniel aus dieser Löwengrube befreit zu werden. Das Gleichnis zeigt, dass Annas Bibelstunden nicht umsonst waren, und hebt sich angenehm von den Glaubensbeteuerungen Wilhelms von Oranien oder von der Folterurkunde ab.

Doch ihr Kampfgeist ist der Raffinesse der Nassauer unterlegen. Sie steht nicht nur ohne Rechtsbeistand da, sondern der ist jetzt sogar ihr Belastungszeuge. Da muss man erst einmal gegen ankommen.

Als man ihr signalisiert, dass nur ihr Geständnis den inhaftierten Rubens vor weiterer Folter und vor dem Todesurteil retten kann, bekennt sie sich Ende April des Ehebruchs schuldig. Zum Teil aus Nächstenliebe, zum Teil in der Hoffnung, mit Rubens später eine Gegenklage vor dem Reichsgericht in Speyer erheben zu können.

Graf Johann hat Anna im Gegenzug für ihr Schuldbekenntnis nämlich zugesichert, Rubens aus der Haft zu entlassen. Als der im Mai 1571 jedoch immer noch in Haft sitzt, beginnt die Fürstin – Seite an Seite mit Rubens' Ehefrau und ihrer Freundin Maria Pypelinx – einen Kampf um seine Freilassung. Die beiden Frauen verfassen Briefe und Bittschriften. Die angeblich betrogene Rubens-Gemahlin kann also kaum an den Seitensprung von Anwalt und Mandantin geglaubt haben. Sie zieht sogar vorübergehend zu Anna nach Siegen. Die Fürstin übernimmt derweil die Miete für Rubens' Kölner Haus, obwohl sie schlecht bei Kasse ist.

Zumindest bei Graf Johann von Nassau bewirkt die konzertierte Aktion der betrogenen Frauen ein wenig Nachgiebigkeit. Er verspricht, dem gefangenen »Schelmen« Rubens Hafterleichterung, etwa gelegentlichen Zugang ans Tageslicht, zu gewähren. Was er jedoch, auf Drängen seiner Familie, nicht in die Tat umsetzt. Der Anwalt bleibt im Kellerverlies und wird mit weiterer Folter bedroht.

Am 22. August 1571 kommt Anna mit ihrem letzten Kind nieder. Ein Mädchen, das auf den Namen Christine getauft wird. Der Prinz von Oranien – der wie immer in der Weltgeschichte herumreist und nur noch brieflich mit Anna verkehrt – brandmarkt das Baby aus der Ferne als Bastard. Den Rest überlässt er seiner Familienbande.

Kurz darauf kerkern die Nassauer den Siegener Pfarrer Bernardi ein, der ohne ihre Genehmigung die christliche Taufe des Mädchens vollzogen hat. Auch dem Gottesmann werden heftige Flirts und Trinkgelage mit Anna angehängt.

Der Prediger – Sohn eines renommierten Vorkämpfers der Nassauer Reformation – scheint die Bastardthese angezweifelt zu haben.

In persönlichen Aufzeichnungen des Gottesmannes lässt sich nachlesen, dass Anna eine verfrühte, unerwartete Niederkunft hatte. Das Baby Christine ist allem Anschein nach ein Acht-Monats-Kind. Was die Nassauer nicht hören wollen, da es ihre Bastardthese entkräftet. Die verfrühte Geburt bedeutet, dass die kleine Christine Weihnachten 1570 gezeugt worden ist, also nur Wilhelms Christkind und kein Kuckucksei von Rubens sein kann.

Der festgesetzte Pastor wird erst Monate später wieder freigelassen und flugs des Landes verwiesen, bevor er seine Wahrheit predigen kann. Ein Bedürfnis, für das die aufrechten Bernardis zu Recht bekannt sind. Schon sein Vater ist anno 1527 dafür eingekerkert worden, allerdings von Katholiken. Der streitbare Bernardi junior muss ein Geständnis unterzeichnen, dass er sich mit Anna ungebührlich betragen und regelmäßig betrunken habe. Letzteres ist übrigens nicht unwahrscheinlich, aber kein Schuldbeweis. Das Gebaren der Nassauer ist bei nüchterner Betrachtung schwer zu ertragen, weshalb auch ich mich kurz auf einen Schluck Wein verabschieden darf, bevor ich die Daumenschrauben weiter anziehen muss.

Die handfeste Methode, Kritiker und Andersdenkende per Folter und unter Androhung von Gewalt mundtot zu machen, erweist sich auch bei Rubens' Gattin als erfolgreich.

Nach Annas Entbindung im August 1571 kündigt Maria Pypelinx an, in Köln eine Druckschrift über die wahren Hintergründe für die Einkerkerung ihres Mannes veröffentlichen zu lassen. Woraufhin dessen Haftbedingungen ver-

– 392 –

schärft werden. Ein Todesurteil könnte in der Luft schweben. Die Verteidigungsschrift bleibt in der Schublade, und Maria zieht sich – wohl nicht freiwillig – von Anna in die Domstadt zurück. Ihr Mann verbleibt als bewährtes Druckmittel, das die Nassauer nach Belieben über die Klinge springen lassen können, in Haft.

All ihrer Fürsprecher und ihres Anwalts beraubt unterzeichnet Anna im Dezember 1571 eine Einwilligung zur Trennung, die Wilhelm ihr vorlegen lässt. Der Prinz stellt außerdem jegliche Unterhaltshilfe ein.

Anna hat mit der Unterschrift anscheinend die Hoffnung verbunden, dass Rubens freikommt und sie mit oder ohne ihn sodann eine Gegenklage beim kaiserlichen Gericht erheben kann.

Zudem verlangt sie von Wilhelm, dass er ihre Verwandten nicht von ihrem vorgeblichen Ehebruch unterrichtet. Anna weiß schließlich genau, welch unsichere Kantonisten der Kurfürst und der Landgraf sind und wie rasch sie sich auf die Seite des Prinzen schlagen. Vor allem dann, wenn es um Geld geht. Dank ihres vorschnellen Verzichts auf ein Nassauer Wittum sind die Sachsen und die Hessen ja bereits für ihre Rentenversicherung zuständig, wovon die Herren noch nichts wissen. Wie der Trennungsunterhalt ihrer Blutsverwandten ausfallen dürfte, wenn sie vom vorgeblichen Ehebruch der Fürstin erfahren, kann sich die Fürstin farbig ausmalen. Man darf an Gnadenbrot und Peitsche denken.

Um Wilhelm von einem Bericht nach Sachsen abzuhalten, droht sie damit, ihrerseits seine Seitensprünge vor dem kaiserlichen Reichsgericht in Speyer auszuplaudern und entsprechende Zeugenberichte einzuholen. Etwa darüber, was kurz nach der gemeinsamen Flucht aus den Niederlanden

»zu Werden sich zugetragen hab(e), mit der Jungfrauwen in dem weißen rock und ledern Koller ... und andere dergleichen Handlung mehr«.

Zweifelsohne wäre die Beweisführung nicht schwergefallen. Mit besagter Frau in Weiß etwa hat sich der Prinz unter den Augen einer ganzen Festgesellschaft von der Tafel weg in ein wie auch immer geartetes Separee gestohlen.

Auch wenn derlei Aussagen von Ehefrauen zu dieser Zeit gemeinhin übergangen werden, ist ein Prozess vor dem Gericht des Kaisers für den Prinzen eine Bedrohung. Er steht immer noch unter Reichsacht und kurz vor einem weiteren Angriff auf die Niederlande. Der Oranier ist also rechtlich schwach positioniert. Selbst klassische Kavaliersdelikte könnten ihm zum Verhängnis werden. Daher verspricht der Prinz seiner Nochgattin, nicht nach Sachsen zu schreiben. Was weniger eine noble Geste ist als ein Verzicht im eigenen Interesse.

Sein Versprechen, diskret zu bleiben, ermutigt Anna gegenüber dem Dillenburger Anwalt ihres Schwagers Johann im Januar 1572 dazu, sehr deutlich zu werden. Was ihren Ehebruch und ihr angebliches Bastardkind angehe, so wisse der Allmächtige, den niemand belügen könne, dass »es meines herren fleis (Fleisch) und bludth ist und das Ruebens (Rubens) so viel deil daran hadt als ir«.

Bei dieser Darstellung wird die Fürstin bis an ihr Lebensende bleiben, auch wenn es ihr nichts nützt. Und ihrem Advokaten auch nicht. Im Februar 1572 sitzt er immer noch in Haft. Anna und Rubens' Frau bieten Graf Johann jetzt sogar an, gemeinsam mit dem Gefangenen einen Eid darauf abzulegen, dass sie auf Rechtsmittel verzichten, wenn der Anwalt nur freikommt. Johann lehnt ab. Mit dem Verfallsdatum von Versprechungen kennen die Nassauer sich schließlich aus.

Ob Anna insgeheim noch Hoffnung in einen Prozess in Speyer setzt, ist nicht nachweisbar. Fest steht, sie will raus aus Siegen. Wichtigstes Nahziel: eine sichere Bleibe finden fern von den Nassauern und auch von Sachsen.

Die Nassauer wollen sie selbstredend dabehalten und haben vorbeugende Maßnahmen gegen einen Umzug Annas mit unbekannter Adresse ergriffen. Annas Hofmeisterin, deren Mann beim Fürsten von Oranien in Diensten steht, fungiert schon des Längeren als Bewegungsmelder. Zudem liefert die Edeldame gern Berichte, dass Anna sich mit Siegener »Apothekern und Pfaffen vollgesoffen« habe. Ausschweifungen darf man sich dazudenken. Vermutlich hat die Hofmeisterin dafür ein Handgeld von 400 Talern kassiert.

Als die Fürstin der bezahlten Klatschbase auf die Schliche kommt und sie wegen Verleumdung vors Siegener Stadtgericht stellen will, verabschiedet sich die Ehrendame flugs mit unbekanntem Ziel. Der Prozess, in dem Siegens abgrundtief beleidigte Bürger als Entlastungszeugen hätten auftreten können, kommt nicht zustande.

Stattdessen haben die Nassauer reichlich rufschädigendes Material zusammen, das Wilhelm von Oranien am 5. Juni 1572 – entgegen seinem Versprechen – nach Sachsen übermittelt. Damit beendet er den Fall Anna für sich und besiegelt ihren Untergang. Warum gerade jetzt?

Neben seiner keimenden Liebe zu der Hugenottin Charlotte von Bourbon spielen bei Wilhelm wieder einmal politische Gründe eine Rolle. In den Niederlanden erobern gerade die rebellischen Geusen dank taktischer Unterstützung durch den Prinzen und seines Bruders Ludwig von Nassau

Nordholland. Sie wollen den klugen Wilhelm von Oranien zu ihrem offiziellen Anführer machen und wieder als Statthalter von Holland, Zeeland und Utrecht einsetzen. Die Geusen sind zum Großteil überzeugte Calvinisten. Der Prinz ist noch immer ein Scheinkatholik mit lutherischem Anhang. Tja, der Zeitpunkt ist gekommen, um zwecks Karriere zu konvertieren und im Privatleben mal wieder kräftig aufzuräumen. Darum die Trennung per Briefpost.

In seinem oben genannten Schreiben offenbart der Prinz dem lieben Onkel August von Sachsen den Seitensprung Annas. Eingehend führt er noch einmal aus, wie oft und wie viel er diesem »Hauskreuz« von Frau ohnehin schon verziehen und wie er gelitten habe. Nun aber sei endgültig Schluss. Wilhelm beteuert, dass er »privat nie nach Rache« gedürstet habe. Was stimmt; es ging ihm stets um Politik, nicht um Gefühle oder um Anna. Als Anlage legt er die Folterakten bei. Fertig!

In einem letzten verzweifelten Versuch will Anna sich nun über andere Rechtsgelehrte als Rubens an Speyer wenden. Zu spät. Ihre Briefe werden kontrolliert und Fluchtversuche verraten. Anna sitzt in Siegen fest, und Umzugspläne machen nun ganz andere für sie.

Der Kurfürst von Sachsen, der Landgraf von Hessen und der Prinz von Oranien einigen sich darauf, die Fürstin in der nassauischen Feste Beilstein wegzusperren. Annas Blutsverwandte haben keine Einwände und wollen endlich Ruhe. Der Rechtsweg ist für Anna ab sofort ausgeschlossen.

In Beilstein, einem düsteren Gemäuer am Rande des Westerwalds, muss Anna in den kommenden drei Jahren hinter vergitterten Fenstern über ihre Sünden – egal, ob begangen oder nicht – nachdenken. Und beten.

Damit das Ganze nicht zur Erholung wird, darf sie nur noch die Bibel und fromme Bücher lesen. Zweimal die Woche bekommt sie Besuch von einem Prädikanten, der ihr die Leviten liest, aber ihr die Sakramente nur bei Wohlverhalten spendet. Wenn sie brav ist, darf die Prinzessin streng bewacht im Garten spazieren gehen. Ihr Schlafgemach muss sie mit den Mägden teilen. Briefverkehr ist nur mit ihren Onkeln erlaubt, so man ihr Papier gibt.

Sie darbt zwar nicht bei Wasser und Brot, aber die Mahlzeiten sind alles andere als fürstlich. Anna schreibt an den Landgrafen von Hessen, der die Beilsteiner Verwahrung mitfinanziert, er möge ihr Essen schicken. Was die Köchin ihr vorsetze, sei ungenießbar, und sie sei froh, ein paar Äpfel geschenkt bekommen zu haben. Auf ihre Beschwerde bei den Dillenburgern hin habe sie die Antwort erhalten, »will ich nicht fressen, was man mir vorsetzt, so mag ich es lassen stehn; was ich nicht fresse, das hätt ich nicht hinten quitt zu werden«.

Einziger Trost ist vielleicht Baby Christine, das ebenfalls in Beilstein untergebracht ist. Wiewohl es unter diesen Umständen schwer gewesen sein dürfte, ungetrübte Mutterliebe zu entwickeln.

Zumal das Gesinde von Beilstein die Prinzessin zum Zeitvertreib gern als Abschaum beschimpft. Ein Beilsteiner Amtmann mobbt besonders herzhaft. Er behauptet, dass ihre eigenen Verwandten angeregt hätten, »dass man dich zur Dillenburg soll führen, um dich da in ein Loch zu setzen, da man Huren hin pflegt zu setzen … Prinzessin, du bist eine Hure jau, jau«. Was besonders pikant zu nennen ist, da besagter Amtmann ein Bastard aus dem Hause Nassau ist. Tja, die größten Kritiker der Elche waren früher selber welche.

Annas Hauptbewacher, der Hofmeister von Beilstein,

wird sich in den kommenden Jahren darüber empören, dass Anna unmäßige Wutanfälle gegenüber dem Personal hat. Außerdem vernachlässige sie die Frömmigkeit, besteche die Torknechte um Wein und wirke leicht irr. Was alles zutreffen, aber kaum verwundern dürfte. Ebenso wenig wie die Selbstmordversuche, die die Fürstin mit dem Messer begeht, so sie eines in die Finger bekommt. Den Besteckkasten hat der Hofmeister nämlich ebenfalls zu bewachen. Die 27-Jährige hat kurz vor ihrer Verbannung nach Beilstein versucht, Hand an sich zu legen.

Kümmern tut's keinen. Man ermahnt die Gefangene aus Hessen und Sachsen lediglich schriftlich, ihr Seelenheil im Blick zu behalten.

Interessant wird Anna für ihre Verwandten erst wieder, als im März 1575 das Gerücht die Runde macht, der Prinz von Oranien wolle sich neu und damit zum dritten Mal verheiraten. Nämlich Charlotte von Bourbon. Mooooooment mal! Der Fürst und die Fürstin sind doch noch gar nicht geschieden, empören sich Annas Onkel August und Onkel Wilhelm von Hessen.

Nein, damit haben sie jetzt nicht gerechnet. Man hat doch alles zur Zufriedenheit des Prinzen geregelt. Die Gattin ist mundtot, kann keinen Skandal mehr machen, stört in Beilstein nicht bei der Politik und kostet kaum was.

Trotzdem ist Gefahr in Verzug. Denn für Wilhelm läuft in Holland alles blendend. Die calvinistischen Geusen haben ihn tatsächlich wieder zum Statthalter gemacht, und Wilhelm ist zum Calvinismus konvertiert, um mit den schlagkräftigen Geusen im riesigen Rest der Niederlande gegen die Spanier anzutreten. Nach alter Manier widmet er sich in einer Kampfpause der Liebe.

Im Jahr 1575 findet der Freiheitskämpfer Zeit, einen schönen Nebeneffekt seines dritten Glaubenswechsels auszunutzen: Eine Scheidung wegen Untreue und die anschließende Wiederverheiratung sind im Calvinismus nicht nur denkbar, sondern für Wilhelm als Statthalter in Holland auch machbar! Im Juni beruft der adlige Regierungschef eine calvinistische Theologenkommission ein, um über die Scheidung des lutherisch-calvinistischen Fürstenpaars von Oranien wegen Ehebruch der Gattin zu beraten. Tja, wie mag deren Entscheidung wohl ausfallen?

Wilhelm hat zum wahren Glauben gefunden und eine – wohl bereits schwangere – Hugenottin als Frau im Blick. Die lutherische Gattin hat schriftlich in eine Trennung eingewilligt, und Rubens hat den Ehebruch gestanden. Darüber hinaus sitzt er nach wie vor im Kerker zu Nassau und kann jederzeit befragt werden. Anna ist hingegen in Beilstein zum Schweigen verdammt. Mit Zustimmung ihrer eigenen Verwandten, deren vernichtende Briefe über die Fürstin Wilhelm stapelweise vorlegen kann. Ganz ehrlich, viel genialer geht es nicht. Am 11. Juni hat der Prinz die Scheidung durch und heiratet tags darauf die 28 Jahre alte Exnonne Charlotte.

Das gilt nicht, finden der geleimte Landgraf von Hessen und Sachsens Kurfürst. August, der Wilhelm schon seit Wochen mit Mahnbriefen aus Dresden bombardiert, platzt vor Wut.

Nicht Anna ist die Sünderin, zürnt August, sondern Wilhelm sei das »heupt aller schelmen«. Nach vierzehnjähriger Amnesie kehrt beim Sachsen spontan das Erinnerungsvermögen zurück. Dem Deutschen fallen alle schlechten Charaktereigenschaften des Prinzen wieder ein: Liebesheuchelei bei der Brautwerbung, ständige Ehebrecherei, Hang zu falschen Versprechungen, mangelnde Frömmigkeit, Verschwendungssucht und so weiter und so weiter.

Erstmals nimmt der Onkel sogar seine Nichte als verführtes Opfer in Schutz. Anna, so schreibt er, habe sein Haus als fromme Unschuld verlassen und den Ehebruch vor Gericht nie gestanden. Außerdem habe man in Sachen Seitensprünge über Wilhelm noch viel mehr auszusagen.

Und P.S.: Aus all diesen Gründen will August umgehend die Mitgift der fürstlichen Braut zurück und überdies die ihr zustehenden Witwengüter Hadamar oder Diez.

Kurzfristig hat der Onkel sogar über eine Entführung von Rubens aus der Dillenburg nachgedacht, um den Nassauern den Kronzeugen zu klauen und Wilhelm von Heirat Nummer drei abzuhalten.

Doch der Oranier ist unschlagbar und siegt im Ehekrieg auf der ganzen Linie. Ein schmerzlicher Verlust für August. 100.000 Taler futsch und die Nichte zu nichts mehr zu gebrauchen. Dennoch fordert er jetzt ihre umgehende Rückführung nach Dresden.

Mit den Nassauern will er nie nichts mehr zu tun haben.

Übrigens ist auch Wilhelms Mutter Juliane von Stolberg als Lutheranerin der ersten Stunde von der calvinistischen Scheidung und Neuvermählung ihres Sohnes nicht begeistert. Bruder Johann verweigert Wilhelm sogar zunächst wichtige Scheidungspapiere, die auf der Dillenburg verwahrt werden. Nach Wilhelms Scheidung entlässt der Graf Jan Rubens schleunigst aus der Haft. Ein Prozess wird dem Anwalt nicht gemacht. Der Jurist muss mit seiner Familie allerdings für mehrere Jahre in Siegen verbleiben. In einigen Briefen des Grafen Johann schimmert leise Reue durch wegen des Falls Rubens.

– 400 –

Es ist möglich, dass seine eigene Familie dem Prinzen auf den Leim gegangen ist und erst jetzt ahnt, dass Anna die Nervensäge keinen Ehebruch begangen hat. Die Dillenburger holen Christine, das angebliche Bastardkind von Anna und Jan Rubens, aus Beilstein ab, um die Dreijährige auf der Dillenburg zu erziehen. Landgraf Wilhelm, der Christine als junge Erwachsene kennenlernen sollte, wird später anmerken, sie sei dem Oranier wie aus dem Gesicht geschnitten.

Wie Anna darauf reagiert hat, dass man ihr ihr letztes Kind weggenommen hat, ist nicht bekannt. Ausführliche Schilderungen gibt es aber über ihren Gemütszustand und über ihr Verhalten im Jahr »ihrer« Scheidung. Die Prinzessin ist zeitweise kaum zu bändigen. Ihr Wachpersonal berichtet von Tobsucht und Raserei, von Suizidabsichten und merkwürdigen Anfällen.

Annas Mägde geben zu Protokoll, dass »iro Gnaden bisweilen ein groß Zittern oder Händebeben ankomme«. Danach soll »Schaum und Wasser aus dem Mund laufen« und darauf eine große Mattigkeit erfolgen, »also das sie auch nicht mal die Glieder regen« konnte. In modernen Ohren klingt das stark nach epileptischen Anfällen. Die können übrigens schwere Trinker bei Entzugserscheinungen erleiden, ohne chronisch an Epilepsie zu leiden.

Als Anna im Dezember 1575 erfährt, dass sie nach Dresden in Gewahrsam überführt werden soll, werden ihre Tobsuchtsanfälle immer aggressiver. Sie wehrt sich mit Händen und Füßen und muss mit Gewalt in einen geschlossenen Pferdewagen gesperrt werden. Die Reisebegleiter erleben von Beilstein bis Dresden einen Horrortrip. Die Exfürstin von Oranien spuckt, schreit, kratzt und verletzt ihre Bewacher mit Bissen.

In Dresden bewahrheiten sich die schlimmsten Befürchtungen, die sie bezüglich einer Unterbringung bei Onkel August und Tante Anna von Dänemark immer gehegt hat.

Im Zwinger erwartet sie ein lichtloses Gemach, dessen Fenster zugemauert und – doppelt hält besser – vergittert worden sind. In die Kammertür hat man weit oben eine viereckige Öffnung eingelassen, die mit Gittern und einer Klappe versehen ist, um sie mit Nahrung zu versorgen. Das Loch ist Annas einzige Verbindung zur Außenwelt. Die Tür ist durch ein zusätzliches Gittertor gesichert.

Neben Nahrung schicken Onkel und Tante regelmäßig Geistliche, die ihr vor der Zellentür Predigten halten. Auf Annas Wunsch dürfen sie auch die Sakramente spenden, aber die Prinzessin lehnt ab. Ihre Begründung spricht von einer – und das ist ernst gemeint – trotz allem erlittenen Unrecht frommen Seele. Sie will die Sakramente nicht empfangen, weil sie dann erst ihren Feinden vergeben müsse, sagt Anna, und das könne sie nicht. Trotzig setzt sie hinzu, dass deren Sünden viel tausend Mal größer seien als ihre.

Nach anderthalb Jahren Isolationshaft im Palast setzen bei Anna im Mai 1577 Dauerblutungen ein, die auf Gebärmutterkrebs hindeuten könnten. Man schickt keine Ärzte, und Apothekerin Anna von Dänemark nimmt sich des Falles erst recht nicht an.

Anna stirbt, eingemauert, hilflos und unter Schmerzen am 18. Dezember 1577, fünf Tage vor ihrem 33. Geburtstag.

Und Wilhelm? Wird bis zu seinem Tod viel leisten, was ihm zu Recht einen Platz in den Geschichtsbüchern eingebracht hat.

Politisch liegt er mit seinem letzten Glaubenswechsel goldrichtig. Die calvinistischen Geusen sind den Spaniern religiös, politisch und militärisch gewachsen.

Sie verwandeln den Kampf gegen Herzog Alba in einen Guerillakrieg, der König Philipp sein Leben lang beschäftigen wird. Wilhelm ist als Feldherr nicht sonderlich berühmt, aber als taktisch gewiefter Rebellenführer ist er unschlagbar. Sein Entschluss, als Aristokrat gemeinsame Sache mit Bürgern, Handwerkern, Kaufleuten, Fischern und Matrosen zu machen, ist ein Geniestreich.

Kleines Beispiel für Wilhelms Win-win-Strategie: Der Siegeszug der gemischten Rebellentruppe beginnt auf See. Die Wassergeusen machen Jagd auf spanische Nachschub- und Handelsschiffe. Wilhelm befehligt sie nicht, stellt den Geusen aber Kaperbriefe aus, damit man sie nicht für simple Seeräuber hält. Das darf er, weil er ja ein Prinz mit eigenen Hoheitsrechten in Orange ist, auch wenn sein Winzlingsfürstentum meilenweit von jedem Meer entfernt liegt. Als erstklassiger Diplomat überredet er Königin Elisabeth I., seiner Piratenarmee englische Häfen als Operationsbasis zu öffnen. Die Monarchin ist selbst eine große Freundin der Freibeuterei. Für Wilhelm macht sich die Kaperflotte bezahlt. Sie sorgt für die entscheidende Wende im Kampf gegen Alba und für Wilhelms Wiederaufstieg vom Fürst in Lumpen zum Polithelden, der es mit Königen aufnehmen kann.

1572 können die Wassergeusen die südholländische Hafenstadt »Den Briel« oder Brielle an der Maasmündung erobern. Es ist die erste Stadt, die in Prinz Wilhelms Namen für immer von den Spaniern befreit wird. Ein Husarenstück, das die Bürger von Den Briel jährlich in historischen Kostümen nachspielen. Und zwar so: Am Nordtor klopft ein bescheidenes Geusenkontingent an und bittet um Einlass. Pah, sa-

– 403 –

gen die spanischen Bewacher, wir sind doch nicht doof. Sind sie aber doch, am Südtor haben sie keine Wachsoldaten postiert, und dort marschiert die Hauptabteilung der Wassergeusen unbehelligt ein.

Tja, so schnell kann Krieg gehen. Und das Ganze passiert ausgerechnet an einem 1. April. Mag sein, dass die spanischen Wachsoldaten das Ganze für einen Scherz gehalten haben. Ist es aber nicht. Den Briel nennt sich im Stadtwappen seither *Libertatis Primitiae* – die zuerst Befreite.

Den volks- und matrosenfreundlichen Oranier feiert man in der Folge als »Vater des Vaterlands«. Ehrentitel hat Wilhelm also schon vor seiner Stilisierung zum Nationalhelden gesammelt.

Verlassen wir an dieser Stelle den Kriegsschauplatz, der volks- und matrosenfreundliche Oranier hat schließlich auch ein Privatleben.

Seine 1575 mit Charlotte von Bourbon geschlossene Ehe erweist sich als friedlich und fruchtbar. Die Gattin wird nach der Heirat bis zu ihrem Tod im Jahr 1581 jedes Jahr pünktlich schwanger. Sechs Töchter entspringen der Verbindung, alle werden in europäische Adelshäuser einheiraten. Die Namen von Wilhelms Mädchenschar verraten, dass der Prinz und Statthalter der niederländischen Republik es immer ernster mit dem Patriotismus nimmt. Tochter Nummer drei bis sechs heißen: Katharina Belgica, Charlotte Flandrina, Charlotte Brabantina und Emilia Secunda Antwerpiana. Da sage noch mal einer, heutige Eltern würden es mit ausgefallenen Namen etwas übertreiben. Nur gut, dass der Prinz nicht Wanne-Eickel befreit hat.

Spaß beiseite, die Namensgebung zeigt, dass der Prinz

auch als Rebell dynastische Pflöcke einschlagen will. Der Nachname von Oranien wird mit flächendeckenden Vornamen kombiniert.

1583 stirbt Charlotte von Bourbon. Nur ein Jahr später heiratet Wilhelm eine weitere Hugenottin. Louise de Coligny ist Tochter des berühmten Hugenottenanführers, dessen Ermordung im August 1572 die Pariser Bartholomäusnacht ausgelöst hat. Louise schenkt Wilhelm noch einen Sohn, der später wie sein Papa Statthalter der Niederlande wird. Das Eheleben im Delfter Heim wird von Attentatsversuchen auf Wilhelm überschattet.

Feinde, ehemalige Mitstreiter und Untertanen, die nicht vom König und von der Herrschaft des Katholizismus befreit werden wollen, schmieden Mordkomplotte. 1582 wird Wilhelm von Oranien erstmals aus dem Hinterhalt angeschossen. 1584 feuert ein prospanischer Jesuitenzögling aus nächster Nähe drei Pistolenschüsse auf den »Vater des Vaterlands« ab. Eine zerreißt dem 51-Jährigen die Brust.

Wilhelm hat seinen Mörder Balthasar Gerard als angeblichen Flüchtling vor der Inquisition in seinem Haus, dem Prinsenhof in Delft, aufgenommen. Er gibt Gerard sogar Geld für Kleidung, das sein Mörder jedoch in die Pistole investiert, mit der er Wilhelm nach einem gemeinsamen Mittagessen erschießt.

Die angeblich letzten Worte des Prinzen vollenden sein Leben als Held im Dienste der Niederlande: »Mon Dieu, Mon Dieu, ayez pitié de moi et de ce pauvre peuple.« Zu Deutsch: »Mein Gott, mein Gott, hab Erbarmen mit mir und diesem armen Volk.«

Noch am Tag seines Todes verbreiten seine Mitstreiter diesen Satz in Briefen an wichtige Persönlichkeiten im In- und

Ausland. Sind Wilhelms letzte Worte erfunden? Höchstwahrscheinlich, aber ganz in seinem Sinne.

Mit Wilhelms Tod ist der Widerstand gegen König Philipp II. von Spanien allerdings nicht gebrochen. Der Kampf geht im Namen und unter Führung von Wilhelms Sohn Moritz weiter. Er endet 1648 mit der internationalen Anerkennung der Republik der Vereinigten Provinzen der Niederlande. Ein unabhängiger Ständestaat, zunächst ohne Königshaus, später mit.

Keine Frage: Der Prinz hat einen hohen Preis gezahlt für seinen Freiheitskampf – aber auch Anna von Sachsen.

IV.
Abenddämmerung der Monarchie – Sex, Lügen & der reine Wahnsinn

Vom Erhabenen zum Lächerlichen ist es nur ein Schritt.
Napoleon, Selfmadekaiser (1769–1821)

*Da vorn läuft mein Volk,
ich muss hinterher
– ich bin sein Führer.*
Kardinal Talleyrand (1736–1821)

Ein bisschen Schulfunk muss sein, bevor wir uns in weitere Betten oder Kriminalgeschichten gekrönter Häupter stürzen und in die Kampf- und Klatschgeschichte ihrer Kritiker schauen.

Könige sind Spiegel ihrer Epoche. Letzteres gilt selbstredend auch für unsere normalsterblichen Vorfahren, über die wir aber jahrhundertelang nur wenig zu hören und zu lesen bekommen; dafür umso mehr über Könige & Co.

Schreiben ist eine seltene Kunst, und eine gute Buchführung können sich jahrhundertelang nur Monarchen leisten. Am Mythos ihrer Größe arbeiten Klosterbrüder, Hofchronisten, königliche Herolde und Palastsekretäre mit.

Selbstverständlich nicht unwidersprochen. Für die Beschädigung royaler Idealfiguren durch Schmutzkampagnen sorgen die Klosterbrüder, Chronisten und Sekretäre ihrer Gegner – ebenfalls Monarchen und karrierebewusste Blaublüter.

Natürlich ist auch relativ unabhängige Herrscherkritik adliger und nichtadliger Untertanen so alt wie das Königtum selbst – in schriftlich niedergelegter Form aber selten. Im 17. und 18. Jahrhundert ändert sich das endgültig und gewaltig. Genau wie die Königshäuser und das Palastleben.

Europas Machthaber orientieren sich in dieser Zeit am absoluten Königtum von Frankreichs Sonnenkönig. Mit 72 Jahren Amtszeit (gerechnet vom Tod seines Vaters an) ist

Ludwig XIV. der am längsten regierende Herrscher der Neuzeit. Sein Regierungsstil, sein Hof, sein Benehmen und die Lebensart Ludwigs des Vierzehnten (1638–1715) sind epochemachendes Vorbild.

Unter ihm wird Frankreich zur dominierenden Großmacht. Das berühmte Bonmot »L'État, c'est moi«, der Staat bin ich, ist diesem berühmten Bourbonen-König zwar nur in den Mund gelegt worden, umreißt aber perfekt sein Regierungsprogramm. Genau wie das vieler zeitgenössischer Nachahmer unter Regenten und Fürsten.

Indes, die allumfassende Königsmacht reizt wie nie zuvor zum Widerspruch. Das Jahrhundert des königlichen Absolutismus ist auch geprägt von der Aufklärungsbewegung.

Ganz Europa erlebt eine Verbürgerlichung von Gesellschaft, Kultur und Literatur. Die Idee von Gleichheit und Bildung dient der Abgrenzung vom Adel. Menschlichkeit, Moral und Tugend sollen die Karriere des Bürgertums begleiten und die Welt entsprechend umgestalten. Auch darin will man ganz anders sein als Blaublüter und Monarchen.

Verstärkt mischen ab dem frühen 18. Jahrhundert Philosophen, Literaten, erste Journalisten und Klatschmäuler bei der Verdammung, aber auch der Verherrlichung einzelner gekrönter Häupter mit.

Das 18. Jahrhundert gipfelt in der Französischen Revolution, die radikal und ebenfalls absolut wie nie zuvor mit Blaublütern ins Gericht geht.

Wie und warum haben Monarchien trotz zunehmend scharfer Kritik und der französischen Fallbeilpolitik diesen Umbruch überlebt?

Regieren darf in Europa heute kein König und keine Königin mehr. Aber immerhin gibt es im 21. Jahrhundert noch acht recht berühmte royale Familien, nämlich in England, Dänemark, Spanien, den Niederlanden, in Schweden, Norwegen, Luxemburg und Belgien. Hinzu kommen Fürstentümer wie Liechtenstein oder Monaco.

Klatsch as Klatsch can –
Aufklärer treffen auf royale Absolutisten

Die Menschen können nicht sagen,
wie sich eine Sache zugetragen,
sondern nur, wie sie meinen,
dass sie sich zugetragen hat.

Georg Christoph Lichtenberg, Aufklärer

Einige Wahrheiten über die von Gott eingesetzten Machthaber bleiben wie immer relativ, können nur verdeckt ausgesprochen werden und basieren gelegentlich auf Gerüchten oder ungeprüftem Tratsch. Das wissenschaftliche Schlagwort vom »Erkenntnisinteresse« setzt sich erst im 20. Jahrhundert durch. Das heißt, man sollte sich immer fragen, wer was warum über wen sagt und schreibt. Das gilt für Könige genauso wie für ihre Untertanen. Ja selbst für geniale Autoren, die im Kampf für die Freiheit anno 1800 nur das Beste im Sinn haben.

So verwandelt etwa der Sturm-und-Drang-Dichter Friedrich Schiller in seinem Meisterdrama »Don Karlos« diesen spanischen Kronprinzen des 16. Jahrhunderts in einen Widerstandskämpfer. »Sire, geben Sie Gedankenfreiheit!«, fordert der Marquis von Posa in Schillers Tragödie von dem Tyrannen König Philipp II.

– 410 –

1787, im Jahr der Erstaufführung, sind das Sätze, die nicht von ungefähr nach Umsturz und Revolution klingen. In Frankreich bahnt sich schließlich gerade eine an, und es gibt genug Gründe, auf eine Wandlung des herrschenden Systems zu hoffen.

Schillers Umgestaltung des Königssohns zum Vor-Revolutionär hat mit den historischen Tatsachen jedoch wenig gemein.

Ein Opfer der königlichen Genlotterie – Don Carlos

Der echte Don Carlos (1545–1568) ist von Jugend an verhaltensauffällig. Ein Psychopath mit Anzeichen ererbten Schwachsinns. Beides dürfte hausgemacht gewesen sein.

Blutsverwandte Onkel und Nichten, Tanten und Cousins pflanzen sich nicht nur in der spanischen Monarchie mit unerfreulichen Folgen für das Erbgut fort, doch die Habsburger haben es in diesen Breiten über Generationen hinweg toll getrieben. Ohne Rücksicht auf Verwandtschaftsgrade. Man muss schließlich unter sich, und die ererbten Reiche müssen in der Familie bleiben.

Don Carlos' Vorfahren stammen überwiegend aus der österreichischen Dependance des Hauses Habsburg und aus den ewig gleichen spanisch-portugiesischen Geschlechtern. Kronprinz Carlos hat nur sechs Urgroßeltern. Normalsterbliche bringen es auf 16. Seine Eltern sind Cousins ersten Grades. Ergebnis dieser Genlotterie mit zu wenigen Teilnehmern ist ein Infant, den man schwerlich als Hauptgewinn feiern kann.

Der Jüngling und Zeitgenosse des uns bekannten Wilhelm

von Oranien lernt erst mit fünf Jahren sprechen. Hernach überrascht der königliche Bengel seine Umgebung nicht mit Gedankenfreiheit, sondern mit irren Einfällen. Don Carlos zeigt einen unübersehbaren Hang zum Sadismus. So brät der Prinz gern lebendige Hasen am Spieß, reißt Eidechsen den Kopf ab oder zwingt einen Schuhmacher, ein Paar handgefertigter Lederslipper, die Carlos missfallen, zu kochen und zu verspeisen. Das berichten relativ unverdächtige – weil königlich-spanische Chronisten – selbst.

Als Siebzehnjähriger stürzt Problemkind Carlos zu allem Unglück eine Treppe hinunter – vermutlich sturzbetrunken. Der Thronfolger schlägt sich den ohnehin verwirrten Schädel so schwer an, dass er künftig gehbehindert ist und zeitweise erblindet. Was seine lichten Momente weiter einschränkt.

Eine grauenhafte Operation, der man den Prinzen unterzieht, lindert seine Leiden nicht. Nachdem man ihm den Schädel aufgebohrt hat, um sein Hirn von »giftigen Säften« und gespenstischen Gedanken zu befreien, neigt Carlos zu völligem Kontrollverlust. Er geht mit der Peitsche gegen Personal und gegen junge Frauen vor, wird ein haltloser Trinker, der seine früh entwickelte Fresslust nicht mehr zu zügeln weiß. Da hilft auch das Skelett eines heiliggesprochenen Kochs nicht, das Papa Philipp seinem Juniorprinzen – zwecks Besserung und in echter Sorge um dessen Seelenheil – für einige Tage ins Bett legen lässt.

Ob schwer zu bändigen oder nicht, der triebgesteuerte arme Irre muss einem auch leid tun. Carlos selber findet das ebenfalls und fordert eine leitende Position in Philipps Palastkabinett. Sein Vater macht ihn trotz aller mentalen Probleme probehalber zum Minister. Schließlich ist der Infant

– 412 –

sein designierter Nachfolger, von Gott erwählt und Erbe des weltweit agierenden Familienunternehmens.

Als der unberechenbare Carlos jedoch Geheimverhandlungen mit Wilhelm von Oraniens niederländischen Rebellen aufnimmt, die die Macht seines Vaters in den Niederlanden bedrohen, sperrt der König ihn weg. Wegen versuchten Hochverrats, was mit seinen Augen betrachtet keine völlig aus der Luft gegriffene Anklage ist.

Der 23-jährige Don Carlos stirbt 1568 im Kerker. Ein finaler Fressanfall soll seinem Tod vorausgegangen sein. Papa Philipps niederländischen Feinde – allen voran Propagandaexperte Wilhelm von Oranien – bringen per Flugblatt *ihre* Wahrheit über die Ereignisse unters Volk. Und per Brief an alle befreundeten Monarchen: Der väterliche und landesväterliche Tyrann Philipp hat seinen edlen Sohn ermordet!

Was viele Zeitgenossen glauben – und was mehr als 200 Jahre später noch Friedrich Schiller glaubt. Der 1759 geborene Dramatiker notiert in seinen Briefen über Don Karlos: »Die schönsten Träume von Freiheit werden im Kerker geträumt.«

Und viele nachtschwarze in den realen Palästen. Don Carlos sollte nicht der letzte Kronprinz Spaniens sein, der mit Gendefekten zu kämpfen hatte und seine Umgebung in Angst versetzte.

Wahnsinn hat Methode – Spaniens letzter Habsburger

Mit einem nur noch bedauernswerten Marionettenkönig stirbt am 1. November 1700 die spanische Linie der Habsburger-Dynastie aus.

Es ist Don Carlos' Namensvetter König Karl II. von Spanien (1661–1700). Der besseren Unterscheidbarkeit wegen wird er im Folgenden Karl genannt, obwohl er im Spanischen natürlich auch Carlos heißt.

Seine Untertanen kennen ihn zu Lebzeiten vor allem als *El Hechizado*, der Verhexte.

Karl II. vereinigt auf sich typische Habsburger-Merkmale in grotesker Überformung. Der Infant wird mit einem viel zu großen, hohen und verformten Schädel geboren. Vermutlich leidet er zusätzlich unter Hydrocephalie (»Wasserkopf«). Typisch ist auch eine enorm vorspringende Kinnpartie.

Der Unterkiefer ragt so weit vor bei dem Jungen, dass er seinen Mund ein Leben lang nicht schließen kann. Er leidet unter einem umgekehrten Überbiss der unteren Zahnpartie, die in der Medizin als Progenie bezeichnet wird. Rassereine Bulldoggen und Boxer erben diese Behinderung häufig. Dem König wird lebenslang ein Speicheltuchhalter zur Seite stehen; er kann kaum schlucken und kauen. Eine übergroße Zunge und die typischen wulstigen Lippen der Familie verschlimmern das Übel. Hinzu kommen Wachstumsstörungen.

Trotz schmeichelhaftester Pinselführung werden die Hofmaler der physischen Benachteiligungen des letzten spanischen Habsburgers nicht mehr Herr. Wer einige Jugendporträts des Infanten betrachtet, den packt leicht Mitgefühl. Im verhangenen Blick des Infanten selbst ist eine tiefe Schwermut unverkennbar. Ob nun geistig zurückgeblieben oder nicht, der junge Karl leidet an sich und an seiner eng begrenzten Welt im Palast.

Der Thronfolger – ein kostbares Einzelkind – wird über seine ganze Kindheit hinweg nicht gefördert und nicht ge-

– 414 –

fordert. Seine Erziehung ist eine Mischung aus strikter Überbehütung und unguter Dressur. Man entwöhnt das missgestaltete, geistig behinderte Kind mit fünf oder sieben Jahren. Mit vier lernt »der Verhexte« lallend zu sprechen, mit acht Jahren laufen. Freie Bewegung erlaubt man ihm nur selten. Spaniens letzter Habsburger wird im Palast mehr oder minder versteckt, nicht unterrichtet, sondern auf Benimm getrimmt. Zumindest die spanische Hofetikette soll Karl beherrschen. Sein Land und seine Kolonien werden schon seit Jahrzehnten von Adelsfamilien regiert, einer zwielichtigen Hofkamarilla und Ministern. Bei allem Zank, den sie untereinander pflegen, gilt ihre größte Sorge dem Erhalt einer Dynastie, die sich recht kommod lenken lässt. Sprich: Die nächste Kronprinzengeneration muss in Produktion gehen, ganz egal, was dabei herauskommt.

Man legt dem bedauernswerten Karl nach seinem offiziellen Amtsantritt mit achtzehn Jahren nach Adelssitte eine nicht minder bedauernswerte gleichaltrige Nichte des französischen Sonnenkönigs ins Bett. Ihr Name ist Maria Louisa von Orléans. Das Ganze ist mal wieder eine politische Schachpartie mit royalem Genmaterial. Spanien will durch die Heirat einen drohenden militärischen Übergriff des mächtigen Sonnenkönigs vermeiden. Außerdem könnte das französische Blut das der spanischen Habsburger erbtechnisch aufpeppen und einen repräsentablen männlichen Thronfolger hervorbringen, der ein bisschen Recht auf Frankreich hat.

Frankreichs Ludwig XIV. hingegen will durch Maria Louisa dynastisch-genetische Spuren in Madrid hinterlassen, um eventuell einmal Thronansprüche im Namen seiner Dynastie zu stellen. Wer weiß, ob die Blutsbande am Ende nicht durch irgendeine Hintertür sein Bourbonen-Geschlecht auf den Thron bringt? Die Monarchiegeschichte und nicht nur Ludwig kennen dafür schließlich längst genug Beispiele.

Und weil das in königlichen Augen und im dynastischen Denken alles so wichtig ist, können wir heute ahnen, wie das Intimleben zwischen dem gebrechlichen Karl und der sehr hübschen Maria Louisa aussah. Nämlich alles andere als intim und bürgerlich.

Ein französischer Botschafter/Agent Frankreichs vermeldet nach Versailles, die Entjungferung Maria Louisas habe stattgefunden. Womit die Ehe gültig ist. Der wachsame Politspion hat gegen eine kleine Bestechung dem König Karl ein Paar Unterhosen aus der schmutzigen Wäsche klauen und von einem Arzt seines Vertrauens untersuchen lassen. Die Diagnose: Die royale Leibwäsche weist Spermaspuren auf. Leider kann der Palastspion über ein Ausbleiben von Maria Louisas Menses keine positiven Nachrichten übermitteln. Die Blutspuren kontrolliert der Diplomat nämlich ganz regelmäßig ebenfalls mit Agentenmethoden und Befragungen von Kammerfrauen. Am Ende wird auf höchster Politebene gemutmaßt, die Spermaspuren von Karl II. könnten auch aus Hühnereiweiß gemixt sein, oder der zerbrechliche, kleinwüchsige König ejakuliere frühzeitig.

Doch egal, ob gefälscht oder echt oder am Ziel vorbei: Befruchtend wirken die schriftlich fixierten königlichen Ejakulate nicht. Zu den zahllosen Leiden des spanischen Karl zählt Zeugungsunfähigkeit. Ein dynastisches Drama, wie wir aus dem Kapitel über Heinrich VIII. inzwischen wissen.

In Sachen Benimm funktionieren die ehelichen Nächte zwischen Karl und Maria Louisa dafür angeblich tadellos. Wie im Hofprotokoll niedergelegt, begibt sich Monarch

Karl zwecks Kindszeugung in folgendem vorschriftsmäßigen Aufzug zu seiner Gemahlin: Die Schuhe müssen eingetreten sein und somit leise Sohlen haben. Der Halbmantel soll über der Schulter, eine Art von Schild an einem Arm, am anderen Arm ein silbernes Nachtgeschirr an einer Schnur hängen. In der einen Hand hat der König zudem einen großen spanischen Degen bei sich zu führen, in der anderen Hand eine Blendlaterne.

Lässig geht zweifelsohne anders.

Doch laut Protokoll gilt es, sich unheimlich heimlich zur Königin zu schleichen, um das zu diesen Zeiten am Hof zu Madrid Unaussprechliche zu tun.

Solche Schilderungen werden reichlich ausgeschmückt und zur allgemeinen Erheiterung in bürgerlichen »Blättern für die deutsche Intelligenz« kurz nach dem Ableben des Monarchen europaweit verbreitet. Motto: Auf höchster Ebene sind nur Verklemmte, Bekloppte und halb Impotente unterwegs. Zumindest auf spanischen Palastfluren.

Heraus kommt bei Karls nächtlichen Spaziergängen in jedem Fall nichts. Auch eine zweite Gemahlin bleibt mehr oder minder unberührt und die Ehe fruchtlos. Gattin Nummer eins, die nach neunjähriger Ehe mit 27 Jahren vermutlich an einer Austernvergiftung und vielleicht an einer bulimischen Essstörung gestorben ist, soll den bitter einsamen König dennoch bezaubert haben.

Oder gar verzaubert? Das ist die Frage, die man sich bei Hof und im spanischen Volk stellt. Anlass zu dieser Vermutung ist ein Besuch Karls in der königlichen Gruft und eine Sargöffnung.

Der »Verhexte« will seine geliebte, stark verweste Maria Louisa in späteren Jahren noch einmal in Augenschein nehmen. Ist das die irre Idee eines einsamen Herzens und eines lebenslang Isolierten? Oder ist es die isolierte Idee eines gemütskranken Irren? Das kann und wird nie jemand wissen. Man kann den Monarchen ins Bett schauen, aber nicht in den Kopf, wo eben auch Gedankenfreiheit herrscht. Und die ist komplizierter als das reine Licht der Vernunft, das die bürgerlichen Aufklärer in die Welt tragen und auf das wir uns heute oft zu gutgläubig verlassen.

Ein bedauernswertes Geschöpf wie den letzten spanischen Habsburger in historischen Betrachtungen schnell zu übergehen oder in »witzigen« Anekdotensammlungen als komplett durchgeknallten Hallodri auszuschlachten ist nicht vernünftig, sondern unangemessen bis gemein.

Zurück zum König in der Gruft.

Nach kurzer Betrachtung seiner verwesenden Exgemahlin soll Karl unter Schreien des Entsetzens davongerannt sein, um fürderhin dauerhaft zu halluzinieren. So die gängige Fama. Verbürgt ist, dass man Karl – nach Art seines Jahrhunderts – wegen Wahnvorstellungen von mehreren Exorzisten und Teufelsaustreibern behandeln lässt. Übrigens auf Wunsch des zutiefst verstörten und leidenden Königs selbst. Die Therapie hat keinen Erfolg. Die Dämonen behalten Karls Seele fest im Griff. Am 1. November 1700 tut er den letzten Atemzug und mit ihm die spanische Linie der Habsburger. Am Ende hat vermutlich ein akutes Nierenversagen den 38-jährigen Karl dahingerafft.

Es folgt ein blutrünstiger Erbfolgekrieg (1701–1714), der quer durch Europa zwischen der österreichischen Verwandtschaft Karls und der von Frankreichs Sonnenkönig ausgetragen wird. Mehrere royale Bündnispartner werfen sich mit in den dreizehnjährigen Krieg. Im Kampf um den verwaisten

Thron zeigt sich das System »royale Alleinherrschaft« dank Erbfolgegesetz und Gottesgnadentum von seiner grausamsten Seite und ohne Rücksicht auf Verluste.

Sieger wird – der absolute Ludwig XIV., genannt Le Grand. Ein Kandidat seines Hauses – und damit die Bourbonen-Dynastie – bekommt den Thron.

Gleichgültig, was bürgerliche Literaten und Lästermäuler dem armen irren König Karl II. später in Sachen Aberglauben und Irrsinn an- und zugedichtet haben mögen, für den Erbfolgekrieg gilt das Urteil des genialen Dramatikers Schiller: »Wenn sich die Fürsten streiten, dann müssen die Völker sterben.«

Der Bourbonen-Prinz, der Spaniens Krone nach dem Krieg übernimmt, macht die Sache nicht besser als die letzten Habsburger. Er hält Hof, statt zu regieren.

Und in Europas Palästen blüht, genau wie in den Gassen, in literarischen Salons, bürgerlichen Debattierclubs und Cafés, weiterhin – neben aller Vernunft – der Klatsch.

Märchen über das Recht der ersten Nacht

»Der Baum der Freiheit muss von Zeit zu Zeit mit dem Blut eines Tyrannen getränkt werden«, befindet Thomas Jefferson, dritter US-Präsident von 1801 bis 1809, in den bewegten Zeiten der Französischen Revolution. Immanuel Kant fordert 1781: »Sapere aude! Habe Mut, dich deines eigenen Verstandes zu bedienen.«

Gute Idee. Doch leider haben Menschen aller Epochen mit viel Verstand und nach bestem Wissen und Gewissen manchen Unsinn in die Welt gesetzt. So wird der Baum der Freiheit im Zeitalter der Vernunft weiter mit haarsträubenden Geschichten über königliche Exkremente und andere Ausscheidungen gedüngt. Hauptsache, es wirkt.

Auch Geistesgrößen wie Voltaire beginnen Monarchen ungeprüft und en gros als Sexmaniacs bloßzustellen und zu Schmutzfinken zu erklären. Zwar gibt es in dieser Hinsicht historisch genug zu vermelden, aber vor einigen erfundenen Ferkeleien muss man die Monarchen heute in Schutz nehmen.

Noch immer verbreitet ist etwa die Legende vom mittelalterlichen *ius primae noctis*. Zu Deutsch, dem Recht auf die erste Nacht.

Das sah angeblich so aus: Die Leibeigenen des Mittelalters müssen es sich neben unbezahlter Arbeit, Elend und Hunger von Rechts wegen gefallen lassen, dass ihre Braut zunächst vom Lehnsherrn beschlafen wird. Danach erst darf der Bräutigam ins Ehebett. Die angeblich gesetzlich verankerte Serienvergewaltigung von Jungfern könnte jedoch pure Fiktion sein. Zu diesem Schluss kommt der Kulturhistoriker Alain Boureau in seinem Buch »Das Recht der ersten Nacht« aus dem Jahr 2000.

Auch wenn Lehnsherrn und Adel ihre weiblichen Untertanen sicher häufig bis regelmäßig sexuell belästigt haben – ein Gesetz haben sie dafür wohl nie erlassen. Akribisch hat Boureau jeden angeblichen Beweis dafür geprüft und gern zitierte Fälle untersucht. Ergebnis: Das Ganze ist eine literarische Erfindung des Mittelalters. In einem Gedicht reimen Mönche vom Mont St. Michel sich um 1247 einen Grundherren zusammen, der das *ius primae noctis* regelmäßig nutzt. Das Ganze spielt sich jedoch in nebulösen Vorzeiten und wohl vor allem in der Fantasie der Klosterbrüder ab.

Ein italienischer Renaissanceschriftsteller schiebt das *ius primae noctis* später einem schottischen Mittelalterkönig namens Evenus III. in die Schuhe. Den es allerdings nie gab. In Spanien gibt es zwar eine Hochzeitsnachtsteuer, die das Volk an den König entrichten muss; für eine Bezahlung in Naturalien finden sich allerdings keine Belege.

Richtig in Mode kommen Märchen über den feudalen und angeblich weiterhin rechtsgültigen Brauch im vorrevolutionären Frankreich. Der Theaterschriftsteller Pierre Augustin Caron de Beaumarchais macht das Recht auf die erste Nacht 1778 zum Dreh- und Angelpunkt seiner Komödie »Figaros Hochzeit«. Die angriffslustige Satire auf den Adel wird von der königlichen Zensurbehörde verboten und kommt erst 1784 zur Aufführung. Das *ius primae noctis* wird schon vorher zum Politikum.

Es werden sogar Urkunden und Quellen gefälscht, um das unerhörte Recht an der Zensurbehörde vorbei publik zu machen. Ganz Paris fällt auf die Beweisflut herein. Geistesgrößen verteufeln das Gesetz als besonders perfides Beispiel unmoralischer Adelsprivilegien, die abgeschafft gehören. Was eine vernünftige Idee wäre, so es das Gesetz gegeben hätte. Nein, bloße Gerüchte und Propaganda haben die Französische Revolution nicht ausgelöst, aber ständig begleitet und kräftig befeuert. Mit unschönen Folgen für Leben und Freiheit Einzelner, die nicht notgedrungen Blaublüter waren.

Todesstrafe für sexuelle Konterrevolution und ein Königsbordell

Am Ende finden die Revolutionäre Gründe genug, um die Guillotine gegen so ziemlich jedermann einzusetzen. Geköpft wird wegen der unterschiedlichsten Delikte. Begangener und nicht begangener, adliger und nicht adliger.

Unter anderem muss Bürgerin Marie-Jeanne Bécu, bekannter als Madame du Barry und letzte Marquise von König Ludwig Nummer 15, dem Nachfolger des Sonnenkönigs, unters Fallbeil.

Die illegitime Tochter einer Näherin und eines Franziskanermönchs hat Frankreichs vorletztem König zwar nicht ihre erste, aber ganz viele andere Nächte gewährt. Freiwillig.

Mit gefälschten Adelspapieren, die ein Graf du Barry ihr besorgt hatte, konnte die stadtbekannte Prostituierte 1769 zur letzten Mätresse des greisen Ludwig XV. (1710–1774) aufsteigen. Der König kannte sich nicht nur mit Brotpreisen, sondern auch dem Rest des Pariser Lebens anscheinend schlecht aus oder hatte erhebliche Informationsdefizite.

Der Hof empfindet die Beförderung einer Dirne zur *Maîtresse en titre*, also der offiziellen Favoritin, als Skandal und Anmaßung.

Statt adligen Damen oder wenigstens einer gebildeten Bürgerin wie Ludwigs fünf Jahre zuvor verstorbener Dauermätresse Marquise de Pompadour den Vortritt zu lassen, nimmt sich erstmals eine Dirne das Recht heraus, le Roi nach Kräften auszunehmen. Das ist auch eine kleine Revolution.

Freilich mithilfe eines Aristokraten, der ränkeschmiedende, blitzgescheite Adels- oder Bürgerdamen aus dem Rennen schlagen und selber intrigieren will. Die Gossenschönheit mit den gräflichen Papieren, die gefälschte von Barry, unehelich geborene Bécu, hat ihre Chance genutzt und einen nicht gerade unschuldigen Monarchen betört. Klar ist: Bescheiden ist sie nicht gewesen und finanziell verdammt erfolgreich.

Leider haben Frankreichs Revolutionäre knapp dreißig Jahre später kein Verständnis für eine gewiefte Proletarierin, die sich zwecks Karriere zum König hochschläft. 1793 rollt ihr Haupt ins Stroh. Bis zuletzt wundert sich Bürgerin du Barry, warum man ihr das sauer erarbeitete Schloss abnimmt. Schließlich ist tout Paris damals Europas anerkannte Metropole für das horizontale Gewerbe. Ein gewisser Napoleon, Freund der Revolution, macht dort auch seine ersten Erfahrungen mit der rein horizontalen Liebe.

Noch absurder dürfte es der Bürgerin Bécu erschienen sein, dass man sie wegen angeblicher Pläne zur Konterrevolution anklagt. Große Politik hat sie – im Gegensatz zu Vorgängerinnen wie der Pompadour, Tochter eines in den Adelsstand erhobenen Fleischgroßhändlers – sicher nicht im Sinn gehabt. Tja, am Ende ist das eher gerissene als gebildete Mädchen aus dem Volk die Dumme. Obwohl gerade das Volk im Namen des Volkes Revolution macht. Auch so kann's eben gehen.

Monica Lewinsky hat im Jahr 1998 vielleicht ähnlich verwundert reagiert wie die gefälschte Gräfin, als sie zum Mittelpunkt einer internationalen Staatsaffäre um US-Präsident Bill Clinton wurde. Dabei hat die 22-jährige Praktikantin für die Schäferstündchen im Oval Office vom damals mächtigsten Mann der Welt nicht einmal Geld verlangt.

An den Pranger gestellt wurde die Kopierkraft samt spermabeflecktem Kleidchen dennoch. Wie royale Ejakulate sind am Ende also auch demokratische Ejakulate politisch bedeutsam. Ob ihr kurzfristig weltberühmter Name, unter dem sie im Internet Handtaschen loszuschlagen suchte, für Monica eine angemessene Entschädigung für ihre Dienstleistung war, ist fraglich. Immerhin durfte sie den Kopf behalten – und Bill Clinton sein Amt.

Madame du Barry musste ihr Haupt wohl ebenfalls für die politischen und privaten Sünden ihres Exgalans Ludwig XV. hinhalten, der schon tot und begraben ist, als mit ihr 1793 kurzer Prozess gemacht wird.

Ludwig Nummer fünfzehn, der Nachfolger des Sonnenkönigs, gilt damals wie heute als einer der ausschweifendsten Erotomanen auf Frankreichs Lilienthron. Und zum Märchen *ius primae noctis* hat er entscheidend beigetragen.

Ein royaler Hirschpark voller Huren

Keine Legende ist, dass der Bourbonen-König Ludwig XV. im Jahr 1755 in »Parc-aux-Cerfs«, einem Viertel des palastnahen Städtchens Versailles, zwei Häuser für minderjährige Privathuren anmieten lässt. Die teils erst vierzehnjährigen Mädchen stehen nur dem Monarchen zu Diensten und werden bei Bedarf in den Palast geschmuggelt. Bis zu drei Mädchen gleichzeitig leben im Königsbordell.

Ausgesucht und handverlesen werden die königlichen Callgirls von Ludwigs erstem Kammerdiener. Wichtigstes Auswahlkriterium ist die Jungfräulichkeit der Beischläferinnen, daher auch ihr extrem jugendliches Alter. Der Bourbone ist jedoch kein notorischer Päderast, noch will er das

– 424 –

ius primae noctis ausüben, er möchte sich lediglich vor Geschlechtskrankheiten schützen. Überhaupt legt er Wert auf die Sauberkeit seiner Beischläferinnen. Im Wohnheim an der Straße des heiligen Medericus gibt es ein luxuriöses Badezimmer.

Womit nur ganz kurz der populäre Irrtum widerlegt sein soll, dass Versailles ein Hof voller Schmutzfinken war. Es gab dort sowohl Toiletten, bewegliche Kommoden mit Nachttöpfen als auch eine Kultur der *toilette au sec*. Man wusch (!) sich mit Parfüm und Tüchern und überdeckte nicht einfach den Körpergeruch. Abgestandenes Wasser war eindeutig die schlechtere Alternative.

Wo es möglich war, liebte man in königlichen Kreisen das Schwimmen in fließenden Gewässern und genussvolle Bäder in frischem, parfümiertem Nass. Das Thema royale Schmutzfinken geistert noch heute durch »aufgeklärte« Hirne. Genau wie die Vorstellung, dass im Spiegelsaal zu Versailles der verlotterte Adel regelmäßig in die Ecken pinkelte. Er tat es nicht. Versailles war kein öffentliches Parkhaus der Neuzeit.

Zurück zum sauberen Sex von Ludwig XV. Damit sich der geschlechtliche Vollzug für den König auch religiös nicht schmutzig anfühlt, lautet das oberste Gebot des Monarchen: Erst ein Gebet, und dann ins Bett. Auf Knien neben seinem Lotterbett wird vor dem Sex gemeinsam das »Vaterunser« aufgesagt.

Schutzherrin und Förderin des Etablissements ist übrigens die Marquise de Pompadour. Aus ganz vernünftigen Überlegungen. Die erotische Beziehung zwischen ihr und Ludwig ist längst eingeschlafen und soll überhaupt nie das aufregendste Element ihrer zwanzigjährigen Verbindung gewesen sein.

Die Pompadour, die in einigen Briefen über die eigene

Unlust an der Lust Ludwigs klagt, möchte jedoch ihre Position als offizielle Mätresse bewahren und den König von ihrer Konkurrenz bei Hof ablenken. Den »gegenseitigen Gebrauch der Geschlechtswerkszeuge« (so eine nüchterne Umschreibung des bürgerlichen Aufklärers Immanuel Kant für die eheliche Sexualität) delegiert die Favoritin des Königs lieber an unbedeutende Juniorkräfte. Madame de Pompadour ist nicht umsonst eine große Freundin des aufgeklärten Verstandes und will Hirn und Leib lieber für sinnvollere Dinge einsetzen. Etwa in den Ressorts Kultur, Bildung und Außenpolitik.

Nachwuchsprobleme gibt es im royalen Hurenhaus anscheinend nicht. Ludwigs erster Kammerdiener – so heißt es in Briefen von Madame Pompadours Zofe – kann sich vor Aufnahmeanträgen kaum retten. Häufig würden die gar von Müttern gestellt. Wenn das stimmt, dann wohl, weil viele für sich und ihre Töchter nur das Beste wollen: eine Karriere bei Hof. Madame Pompadour, in Sachen Lebensstil ein Idol ihrer Zeit, spielt in gewissem Sinn die Moderatorin einer Supermodelshow à la Versailles.

Der Aufstieg vom reinen Bettschatz zur Favoritin ist jedoch Illusion und so selten wie heute eine Weltkarriere dank eines Auftritts in einer Talentshow.

Ludwig, der später auf die gefälschte Gräfin du Barry reinfällt, rückt für kleinbürgerliche Bordellmädchen keine Schlösser heraus, egal wie putzig er sie findet. Er gibt sich vor den Mädchen gar als polnischer Edelmann mittleren Alters aus, der gegen Unterkunft, hübsche Kleidung, Essen und eine Aufwandsentschädigung ein wenig Entspannung von seinem Leben bei Hof erwartet. Das ist seine Version bürgerlicher Privatsphäre.

Ob alle Mädchen dem König die Nummer mit dem polnischen Edelmann abgenommen haben, darf bezweifelt werden. Wie freiwillig sie sich hingegeben haben ebenfalls. Besser als die Straßenhuren von Paris werden sie es allerdings gehabt haben.

In die Geschichte geht Ludwigs Bordell als sein »Hirschpark« ein, was keine schmutzige Anspielung ist, sondern die deutsche Übersetzung für »Parc-aux-Cerfs«, den Namen des Stadtviertels.

Zu Zeiten von Ludwig XIII. (1601–1643) befand sich dort nämlich ein Hirschgehege, und Versailles war noch ein beschauliches Jagdschlösschen. Ludwig Nummer dreizehn hatte kein Interesse an einem Bordell mit minderjährigen Mädchen, er zog männliche Favoriten vor. Ob rein platonisch oder nicht, ist unklar.

Kurzer Seitensprung zu den Anfängen des geregelten Seitensprungs

Ludwig XV. ist beileibe kein Sonderfall der Geschichte.

Die meisten Monarchen Europas haben das unauflösliche, monogame christliche Ehemodell nur offiziell gelebt. Quer durch alle Epochen. Die royale Realität könnte man mit dem antiken Rhetoriker Demosthenes (4. Jahrhundert vor Christus) so umreißen: »Wir haben Hetären zum Vergnügen, Konkubinen für die Bedürfnisse des Alltags und Ehefrauen, um legitime Kinder zu zeugen.«

Ein königliches Exklusivmodell oder Vorrecht ist die ausschweifende Erotik der Mächtigen also auch nicht.

2400 Jahre nach Demosthenes, nämlich im Jahr 1986,

kommt der Ethnologe Robin Fox in einer Studie über das Sexualleben verschiedener Epochen, Völker und Länder zu dem Schluss:

»Das bei den Menschen am weitesten verbreitete Heiratsmuster ist die Vielweiberei der Mächtigen. Selbst in offiziell monogamen Gesellschaften erfreuen sich die Mächtigen in der Regel eines erweiterten sexuellen Zugangs zu jungen Frauen.«

Bei Demosthenes klingt das unbekümmerter, aber das Ergebnis bleibt dasselbe.

Wobei dringend angemerkt werden muss: Der Ethnologe Fox ist kein Biologe. Er behauptet *nicht*, dass dieses Muster genetisch zwingend vorgegeben ist. Geschichtlich aber war es höchst beliebt – und das ist es noch.

Über die ersten königlichen Konkubinen des europäischen Mittelalters ist wenig bekannt. Nicht weil es sie nicht gab, sondern weil sie selbstverständlich waren und nicht wichtig genug, um kostbares Pergament und Tinte auf ihr Wirken zu verschwenden. Allein das mittelalterliche Wort Konkubine (»Beischläferin«) zeigt, dass die Amüsierdamen noch nicht so wichtig genommen werden wie die Mätressen späterer Jahrhunderte. Diese hübschere Bezeichnung leitet sich vom französischen *maîtresse* – für »Meisterin«, »Herrin« ab.

Ob die Liebesdienerin immer Herrinnen ihres Geschicks waren, muss man von Fall zu Fall beurteilen. Es gab ausgesprochen gebildete Vertreterinnen dieses Metiers, die auch politischen Einfluss gewannen. Eine angebliche »Herrschaft der Unterröcke« – wie Englands Untertanen im 18. Jahrhundert behaupten – ist aber an keinem absolutistischen Hof der Epoche nachweisbar.

So weit ging die Begierde bei Königs selten, dass sie sich und ihre Paläste ganz und gar von ihrem Lustvertreib beherrschen ließen.

Vielweiberei ist und bleibt Mode bei den Mächtigen

Schon Frankenkönig Karl der Große, der im Jahr 800 in Rom zum Kaiser gekrönt wird, heiratet vier- oder fünfmal nacheinander, vielleicht sogar nebeneinander, offiziell. Zusätzlich beglückt er wenigstens vier – heute noch bekannte – Konkubinen mit so hübschen Namen wie Madelgard und Ethelind. Zwanzig Kinder sind diesen Verbindungen entsprungen.

Der umtriebige Superkaiser des frühen Mittelalters, den Frankreich genau wie Deutschland unter ihren bedeutendsten Monarchen auflisten, hat genug Zeit für die Reproduktion. Karl der Große beziehungsweise Charlemagne erreicht das zu seinen Zeiten biblische Alter von 70 oder 72 Jahren. Auch hier schwanken die verfügbaren Quellenangaben.

Gemunkelt wird außerdem von einer Art Harem, den der Karolinger sich an seinem Hof eingerichtet haben soll. Ein Sklave seiner Lüste war er aber keinesfalls.

Zudem wird er in der Forschung gern als – in seiner Zeit – erstklassiger Familienvater bezeichnet. Begründung: Er legt Wert auf die Bildung seiner Kinder genau wie auf die seiner Untertanen, und im Gegensatz zu ihm konnten ein paar seiner Frauen lesen und schreiben. Beherrscht wird die Welt damals allerdings mit dem Schwert, und nicht mit Feder und Tinte.

Fest steht, dass der Karolinger nicht ständig durch die Betten getollt ist. Er musste vor allem fromme Geschäfte erledigen.

Über die Hälfte seines Lebens hat der große Karl – der seine Zeitgenossen mit 1,90 Metern auch körperlich überragt, obwohl sein Vater Pippin der Kurze ist – im Sattel verbracht. Kämpfend und als bewaffneter Missionar des Christentums. Bekannt ist Karl unter anderem für die Unterwerfung und die Zwangstaufe heidnischer Sachsen. Wer Nein sagte, wurde per Schwert sofort in die Hölle verbannt.

Zu Verden an der Aller soll der christliche Karl an einem Tag 4500 aufrührerische Sachsen hingerichtet haben, die an Wotan, Freya und an ihrer Irminsul – einer germanischen Abwandlung des Weltenbaums Yggdrasil aus der nordischen Edda – festhielten. Gegen Vielgötterei hatte der Kaiser was, gegen Vielweiberei weniger.

Wie glücklich oder unglücklich er seine zahlreichen, aber unzählbaren angetrauten und nicht angetrauten Frauen gemacht hat, ist nicht bekannt. Angesichts des ungeheuren Nachruhms ihres Kaisers verblassen sie über die Jahrhunderte zu Fußnoten.

Karl der Große gilt heute als einer der »Väter Europas«, weil sein erobertes Reich in etwa die Gebiete des heutigen Westeuropa erstmals nach den Römern wieder zusammenfasst.

Im 12. Jahrhundert wird die Heiligsprechung des missionsfreudigen Kaisers betrieben; am Ende kommt immerhin eine Seligsprechung heraus.

Rein irdisch betrachtet verdankt Europa dem Kaiser in zahlreichen Sprachen das Wort für König. Es soll aus seinem Vornamen Karl hervorgegangen sein. Etwa der polnische Król, der tschechische Král, der litauische Karalius, der un-

– 430 –

garische Király und der russische король. Hierzulande blieb man bei Kunig, später König; dafür verdanken wir dem Namen Karl aber den Kerl.

Dass es der große Karl war, der Pate steht für die vielen Königswörter, ist freilich nur *eine* Erklärungsvariante.

Zurück zum Thema »Kaiser und Konkubinen«. Der Zwergstaat Andorra beruft sich in seiner Nationalhymne *El Gran Carlemany* 1914 auf Karl den Großen als Garant für die Unabhängigkeit des Fürstentums und seiner monarchischen Verfassung. Das weibliche Element spielt dabei eine überragende Rolle:

> *Der große Karl der Große, mein Vater, befreite mich von den Sarazenen … Ich (also Andorra) wurde als Fürstin geboren, als Jungfrau, neutral zwischen zwei Nationen … Ich bin die einzig übrig gebliebene Tochter des karolingischen Reiches.*

Tja, wenn man Nationen als Jungfrauen durchgehen lässt, dann hat Karl der Große zumindest diese eine zwar nicht erotisch, aber politisch beglückt. Und das, so heißt es im Text, »über elf Jahrhunderte«. Ganz klar, da kann kein normalsterblicher Mann mithalten.

Gewitztes Liebchen oder eiskaltes Luder?
Ein Seitensprung zur Zeit des Minnesangs

Handfestere Geschichten über eine Konkubine erfahren wir aus dem England des Hochmittelalters.

Durch Gerichtsakten belegt ist, dass die Beischläferin des englischen Monarchen Edward III. (1312–1377) zumindest materiell sehr happy mit ihrem royalen Lover war. Und dieser blieb siebzehn Jahre in sie vernarrt, allerdings zum Schluss reichlich tüdelig. König Edward, der den hundertjährigen Kampf seines Reiches um Frankreichs Thron beginnt und England zur gefürchteten Kriegernation macht, legt sich mit 55 Jahren aufs Sterbelager. Seine Konkubine und Hofjungfer Alice Perrers hält Händchen.

Dem König steht ein längeres Siechtum bevor, von dem er – wie von den Staatsgeschäften – gnädigerweise kaum etwas mitbekommt. Quellen berichten von extremer Vergesslichkeit und Senilität. Alice Perrers, seit 17 Jahren seine Amüsierdame und inzwischen Besitzerin einiger Ländereien, weiß, dass sie ihre letzte Chance nutzen muss, um ihre Schäfchen ins Trockene zu bringen. Sie bessert ihre Rente auf, indem sie Edward Geld für Juwelen abschwatzt.

Mit schwärmerischem Augenaufschlag legt sie dem Sterbenden in seinen wachen Momenten kostbares Geschmeide vor. Der König rückt großzügig Bares aus der Staatsschatulle heraus, damit Alice das Geschmeide erwerben kann. Ein netter Zug. Was der Monarch nicht merkt: Alice Perrers legt ihm immer wieder dieselben Kettchen, Krönchen und Armreifen vor und kassiert doppelt und dreifach.

Kaum ist Edward nach einem letalen Schlaganfall in allen Ehren in Westminster bestattet, geschieht, womit Alice wohl gerechnet hat. Adlige Gegner und das Parlament enteignen die gewitzte Landbesitzerin Alice, nehmen ihr das Geschmeide ab und verbannen sie vom Hof. Ihr Adelstitel, gesunder Machtinstinkt und das rechtzeitig beiseite geschaffte Geld schützen die Exkonkubine vor Schlimmerem.

Madame Perrers gibt auch nach ihrem Fall nicht auf. Sie strengt langjährige Prozesse um ihr Geschmeide und ihre

Landgüter an. Zeitgenossen titulieren sie als »Teufels Werkzeug« und schmähen sie nach allen Regeln der Kunst. Der unfassbare Skandal ist, dass eine Frau – die, zugegeben, eine gerissene Betrügerin ist – etwas wagt, was unter nicht weniger gerissenen Adelsmännern durchaus üblich ist. Und nur darum wird die Konkubine aktenkundig.

So wie ihr wird es erfolgreichen und finanzstarken Mätressen jahrhundertelang ergehen. Nicht wenige bezahlen wie 1793 die du Barry für ihren Aufstieg mit dem Leben, mit Verbannung oder Abschiebung ins Kloster. Fazit: Einen Monarchen zu lieben ist eine gefährliche Kunst.

Tödliche Liebschaft und Gruselromanze

Doch schon im Mittelalter sind nicht alle königlichen Bettschätzchen rein berechnend oder herzlos. Es gibt auch Konkubinen, die mit viel Gefühl bei der Sache sind. Etwa die spanisch-kastilische Adelstochter Inés de Castro (1320–1355), eine Zeitgenossin von Alice Perrers und wie diese zunächst Hofdame einer Königin. Inés' Leben ist als gruselig-romantisches Schauerstück überliefert. Folgendes scheint halbwegs belegt:

Als hübsches Anhängsel der ebenfalls kastilischen Königstochter Constanza gelangt Inés de Castro 1340 nach Portugal, wo ihre Herrin den dortigen Königssohn Pedro heiratet. Der 20-jährige Kronprinz verliebt sich jedoch nicht in seine politische Zweckbraut Constanza, sondern bis über beide Ohren in die gleichaltrige Inés. Eine Liebe ohne Zukunft. Pedros königlicher Papa Alfonso IV. will keine Tochter aus einer Adelssippe, die bereits im kastilischen Heimatland nach dem Thron schielt und nun womöglich auch nach seinem.

Alfonso IV. wirft Inés 1344 aus seinem Reich. Als Prinz Pedros ungeliebte Ehefrau Constanza 1345 nach der Geburt ihres zweiten Kindes im Wochenbett stirbt, holt der royale Romeo seine große Liebe Inés entgegen dem Verbot des Vaters zurück nach Portugal.

Das Paar verbringt vier glückliche Jahre in wilder Ehe miteinander. Sie leben, fernab von Papas Palast in Lissabon, auf einem Landgut südlich von Porto. Die hübsche Kastilierin schenkt ihrem portugiesischen Prinzen drei uneheliche Kinder. Das passt Papa Alfonso gar nicht, denn er fürchtet, dass seine Bastardenkel später Anspruch auf den portugiesischen Thron anmelden oder diesen sogar Kastilien einverleiben könnten.

Noch schlimmer sieht es aus, als Pedro seine Inés heiratet; zumindest kursiert Klatsch über eine heimliche Hochzeit. Dazu kommt das Gerücht, Prinz Pedro spekuliere auf Papas und auf den kastilischen Thron. König Alfonso will Portugal aber ganz für sich und in der Familie behalten, darum lässt er Inés in Abwesenheit wegen Hochverrat zum Tode verurteilen. Die Hinrichtung wird im Januar 1355 als hinterhältiger Meuchelmord vollstreckt.

Prinz Pedro ist gerade auf der Jagd, als drei gedungene Mörder Inés im Landhaus überfallen, sie in den Garten zu einem Brunnen zerren und davor standrechtlich enthaupten.

Der Kronprinz soll bei der Rückkehr vom täglichen Jagdausflug nur noch den Kopf seiner heimlichen Gemahlin und Geliebten gefunden haben. Als grausames Warnzeichen des Papas. Woraufhin der verzweifelte Prinz einen Bürgerkrieg gegen seinen Mördervater entfesselt. Aber Alfonso hat die stärkeren Truppen und ist mit Gewalt nicht zu stürzen.

Prinz Pedro muss sich zähneknirschend mit dem Vater versöhnen und mit der Rache warten, bis Alfonso IV. zwei Jahre später das Zeitliche segnet. Dann schlägt er zu.

Die Richter und Henker, die die Ermordung der Konkubine Inés bewerkstelligt haben, sind längst über alle Berge nach Spanien geflohen. Doch der Prinz, nunmehr König Pedro I. von Portugal, beweist einen langen Atem und unsterbliche Liebe. Er erwirkt durch monatelange Schmeicheleien die Auslieferung von zwei der drei Mörder. Nummer drei ist in England leider nicht zu fassen.

Dank der ausgefeilten Martern, zu denen König Pedro I. die gefassten Mörder verurteilt, erwirbt er sich den Beinamen »der Grausame«. Bevor er die Todeskandidaten den Körperstrafen unterzieht, dürfen sie noch wählen, ob sie nach Verstümmelung und Kastration ihre Eingeweide und lebenswichtigen Organe lieber von hinten oder vorn aus dem Leib gerissen haben wollen. Im Jahr 1357 lässt der Monarch den entmannten Mördern die Brust aufschlitzen und das Herz herausreißen. Mit den Worten, sie hätten in Wahrheit keines, da sie sein »Herz auf immer pulverisiert« hätten.

Juristisch begründet er die grausame Bestrafung mit der Tatsache, dass der Mord an einer Königin Hochverrat sei. Um alle Zweifel daran zu zerstreuen, *ob* er seine Geliebte tatsächlich zu seiner Ehefrau gemacht hat, kommt es zu einer makabren Wiedererweckung der Toten.

Nach der Bestrafung ihrer Mörder soll er Inés' sterbliche Überreste aus einem Kloster in eine Kathedrale nahe des gemeinsamen Landhauses überführt und in einem gespenstisch anmutenden Akt nachträglich inthronisiert haben. Inés'

Körper, so heißt es, sei wieder mit dem Kopf verbunden worden, um als zusammengenähte und verdrahtete Leiche, in Staatsrobe gekleidet und gekrönt zu werden.

Pedros gesamter Hof, der den Meuchelmord an der Konkubine mitverfolgt hat, muss der Toten huldigen und die verweste Hand küssen. Die schauerliche Übung verfolgt wieder einmal auch einen politischen Zweck. Inés und Pedros Bastardkinder müssen als offizielle Thronerben, sprich Infanten, anerkannt werden.

Dass es sich bei der Liaison von Pedro und Inés wohl tatsächlich um eine große, tragische Liebe gehandelt hat, beweisen die Anweisungen für die Bestattung, die der König für seine Geliebte und sich gibt. Er lässt zwei Prunksärge in der Klosterkirche von Alcobaca errichten und im Querschiff so aufstellen, dass er und Inés einander am Tag des Jüngsten Gerichts bei ihrer Auferstehung sofort in die Augen blicken können. Noch heute stehen die Sarkophage in entsprechender Position.

Bei dem zerfallenen Landhaus, dem Liebesnest des Paares, findet sich noch der Brunnen, vor dem Inés ihr Leben verlor. Er heißt heute »Quelle der Tränen« und ist ein romantischer Treffpunkt für Paare, die einander ewige Liebe schwören wollen. Frisch verheiratete Brautleute aus der Umgebung treten am Tag ihrer Hochzeit vor die Sarkophage von König und Konkubine, um ihr Treueversprechen zu wiederholen. Da kann man nur hoffen, dass die Schwiegerväter der Bräute nichts dagegen einzuwenden und keinen Thron zu vererben haben.

Eine unsterblich schöne Leiche

Auch Frankreich kann bereits im ausgehenden Mittelalter mit einer berühmten, berüchtigten und verleumdeten Konkubine aufwarten.

Agnès Sorel (1422–1450) bezaubert mit 15 Jahren den vierzigjährigen König Charles VII. (1403–1461). Der Teenager gilt als schönste Frau seines Reiches. »Dame de Beauté« (»Herrin der Schönheit«) ist einer der ersten Titel und zugleich der Name einer Provinz, die der König der Geliebten schenkt. Wir können uns von Agnès dank eines Porträts aus dem Jahr 1449 ein Bild machen. Da ist sie ungefähr 25. Ihr Antlitz schmückt – ausgerechnet – ein Altarbild.

Im 15. Jahrhundert wird es üblich, Heilige mit den Gesichtern royaler und reicher Stifter zu versehen. König Charles lässt seine Agnès auf einem zweiteiligen Altarschmuck gar als Jungfrau Maria abbilden, samt Krone und Hermelinmantel. Diese Art der Verherrlichung ist eigentlich nur keuschen, verheirateten Königinnen vorbehalten.

Das Gesicht der Maria/Konkubine ist tatsächlich engelsgleich schön, die Haare sind weizenblond, die Augen tiefblau. Verstörend wirken auf heutige Betrachter Agnès' modisch rasierte Augenbrauen und der ausrasierte Haaransatz. Das damalige Schönheitsideal hat etwas leicht Punkiges, ist aber gängig.

Skandalös für Agnès' fromme politische Feinde bei Hof ist die völlig entblößte linke Brust. Prall wie ein Apfel entspringt sie dem gelösten Mieder der Madonna. Das auf Agnès' Schoß thronende Jesuskind zeigt daran nur wenig Interesse und hat den Blick geradeaus gerichtet.

Anders der Ritter Etienne Chevalier, einer ihrer Gönner,

der auf der anderen Seite des Doppelbildes in demütiger Verehrung kniet und begeistert hinschaut. So freizügig, und das auch noch in einem religiösen Kontext, ist die Schönheit und Erotik einer Konkubine nie zuvor zur Schau gestellt worden.

Und freizügig zeigt sich König Charles VII. auch in der finanziellen Ausstattung seiner Herzdame. Er überschüttet Agnès, die aus niederem Adel stammt, mit Gunstbeweisen und Geschenken. »Sie trug längere Schleppen, prachtvollere Aufmachungen, teurere Kleider als je eine Frau in diesem Königreich«, heißt es in zeitnahen Chroniken. Und: »Sie besaß Gemächer, besser ausgestattet als die der Königin.«

Agnès erweckt Neid, weil sie »die besten Wandteppiche, die besten, schönsten Bettverkleidungen, die beste Küche« besitzt. Auch sonst ist alles nur vom Feinsten.

Der Gipfel des Skandals ist jedoch, dass Agnès Sorel nach eigenem Gutdünken ein großes Gefolge auf sich vereinen und mit Posten versorgen darf. Ihre Freunde und Favoriten schätzen die Konkubine als großzügige Gönnerin und loben sie auch als fromme Wohltäterin. Ihre Feinde grummeln vernehmlich, weil der König derart begeistert ist, »dass er es nicht ertragen konnte, sie auch nur einen Augenblick zu vermissen«. So viel Luxus, so viel Macht und Einfluss einer Konkubine ist gefährlich für ihre Interessen, aber noch gefährlicher für Agnès.

Die Blondine mit dem Engelsantlitz stirbt mit 28 Jahren zusammen mit ihrem vierten, zu früh geborenen Königskind. Ihr Tod ist so mysteriös wie qualvoll. Sie scheint bei lebendigem Leibe zu verwesen. Ihre letzten Worte lauten: »Wie ekelhaft übel riechend und hinfällig wir doch sind.«

Die offizielle Todesursache »Bauchfluss« – damals eine Umschreibung für unablässigen Durchfall – ruft schon bei

Zeitgenossen Zweifel hervor. Hat der legale Kronprinz die Hand im Spiel? Oder seine Mutter, die Königin?

2005 hat ein Pathologenteam das Skelett von Frankreichs erster großer Konkubine exhumiert und untersucht. Das Ergebnis: Die Geliebte des Königs starb an einer Quecksilbervergiftung. Dank Ärztepfusch oder gezieltem Mord? Das hochtoxische »flüssige Silber« gilt seit der Antike als Therapeutikum bei Durchfall und wird zu Agnès' Lebzeiten auch so eingesetzt.

Doch die modernen Medizinhistoriker fanden 2005 eine derart hohe Konzentration des Gifts in den Knochen der Konkubine, dass sie von Mord ausgehen. Ihre mittelalterlichen Kollegen, so die Pathologen, kannten sich mit der richtigen Dosierung von Quecksilber aus. Und Agnès' letzte Worte – »wie ekelhaft übel riechend und hinfällig wir doch sind« – weisen in dieselbe Richtung. Eine tödliche Überdosis Quecksilber greift sämtliche Organe an, lässt sie verfaulen. Das Opfer bleibt bei vollem Bewusstsein und kann die übel riechenden Ausdünstungen wahrnehmen.

Quer durch alle Epochen gibt es solche Geschichten von Mätressen, wie die der Überlebenskünstlerin und Betrügerin Alice Perrers, oder tragische Schicksale wie das der verliebten Inés Castro oder das der verwöhnten Agnès Sorel.

Fazit: Liebschaften waren für Könige selbst nie ein Skandal, aber der Skandal, der aus den Liebschaften gemacht wurde, nicht selten Politik. Und die kostete Konkubinen, Kurtisanen und Mätressen gelegentlich das Leben, während ihr Leben in Luxus auch der Demonstration königlicher Macht und Potenz diente.

Die Mätressenwirtschaft des 17. und 18. Jahrhunderts hat also schon Vorläufer, nur wissen wir da mehr über das Leben aller Beteiligten. Dank eigener Aufzeichnungen, verlässlicherer Geburtsurkunden, dank kritischer Beobachtung ihres Tuns, aber eben auch dank einem Wust von Gerüchten und Tratsch, mit denen die Monarchie und die Monarchen anno 1700 und 1800 in nie zuvor gekanntem Ausmaß überzogen werden.

Das macht es nicht leichter, historische Wahrheiten von Lügen zu trennen; tatsächlich ist beides untrennbar miteinander verwoben. Und damit zurück ins Zeitalter der Vernunft.

Könige sind auch nur Menschen

Schon 1556 schreibt der englische Bischof John Ponet eine »Kurze Abhandlung über politische Macht«, in der es heißt: »Es ist besser, auf Gott als auf Prinzen zu vertrauen.« Und: »Wenn also ein König oder eine Königin menschliches oder göttliches Gesetz bricht, müssen sie getadelt oder ersetzt werden. Und wenn (…) sie grausame Götzendiener und Verfolger sind, dann ist es ein tugendhafter Akt, sie als Tyrannen zu ermorden.«

Mit anderen Worten: Könige sind nicht göttlich, sondern auch nur Menschen, die man bei Bedarf vom Thron schubsen kann. Eine selten freimütige Ansicht, die dem protestantischen Kleriker in England das Todesurteil bringt, dem er sich jedoch durch Flucht auf den Kontinent entzieht.

Seine späten Nachfahren – die Aufklärer des 18. Jahrhunderts – gehen die Sache klüger und in weniger kämpferischem Ton an, denn Buch- und Pressezensur sind nach wie vor eine handfeste Angelegenheit.

»Sapere aude! Habe Mut, dich deines eigenen Verstandes zu bedienen«, fordert Kant, wie wir schon gehört haben, und er prägt den epochemachenden Begriff »Aufklärung«.

»Überzeugung muss an die Stelle von Religion treten«, schreibt Gotthold Ephraim Lessing. In Frankreich rufen Autoren wie Voltaire, Diderot und Rousseau das Siècle des Lumière aus. »Das Jahrhundert des Lichts«. Im Licht der reinen Vernunft betrachtet verliert die Monarchie an Glanz.

Statt königlichem Absolutismus soll Freiheit regieren, soll Gleichheit anstelle einer Ständeordnung herrschen, sollen wissenschaftliche Erkenntnisse alte Vorurteile und religiöse Irrtümer ersetzen. Der Mensch ist »von Natur aus gut« und man »muss es ihm nur zeigen«, lautet das pädagogische Programm, dem auch Könige unterzogen werden sollen. Man hält sie für lernfähig wie jedermann.

Einige sind es, andere interpretieren Aufforderungen wie Rousseaus »Zurück zur Natur«, also dem Urzustand der Gleichheit, recht eigenwillig.

Marie Antoinette – Eine Königin spielt Milchmädchen, doch die Rechnung geht nicht auf

Frankreichs letzter Bourbonen-König Ludwig XVI. (1754–1793) schenkt seiner berühmt-berüchtigten Königin Marie Antoinette, zehn Jahre bevor er den Kopf unter der Guillotine verliert, das Landschlösschen Rambouillet. Weil die Gattin die Immobilie als »gothisches Krötenloch« bezeichnet, lässt Ludwig der Letzte es à la Rousseau umgestalten.

Im Park entsteht unter enormem Kostenaufwand eine ländliche Idylle samt Bauernhöfen, Bächen, Backhäusern,

Kuhstall und Meierei, damit die Rokokoprinzessin aus dem Hause Habsburg im Schäferkostüm gelegentlich Lämmer hüten kann. Die Schafherde wird täglich frisch parfümiert. Neben reinem Verstand ist halt auch bürgerliche Empfindsamkeit und Rückzug ins Private le Dernier Cri. Beim Adel allerdings nach alter Sitte mit viel Showeffekten. Das Idyll wird mit exorbitant teuren Luxusobjekten möbliert.

Wie Jean-Jacques Rousseau, der sich freut, dass er so beliebt ist bei Königs, ist Marie Antoinette auch dafür, das Stillen wieder in Mode zu bringen, statt Ammen zu beschäftigen. Um die Botschaft werbewirksam rüberzubringen, lässt sie in der Porzellanmanufaktur Sèvres brustförmige Milchschalen anfertigen, die auf Ziegenfüßen ruhen. Ein sündteures Geschirr. Unbewiesen ist, dass ihre eigene wohlentwickelte Büste Modell für das Service stand. Zwei der königlichen Milchbecher sind im Pariser Keramikmuseum zu besichtigen.

Eindeutig verspätet sind die bürgerlichen Einsparmaßnahmen ihres Gatten in Sachen Haushaltskosten. Ludwig XVI. sagt wegen wachsenden Unmuts in der Bevölkerung Opernvorstellungen in Versailles ab, für die allabendlich allein 3000 Bienenwachskerzen entzündet werden müssen. Die Kosten für eine Kerze – so haben einige Historiker berechnet – entsprechen dem wöchentlichen Einkommen einer Bauernfamilie. Allerdings geht diese Angabe auf ein historisches Standardwerk der ehemaligen DDR zurück. Die vielleicht etwas anders gerechnet hat als andere Forschernationen. Kurz: Genaues weiß man nicht, und das Nachrechnen historischer Kosten und Zahlenangaben ist eine Wissenschaft für sich! So soll der Bau von Versailles – je nach Historiker – mal 20 Millionen, mal Milliarden, mal irgendetwas dazwischen gekostet haben. Eins ist sicher: Es war ein teurer Bau, von dem das Volk erst mal nichts hatte. Dafür floss das Können bürgerlicher Handwerker, Architekten und Arbeiter in den Prachtbau ein. Genießen wir ihn also als Zeugnis menschlicher Begabung. Auch der zum Größenwahn.

Nun, obwohl der letzte Ludwig die Kerzen löschte – dass seinem Volk ein Licht aufging, das konnte er dadurch nicht verhindern. Ein alleiniges Verdienst der großen Köpfe der Aufklärung ist das Erwachen der einfachen Untertanen jedoch auch nicht.

Die zornigsten – und heute eher vergessenen – Stimmen kamen häufig von den niederen Rängen. Kaum ein aufgeklärter europäischer Zeitgenosse würde heute noch das Urteil eines Jean Meslier unterschreiben: »Ich möchte, dass der letzte der Könige erwürgt werde mit den Gedärmen des letzten Priesters.« Indes, der Monarchenfeind hatte Gründe und kannte das Elend haargenau.

Meslier, ein armer katholischer Dorfpfarrer, stirbt 1729, sechzig Jahre vor der Revolution. Er ist Kind eines Jahrhunderts, das die Verbrennung von Zehntausenden Hexen und Hexern erlebt; auch Ketzer sterben noch den Flammentod. Boshafter Klatsch und Hysterie genügen oft, und schon brennt ein Scheiterhaufen, auf dem auch viele seiner Schäfchen qualvoll sterben. Mit dem Segen der Kirche – daher Mesliers hasserfüllte Kritik am Klerus.

Adlige Grundherren lernt der zornige Diener Gottes aus nächster Nähe als verantwortungslose Ausbeuter kennen. Nicht nur in Mesliers Heimatregion, der Champagne, sind 80 Prozent aller Bewohner Bauern, die Mehrzahl von ihnen Analphabeten. Sie leben an und unter der Armutsgrenze und sind doch verpflichtet, den von Steuern weitgehend befreiten Hochadel und hohen Klerus mitzufinanzieren. Nur eine hauchdünne Schicht lebt damals wie Gott in Frankreich.

»Behaltet die Reichtümer und Güter, die ihr im Schweiße Eures Angesichts erarbeitet, für Euch«, zürnt Händlersohn Meslier schriftlich. »Gebt nichts davon an diese prächtigen und unnützen Faulenzer, nichts an all diese Mönche und Kleriker, die unnütz auf der Erde wohnen, nichts an diese hochmütigen Tyrannen, die Euch verachten …« Meslier klagt die Verhältnisse an, die er kennt. Die Zeilen entstammen einem heimlich und über Jahre hinweg verfassten sogenannten »Testament«.

In frühen Jahren ist Meslier wegen seiner Predigten gegen adlige Grundherren scharf gemaßregelt und mit Kerkerhaft bedroht worden. Er hat gelernt zu schweigen, und maßlose Wut aufgestaut. Erst kurz vor seinem Tod vervielfältigt der zum Atheisten gewordene Meslier das Manuskript handschriftlich. Er verteilt es in mehreren Pfarrämtern. Die Zeitbombe zündet.

Das Manifest wird zum ersten und bedeutendsten Dokument der Frühaufklärung. Es beginnt unter Frankreichs Denkerelite zu kursieren. Voltaire (1694–1778) bearbeitet es mäßigend und veröffentlicht es später anonym in Auszügen. Darum wird der Satz übers »Priestergedärm« noch heute fälschlicherweise ihm zugeschrieben. Indes – so radikal und unversöhnlich war der später geadelte Allroundautor nicht. Auch Voltaire wollte leben, und zwar kommoder als ein kleiner Dorfpfarrer, dem man das Maul fix verbieten oder den man gar verbrennen kann.

Katharina die Große – Mörderische Komödiantin
auf dem Kaiserthron

Natürlich gibt es auch Monarchen, die die bürgerlichen Vertreter der neuen Vernunft und der neuen Empfindungswelt sehr ernst nehmen. Etwa die kluge Katharina die Große (1729–1796). Russlands Zarin schreibt gern satirische Komödien im Stile Molières über unterbelichtete und verlotterte Höflinge wie »Frau Klatschmaul und ihre Familie«. Sie schickt sie zur Begutachtung an Monsieur Voltaire, einen der anerkannt brillantesten Denker, Dichter und Philosophen der Zeit. Er nennt die deutschstämmige Prinzessin aus dem Hause Anhalt-Zerbst »Stern des Nordens«. Später lobt er einige ihrer Gesetzesreformen als ein »Evangelium für die Menschheit«, und sie tituliert er als »Philosophin auf dem Thron«. Eine seltene Ehre, denn Voltaires Blick auf das weibliche Geschlecht ist eher geringschätzig: »Die Frau ist ein menschliches Wesen, das sich anzieht, schwatzt und sich auszieht.«

Katharina, eine begabte Machtpolitikerin, hat allemal mehr zu tun. Um Russland zu beherrschen, inszeniert sie statt einem Schwank 1761 eine Palastrevolution. Gemeinsam mit ihrem Geliebten Grigori Orlov putscht sie ihren ungeliebten und unbeliebten Gemahl Zar Peter III. (1728–1762) vom Thron, den er gerade mal sechs Monate innehat.

Gründe dafür findet Katharina reichlich. In den Palastfluren heißt es, Peter wolle sie zugunsten seiner Mätresse in ein Kloster verbannen. Was stimmen könnte. Denn Katharina selbst ist nicht ganz unschuldig an Behauptungen über ihren Zarewitsch, die noch heute Anklang finden: Peter soll ein Ausbund an Irrsinn gewesen sein, der Diener mit vollen Tellern bewirft, sich im Bett lieber mit Tonsoldaten beschäftigt als mit ihr und der gern Ratten zum Tod verurteilt und hinrichtet. Die deutsch-russische Journalistin Elena Palmer hat 2005 in »Peter III. – Der Prinz von Holstein« einen genauen Blick auf den geschmähten Zaren und auf die Quellen geworfen. Ihr Fazit: Man hat Peter aus rein politischen Interessen zum Deppen abgestempelt.

Sicher ist, dass Russlands Adel es dem gebürtigen Prinzen von Holstein übel nimmt, dass er mit ihrem Erzfeind Preußen Frieden geschlossen hat, statt Ostpreußen besetzt zu halten. Als echter Borussenfan trägt der Zar aus Kiel auch deren Uniform und umgibt sich lieber mit holsteinischen Jugendfreunden als mit ihnen. Zudem erlässt er Reformen, die ihnen missfallen, wie die Abschaffung der Folter oder die Einführung einer Luxussteuer statt der allgemeinen Salzsteuer, die die Armen teuer zu stehen kommt. Voltaire und seine Freunde wären begeistert, wissen davon aber nichts.

Mit ihnen korrespondiert Katharina lieber über das Licht der Vernunft als über ihre dunklen Machenschaften an der Seite des russischen Adels, die anno 1762 von Erfolg gekrönt sind.

Peter III. muss abdanken. Er bittet um die Gunst, mit seinem Mops, seiner Geige und seiner Geliebten nach Holstein ins Exil gehen zu dürfen. Mops und Geige lässt man ihm, die Geliebte und die Heimat sieht er nie wieder. Peter wird in einem kärglichen Zimmer in einem Palast bei St. Petersburg untergebracht. In Briefen beklagt er das Fehlen von Toilette und Waschschüssel. Wenig später wird er kurzerhand zu Tode gewürgt. Vom Geliebten der Zarin, von einem seiner Brüder oder von einem Handlanger.

Dass Katharina den Mord in Auftrag gegeben hat, ist unwahrscheinlich; dass sie ihn kaum bedauert, ist offensichtlich. Alle möglichen Tatbeteiligten werden hernach mit Vergünstigungen überschüttet. Später muss die Herrin aller Reussen außerdem eine exorbitante Wein- und Schnapsrechnung begleichen. Zar Peters Leibgarde hat sich in der Nacht des Putsches ordentlich Mut antrinken müssen und hernach zur Feier des Tages Weinhandlungen geplündert. Entstandener Sachschaden: 34.000 Rubel.

Eine Riesensumme, aber ein kleines Opfer dafür, dass Katharina II., genannt die Große, als Witwe das Zarenreich 34 Jahre regieren darf.

Sie tut es weit absoluter als ihre Gemahl, fungiert als Außen-, Innen-, Finanz- und Kriegsministerin, verschärft die zuvor etwas gelockerte Leibeigenschaft und erweitert die Befugnisse adliger Großgrundbesitzer. Nebenher findet die Zarin Zeit für zwanzig namentlich bekannte Liebhaber sowie für unzählige Affären mit hübschen Leibgardisten.

Mit anderen Worten, sie ist die verspätete weibliche Antwort auf Frankreichs Sonnenkönig, die sich, der Zeit gemäß und zwecks Publicity, gern mit Post von Voltaire schmückt und ihn im Gegenzug finanziell großzügig unterstützt. Landeseigene Aufklärer wie den Autor des Reisetagebuches »Von Moskau nach St. Petersburg«, das die Leibeigenschaft russischer Bauern verurteilt, lässt sie lieber nach Sibirien verbannen oder zum Tod verurteilen. Wie Ludwig Nummer vierzehn erhält auch sie den Beinamen »die Große«. Die schöne Idee, dass Frauen immer die besseren Menschen sind, fällt einem mit Blick auf die Zarin schwer; der Gedanke, dass sie zur Machtausübung nicht geeignet sind, allerdings ebenso. Zum gemütlichen Essen einladen möchte man als moderner Zeitgenosse wohl weder die große Zarin noch den großen Sonnenkönig.

Allen cleveren Publicitystrategien, aller gesunden Halb- und Scheinaufklärung à la Zarin Katharina zum Trotz geraten rund um 1800 jedoch europaweit Throne weiter ins Wanken, und die Monarchie verliert als Staatsform ihren Glanz. Und dafür sind nicht nur der wirtschaftliche und soziale Aufstieg des Bürgertums verantwortlich oder der revolutionäre Gedanke, dass alle Menschen von Geburt an gleich sind, sondern royale Personalprobleme. Und die sind oft hausgemacht.

Die Krone wird zu schwer für manchen Kopf – Volksrebellen & Palastrabauken

Auch in einem Königshaus lernt man,
wie die Affen lernen: indem man die Eltern beobachtet.
Seine königliche Hoheit Charles, derzeitiger Prince of Wales

Dank unbegabter und eindeutig überforderter Repräsentanten geraten gekrönte Häupter kurz vor und nach der Französischen Revolution gleich reihenweise zur Karikatur königlicher Würde.

Viele Thronerben sind für die Rolle eines Regierungschefs der beginnenden Moderne nicht gerüstet und vom wahren Leben unbeleckt. Andere sind, wie schon Don Carlos, erbbiologisch benachteiligt oder den Lebensbedingungen im Haifischbecken Palast nicht gewachsen.

Statt zu regieren, übertreiben diverse Kronprinzen es eklatant mit den höfischen Vergnügungen. So manche königlichen Eltern würden ihre Thronerben gern direkt beim Herrgott umtauschen.

Ihr Pech: Man kann den Nachwuchs schlecht auswechseln, ohne die Idee von der gottgewollten Erbmonarchie zu gefährden. Die vor den Palasttoren mittlerweile heftig angezweifelt wird.

Zugleich versagen königliche Familien eklatant in Erziehungsfragen und halten eisern an herkömmlichen Methoden fest – sie kennen es schließlich nicht anders, und jahrhundertelang hat's ja funktioniert.

Betrachten wir eine kleine Auswahl königlicher Sorgenkinder jener Tage, die Volkes Zorn entfachten.

Portugal

In Lissabon muss 1792 Königin Maria I., die erste Frau auf Portugals Thron, zugunsten ihres Sohnes entmündigt werden. Vorausgegangen sind religiöse Wahnattacken und Versuche der Selbstverstümmelung. Zudem gibt die gebürtige Prinzessin aus dem Haus Braganza in Kinderkleidung Audienzen, wandert nachts Psalmen singend durch Palastkorridore, verweigert jegliche Körperpflege vom Waschen bis zum Kämmen. Ihre Vorbilder sind große heilige Frauen, die auf diese Weise über Jahrhunderte hinweg der verderbten Welt entsagt haben.

Königin Maria I. ist sichtlich unfähig, ihren Hof, dem sich 15.000 Personen angehörig fühlen, zu beherrschen. Geschweige denn ein Land. 1807 muss Maria, die nur noch dem Namen nach Königin ist, samt Sohn und blaublütigem Anhang vor Napoleons Truppen nach Brasilien fliehen. Ein adliger Massenexodus.

Ein Enkel zerrt die entmündigte Monarchin zu einer

Kutsche, dieweil Maria – in Verkennung der Lage – schreit: »Nicht so schnell, sonst glauben die Leute noch, wir fliehen!«

Immerhin wird sie 1815 noch offiziell zur Königin von Brasilien erklärt, wovon die 81-Jährige nichts mehr mitbekommen haben soll. Der fast tausendjährigen Monarchie Portugals verbleiben nach Maria noch knapp hundert wechselvolle Lebensjahre.

Spanien

In Spanien geht von 1788 bis 1808 König Karl IV. lieber seiner Jagdleidenschaft nach als Regierungsgeschäften, die er seiner Frau und deren Geliebtem überlässt. Karl IV. gilt als geistig langsam und extrem manipulierbar. Seinen älteren Bruder Philipp hat man erst gar nicht auf den Thron vorgelassen, weil er als völlig unzurechnungsfähig gilt. Die Monarchie ist in Iberien eindeutig im Abstiegskampf begriffen. 1873 rufen die Cortes – das adlig-bürgerliche Ständeparlament – erstmals die Republik aus.

Österreich

In Wien macht sich ab 1793 der Kaiser des Heiligen Römischen Reiches Deutscher Nation, Franz II. aus dem Haus Habsburg, ernste Sorgen wegen seines Stammhalters. Ferdinand, geboren im Jahr 1793, leidet an ererbter Epilepsie und an einem Hydrocephalus (»Wasserkopf«). Das Baby mit dem extrem vergrößerten Kopf ist ein weiteres Opfer der über Jahrhunderte üblichen Habsburger Verwandtschaftsehen. Ferdinand wird vier Jahre in Wechselschicht von Ammen gestillt und ungewöhnlich lange neun Jahre seinen Kindermädchen überlassen. Er lernt spät gehen und sprechen; über ein Jahr dauert es, bis ein Erzieher dem Neunjährigen antrainiert hat, ein Glas zu halten.

Noch als Teenager soll es zu seinen liebsten Vergnügungen gezählt haben, sich in einen Papierkorb zu zwängen und darin durch die Säle der Wiener Hofburg zu kugeln. Immerhin: Derlei Belustigungen sind kein Verbrechen und eine allemal sinnvollere Beschäftigung, als Kriege vom Zaun zu brechen. Und: Schwachsinnig ist Ferdinand nicht. Nur, einen geborenen Herrscher nennt ihn nicht mal der eigene Vater. Immerhin soll der kränkliche, klein geratene Knabe einmal einen gewaltigen Titel erben:

Der Vater, Seine Kaiserlich-königliche Apostolische Majestät, Ferdinand I., von Gottes Gnaden Kaiser von Österreich, König von Ungarn und Böhmen, König der Lombardei und Venedigs, König von Dalmatien, Kroatien und so weiter. Jerusalem und verschiedene Herzog-, Grafen und Markgrafentitel kommen auch noch vor.

Der genetisch schwer benachteiligte Kronprinz bemüht sich ab 1835, Titel und Amt gerecht zu werden. Seines sanftmütigen Auftretens wegen geht er als Kaiser Ferdinand der Gütige in die Geschichte ein. Wiens Volk – bekannt für seine Freude an Schwänken und am Schmäh – kennt ihn allerdings als »Gütinand den Fertigen« und amüsiert sich königlich über gut erfundene Anekdoten wie die folgende:

Bei einem Jagdausflug wird ein Kaiseradler vom Himmel geschossen, woraufhin Ferdinand sich wundert, dass der Greifvogel nur einen Kopf besitzt, er kenne dieses Tier mit zweien. Aus dem Wappen der Habsburger.

Politisch gehaltvolle Bemerkungen oder Anregungen von Ferdinand sind tatsächlich nicht überliefert, dafür soll der sonst so Schweigsame bei einem Staatsbankett das Essen kritisiert und empört befohlen haben: »Ich bin der Kaiser, ich will Knödel.«

Als 1848 die bürgerliche Märzrevolution ausbricht und vor der Wiener Hofburg Schüsse ertönen, soll Kaiser Ferdinand seinen Minister Fürst Metternich gefragt haben: »Was mach'n denn all die viel'n Leut da? Di san so laut.« Metternichs Antwort: »Die machen Revolution, Majestät.« Woraufhin Ferdinand verwundert das große Haupt schüttelt: »Ja, dürfen's das denn?«

Am 2. Dezember 1848 dankt Ferdinand zugunsten seines Neffen Franz Josef I., dem berühmten Sisi-Gatten, ab. Nur sechzig Jahre später, nach dem ersten Weltkrieg, ist es mit der Donaumonarchie genau wie mit dem zweiten Deutschen Kaiserreich unter Wilhelm II. vorbei.

Ferdinand den Gütigen trifft daran nicht die geringste Schuld, und vielleicht wäre manches anders verlaufen, wenn man in seiner Verwandtschaft Wettrollen in Papierkörben statt bewaffnete Wettläufe um die Weltmacht eingeübt hätte. Geistig leicht verrutschte Zeitgenossen mit Spleens und ungewöhnlichen Hobbys sind nicht notgedrungen die schlechtesten – egal, in welchen Kreisen sie sich bewegen und mit welchen Fortbewegungsmitteln.

Der nächste Fall ist alles andere als amüsant und kostet nicht nur einen König die Regierungsgewalt, sondern seine Königin die Kinder und einen leidenschaftlichen bürgerlichen Freiheitskämpfer das Leben. Der Gruselkrimi spielt in Dänemark – seit Shakespeares Hamlet bekannt für depressiv veranlagte Prinzenfiguren.

Das dortige Königshaus legt noch heute Wert darauf, dass es das älteste von ganz Europa ist. Die Briten allerdings auch. Aufklärung und Revolution konnten beide überleben.

Dänemark – Ein König liebt die gestiefelte Cathrine und probt den Aufstand

In Dänemark gibt Christian VII. (1749–1808) seit früher Jugend Anlass zu ernsthaften Bedenken. Im Palast zerschlägt der Prinz gelegentlich das Mobiliar oder rennt sich an der Wand den Schädel blutig. In Kopenhagens beschaulichen Gassen stellt der Thronfolger des Nachts als rasender Messerheld Bürgermädchen nach und prügelt Nachtwächter windelweich. Abgewöhnen oder gar verbieten kann ihm das keiner.

Im Dänemark gilt seit 1665 die *Lex Regia*, die den König zum absoluten Machthaber erklärt, der über alle Gesetze erhaben ist und allein Gott Rechenschaft schuldet. Monarchen anderer Länder müssen Ständeparlamenten aus Adel, Klerus und Stadtelite ein Mitspracherecht einräumen. In Dänemark hat eine Unterschrift des Königs hingegen augenblicklich Gesetzeskraft. Was Frankreichs Sonnenkönig sich erst erarbeiten musste, ist in Dänemark also seit langem oberstes Gesetz.

Zumindest in der Theorie. In der Praxis ist Dänemarks Hofkamarilla aus Geheimräten und Kabinettsministern genau wie andernorts seit Jahrzehnten darin geübt, ihre absoluten Könige zu lenken und zu manipulieren. Was im Fall von Christian VII. bitter nötig ist.

Die Unberechenbarkeit des Prinzen verdankt sich einer

labilen Veranlagung, gepaart mit einem extrem freudlosen Familienleben, wie es in Palästen bekanntlich Tradition hat.

Der schwedenblonde, blauäugige Kronprinz ist drei Jahre alt, als er seine Mutter Louise verliert, an der er sehr gehangen haben soll. Die 27-Jährige stirbt – zum fünften Male schwanger – zusammen mit dem ungeborenen Kind. Also in treuer Erfüllung ihrer vornehmsten Pflicht, der Fortpflanzung.

Mit dem kleinen Prinzen trauert ganz Dänemark um eine auch sonst populäre Landesmutter, die für kulturelle Highlights und Glanz in Kopenhagen gesorgt hat. In freundlicher Erinnerung bleiben ihre Versuche, die dänische Landessprache bei Hof einzuführen, wo seit mehreren Generationen deutschstämmige Könige das Sagen haben.

Auch Christians Mutter war ein typischer Multikultimix auf fremdem Thron. In London geboren und aufgewachsen entstammt sie dem Haus Hannover, das zu dieser Zeit unter anderem Großbritanniens Thron bestückt und seinen Nachwuchs quer durch Europa auf dem royalen Heiratsmarkt feilbietet – oft ohne Rücksicht auf den Verwandtschaftsgrad. So wird später eine Nichte der verstorbenen dänischen Königin den kleinen Christian ehelichen, also ihren Cousin.

Auf Glück sind diese Zweckbündnisse bekanntermaßen nicht angelegt. Hauptsache ist, man bleibt unter sich. Geheiratet wird meist unbekannt, und geliebt wird außer Haus, so man ein Mann ist. Christians Papa, König Frederik V. von Dänemark, zeugt während seiner achtjährigen Ehe mit Marie Louise fünf Bastarde mit einer gewissen Ella Hansen. Regelmäßige Bordellbesuche und Saufgelage runden sein außereheliches Vergnügungsprogramm ab. Schon über Frederik V. fällte sein Vater das Urteil: »untauglich zum Staatsgeschäft«.

– 454 –

Gemahlin Marie Louise hat über die Laster und Schwächen ihres Gemahls hinweggesehen und statt seiner Liebe die des Volkes gesucht. Ihr führungsschwacher Dänenkönig hat von ihrem Charme stark profitiert. Kurz: Die früh verschiedene Marie Louise war als Königsgemahlin eine Traumbesetzung.

Ihr 28-jähriger Witwer hat wenig Interesse an einer zweiten Frau. Ihm reichen ein Thronfolger und Ella Hansen. Seinen Räten nicht; die Kindersterblichkeit ist dank Pandemien wie den Pocken noch immer enorm hoch, und der kleine Christian gilt als schwach. Weshalb Frederik mit Gattin Nummer zwei, Juliane Marie von Braunschweig-Wolfenbüttel, ab 1752 weiterhin der ehelichen Pflicht nachkommen muss. Ein Jahr nachdem er seinem vierjährigen Stammhalter Christian eine Stiefmutter beschert hat, beschert der König ihm noch einen Halbbruder.

Bereits früh zeichnet sich ab, dass Königin Juliane Marie ihren leiblichen Sohn lieber auf dem Thron sähe als Christian, der als überempfindlich und reizbar gilt.

Was damit zu tun haben könnte, dass seine Stiefmama das Regiment über seine Kinderstube mit dem energischen Rauswurf seiner Ammen begonnen hat, um später einen Prinzenerzieher zu engagieren, der in der Geschichte der schwarzen Pädagogik einen Ehrenplatz verdient.

Graf von Reventlow erzieht den als empfindsam geschilderten Christian mit sadistischen Prügelexzessen und sperrt ihn oft stundenlang und unter Todesdrohungen in eine dunkle Kammer ein. Hinter Reventlows Erziehung durch Grausamkeit dürfte ein didaktisches Programm gesteckt haben. Lernziel: »Spinner, Zimperlinge und Sensibelchen kann man auf dem Thron nicht gebrauchen.«

Sattsam bekannt ist, dass auch der spätere Preußenkönig Friedrich der II. (1712–1786) – genannt der Große – von seinem Vater systematisch durchgeprügelt wurde. Es galt, dem Juniorprinzen Flausen wie Flötenspiel, Gedichtlektüre oder das Liebäugeln mit der Aufklärungsphilosophie aus dem Kopf zu schlagen.

Höhepunkt der väterlichen Strafübungen war die Hinrichtung des Leutnants Hans Hermann von Katte vor den Augen des 18-jährigen Kronprinzen im November 1730. Thronfolger Friedrich hatte mit dem Musen- und Jugendfreund die Flucht nach Frankreich geplant, um dort ein kulturell geprägtes Leben zu führen, statt über Kasernenhöfe zu marschieren und zu gebieten.

Auch vom dänischen Christian heißt es, er sei als Knabe durchaus intelligent und wissbegierig gewesen. In unterrichts- und prügelfreien Stunden neigt der Prinz nach seinem zehnten Lebensjahr jedoch zu den oben schon erwähnten sonderbaren Streichen und Stimmungsschwankungen. Er krabbelt unter die königliche Tafel, um Hofdamen in die Waden zu beißen, zerschlägt Gläser und Mobiliar und schlägt sich gelegentlich den Kopf blutig, um hernach in düstere Stimmung und in körperliche Erstarrung zu verfallen. Weitere Prügelstrafen sind die Folge.

Einige Minister plädieren zugunsten des Kronprinzen beim König für andere Erziehungsmethoden, doch dem Papa Frederik V. fehlt der Antrieb, sich mit den Prinzendepressionen zu befassen. Er hat selber welche. Der Mittdreißiger zieht sich bevorzugt in Jagdschlösser zurück, überlässt das Regieren seinem fähigen Großmarschall Adam Gottlob von Moltke und widmet sich einer tödlichen Trinkerkarriere.

Im Vollrausch tritt der Monarch gelegentlich um sich,

ohrfeigt selbst den treuen Adam Gottlob, schreibt in nüchternen Momenten reuige Entschuldigungsbriefe. Bei anderen Trinkgelagen verschenkt er das eine oder andere königliche Schloss an seinen Großmarschall oder an seine Saufkumpane. Was gelegentlich nur unter Mühen rückgängig gemacht werden kann.

Der Kronprinz und Halbwaise Christian wächst also mit einem väterlichen Vorbild und in einem Erziehungsklima heran, das Jugendämter heute als bedenklich einstufen würden.

Womit sein königlicher Papa Frederik sich den Beinamen »der Gute« verdient hat, ist unklar. Volksnähe wird zu seinen Talenten gerechnet, was an seinen Hobbys gelegen haben könnte.

Hauptsächlich verdankt er seinen guten Ruf wohl der weisen Entscheidung, die Staatsgeschäfte seinem »Gottlob« Moltke zu überlassen. Regieren kann Christian sich beim Papa also kaum abschauen, was ganz im Sinne der Hofkamarilla zu sein scheint. Es regiert sich recht flüssig, wenn ein absolutistischer König nur dem Namen nach die Geschäfte führt.

Großmarschall Moltke verhilft dem verarmten Dänemark mit der Gründung von Pulver- und Kanonenfabriken zu einem kurzfristigen Wirtschaftsaufschwung. Die anziehende Konjunktur kommt bürgerlichen Schichten zugute, verführt allerdings bei Hof zu Verschwendungsorgien und geht an den leibeigenen Bauern und Stadtarmen spurlos vorbei. Die besitzlose Klasse – an dieser Stelle ist Revolutionsvokabular angebracht – muss teuer für importiertes Brot bezahlen, weil der Landadel sein Korn lieber steuerfrei und mit hohem Gewinn ins Ausland exportiert.

Am Ende von Papa Frederiks Regentschaft sind die Taschen des Adels voll, die Staatskasse ist wieder leer und Dänemark mit 26 Millionen Talern verschuldet. Der 42-Jährige stirbt 1766 an Leberzirrhose und im Delirium tremens.

Mit knapp 17 Jahren wird Christian ordnungsgemäß König. Es gilt, die Erbfolge strikt einzuhalten, mit bedauerlichen Folgen. Ob nun durch eine erbliche Veranlagung begünstigt und/oder durch die äußerst rigide Erziehung ausgelöst: Als Teenager-Monarch gerät Christian erst einmal vollends außer Rand und Band. Mit adligen Schlägertrupps durchstreift er Kopenhagens Gassen, stellt unvorsichtigen Bürgermädchen gewaltsam nach, gibt sich in Bordellen sadistischen Vergnügungen hin, mit denen er vielleicht traumatische Erlebnisse seiner Kindheit reinszeniert.

Zu seiner Dauerbegleiterin steigt die notorische Edelkurtisane Anna Cathrine Benthagen, genannt »Stiefel Cathrine«, auf. Den vielsagenden Rotlichtnamen soll die dunkle Schönheit ihrer Mutter, Betreiberin einer Schuhmanufaktur, verdanken.

Kein Wunder, dass seine Stiefmutter und Königinwitwe Juliane Marie lieber sich selber als Regentin für ihren leiblichen Sohn Frederik auf dem Thron sähe und eifrig nach Gelegenheiten für sich und ihren Liebling Ausschau hält. Manche Historiker mutmaßen gar, die zweite Gattin Frederiks V. habe durch die von ihr überwachte Prügelerziehung von Anfang an versucht, ihren Stiefsohn als Thronfolger unfähig zu machen.

Wahr ist, dass Dänemarks Hof unter dem geisteskranken Christian zur Kampfhundarena wird. Rudel verfeindeter Höflingsfraktionen versuchen einander wegzubeißen, um im Namen des labilen Königs oder der zielstrebigen Königinwitwe und immer zu eigenen Gunsten zu regieren.

Doch zunächst einmal wird geheiratet, denn Könige brauchen eine Königin und einen Thronfolger. Als ebenbürtige Partie bietet sich für Jung Christian VII. die schon erwähnte Cousine an. Prinzessin Caroline Mathilde von Großbritannien. Dänemark und England haben gerade einen Militärpakt geschlossen, und die Braut ist eine Schwester von Englands künftigem König George III. Die besten Voraussetzungen für eine Monarchen-Ehe. Im November 1766 tritt die 15-jährige Mathilde mit Dänemarks unberechenbarem Herrscher vor den Traualtar.

Die Ehe gerät zum Desaster. Christian erklärt – ganz der Papa –, »es ist nicht Mode, seine Ehefrau zu lieben«. Er zeugt mit seiner minderjährigen Mathilde in angeblich nur einer einzigen gemeinsamen Nacht den Pflichterben. Dann lässt er die Gattin links liegen, um sich seinen gewohnten Vergnügungen hinzugeben.

Seite an Seite mit der gestiefelten Kurtisane Cathrine und mit adligen Haudegen durchstreift er wieder Kopenhagens Bordelle. Man lässt kein Laster aus. Peitschenspiele im Stile von Prügellehrer Reventlow inklusive. Nebenher werden Schenken verwüstet, Schaufenster zerschlagen, Nachtwächter durch die Gassen gehetzt. Die Liebe zwischen Majestät und Bordsteinschwalbe trägt eindeutig Züge von Hörigkeit. Der Dänenkönig nennt die vier Jahre ältere Cathrine »Herrin des Universums«.

Zwecks nachträglicher Entspannung bringt der frisch gekrönte Monarch seine Stiefel-Cathrine als offizielle Mätresse ins Schloss Christiansborg mit, was halb Wahnsinn und halb jugendliche Revolte ist. Obwohl man in Kopenhagens Palast viel gewöhnt ist und der Adel ostentativ à la Versailles Hof und Mätressen hält, sprengt der 19-jährige König die Grenzen des Erlaubten und karikiert große Vorbilder wie Frankreichs Ludwig XV.

Christians Stiefmutter lässt Cathrine 1768 als Unruhestifterin verhaften und im damals dänischen Altona einkerkern. Nicht aus (stief-)mütterlichem Beschützerinstinkt, sondern weil die Kurtisane sich in die Regierungsgeschäfte einmischt, die die Stiefmama gern selber führt, wenn König Christian dank Halluzinationen nichts mitbekommt. Kurz: Es ist so einiges faul im Staate Dänemark, der damals übrigens bis zum Nordkap reicht.

Der schwer zu bändigende Christian reist seinem verbannten Liebchen nach, kann jedoch dank scharfer Überwachung kein Treffen arrangieren. Stattdessen lernt er den 30-jährigen Seuchenarzt und Aufklärer Johann Friedrich Struensee kennen. Dank erfolgreicher Pockenimpfung an Blaublütern und normalen Menschen ist der gebürtige Hallenser in Adelskreisen beliebt.

Man begibt sich gemeinsam auf eine Reise durch Europa. In Paris will König Christian den berühmten Voltaire treffen, was nicht klappt. Dafür führen er und Struensee leidenschaftliche Diskussionen mit berühmten Aufklärern, Literaten und Philosophen um Diderot.

In hellen Momenten sei der König bemerkenswert scharfsinnig gewesen, überliefert Aufklärer Diderot. Reine Schmeichelei? Nicht unbedingt; Psychotiker sind nicht durchgehend geistig »weggetreten«, in guten Phasen sind sie sogar bestechend intelligent.

Struensee kann den jungen Monarchen für liberales Gedankengut begeistern, die Wahnschübe des psychisch labilen Königs im Zaum halten und dessen Verhalten mäßigen. Einen Hang zu Schwarmgeisterei scheinen beide zu

haben. Nur dass die Illusionen des Königs schnell in nachtschwarze Halluzinationen umschlagen, während Struensee
das uns nun sattsam bekannte Licht der Vernunft in Europas
Paläste tragen will.

Christian bietet ihm einen Posten als königlicher Leibarzt
an, und Struensee sagt zu. Seine zeitgenössischen Gegner
halten ihn für einen abgefeimten Emporkömmling, Historiker sehen in Struensee hingegen einen politischen Idea-
listen par excellence.

Fakt ist: Der gebürtige Pfarrerssohn kann sich in der dänischen Günstlingswirtschaft behaupten. Allerdings nur
dank Billigung des Königs, der mental und seelisch instabil
bleibt. Sein Leibarzt wagt es, Politik im Sinne der Aufklärung
und gegen Christians mächtige Stiefmama Juliane Marie
und gegen konservative Minister zu machen.

Zwischen 1769 und 1772 zieht Struensee die Regierungsgeschäfte mehr und mehr an sich, wird vom König zum Vor-
leser, Sekretär der Königin und Kabinettsminister befördert,
der sich das Recht herausnimmt, den Staatsrat völlig neu
zu besetzen. Im Namen des regierungsuntüchtigen Königs
bringt der Leibarzt zwanzig Jahre vor der Französischen Revolution spektakuläre Gesetzesvorlagen durch, die der König
praktisch nur noch gegenzeichnet.

Der beherzte Seiteneinsteiger macht Dänemark zum ersten Land ohne Pressezensur weltweit, er schafft Privilegien
und Steuerfreiheiten des Adels ab. Für Reitpferde, Kutschen
und livrierte Dienerschaft werden Abgaben fällig. Struensee
sorgt für sinkende Brotpreise, indem er Großgrundbesitzern
den unbegrenzten Getreideexport untersagt, solange im
Land Mangel herrscht, bringt eine Liberalisierung des Schei-
dungsrechts durch, befreit die Bauern aus der Leibeigen-

schaft, führt Armenspeisungen ein, schafft die Todesstrafe für Diebstahl und die Folter ab.

Sein Reformwille kennt keine Grenzen, wirkt oft zwanghaft, gehetzt, sein Feuereifer droht ihn zu verbrennen. Nichts ist für Struensee Nebensache. Er streicht Gesetze, die nur Adligen die Benutzung von Fackeln in Kopenhagens nächtlichen Gassen erlauben. Der Pfarrerssohn gestattet, zum Ärger der protestantischen Geistlichkeit, sonntägliche Theaterspiele.

Voltaire, den Struensee und der König beim Parisbesuch zwei Jahre zuvor verpasst haben, feiert aus der Ferne und in Verkennung der näheren Umstände den dänischen König als leuchtendes Beispiel aufgeklärter Vernunft. Am dänischen Hof sieht man das ganz anders, Christian gilt bei Struensees Feinden nunmehr als kompletter Volltrottel, der einem gesellschaftlichen Niemand Blankoschecks in Sachen Macht ausstellt.

Doch noch ist Struensee so populär und mächtig, dass konservative Minister und die Königinwitwe Juliane Marie wutschnaubend zuschauen müssen.

Jedoch: Der hemmungslose Idealist macht im Übereifer entscheidende Fehler. Viele Reformen sind auf dem Reißbrett entworfen und bleiben im Ansatz stecken. Mit Gesetzen allein lassen sich Freiheit, Gleichheit und Brüderlichkeit nicht herbeizwingen. Struensee versäumt es, Allianzen zu schmieden, handelt unbedacht und ist bei aller Brillanz ein beratungsresistenter Autokrat. Der Leibarzt entlässt Beamte und Offiziere im großen Stil, teils ohne Pensionsregelung. Beliebte Volksbräuche schafft er als abergläubischen Unsinn radikal ab. Unwirtschaftliche Manufakturen will er schließen, was unter den Manufakturarbeitern Panik auslöst. Die freie Marktwirtschaft ist schließlich noch gar nicht erfunden, auch wenn sie sich später dann wiederum als nicht sehr frei erweist.

Der Versuch, die Welt im Sieben-Meilen-Stiefel-Tempo zu verbessern, kostet Struensee Sympathien. Und ausgerechnet die von ihm verfügte bürgerliche Pressefreiheit wendet sich nun gegen ihn selbst. Nicht mit kritischen Berichten und politischen Leitartikeln rückt man dem Radikalreformer zu Leibe, sondern mit Karikaturen. Und die befassen sich nach bewährter Tradition womit? Mit Klatsch und Tratsch über Sexsünden und kriminelle Machenschaften im Palast. Großzügig beigesteuert aus gut unterrichteten Höflingskreisen.

Struensee und Königin Mathilde sind bei Hof schon des Längeren ein Skandalthema. Der Leibarzt, so wird getuschelt, sei der Monarchie nicht nur politisch, sondern auch privat zu Leibe gerückt.

Es gilt als verdächtig, dass König, Königin und Arzt stets als unzertrennliches Trio auftreten. Was allen Beteiligten ausnehmend gut zu gefallen scheint. Die *Ménage à trois* mit medizinischer Dauerbetreuung wirkt sich beruhigend auf die Nerven des Königs aus, hebt die Stimmung Mathildes und demonstriert unmissverständlich, wie unverzichtbar Struensee ist.

Tatsächlich hat es zu seinen ersten Amtshandlungen als Arzt gehört, die deprimierte 18-jährige Königin Mathilde mit ihrem zeitweise unzurechnungsfähigen König zu versöhnen. Danach geht man sich in der Zweckehe nicht mehr aus dem Weg. Eine frühe psychotherapeutische Meisterleistung, zumal die vernachlässigte Prinzessin dem Leibarzt und Günstling ihres Gemahls anfangs gründlich misstraut.

Als Struensee Mathildes erstgeborenen Sohn schließlich

per Impfung gegen eine grassierende Pockenepidemie schützen kann, soll die hübsche Aristokratin im Sommer 1770 ihr Herz an den ebenfalls nicht unattraktiven Mediziner verloren haben.

Daran besteht heute bei den meisten Historikern kein Zweifel mehr. Uneinig ist man sich nur darüber, ob die Liebe gegenseitig war und wie weit sie ging. Bis ins Bett und zur Geburt von Mathildes Tochter Louise Augusta im Juli 1771? Dann wohl mit Billigung des gehörnten Gemahls, der das Baby anerkennt und höchstpersönlich übers Taufbecken hält.

Oder geht das Ganze nie über schmachtende Blicke bei Bällen und Opernbesuchen, vertrauliche Neckereien beim Kartenspiel und eingehakte Spaziergänge im Park der Sommerresidenz von Hirschholm hinaus? Für diese zwanglosen Vergnügungen gibt es glaubhafte Augenzeugenberichte; der gesamte Hof hat schließlich dabei zugeschaut. Was Biografen, die Struensee oder Mathilde geneigt sind, als sicheres Indiz dafür werten, dass beide zwar sehr vertraut und zwanglos miteinander umgingen, sich aber nicht kopflos in eine lebensgefährliche Liaison gestürzt haben. Und noch einmal: Auch ganz viel möglichst reines Gefühl ist damals Kult.

1774 wird Goethes Briefroman »Die Leiden des jungen Werthers« erscheinen, in dem der junge Rechtspraktikant Werther bis zu seinem Freitod über seine unglückliche, unerfüllte, rein platonische Liebe zu der mit einem anderen Mann verlobten Lotte berichtet. Die gänzlich sexfreie, rein gefühlsschwangere Story trifft den Nerv der Zeit und wird direkt nach Erscheinen europaweit zum Bestseller.

Der Leibarzt und die Königin, so lautet darum *eine* Erzählvariante, frönen keiner sexuellen Sittenlosigkeit à la Ver-

sailles, sondern demonstrieren und genießen Liebe als See-
lenverwandtschaft. Ganz im Sinne einer neu aufkeimenden
bürgerlichen Empfindsamkeitskultur. Zumindest zu Struensee, dem Mann der ganz großen Ideale, passt diese Deutung
der Gefühlslage zwischen ihm und Mathilde nicht schlecht.

Doch ob nun rein seelisch oder nicht, die Hofgesellschaft
nimmt dem Bürgersohn Struensee seinen Mangel an Zurückhaltung gegenüber einer Königin übel. Noch übler
nimmt die Hocharistokratie Struensees Anweisung, der Adel
solle gefälligst seine Schulden bei der Krone begleichen, um
Staat und Wirtschaft zu sanieren. Das geht zu weit! Schließlich hat man sich jahrelang auf Kosten der Krone und des
Staates prächtig amüsiert.

Fazit der Frustrierten: Der Superminister und Liebling
seiner Majestät muss weg. Unerlaubter Sex mit der Königin
erfüllt nach damaliger Gesetzeslage praktischerweise immer
noch den Tatbestand des Hochverrats und bringt dank Pres-
sekarikaturen auf breiter Front Struensees Feinde unter Klerus, geschassten Beamten, Militärs und Großgrundbesitzern
auf die Barrikaden.

Die Situation ist in dieser Umbruchzeit mal wieder paradox: Der Adel muss eine Volksrevolte gegen einen erklärten Volksbefreier anzetteln. Was nur im Namen des Königs
geht, der den Reformer leider ganz nach oben gebracht
hat und sich anscheinend pudelwohl fühlt in seiner Ehe zu
dritt. Selbst in Phasen ungetrübten Verstandes scheint es
seiner Majestät egal, ob im Dreieck, hinter seinem Rücken,
rein platonisch oder sexuell geliebt wird. Er ist anscheinend
glücklich wie ein Kind, solange er nur viel spielen darf, am
liebsten mit einem kleinen Mohrensklaven, und die Betonung liegt hier wirklich auf spielen. Mehr nicht.

Eine ärgerliche Idylle für Struensees Feinde. Weshalb der Liebesklatsch zu einer beängstigenden Staatsaffäre ausgeweitet werden muss. Eine Affäre, die Christian VII. genug Angst einjagt, dass er Struensee selbst vernichtet. Wozu ja eine einzige kleine Unterschrift genügt.

Einem König, der zu Anfällen von Verfolgungswahn und zu Kämpfen mit unsichtbaren Dämonen neigt, Angst einzujagen ist keine Hexerei. Es fehlt nur eine schöne Verschwörungstheorie. Kreative Höflinge, darunter Exfreunde Struensees, die er bei seiner Kabinettsumbildung übergangen hat, und konservative Minister setzen sich in seltener Eintracht an den Schreibtisch, um einen angeblich geplanten Staatsstreich durch Struensee zu erfinden. Endlich gibt es wieder was zu tun! Und bestechend einfache Verschwörungstheorien werden immer gern genommen.

Neben Sex mit der Queen wird dem Leibarzt angedichtet, er wolle Christian VII. stürzen, ihn zusammen mit dessen Halbbruder und mit Stiefmutter Juliane beseitigen. Perfektes Motiv: Struensee will Mathilde heiraten und den Thron selbst besteigen. Fertig.

Konservative Hofminister können der Königinwitwe Juliane Marie schließlich Kopien von Geheimplänen für all diese finsteren Machenschaften vorlegen, die angeblich aus Struensees Tresor stammen. Es sind Fälschungen, von denen Juliane sich aber flugs und gern überzeugen lässt.

Parallel werden Sonderermittler nach Hamburg entsandt, um Kaufdatum und Käufer eines Strumpfbandes zu recherchieren, das der Leibarzt Mathilde verehrt haben soll. Der Verkauf eines Juwelenbuketts mit 1091 Diamanten durch die Königin wird ebenfalls überprüft. Struensee hat Mathilde dabei beraten. Der Erlös ist allerdings nicht in seine Taschen

geflossen, sondern in den Kauf eines Ordens für die Königsgemahlin. Mathilde will sich von reinen Schmuckaccessoires
emanzipieren und sich lieber eine königliche Glitzerplakette
an die Brust heften, um ihre Bedeutung bei Hof herauszustreichen. Kurz: Die Hamburger Indizien sind etwas mager.

Man beginnt Struensees und Mathildes Diener auszuhor-
chen, notiert mit spitzer Feder mutmaßliche Treffen, ergänzt den Seitensprungkalender mit der langen Liste der
öffentlichen Zärtlichkeitsbekundungen. Die Beweislage für
eine Liaison des Leibarztes mit der Königin – die bis heute
weder zweifelsfrei beweisbar noch widerlegbar ist – scheint
schließlich ausreichend zu sein.

Als die öffentliche Stimmung gegen Struensee kippt,
schlagen die Feinde des Leibarztes zu. Königs Liebling Struensee, sein deutscher Freund und Mitstreiter Brandt und Königin Mathilde werden am 17. Januar 1772 im Bett verhaftet.

Am Komplott aktiv beteiligt ist des Königs Stiefmama Juliane Marie. Sie macht dem verwirrten, eingeschüchterten
Christian VII. noch in der Nacht der Verhaftung die Hölle
heiß. Am Ende unterschreibt der König die Hochverratsan-
klage gegen Struensee und gegen Brandt. Gegen Mathilde
wird in unmittelbarer Folge das Scheidungsverfahren einge-
leitet.

Allen dreien wird in den getrennten Prozessen derselbe
Verteidiger an die Seite gestellt, der sich im Fall Struensee
und Brandt stark zurückhält, im Scheidungsfall Mathilde jedoch vehement alle Ehebruchsvorwürfe bestreitet. Schließlich ist ihr Bruder George III. König von England und
könnte etwas gegen die rufschädigende Sexanklage haben.

Genutzt hat der Advokat keinem der drei.

Struensee und Brandt werden zum Tode nach mittelalterlicher Manier verurteilt. Zunächst wird jedem die rechte Schwurhand abgehackt, danach werden sie geköpft und gevierteilt. Ihre Leichenteile werden aufs Rad geflochten. Die Hinrichtung kann allerdings nur mit einiger Verzögerung stattfinden. Zunächst findet sich kein Tischler bereit, das Schafott zu zimmern, und kein Wagner will das Rad liefern, auf das die sterblichen Überreste der Monarchiereformer am Ende geflochten werden. Erst die Androhung von Kerker und Folter kann einige Handwerker von ihrer Untertanenpflicht überzeugen.

Die kompromittierte und geschiedene Mathilde wird nach bewährter Manier am Ende nach Deutschland verbannt, wo sie im Schloss zu Celle im Miniaturstil Hof halten darf, aber – so erzählen es viele Quellen – sie kommt nicht über den Verlust ihrer beiden Kinder hinweg, die in Dänemark bleiben müssen. Die Schilderung ihrer letzten Lebensjahre gibt es in sehr anrührenden und in nüchterneren Varianten, die an dieser Stelle nicht diskutiert werden sollen. Klar ist, dass ihr Leben wenig zu tun hatte mit märchenhaftem Glück. Dänemarks Exkönigin stirbt – noch nicht einmal 24 Jahre alt – im Mai 1775 überraschend an Scharlach.

Königinwitwe Juliane hätte Mathildes Nachwuchs sicher allzu gern für illegitim erklärt, um ihren Sohn zum legalen Thronerben zu machen. Sie muss sich damit begnügen, dass König Christian VII. mehr oder minder weggesperrt wird und ein konservativer Minister die Regierungsgeschäfte übernimmt. Immerhin darf Juliane sich wieder aufführen wie eine Königin, und das tut sie auch.

Frankreich

Geschichte ist kein Langstreckenlauf, bei dem es immer geradeaus und nach vorn geht. Auch die Geschichte der Monarchie gleicht eher einem Riesenslalom, und der eine oder andere Salto rückwärts gehört dazu. Napoleon war Meister in dieser Disziplin.

Der französischen Revolution geht bekanntlich nach einer blutigen Justizorgie vorübergehend die Luft aus, und der letzte Selfmade-Monarch der Moderne beginnt seinen atemberaubenden Aufstieg vom Konsul der Bürgerrepublik zum Kaiser mit gesamteuropäischen Ambitionen: Napoleon.

Der Korse aus verarmtem Landadel macht von 1799 bis 1815 seinen europäischen Kollegen noch einmal vor, wie absolutes Monarchentum funktionieren, die Masse in Erstaunen und Angst versetzen, halb Europa überrennen und – grandios scheitern kann.

Die Franzosen experimentierten nach Bonaparte noch mit ein paar Bürgerkönigen, dann entscheiden sie sich 1870 endgültig für eine Republik ohne gekröntes Haupt. Napoleon hat auch in Sachen Vernichtung der Monarchie daheim ganze Arbeit geleistet.

Andernorts hat er eine bemerkenswerte dynastische Spur hinterlassen. Dank ihm adoptiert immerhin Schwedens kinderloser König Karl XIII. im Jahr 1810 Napoleons Exkriegsminister und On-off-Freund Jean-Baptiste Bernadotte (1763–1844). Der Bürger-General hat einst mit der Formel »Freiheit, Gleichheit, Brüderlichkeit« in seinem Offizierseid gelobt, nur dem französischen Volk und keinesfalls Königen zu dienen. Jetzt darf er selber einer werden, obwohl er keinen Tropfen blaues Blut in den Adern hat. Dass sein Kaiser ihn 1809 zum Prinzen von Ponte Corvo ernannt hat, riecht mehr nach einem schlechten Scherz unter Freunden, die sich häufig in der Wolle haben.

Ponte Corvo ist ein italienisches Bergnest mit 5000 Einwohnern. Bernadotte grummelt nach seiner Aufadelung, Napoleon habe ihn nicht zu einem Fürsten, sondern nur zum »Bürgermeister« gemacht. In Schweden steigt Bernadotte als designierter Thronfolger hingegen in schwindelnde Höhen auf.

1813 führt er gar schwedische Truppen gegen den scheiternden Napoleon zu Feld. Aus dem Bürger und General Jean-Baptiste Bernadotte wird 1818 der schwedische König »Karl XIV. Johann«, der nach dem Tod seines Adoptivvaters alle Geschäfte übernimmt. Er begründet das noch heute regierende Herrschergeschlecht der Bernadotte.

1844 stirbt der Bürger und Revolutionär im Palast zu Stockholm. Auf der Haut des Verstorbenen sollen Ärzte angeblich ein unauslöschliches Tattoo aus Rebellentagen entdeckt haben: »Mort aux rois«, »Tod den Königen«.

Bernadottes Exchef Napoleon hat weit weniger Fortune, obwohl der Feldherr mit ein bisschen Blaublut gesegnet ist und als Selfmade-Monarch alle bewährten königlichen Traditionen wiederbelebt. Er greift – in der Rolle des aufgeklärten Intellektuellen – noch einmal die Theorie der zwei Herrscherkörper auf. Dem einen, der sündigt, und dem anderen, der unantastbar göttlich ist. Auf diese Tradition will Napoleon keinesfalls verzichten.

Gern hat er die leicht schizophrene Doppelrolle angenommen und mit der neuen Vernunft begründet: »Ich war immer der Meinung, dass Alexander der Große beachtlichen politischen Weitblick bewies, als er behauptete, von

Gott abzustammen. Sobald ein Mann König wird, gehört er nicht mehr zu den gewöhnlichen Sterblichen.«

Napoleon vertritt zudem die Überzeugung: »Das sicherste Mittel, arm zu bleiben, ist, ein ehrlicher Mann zu sein.« Auf dem Höhepunkt seiner Karriere darf sich der Korse schließlich unter anderem »Kaiser der Franzosen, König von Italien, Protektor des Rheinischen Bundes und Großherzog von Berg« nennen. Fünfzehn Jahre nach dem Sturm auf die Bastille erklärt er sich zum erblichen Kaiser. Er setzt sich und seiner Gemahlin Joséphine, der Witwe eines geköpften Vicomtes, über die er als Jungspund Zutritt zu altadligen Kreisen bekommen hat, die Krone auf den Kopf.

Auch wie man eine Königsdynastie en famille erhalten muss, erkennt Napoleon wenig später glasklar. Durch angemessene Erben. Nachdem seine geliebte Joséphine sich als notorisch untreu und zudem als unfruchtbar erwiesen hat, verkündet der Korse: »Ich will eine Gebärmutter heiraten.«

Und diesmal gibt er sich nicht mit der Witwe eines Vizegrafen zufrieden, er heiratet in eine der ältesten und mächtigsten Dynastien Europas ein. In die Familie Habsburg. Eine standesgemäße Braut findet er in Marie-Louise von Habsburg. Die 19-Jährige trägt den schönen alten Titel Erzherzogin von Österreich. Noch begehrenswerter: Sie ist die Tochter von Franz II. Der ist der letzte Kaiser des Heiligen Römischen Reiches deutscher Nation. Besser kann man ein blutjunges Kaisertum nicht legitimieren und in der Geschichte verankern. Blanker Zynismus? Wahrscheinlich nicht nur. Wer Erfolge verkaufen will, muss zunächst einmal selber daran glauben. Der Held von der Mittelmeerinsel wird an sich und seine Berufung zum Kaisertum geglaubt haben.

Am 15. Dezember 1809 lädt Kaiser Napoleon zu einem

großartigen Empfang, wo er seine Scheidung von Joséphine Beauharnais bekannt gibt. Er nennt es eine einvernehmliche Trennung; die Kaiserin ist auch anwesend und eingeweiht, fällt aber angeblich trotzdem in Ohnmacht. Die Scheidung wird am 10. Januar 1810 rechtskräftig. Es ist die erste, die unter dem Code Napoléon ausgesprochen wird.

Modern daran ist immerhin, dass Joséphine hernach ein Leben auf dem Schloss und in Luxus fortsetzen darf und beide sich noch oft treffen. Ob Joséphines Herz dabei auf der Strecke geblieben ist oder ob sie unübersehbare Vorteile nicht verlieren wollte, darüber streiten sich die Biografen.

Der sauber getrennte Napoleon wird am 11.3.1810 per Ferntrauung mit der Habsburgerin Marie-Louise vereint. Am 1. April folgt die pompöse Trauung im Louvre.

Die zuvor feindselige Braut soll angesichts der überwältigenden Feier emotional in die Knie gegangen sein. Das Hochzeitsfest ist ihre erste Begegnung mit Napoleon. Zuvor soll die junge Unschuld mit Nadeln auf eine nach Napoleon benannte Puppe eingestochen und Bonaparte als Antichrist beschimpft haben.

Schließlich hat der Korse ihren Kaiserpapa im Feld besiegt und vom gesamteuropäischen Kaiser Franz II. zum Kaiser von Österreich degradiert.

Ob nun vom strahlenden Napoleon tatsächlich überwältigt oder nicht – Marie-Louise hatte in Heiratsfragen wie immer kein Mitspracherecht. Schon während der Eheanbahnung bemerkt der österreichische Gesandte Metternich treffend: »Kann man zwischen dem Untergang einer ganzen Monarchie und dem persönlichen Unglück einer Prinzessin wählen?« Non, hätte Napoleon geantwortet, und sein neuer Schwiegervater hätte kräftig genickt.

Genutzt hat dem Korsen die Heirat bekanntlich trotzdem nichts. Kaiser Napoleon stirbt auf dem sturmumtosten Eiland St. Helena als abgesetzter Möchtegernimperator. Als großer Monarch fühlt er sich bis zuletzt.

Und sein weltweiter Nachruhm sorgt dafür, dass man noch heute nur eine Hand in die Jacke stecken und einen lustigen zweispitzigen Hut aufsetzen muss, um von Japan bis in die Karibik einen Schrei des Wiedererkennens auszulösen. »Ah, Napoleon!«

Darf man die Geschichte eines Geschichtsgiganten wie Napoleon derart verkürzen? Ausnahmsweise. Wovor man sich jedoch hüten sollte, ist die Legende, Napoleons Aufstieg verdanke sich einem Komplex, weil der Korse körperlich zu kurz geraten war.

Le petit corporal – ein Spitzname, den seine Soldaten ihrem Befehlshaber wegen seiner Karriere von ganz unten verliehen – war nicht zwergenwüchsig, sondern mittelgroß. Nämlich um die 1,70 Meter.

Noch bedenklicher sind die bereits erwähnten Erklärungvarianten, Napoleon sei machthungrig gewesen, weil er nur einen Hoden besessen habe und weil sein hervorstechendstes Geschlechtsmerkmal mikroskopisch klein ausgefallen sei.

Viele dieser Legenden entstammen den Hirnen bürgerlicher Kleingeister des 19. Jahrhunderts, die derartige Enthüllungen inzwischen wohl eher sexuell als politisch erregend finden.

Auch ernsthaft interessierte Forscher waren damals nicht davor gefeit, Missverständnisse als gesichertes Wissen über die »Unmenschlichkeit« royalen Sexuallebens auszugeben. So legen sie im 19. Jahrhundert sämtlichen Kreuzfahrergattinnen des 12. Jahrhunderts einen Keuschheitsgürtel an. Unter Historikern gilt anno 1900 als gesichert: Der Gürtel schützt hochadlige Damen vor Unkeuschheit und Vergewaltigung während der Abwesenheit ihrer edlen Ritter und dient der Empfängnisverhütung. Klingt ja erst mal auch logisch; schließlich kann kein König sich ein Kuckuckskind vom Knecht oder von einem feindlichen Monarchen als Nachfolger leisten.

1931 hat jedoch der britische Medizin-Historiker Eric John Dingwall die in einigen Museen zum Beweis ausgestellten Modelle geprüft. Ergebnis: Die Beweisobjekte sind Nachbauten und Fälschungen von anno 1900. Die Amerikanerin Elizabeth Abbott hat 1999 ergänzende Studien betrieben: Die ausgestellten, oft gezähnten Folterwerkzeuge hätten Körperhygiene, Toilettengang und die immerhin mögliche Geburt eines Erben nach Abreise des Gatten unmöglich und zum Todesurteil gemacht. Bei einigen (seltenen) mittelalterlichen Beschreibungen von Keuschheitsgürteln handelt es sich wahrscheinlich um Folterwerkzeug. Rare Beispiele von »echten« Keuschheitsgürteln stammen aus dem Italien des 15. Jahrhunderts. Die hübschen Florentiner Gürtel sind jedoch mit goldenen Einlegearbeiten und Juwelen verziert, gern aus Silber, und sie erinnern an metallgefertigte »Stringtangas«. Kulturhistoriker haben sie längst in die Abteilung Sexspielzeug umsortiert. Wo sie noch heute bei Fetischisten heiß begehrt sind.

Pfui, hätte man im keuschen 19. Jahrhundert gesagt, jener Epoche, in der es tatsächlich Konstruktionen gibt, die man braven Bürgerskindern anlegt, um sie von Sünden wie Selbstberührung oder -befleckung zu kurieren.

Masturbation und Orgasmus gelten schließlich dank einigen frisch aufgeklärten Medizinern des frühen 18. Jahrhunderts als Auslöser für Schwachsinn.

Immerhin, die Monarchen des 19. Jahrhunderts müssen sich in Acht nehmen. Das Bürgertum ist wachsam, hat die wirtschaftliche Vormacht längst errungen und sich vielerorts parlamentarisches Mitspracherecht erkämpft.

Erst recht in Großbritannien, wo schon Könige des Mittelalters sich mit lästigen Parlamentspolitkern herumschlagen mussten. Die entfernen einen ihrer Könige sogar schon 1649 per Henkersbeil vom Thron. Charles I. aus dem Haus Stuart (1600–1649) muss wegen Missbrauchs seiner Amtsgewalt und ein wenig Lotterleben aufs Schafott. Nach ihm richtet Oliver Cromwell vorübergehend eine Art puritanisch-parlamentarische Militärdiktatur ein. Der strengst protestantische General, dem man gar die Krone anbietet, die er aber dankend ablehnt, verbietet ganz England so ziemlich alle üblichen Vergnügungen wie Kartenspiel, Pferdewetten, das öffentliche Absingen von Trinkliedern, Theater- und Bordellbesuche. Außerdem hinterlässt er in Irland und Schottland eine breite Blutspur im Kampf gegen Royalisten. Cromwell stirbt 1658 an Malaria, sein Sohn versucht sich kurz als Nachfolger, dann holen sich Parlament und Volk lieber wieder einen König ins Land.

Charles II. (1630–1685), Sohn des elf Jahre zuvor hingerichteten ersten König Charles, kehrt in den Whitehall Palace zurück. Und holt höchstselbst alles nach, was seine Untertanen jahrelang vermisst haben. Mit fünfzehn offiziellen Mätressen, darunter die stadtbekannte Schauspielerin und Dirne Nell Gwynn, zeugt der Stuartspross vierzehn Kinder, die er allesamt anerkennt. Aus inoffiziellen Liebschaften sollen Dutzende weiterer illegitimer Sprösslinge hervorgegangen sein. Zeitgenossen tippen auf 350 fruchtbare Seitensprünge, was jedoch übertrieben sein dürfte. Man führt die amouröse Umtriebigkeit des Barockkönigs auf seine Exil- und Lehrjahre am Hof des französischen Sonnenkönigs zurück. Der das royale Lust- und Lotterleben von Charles II. finanziell fördert, um ihn von militärischen Ambitionen abzuhalten.

Wirklich übel nimmt das englische Volk seinem reimportierten König seine Casanova-Allüren anscheinend nicht. Sie verleihen ihm gar den liebevollen Beinamen *merry monarch* (fröhlicher König). Eine weitere spannende royale Figur.

Doch an dieser Stelle zählt allein, dass die Briten lange vor den Franzosen mit Revolution und Fallbeil experimentiert haben, jedoch mit der Alternative Cromwell nicht wirklich zufrieden waren.

Vielleicht gelingt im Vereinigten Königreich Great Britain genau darum trotz aufgeputschter Stimmung und aufgebrachter Bürger zu Zeiten von Frankreichs Großer Revolution die eindrucksvollste Kampagne zur Arterhaltung von Europas Monarchen. Mit höchst moralischen Mitteln, dank Parlament und typisch britisch.

V.
Unerwartete Wiederauferstehung – Queen Victoria muss ein Empire retten

Das englische Parlament über seinen König George III.

Rex noster est insanit.

Das britische Königshaus, das uns heute als Musterbeispiel unverwüstlicher royaler Größe erscheint, erlebt zunächst, genau wie der Rest Europas um 1800, besonders düstere Momente mit nicht immer lichten Königen und mit moralisch beispielhaft verlotterten Prinzen.

Englands King George III. (1738–1820), Herrscher aus dem deutschen Adelshaus von Hannover, ist in jungen Jahren in England recht beliebt. Der Importkönig wird wegen seiner Volksnähe und seines echten Interesses an Ackerbau und Viehzucht »Farmer George« getauft.

Er ist der dritte Briten-Monarch aus deutschen Landen, aber der erste, der auf britischem Boden zur Welt kommt und Englisch als Muttersprache erlernt.

Aus Georges Kindertagen und aus seinen Tagen als Prince of Wales gibt es keine psychopathischen Ausrutscher oder Sexualdelikte im Stil des oben behandelten Dänenprinzen Christian zu vermelden. George wächst als Enkel des regierenden Königs George II. mit seinen Geschwistern und den Eltern fern vom eigentlichen Palastgeschehen auf. Der königliche Großpapa hat wenig Umgang mit seinem Enkel, er kann nämlich seinen Sohn, also Klein Georges Papa, nicht leiden. Dem Enkel kommt das zugute, denn der Familienkrach führt unter anderem dazu, dass er nach eher bürgerlichen Erziehungsidealen pädagogisch betreut wird: Viel

– 478 –

frische Landluft, das Umgraben von Gartenbeeten und regelmäßige Schulstunden gehören zu seiner Prinzenausbildung. Mit anderen Worten: Der Adelsspross der Dynastie Hannover gibt zu weit größerer Hoffnung Anlass als der unberechenbare Prinz Christian von Dänemark, der später sein Schwager wird.

Doch leider ereilen den deutsch-englischen Georg III. nach seiner Thronbesteigung im Jahr 1760 mit 27 Jahren selber leichte Wahnschübe. Sie fallen mit dem Abschied der amerikanischen Kolonien vom britischen Mutterland und damit von Englands König als Staatsoberhaupt zusammen. Ganz unschuldig am Unabhängigkeitskrieg ist George III. nicht, und der Politstress dürfte die Wahnattacken begünstigt haben.

In King Georges Gehirn beginnt es jedenfalls zu spuken: Er sieht eine vernichtende Flut über London hereinbrechen, vor der er mit seiner Familie aufs Schlossdach flieht, er plappert zwanghaft und ohne Unterlass. Einer Hofdame seiner Königin nähert er sich auf dem Palastflur unsittlich und unzureichend bekleidet. Was keinesfalls in König Georges Art liegt.

Seine protestantische Ehe mit Sophie Charlotte von Mecklenburg-Strelitz wird von einigen Biografen zwar als eher freudlos, aber als monogam geschildert. Insgesamt fünfzehn Kinder gehen aus der Verbindung hervor, die Papa George bis auf seinen Stammhalter auch recht gern hat.

Die Idee, dass allein Sophies eher herber Charme den Wahnsinn des sexuell unterversorgten George ausgelöst hat, wird von einigen katholischen Vertretern der historischen Forschung gern vertreten. Rein sexuelle Thesen wie diese sind aber wieder mal nicht zielführend. Georges unschöne

Übergriffe verdanken sich nicht einem »falschen«, weil protestantisch verklemmten, Glaubensideal.

Nach einer zeitweiligen Besserung der ersten Wahnsymptome suchen den König ab 1788 verstärkt Halluzinationen heim, die dem Parlament ernsthafte Sorgen bereiten. Der König versucht gar, sich umzubringen. Man weiß sich zu helfen und versteckt den gequälten Monarchen zeitweise im Palast. Doch die Lage bleibt ernst.

Während Napoleon sich anschickt, halb Europa zu überrennen, konferiert George III. mit Bäumen über die weltpolitische Lage, begrüßt eine Eiche als den preußischen König und pflanzt auf seiner königlichen Musterfarm Steaks, damit das Fleisch auf den Bäumen wachse.

Insgesamt fünf schwere, oft Monate andauernde Schübe durchleidet George bis 1810. Ab diesem Zeitpunkt sind die Wahnattacken manifest und unheilbar. Vor dem Parlament wird verkündet: »Rex noster insanit.« Man wählt mit Absicht die lateinische Formulierung, weil das vornehmer klingt als: Unser König ist wahnsinnig.

Der bereits 72-jährige Monarch wird in Windsor bis zu seinem Tod im Jahr 1820 in Gewahrsam genommen. Seine zehn letzten Lebensjahre verbringt der König fürderhin im Gespräch mit Engeln. Zugleich setzt Altersdemenz ein, und George III. vergisst endgültig, dass er König und dass England sein Reich ist. Was für ihn hoffentlich eine Gnade war.

Die gängige Erklärung für die zunehmende geistige Umnachtung des Monarchen ist eine seltene Störung des Blutstoffwechsels namens Porphyrie. Zu den Symptomen der Krankheit zählen neben krampfartigen Bauschmerzen und einer Schädigung der Leber auch psychotische Zustände und Delirien, die von Nerven- und Hirnstörungen ausgelöst werden. Ursache der Erkrankung, die sich – so sie nicht behandelt wird – schubweise verschlimmert, ist eine unzureichende Verwertung bestimmter Blutfarbstoffe, der Porphyrine (vom griechischen Wort für Purpur). Fehlen im Körper Enzyme, die die nötige Umwandlung der Porphyrine steuern, wird der Organismus davon überschwemmt. Was man am Urin eines Patienten erkennen kann, er wird dunkel wie Portwein.

Und genauso haben die Leibärzte des Königs die Harnfarbe ihres Herrschers beschrieben. Urinbeschau ist seit dem Mittelalter eine probate diagnostische Methode.

Die Heilmittel, die die Mediziner dem Regenten George III. verabreichen, könnten das Leiden allerdings verschlimmert statt gebessert haben. Der König schluckt etwa regelmäßig Brechweinstein gegen Verstopfung und Leibschmerzen. Das damals beliebte Mittelchen enthält hochgiftige Schwermetallverbindungen, die des Königs Koliken und Krämpfe drastisch verschlimmert und auch zu den psychotischen Schüben beigetragen haben können.

Eine im Jahr 2004 untersuchte Haarlocke Georges hat zumindest den Verdacht einer schleichenden Vergiftung mit verschiedenen Schwermetallen erhärtet, deren Konzentration im Haar weit über der kritischen Grenze lag.

Nebenher hat man den mental derangierten König zweifelhaften Frühformen psychiatrischer Behandlung unterworfen. 1801 wird der verwirrte König erstmals in eine Zwangsjacke gesteckt, mit Lederbändern an einen Holzstuhl geschnallt und von einem frühen Vorläufer der Seelenheilkunde systematisch angeschrien, gedeckelt und gemaßregelt. Ein wichtiges Therapieziel lautet, der royale Dauerbrabbler soll endlich die Klappe halten und sich benehmen, statt mit seinem Essen zu spielen und Teller durch die Luft zu werfen.

Der Geisteszustand macht dem königlichen Ärzteteam nämlich mehr Sorgen als die Leibschmerzen. »Delirierend den ganzen Tag«, notieren sie nach ihrem Besuch am Krankenbett häufig, »verfolgt von Trugbildern … spricht mit Toten und mit abwesenden Personen.«

Damit sorgen sie dafür, dass der arme George von Historikern bis ins 20. Jahrhundert hinein als komplett wahnsinniger König verstanden wird; tatsächlich hat er nach dem ersten Auftreten von Wahnschüben auch lange störungsfreie Perioden durchlebt.

Kulturhistoriker bemerken immerhin nicht zu Unrecht, dass der Fall des am Ende seines Lebens unheilbar delirierenden Monarchen dazu beigetragen hat, dass in England die Psychiatrie und die Versorgung von Geisteskranken früher gefördert und verbessert wurden als auf dem Kontinent.

Der derzeit in einer endlosen Warteschleife festsitzende Thronfolger Prinz Charles hat sich übrigens schon in jungen Jahren auf Porphyrie testen lassen. Ergebnis: negativ. Auch wenn der Kronprinz sich – wie oft berichtet und wie auch von Charles bestätigt – gelegentlich Kraft im Zwiegespräch mit Natur und Topfpflanzen sucht und bei Selbstgesprächen über seine Ehekrise mit der verstorbenen Di in Gegenwart seiner Hühner auf Highgrove beobachtet wurde, neigt er nicht zu Halluzinationen. Ein jeder möge sich in dieser Hinsicht selbst an mehr oder minder stumme Debatten mit Schirmständern oder mit seinem Dackel erinnern.

Großbritannien wird also voraussichtlich von einem mental stabilen neuen Staatsoberhaupt repräsentiert werden, wenn die Queen dereinst ihrem Schöpfer gegenübertritt.

Das Wunder ist, dass Charles das überhaupt noch darf und dass Staatsoberhäupter mit Krone in Großbritannien immer noch mehrheitlich erwünscht sind.

Schon 1850 witzelt die englische Presse über die jeweiligen Prinzen von Wales nur noch als »stellungslose junge Männer« und Taugenichtse mit »zu viel Freizeit«. Die Frömmigkeit des Mittelalters ist längst perdu, das absolute Königtum out und die moderne Wohltätigkeitsmonarchie noch nicht erfunden.

Seinen Jahrhunderttiefpunkt erlebt Englands Monarchie in den Augen der britischen Untertanen unter König George IV. (1762–1830), lebenslang »Prinny« (Prinzchen) genannt. Der Sohn des verrückten König George III. ist der vierte Herrscher aus dem Hause Hannover, das nunmehr seit 1714 den britischen Thron bestückt.

Prinny bricht einige royale Rekorde in unbedachtem bis dummem Benehmen, und das obwohl Bürger, Parlament und Presse wachsamer und aufgeweckter sind als je zuvor.

Die lustigen Prinzen von Windsor

Im Jahr 1811 übernimmt Prinny die Herrschaft zunächst als Regent für seinen unheilbar kranken und geistesabwesenden Vater. Der nunmehr das Königsamt verwaltende Prinz von Wales ist seit seiner Jugend ein hemmungsloser Partykönig und Verschwender.

Prinny häuft bereits als Twen Millionenschulden an für Vergnügungen, Luxusbauten, Klamotten und Kosmetik. Er gilt als Erfinder des Dandytums und zeigt sich sehr gern in London und anderswo. Früh wird er zum liebsten Klatschobjekt und zum Lieblingsthema der sich ausbreitenden bürgerlichen Presse. Sein Privatleben wird aus politischen Gründen weidlich und erfolgreich ausgeschlachtet.

Neben Kunstwerken sammelt Prinny Bettschätze. Über Letztere führt er selber haargenau Buch. Und das ist wörtlich zu verstehen.

Von jeder seiner Liebhaberinnen erbittet der Spross aus dem Hause Hannover eine Locke, die er in einem Briefumschlag verwahrt und genau katalogisiert.

Vielleicht schlägt bei diesem Hobby ein wenig die legendäre deutsche Ordnungsliebe durch. In seinem Nachlass finden sich jedenfalls fast 7000 solcher Umschläge und genug Haare, um ein Sofa zu polstern. Daneben Hunderte von Damenhandschuhen und Stapel von nicht jugendfreien Liebesbriefen.

Nebenher ist das Prinzchen zweimal verheiratet und das gleichzeitig, zum einen mit seiner katholischen Mätresse Maria Fitzherbert, die er aus Konfessionsgründen nicht heiraten darf, zum anderen mit der protestantischen Karoline von Braunschweig.

Daneben frönt George Nummer vier obsessiv dem Alkohol und den Tafelfreuden, was ihn nach seinem vierzigsten Lebensjahr so dick, kurzatmig und krank macht, dass er den Damen im Bett nichts mehr zu bieten hat. Prinny ist der Prototyp eines neuzeitlichen Monarchen, der nur noch Hof hält, statt zu regieren.

Ein Intimus aus seinem Freundeskreis vertraut seinem Tagebuch an: »Es gibt keinen verachtungswürdigeren, feigeren, gefühlloseren, selbstsüchtigeren Hund als diesen König.«

Derartige Aussagen werden auch gern an die wachsame

Presse weitergeleitet und mit Politnachrichten kombiniert. Besser gesagt, mit Nachrichten darüber, dass George politisch recht wenig tut oder das Falsche.

Nun, dem Prinzregenten George bleibt dank seiner Hobbys verständlicherweise keine Zeit, sich auf den Schlachtfeldern der napoleonischen Kriege zu tummeln, die auf dem Kontinent toben. Dessen ungeachtet unterhält Prinny seine Dinnergäste nach 1815 und nach Wellingtons Jahrhundertsieg gegen Napoleon gern mit Erinnerungen an nicht vollbrachte Heldentaten bei der Schlacht von Waterloo. Er war nämlich niemals dort.

Sitzt der gefeierte Herzog von Wellington und Sieger von Waterloo mit am Tisch, bittet ihn der Dandykönig, seine eigenen, rein fiktiven Kavallerieattacken zu bestätigen. Der Feldmarschall pflegt mit heldenhafter Gelassenheit zu antworten: »Ich erinnere mich genau daran, dass Eure Hoheit mir wiederholt darüber berichtet haben.«

Privat gönnt sich der Militär die Ansicht, dass »Schwachsinn in dieser Familie nun mal erblich ist«.

Georges unzuverlässiges Gedächtnis verdankt sich aber eher seinen Trinkgewohnheiten. Seine fürstlichen Mahlzeiten spült er mit drei Flaschen Wein, gefolgt von Maraschinopunsch und Brandy hinunter. So hält er es bereits seit seinem 35. Lebensjahr. Gegen die erhöhten Alkoholblutwerte geht er mit dem traditionellen Aderlass vor. Gegen den regelmäßigen Kater und die Gicht mit Opium – dem neuen Wundermittel der Epoche – und mit viel Schlaf.

Als König erhebt er sich zum Ende seiner Regierungszeit selten vor sechs Uhr aus den Federn – abends, wohlgemerkt – und regiert, so es sich nicht vermeiden lässt, ein, zwei Stündchen vom Bett aus. Was dem Parlament sehr recht ist.

Danach legt der König bis zum nächsten alkohlgetränkten Dinner um 22 Uhr ein wohlverdientes Nickerchen ein. Prinny ist am Ende so unförmig, bewegungsfaul, gelangweilt und einsam, dass er des Nachts regelmäßig die Diener herbeiläutet, damit sie ihm die Zeit von der Nachttischuhr ablesen. Er will genau wissen, wie lang er nicht geschlafen hat.

Medizinhistoriker haben die Bulletins seiner Leibärzte unter die Lupe genommen. Ihr Fazit: Prinny hat sich zu Tode gefressen, litt unter heftiger Arterienverkalkung, Herzverfettung und einer Trinkerleber. Mit immerhin stolzen 68 Jahren stirbt er an Magenblutungen.

In dubio pro Rex oder für Präsidenten?

Psychologisch, rein privat und aus historischer Distanz betrachtet kann man Prinnys rastlose Exzesse als Rebellion eines ewig Pubertierenden gegen Papa »Farmer George« verstehen, der eine Musterfarm und einen königlichen Zuchtschweinekoben allen royalen Verlockungen vorzog.

Selbst die heimliche Heirat mit einer katholischen Mätresse, entgegen Papas Verbot und im pur protestantischen England, dürfte ein pubertärer Akt des Aufbegehrens gewesen sein.

In schlankerer und jüngerer Version hält Dandy George IV. sich gar für einen modernen, fortschrittlichen Vorzeigemonarchen. Seiner prüden Zeit weit voraus, überlegen und stilprägend, so sah sich Prinny und verlieh sich selbst den Titel »Europas führender Gentleman«.

Moderne Historiker, allen voran die Kuratoren der historischen britischen Paläste, beschreiben ihn – bei allen Fehlern – tatsächlich als kultivierten Mann. Mit der Förderung einheimischer Autoren wie Jane Austen, mit der Neugestaltung von heruntergekommenen Schlössern wie Windsor oder mit der Restaurierung des Tower hat Prinny seinem Königreich gute Dienste geleistet und die größten royalen Touristenattraktionen erhalten.

Viele von Prinnys zeitgenössischen Untertanen denken freilich in anderen Kategorien über Moral, Lebenskultur und Fortschritt. Ihnen schien es angesichts eines solchen Kron- und Throninhabers wie Prinny, als sollte ihr nach Amerika ausgewanderter Landsmann Thomas Paine (1737–1809) recht behalten.

Dieser gelernte Zollbeamte und gelehrte Journalist gehört zu den Gründungsvätern der Vereinigten Staaten und ihrer demokratischen Verfassung. Ja, er erfindet sogar den Namen USA. In Erinnerung an seine königliche Exheimat, den wahnsinnigen George III. und dessen Sohn Prinny, schreibt Paine 1792:

»Um ein gewöhnlicher Mechaniker zu sein, braucht man einiges Talent; aber um König zu sein, bedarf es nur der tierischen Gestalt des Menschen, einer Art atmender Automat. Die Erbfolge ist eine Satire auf die Monarchie. Diese wird dadurch ins lächerlichste Licht gesetzt … als ein Amt, dem jedes Kind oder jeder Idiot vorstehen kann.«

In Amerika wird Paines Kampfschrift »Die Rechte der Menschen« – auf die unser Begriff »Menschenrechte« zurückgeht – ein Megaseller.

Von den damals insgesamt drei Millionen Amerikanern (Sklaven und Indianer ausgenommen) kaufen im Erscheinungsjahr 500.000 das Buch.

In seiner *Yes we can*-Antrittsrede hat US-Präsident Barack Obama 2009 ausgiebig aus Paines Pamphlet zitiert. Und die ehemalige Revolutionskampfschrift schien passend, obwohl Obama die Staaten und die Amtsgeschäfte keineswegs von einem König übernommen hat, sondern von einem demokratisch gewählten Präsidenten.

Indes: Man erinnere sich kurz an den mehr als umstrittenen Wahlsieg von George Bush junior. Oder daran, dass seriöse Politmagazine von »Newsweek« bis »Time Magazin« mehrmals monierten, dass George Bush junior den Präsidentschaftssessel nach kurzer Unterbrechung durch Bill Clinton von George Bush senior »erbte«. Sozusagen nach bester Adelstradition und nicht unbedingt aufgrund überragender politischer Kompetenz und Führungsqualitäten.

Vor diesem Hintergrund ist es höchst pikant, dass Präsident Obama beim Amtsantritt im Beisein Bushs den radikalen Königskritiker Paine zitiert hat.

Natürlich nicht mit Paines Anmerkungen über »atmende Automaten, Kinder und Idioten« als Staatschef oder mit Aussagen über dynastische Erbfolgegesetze, die eine Satire sind.

Zurück in die ferne Vergangenheit und zu Großbritanniens lang verblichenem Skandalkönig »Prinny«, der sich nach seinem Ableben bemerkenswert derb kritisieren lassen muss.

Die Presse rügt Prinz Dandy als politisches und privates Desaster. Ein Journalist der »Times« etwa würdigt das Ableben des deutschstämmigen Dandykönigs George IV. am 27. Juni 1830 wie folgt:

(Er war ein) Wortbrüchiger, ein bis über die Ohren verschuldeter und mit Schande bedeckter Wüstling, ein Verächter ehelicher

Bindung, ein Kumpan von Spielern und Halbweltgestalten, ein Mann, der gerade ein halbes Jahrhundert vollendet hat, ohne den geringsten Anspruch auf die Dankbarkeit seines Landes oder den Respekt nachfolgender Generationen verdient zu haben. Nie ist jemand weniger betrauert worden als der verstorbene König. Falls George IV. wirklich einen Freund gehabt haben sollte, in welcher gesellschaftlichen Klasse auch immer, ob Frau oder Mann, so möchten wir hier niederlegen, dass deren oder dessen Name bisher nicht zu unserer Kenntnis gekommen ist.

Oh my Lord, kann man da nur sagen, das ist starker Tobak, und es klingt nicht nach *God save the Queen/King*, sondern nach knallharter Majestätsbeleidigung, auf die es unter Heinrich VIII. nur eine Antwort gegeben hätte. Und so was in der »Times«? In der Tat. Noch dazu frei verkäuflich und überall zugänglich.

Zu Prinnys Lebzeiten sorgt eine hohe Drucksteuer dafür, dass es sich nicht lohnt, Klatsch als Massenware zu produzieren und unters einfache Volk zu bringen.

Die »Times« füllt die Marktlücke, und das Gelesene wird fröhlich weitergeklatscht bis hinunter in des Volkes Pubs. Auf eine Ausgabe, so schätzen Zeitgenossen damals, kommen mindestens dreißig Leser und Klatschmäuler, die alles per Mundpropaganda weitergeben. Und jeder merkt sich das, was ihn am meisten reizt, erregt und empört.

Bereits 1820 – also zehn Jahre vor Prinnys Tod – berichtet die »Times« täglich und auf bis zu zwanzig Seiten über seinen skandalösen Versuch, sich von seiner ungeliebten Zweckgemahlin Prinzessin Karoline von Braunschweig zu trennen. Vor der offiziellen Krönung und dem heiligen Akt der Salbung im Jahr 1821 als König George IV. will Prinny seine Queen in spe endlich vom Hals haben, statt sie neben sich thronen zu lassen.

Vor Gericht werden zu diesem Behufe mal wieder Spermaspuren auf Bettlaken in Augenschein genommen. Prinnys royale Anwälte unterbreiten sie den Scheidungsrichtern als Beweis für Karolines Untreue. Königliche Agenten werden in den Zeugenstand geschickt, um über Karolines Seitensprünge quer durch Europa zu berichten.

Die detektivische Sonderkommission hat seit Jahren an der *delicate investigation* – der delikaten Untersuchung – gearbeitet. Die Ermittlungsergebnisse sickern nicht nur tröpfchenweise zur Presse durch.

Der Versuch, die Gattin zu kompromittieren, geht nach hinten los. Der Dandykönig und seine Kronanwälte geben in Sachen Sex, Ausschweifung und Verleumdung der eigenen Prinzgemahlin Steilvorlagen, denen die »Times« nicht widerstehen möchte.

Aus politischen Gründen, wohlgemerkt, und – wir wissen es nun hinlänglich – damit steht die bürgerliche Presse in allerbester höfischer Tradition. »Majestätsbeleidigung« ist nun mal seit Jahrhunderten ein blutiger Sport unter Monarchen und politisches Mittel zum Zweck. Jetzt wird er mit Druckerschwärze im bürgerlichen Lager mitbetrieben.

Die königliche Schmutzwäsche wird gern öffentlich zur Schau gestellt.

In der Mittelschicht kursiert der Pro-Karoline-Slogan *No Queen, no King*. Man ist jedoch vor allem moralisch empört, nicht revolutionär gestimmt.

In höheren Adels- und auch in Großbürgerkreisen reagiert man ohnehin verhaltener. Die werdende Volksheldin Karoline – eine Vorläuferin von Princess Di – ist keineswegs eine holde Unschuld und gilt als eher lästige Nestbeschmutzerin. Wie Prinny gönnt sie sich Freiheiten und Verschwendungsorgien auf Kosten der Staatskasse nach Adels Sitte.

Ihre Popularität im Volk verdankt sich der Tatsache, dass sie aus der Ferne betrachtet und den Zeitungen zufolge ein mitleiderregendes Schicksal hat. Und mit Leid kennen viele englische Untertanen sich sattsam aus. Aber als Revolutionsführerin sieht sie auch hier niemand, und Karoline hat auch kein Konzept für eine bürgerliche Befreiungsbewegung im Sinn.

Ihr in der Presse und von Klatschspezialisten breitgetretenes Scheidungsschicksal hat am Ende vor allem zwei Dinge zur Folge: Königsklatsch sorgt für einen weiteren Boom des damaligen Pressemarktes, und King George IV. wird endgültig zur Schießbudenfigur.

Wozu Prinny bis zuletzt mächtig beiträgt. Seine Krönung wird 1821 zur Schmierenkomödie und ist ein Beleg für Napoleons bereits zitierte Weisheit: »Vom Erhabenen zum Lächerlichen ist es nur ein Schritt.«

Eingezwängt in ein Korsett und in ein Krönungshabit zum Preis von 24.000 Pfund, das nicht beeindruckt, sondern die meisten Londoner zum Lachen reizt, stolziert der stark geschminkte und zu salbende Monarch in die Westminster Abbey ein. Bei einem Taillenumfang von 124 Zentimetern bringt er nunmehr ein Lebendgewicht von 111 Kilo auf die Waage.

Mit 243.000 Pfund übersteigen die Kosten des feierlichen Showacts die Kosten für die Krönung seines Papas um mehr als das 24-fache. Das anschließende sündteure Krönungsbankett ist das – bislang – letzte, das im Vereinigten Königreich Großbritannien stattgefunden hat.

Nicht geladen zu Krönung und Fest ist anno 1821 Gemahlin Karoline von Braunschweig, die Prinny vor Gericht nicht losgeworden ist. Die Prinzessin kutschiert dennoch herbei. Und das ist die wahre Krönung des misslungenen Machttheaters.

Prinny lässt ihr die Kirchenportale vor der Nase zuknallen. Bezahlte Preisboxer bewachen den Eingang. Seine rechtmäßig ihm angetraute Gemahlin (»mein Mann ist eine Null«) hämmert vor den Augen der Welt dagegen. Nicht nur im Pöbel wird gejubelt. Doch eine Revolution für Karolines Recht auf die Krone bleibt aus, denn darum geht es Prinnys Kritikern nicht, es geht ihnen um mehr eigenes Mitspracherecht. Und gerade die radikalsten Gegner der Monarchie wollen selbstredend nicht für eine Königin bluten.

Die Prinzessin von Braunschweig stirbt am 7. August 1821, nur wenige Wochen nach den Krönungsfeierlichkeiten.

Nach dem Genuss eines Glases Limonade liegt sie im Sterben, und sie ist überzeugt, dass Gift im Spiel ist. Ihre letzten, wahrlich rührenden Worte sind so überliefert: »Die Ärzte erkennen meine Krankheit nicht. Es sitzt hier« – wobei sie die rechte Hand auf das Herz gelegt haben soll. Sind es wirklich ihre Worte, sind sie gut erfunden, oder sind sie ein letzter gezielter Racheakt gegen Prinny?

In der Presse werden zarte Andeutungen in Richtung »Gift« gemacht, und kurzfristig kursieren Gerüchte, dass bei Karolines Tod Arsen oder eine Überdosis Opium im Spiel gewesen sei.

Genau wie dereinst nach dem Tod von Tudor Heinrichs verstoßener erster Gemahlin Katharina von Aragon anno 1536 und dem Verscheiden ungezählter anderer ungeliebter Königinnen. Wir haben es also nicht mit einem Novum zu tun, sondern mit einer über die Jahrhunderte beliebten

Mutmaßung, deren Wahrheitsgehalt in jedem Fall genau zu prüfen ist. Fest steht, dass den Königinnen über Jahrhunderte hinweg eine mörderisch schwer zu ertragende Rolle auf den Leib geschneidert worden ist.

In Karolines Fall scheint heute die Todesursache Magenkrebs plausibel; bei der Tudorkönigin Katharina – wie beschrieben – ein seltener Herzkrebs. Gelitten haben beide und viele andere Königsgemahlinnen unter ihren Königen und an ihrer Stellung, die mit dem Traumrollenfach Märchenprinzessin nie etwas zu tun hatte.

Königin Karolines Ruhm verblasst rasch zur rührseligen Erinnerung und wird vor allem zum Stoff für Kitschromane.

Aber Kitschromane stören das Parlament, die Aristokratie und auch die bürgerlichen Stützen der damaligen Gesellschaft nicht. Sie wollen den Thron trotz untauglicher Prinzen wie George behalten. Unter anderem deshalb, weil Prinny und seine Familie ja sozusagen eher als Majestätsdarsteller per Parlamentsbeschluss aus Deutschland importiert worden sind.

Wer Könige auswählen und machen darf, stärkt automatisch die eigene Hausmacht, nimmt die Monarchen selbst nicht mehr allzu ernst und hält sie nicht für sonderlich gefährlich, sondern erkennt ihren Nutzwert für die eigene Politik.

Fakt bleibt jedoch, dass Gefahr in Verzug ist. Von der nach wie vor aufmüpfigen Presse werden Prinnys potenzielle Nachfolger und Verwandte bereits ausführlich geschmäht. Man möchte eben auch ein Wörtchen mitzureden haben bei der Thronbesetzung und bringt zunehmend nationale Geschütze gegen die Hannoveraner in Stellung. Über den als Thronkandidaten kurzfristig gehandelten Prinz Ernst, einen künftigen Kurfürst von Hannover, heißt es: »Ein miserables Nichts; ein *Stück* Aalhaut vollgestopft mit deutschem Raucherwurstfleisch«.

Am Ende folgt auf den Dandy-König George IV. ab 1830 für sieben kurze Jahre sein Bruder als William IV. (gestorben 1837) auf den Thron. Und macht zum Leidwesen des monarchiefreundlichen Parlamentes leider nicht viel anders oder besser als sein großer Bruder, das Prinzchen.

Auch der fünfte Hannoveraner hat sich von Jugend an die Freiheit genommen, den internationalen Playboy zu mimen. Bevor er als König eine Prinzessin von Sachsen heiratet, lebt er zwanzig Jahre mit der bildhübschen irischen Schauspielerin Dorothea Bland zusammen. Die Aktrice wird für Hosenrollen und dank der Hosen für ihre sensationellen Beine berühmt.

Nebenher ist der spätere König William in jungen Jahren Marineoffizier und gewöhnt sich mit Freuden derbe Seemannsmanieren an. Etwa häufiges öffentliches Ausspucken, Vulgärsprache, Sauforgien, Prügeleien und das gelegentliche Verwüsten von Matrosenbordellen. Schöne Künste und höfisches Auftreten hält er für weibischen Schnickschnack.

Mit seiner Dauermätresse Dorothea zeugt William in seinen Seemanns- und Prinzenjahren zehn uneheliche Kinder. Nach der Trennung im Jahr 1811 versorgt seine königliche Hoheit die duldsame Mätresse und die fünf gemeinsamen Töchter mit einer Apanage, während er sich um die fünf Söhne selbst kümmern will. Was nicht in allen Fällen erfolgreich verläuft. Einer der Bastarde häuft nach königlichem Vorbild so riesige Spielschulden an, dass die Mama wieder auf die Bühne geht, um ihn vor Bankrott und Schande zu retten.

Das wiederum hat ihr König Wilhelm IV. bei der Trennung – seines guten Rufes wegen – verboten. Darum nimmt er Dorothea die Töchter weg und verbannt sie aus seinem Reich. 1815 stirbt die Mimin und Mätresse verarmt und vergessen in Paris.

Von der unschönen Vernachlässigung einer Geliebten abgesehen hat sich William vor allem politisch in progressiven Bürgerkreisen keine Freunde gemacht. Vehement hat er sich etwa der Abschaffung des Sklavenhandels widersetzt.

Die Nachrufe auf ihn fallen 1837 entsprechend böse aus. Man vergleicht sein Aussehen mit dem einer »explodierenden Ananas«, zitiert genüsslich die Spitznamen, die das Volk ihm verpasst hat, von *Sailor Bill* bis *Silly Billy*. Eine Ausgabe der Zeitung *Spectator* fasst vernichtend zusammen:

Trotz seines schwachen Willens, seiner Engstirnigkeit, seines Mangels an Kultur blieb Wilhelm bis zum Ende populär. Aber nur, weil man ihn so herzlich verachten konnte, nicht, weil man dem Monarchen gegenüber irgendwelchen Respekt empfand.

Eins ist klar: Das muss sich ändern.

Und das tut es auch. Dank Queen Victoria (1819–1901). Da William IV. keinen legalen Erben hinterlassen kann, kommt diese Nichte von König Sailor Bill mit achtzehn Jahren auf den Thron. Als regierungsberechtigte Königin wird sie – unter anderem als erste Kaiserin von Indien – insgesamt 64 Regierungsjahre absolvieren. Was nach wie vor royaler Weltrekord ist.

Ihre größte Publicityleistung besteht darin, wie keine andere Regentin vor ihr ein idyllisches Familienleben zum Markenzeichen englischer Monarchie zu machen. Allerdings erst auf Anraten und Drängen des Parlamentes und keinesfalls aus eigenem Antrieb. Queen Victoria hätte ihr Privatleben nämlich ganz gern für sich behalten, und so richtig fit für den Thron war auch sie zu Anfang nicht. Nichtsdestotrotz wird die 1,52 m kleine Monarchin am Ende des 19. Jahrhunderts geradezu verehrt wie eine Heilige, und vom Schuhcremeproduzenten bis zum Streichholzfabrikanten nutzt jeder fleißige Fabrikant Queen Vicky als werbewirksames Aushängeschild und zwecks Produktpropaganda.

Queen Victoria schließt die Augen und denkt nicht an England

In unser kollektives Gedächtnis hat sich die in jungen Jahren hübsch dunkelhaarige Prinzessin Alexandrina Victoria von Kent, die bis zum dritten Lebensjahr nur deutsch spricht, als humorfreie, ausgesprochen korpulente und sehr britische »schwarze Witwe« eingebrannt.

Ihre ersten Lebensjahre sind geprägt von Lieblosigkeit. Ihr Papa stirbt, als Victoria gerade mal acht Monate alt ist. Ihre Mama, eine deutsche Prinzessin und Herzogin von Kent, bleibt hoch verschuldet zurück. Man behandelt die kleine Victoria als kostbare Thronerbin fortan wie ein rohes Ei. Noch nicht einmal eine Treppe darf sie allein hinuntergehen, geschweige denn springen. Victoria muss bis zu ihrem 18. Lebensjahr in Mamas Schlafzimmer nächtigen.

Doch ihre Mutter, die Herzogin von Kent, ist eher beste Feindin als beste Freundin. Sie gesellt dem Töchterchen ihren Geliebten John Conroy als eine Art elektronische Fußfessel bei. Der bürgerliche Höfling kontrolliert die Prinzessin Victoria auf Schritt und Tritt.

– 496 –

Gern will der ambitionierte Aufsteiger die Thronerbin bis zum 25. Lebensjahr unmündig halten. Conroy will gern selbst die Regierungsgeschäfte übernehmen. Am Ende muss er sich dank Victorias Mama mit einem portugiesischen Adelstitel und einem Pseudoamt begnügen.

Das britische Parlament und Victorias royaler Onkel Leopold I., König von Belgien, sorgen dafür, dass die 18-Jährige direkt nach dem Tod von Sailor Bill im Jahr 1837 ans Ruder darf, um mit Britannia die Wellen zu regieren. Also denn: *Rule Britannia, Britannia rule the waves, Britons never, nerver shall be slaves!*

Die junge Victoria zieht in den Buckingham Palace und exiliert ihre Mutter in den vornehmen Stadtteil Belgravia. Jetzt kann ihr Leben endlich losgehen! Drei Jahre lässt die junge Queen kein Vergnügen aus. Sie reitet, tanzt, besucht Ballett und Oper. Das Regieren überlässt sie Premierminister Lord Melbourne, der heftig mit ihr flirtet – und sie mit ihm. Mehr läuft allerdings nicht zwischen beiden, denn früh verguckt sich die junge Queen bei einem Besuch in Belgien in ihren deutschen Cousin Albert von Sachsen-Coburg.

Drei Jahre später, 1840, hält Englands Regentin – so will es das Protokoll – um die Hand des Prinzen an. Der Prinzgemahl macht es sich zu seiner vornehmsten Aufgabe, das Privatleben als Staatsaffäre in die Hand zu nehmen und in neue, vorzeigbare Bahnen zu lenken. Politisch hat »offiziell« seine Frau das Sagen, daheim er.

Die Beleidigungen, mit denen die Presse ihn in England empfangen hat, will er nicht auf sich sitzen lassen. Die »Times« hat Victorias Gatten voll Verachtung empfangen. Als »halb verhungerten« Bewohner eines »verlausten deutschen Schlosses«, den man des Nachts mit Schwefeldämpfen entlausen müsse, während seine Kleidung zwecks Wanzenbekämpfung in den Backofen gehöre.

So etwas wie seine »lausige« Gefolgschaft, so ätzt die »Times«, fände sich in England nur in den Slums, in Deutschland hingegen in allen sogenannten Palästen. Böser geht's nicht. Und wir sehen mal wieder: »Schmutzkampagnen« haben nichts mit den wirklichen persönlichen Hygienevorstellungen geschmähter Blaublüter zu tun.

Und Prinzgemahl Albert versteht das auch richtig. Er kontert nicht mit häufigerem Rasieren, sondern indem er für Buckingham Palace und auf Schloss Windsor eine beispiellose Imagekampagne unter dem Motto »moralisch porentief reines Familienleben« verfügt. Keine schlechte Idee nach dem, was die Hannoveraner Prinzen sich so geleistet haben.

Und auch Victoria zeigt sich begeistert, nicht so sehr von der neuen Moral, sondern davon, dass ein starker Mann an ihrer Seite die Führung übernimmt. Ihr Leben lang wird sich die »Matriarchin Europas« Männer zum Anlehnen suchen. Über ihren Prinzgemahl schreibt sie in einem Brief an eine Tochter später:

Ich kann nie glauben oder zugeben, dass irgendein anderer Mensch vom Schicksal so gesegnet worden ist wie ich, mit einem solchen Mann, einem solch vollkommenen Mann. Papa war für mich alles, ist es auch heute noch. (…) Er war für mich alles, mein Vater, mein Beschützer, mein Führer, mein Ratgeber in allen Dingen, ich möchte fast sagen, er war mir Mutter und Mann zugleich. (…) Ich bin wie gelähmt, wenn er nicht bei mir ist.

Klingt schön, ist auch sicher so gemeint, es ist aber nur die eine Seite der Medaille.

Die Ehe zwischen Victoria und Albert ist eine zeittypische Liebesheirat. Und nach einigen Jahren Ehe- und Mutteralltag finden sich bei Victoria auch Sätze wie diese: »Ich bin sicher, dass kein Mädchen zum Altar gehen würde, wenn sie alles wüsste.«

Nichtsdestotrotz geht die junge leidenschaftliche Victoria ihre Ehe mit Liebe, Lust und alles andere als viktorianisch verklemmt an. Wenn die frisch Vermählte im Bett mit Albert die Augen schließt, denkt sie keinesfalls nur an England. Eine Sentenz, der ihr später in den Mund gelegt wurde, um ihre angeblich »prüde Sexualmoral« zu entlarven.

In jungen Jahren und rein privat trifft eindeutig das Gegenteil zu.

Am Morgen nach der Hochzeitsnacht erstattet Victoria ihrem Premier und Exflirt Lord Melbourne in einem Brief recht genau Bericht über die Geschehnisse im Palastbett:

»Es war eine befriedigende und erstaunliche Erfahrung. Ich habe noch nie, noch nie einen solchen Abend verbracht. Seine außerordentliche Liebe und Zuneigung verschaffte mir Gefühle unendlicher Liebe und Glückseligkeit. Er schloss mich in seine Arme, und wir küssten einander wieder und wieder.«

Neun Monate später ist die Königin bereits guter Hoffnung. Aber, so formuliert es der moderne Victoria-Forscher Tristram Hunt: »Sie genoss die emotionale und physische Seite ihrer Ehe enorm, aber nicht die Konsequenzen.«

Schon die junge Königin vertraut ihrem Tagebuch an, Geburten seien bei allem Glück das »Einzige, was ich fürchte«.

Die muss sie jedoch – wie andere Königinnen, Königsgemahlinnen und normalsterbliche Ehefrauen zuvor – in rascher Folge absolvieren. Selbst als Regentin einer Weltmacht teilt sie das Schicksal vieler fruchtbarer Ehefrauen vor der Erfindung allgemein zugänglicher Verhütungsmittel.

1857 hat die 37-jährige Victoria neun Kinder unter fünfzehn Jahren. Als ihre Tochter Vicky später kurz nach ihrer Eheschließung von den zu erwartenden Mutterfreuden schwärmt, teilt Mama Victoria ihr mit: »Was du von dem Stolz darüber schreibst, einer unsterblichen Seele das Leben schenken zu dürfen, ist sehr schön, meine Liebe, aber ich kann mich dem nicht anschließen: Ich denke von uns eher als wie von einer Kuh oder einer Hündin in den Momenten (der Geburt); wenn unsere arme Natur so tierisch und unaufregend wird.«

Weshalb sich die Queen im Jahr 1853 vor der Niederkunft ihres achten Kindes begeistert als Versuchskaninchen für die medizinische Verwendung von Distickstoffmonoxid zur Verfügung stellt.

Als Lachgas bekannt wird die chemische Verbindung damals auf dem Jahrmarkt gegen ein Paar Pence als Spaßdroge verabreicht und seit 1844 von einigen Zahnärzten zur Schmerzbetäubung verwendet.

Die Queen hingegen wünscht endlich eine halbwegs schmerzfreie Geburt und hofft, ihren anschließenden Stimmungstiefs zu entgehen. Postnatale Depressionen gehören zu den wiederkehrenden Begleiterscheinungen ihrer Niederkünfte. 1853 äußert sie sich nach dem Geburtsvorgang erstmals begeistert. Unter anderem, weil sie rasch und in ungetrübter Stimmung wieder eheliches Partnerglück und das Bett mit Albert teilen kann.

In der Folge wird der Einsatz von Narkosemitteln und schmerzlindernden Medikamenten bei Geburten populär. Auch dass Gemahl Albert bei mehreren Geburten nicht das

Weite sucht, sondern am Bett seiner Königin und Gemahlin verharrt, wird erstmals als eventuell stillvoll betrachtet. Neben tief empfundener Fürsorglichkeit spielt bei Albert die Sorge um das Nervenkostüm und das Image der Königin eine Rolle. Sie muss als heitere, glückliche und begeisterte Mama rüberkommen. Immer wieder hat es nach ihren Geburten jedoch Popularitätseinbrüche gegeben, weil die Queen sich hernach nicht nur für Tage oder Wochen, sondern für Monate ganz in den Palast zurückgezogen hat. Ihre Stimmungstiefs werden zu Stimmungstiefs in Sachen Monarchie.

Hinter den Palasttüren hat das Ehepaar gelegentlich einen handfesten Krach wegen der unablässigen Schwangerschaften, die Victoria dünnhäutig und unzufrieden machen, weshalb sie heitere Auftritte vor aller Welt ablehnt.

Alles in allem sind Nachwuchsfreuden ihr – bei aller Lust an der Liebe – vor allem eins: lästig.

Wobei es nicht nur um den Verzicht auf sexuelle Leidenschaft geht. Victoria weiß wie alle ihre Geschlechtsgenossinnen, dass Schwangerschaftskomplikationen und Kindbettfieber noch immer schnell tödlich enden können.

Und Victoria will leben, ihren Albert lieben und eben auch mal mit ihm streiten, wie es selbst in Liebesehen üblich ist. Albert ist daran weniger gelegen, was ebenfalls nicht unüblich ist.

Nichtsdestotrotz heißt es, dass sie in ihrem privaten Sommersitz neben dem ehelichen Bett einen Schalter anbringen ließ, um in gewissen Momenten flugs und automatisch die Türen schließen zu können, um Albert und das Eheleben ungestört zu genießen. Ein royales Privileg, das noch heute wenige Mütter sich nehmen könnten, ohne sich in die Rabenmutterdebatte zu verstricken.

Die Kinder erzieht das königliche Paar nach klassischer Palastmanier, also aus der Distanz. Nach außen hin sieht das gewollt anders aus.

Prinzgemahl Albert verfolgt eisern sein Rettungsprogramm »königlich-bürgerliche Vorzeigeidylle«. Der deutsche Prinz und seine etwas widerstrebende Gemahlin zelebrieren Familienleben als höchste Tugend. Das ist sensationell neu in royalen Kreisen und kommt gut an.

Albert geht dabei mit bestem Beispiel und demonstrativ voran. Mit Geschenken an die Familie und an die Gattin, die die Öffentlichkeit überwältigen und zutiefst anrühren. Er importiert etwa den deutschen Weihnachtsbaum nach England und macht daraus einen Hit. Er bringt Ferienhäuser und Familienurlaub an der See in Mode, indem er sich und der königlichen Familie ein Geschenk macht, das alle – die Presse inklusive – überwältigt: Auf der Isle of Wight baut er als rein privaten Rückzugsort »Osborne House«. Samt Privatbahnhof für eine königliche Saloneisenbahn. Deren Bequemlichkeit man heutzutage übrigens testen darf. Damals nicht. Dennoch geht das Konzept auf.

Die *Royal family* führt auf höchstem Niveau vor, was halbwegs betuchte Bürger auch gern tun oder – so weniger betucht – gern täten: Mal Ferien machen am Meer, den Komfort einer Eisenbahnfahrt genießen oder das Weihnachtsfest im trauten Kreis unterm geschmückten Baum und bei netten Geschenken verbringen.

Kurz, Prinzgemahl Albert weiß sich und die Königin gut zu beschäftigen, während Victoria die politischen Amtsgeschäfte weitgehend Premierministern und Parlament überlassen will und muss.

Wenn Queen Elisabeth II. von England ihre royale Familie noch heute als »die Firma« beschreibt, so geht dies unter anderem auf Alberts Manager seiner beispiellosen Imagekampagne zurück.

Die große Victoria fügt sich gern in ihre Doppelrolle als alles beherrschende »Mutter der Nation« nach außen und als überaus anhängliche Ehefrau nach innen. Das Gespann Albert/Victoria ist in der Tat ein zeittypisches Ehegespann und Victoria alles andere als eine Freundin von Frauenrechten. Von denen hält sie überhaupt nichts:

»Die verrückte, sündhafte Narretei der Frauenrechte mit all ihren abscheulichen Begleitumständen muss mit aller Kraft eingedämmt werden ... Frauen werden zu den hassenswertesten, herzlosesten und abstoßendsten Geschöpfen, wenn man ihnen erlaubt, ihr Geschlecht zu verleugnen.«

Ihre Matriarchenrolle empfindet die Königin als eher »anomal«, und sie ist froh, dass parlamentarische Politmänner – weibliche gibt es nicht – ihre Regierungsgeschäfte und der Prinzgemahl die Öffentlichkeitsarbeit übernehmen. Victoria wäre am liebsten wirklich nur eins, ein Heimchen am Herd. Allerdings ohne Haushaltspflichten, ohne die Mühen der Kindererziehung, ohne Finanzsorgen und mit jedem Recht der Welt auf Amüsement und gehobene Freizeitkultur.

Das Schöne ist: Sie darf solch ein Heimchen recht häufig sein. Weil ihre Haushaltskasse stets gut gefüllt und das Bild der glücklichen Königsfamilie politisch enorm erfolgreich ist.

Bürgerliche Gattinnen ereilt hingegen dank des mächtigen Vorbildes das Schicksal, vor der Kulisse als repräsentatives Stilmöbel eine gute Figur zu machen und dahinter jede Menge Haus- und Familienarbeiten erledigen zu müssen.

Doch was anno 1900 zumindest im Palast politisch glatt

und privat überwiegend glücklich funktioniert, findet 1861 ein jähes Ende. Victorias Prinzgemahl, den sie wie erwähnt als »Gatten, Geliebten, Freund, Papa, Berater, ja sogar Mutter« liebt, stirbt nach 21-jähriger Ehe an Typhus.

Was privat eine Tragödie ist, lässt die Monarchie in eine erneute Krise abgleiten. Bis dahin hat sich Vicky privat und politisch vor allem auf ihn gestützt, jetzt droht ein völliger Zusammenbruch der stark depressiv veranlagten Queen.

Nach dem Tod ihres Gemahls erwägt Victoria gar kurzfristig, sich ganz aus dem Amt und von der Welt zurückzuziehen. Ein Politdebakel, das das Parlament um jeden Preis verhindern will. Die Monarchin bildet eine unverzichtbare Klammer zwischen dem Mutterland und den weit verstreuten Kronkolonien. Im Namen Victorias werden immerhin ein Fünftel der Erde und ein Drittel der Weltbevölkerung beherrscht.

Doch zunächst einmal legt die 42-jährige Victoria Trauer an und bis an ihr Lebensende – vierzig Jahre später – nie mehr ab. Ein Jahr zieht sie sich völlig aus London auf das schottische Schloss Balmoral zurück, ein weiteres Schloss, das Albert für sie restauriert hat. Danach verbringt Victoria unter weitgehendem Ausschluss der Öffentlichkeit Jahre im Familienrefugium Osborne House auf der Isle of White.

Ihr Kummer nimmt kuriose Züge an. Die Witwe geht mit einer marmornen Nachbildung von Alberts Hand und mit Blick auf ein Gemälde des aufgebahrten Verblichenen zu Bett. In den Palastschlafzimmern des Verblichenen lässt sie allabendlich die Handtücher wechseln, ein Nachthemd für ihn auslegen und warmes Wasser bereitstellen.

Hofbedienstete halten ihre Gebieterin für – nun ja – ex-

– 504 –

zentrisch bis gaga. Alarmberichte werden ins *House of Parliament* übermittelt, aber nichts kann die depressive Victoria zunächst dazu bewegen, das Zepter wieder in die Hand zu nehmen.

Die Queen lässt sich zu höchstens ein, zwei Auftritten jährlich überreden, will aber mit den Regierungsgeschäften weiterhin nicht behelligt werden.

Es besteht dringender Handlungsbedarf, befinden das Parlament und die inzwischen teils wieder enorm königstreue Presse.

Der Ökonom, Verfassungstheoretiker und Zeitungsherausgeber Walter Bagehot mahnt 1865: »Aus unschwer zu benennenden Gründen hat die Königin durch ihren langen Rückzug aus dem öffentlichen Leben der Popularität der Monarchie fast ebenso großen Schaden zugefügt, wie der unwürdigste ihrer Vorgänger es durch seine Lasterhaftigkeit und Leichtfertigkeit getan hat.«

Andere gehen wieder einmal strenger mit Victoria und damit mit der Monarchie ins Gericht. 1864 heftet ein kecker Witzbold am Gitterzaun des von der Queen gemiedenen Buckingham Palace eine Immobilienanzeige an: »Infolge des Geschäftsrückgangs des vormaligen Bewohners ist dieses prachtvolle Anwesen zu vermieten.«

Nur ein Beispiel scharfer Kritik, die sich auch wieder einmal auf Klatsch stützt.

1865 werden erste Gerüchte laut, dass Victorias enge Beziehung mit einem schottischen Jagdgehilfen namens John Brown mehr als nur freundschaftlich ist. Premierminister Gladstone wettert: »Die Königin ist unsichtbar, und (ihr Sohn) der Prinz von Wales wird nicht respektiert.« Die Times bezeichnet die Monarchin als Mrs Brown.

–505–

Queen Victoria stellt sich weiter taub. Sie eröffnete zwischen 1861 und 1886 das Parlament nur sechsmal und lebt weiter bevorzugt in Balmoral, Osborne House oder Windsor. Gerade das letztere Schloss gilt anno 1900 als wenig repräsentativ. Die Zeitungen sehen in Windsor nur ein »obskures Dorf in Berkshire, das lediglich für ein altes Schloss ohne Sanitäreinrichtung bekannt ist«.

Victorias Rückzug nach dem Tod von Prinz Albert folgt ein vollkommener Niedergang zeremoniellen Glanzes, der für eine Monarchie unverzichtbar ist. Am Ende machen die Politiker aus Victorias Not eine Tugend.

Sie beginnen die weitgehend unsichtbare Queen als moralisch einwandfreie Witwe zu inszenieren und ihr Schicksal als ein anrührendes bürgerliches Trauerspiel.

Die kleine Königinwitwe in Schwarz muss als gramgebeugte, überlebensgroße, aber letztlich unverwüstliche Matrone eine imperiale Rolle ausfüllen, die ihren Thronvorgängern und etlichen Kollegen aus Europa längst über den Kopf gewachsen war. Sie wird zur Ikone eisernen Durchhaltevermögens und berühmter Britentugenden wie *keep up countenance* (immer die Fassung und das Gesicht bewahren). Und selbst ihr häufiger Missmut gilt nun als hervorragendes Beispiel für die *stiff upper lip* – also für die Fähigkeit, in keiner Lebenslage eine Miene zu verziehen oder allzu viel Gefühl zu zeigen. Dass sie privat ganz anders war und durchaus zum Scherzen aufgelegt, steht auf einem anderen Blatt und in ihren Tagebüchern.

Die Queen wird zur unantastbaren Übermutter der Nation umgestylt, die an der Spitze der Welt- und Kolonialmacht England eher privat, aber als stets wachsame Glucke über das Wohl der Völker wacht.

Sinnsprüche wie *My home is my castle* und *No sex please, we are British* scheinen bald niemandem besser auf den ausladenden Leib geschrieben zu sein als Queen Victoria. Der Presse wird kein Maulkorb umgehängt; man lenkt sie lieber mit glanzvoll aufpolierten Zeremonien ab.

Und endlich freundet sich Victoria mit diesem Part an, der ihr viel Privatleben lässt.

Einen wesentlichen Anteil an der Freizeitgestaltung der eisernen Witwe Victoria hat John Brown, der ehemals als schottischer Jagdgehilfe des Prinzgemahls in Balmoral beschäftigt worden ist, in jedem Fall gehabt. Schon 1865 erhebt Victoria ihn zum »Hochlanddiener der Königin«. Ab da hat Brown, ein rauer, gewitzter Schotte, der gern dem Alkohol zuspricht, Narrenfreiheit und scheut sich nicht, Politiker und geladene Dinnergäste anzupöbeln: »Genug geschwatzt, Essen ist fertig.« Was Victoria sehr komisch findet. Sie schickt Brown sogar mit Anordnungen zu ihren hochrangigen Privatsekretären. Brown übermittelt die Befehle stets recht deftig und ohne Rücksicht auf Rang und Namen: »Sie gehen heute nicht fischen, Sie haben zu tun.«

Die Queen lässt nichts auf ihn kommen und erklärt ihrer Tochter nach Browns Tod 1883: »Er hat mich achtzehneinhalb Jahre nicht einen Tag verlassen.« Und: »Wie soll ich ohne ihn, meinen besten, teuersten Freund, dem ich alles sagen konnte, nur weiterleben?«

Es gelingt ihr einmal mehr und diesmal sogar im Angesicht der Öffentlichkeit. In den letzten achtzehn Jahren ihres Lebens, das bis knapp ins 20. Jahrhundert hineinreicht, findet Victoria außerordentlichen Gefallen an typisch royalen Auftritten, und Britannien findet außerordentlichen Gefallen an seiner Königin. Am Ende des 19. Jahrhunderts singt

– 507 –

ganz Great Britain wieder voll Inbrunst mit: *God save the Queen.*

Victoria wird in Königskreisen »als Großmutter Europas« bezeichnet.

Neben ihrer englischen Nachfahrin Elisabeth II. von England und deren Gemahl Philip sind die meisten derzeit im Amt befindlichen Monarchen mit Victoria verwandt. Etwa Harald V. von Norwegen, das Königspaar Juan Carlos und Sophia von Spanien, König Carl Gustav von Schweden und Königin Margarete von Dänemark. Hinzu kommen diverse nicht regierende Aristokraten.

Auch wenn sie Geburten gehasst hat, konnte Queen Victoria durch ihre Kinder 44 Enkel und hernach 80 Urenkel auf den blaublütigen Heiratsmarkt werfen. Sie alle wurden gern genommen, auch wenn einige einen Gendefekt mit in die Ehen einbrachten, ein geschädigtes Chromosom, das die Bluterkrankheit zu verantworten hat. Doch davon konnten weder Victoria noch Prinzgemahl Albert etwas wissen.

Das von Albert angedachte Marketingkonzept à la Queen Victoria aber erwies sich bis weit ins 20. Jahrhundert hinein als heilsames Therapeutikum für verschiedene Thronerben. Bürgerlichkeit und Familienleben werden im 20. Jahrhundert zum internationalen politischen Palastprogramm – mit unerfreulichen Folgen für so manche Kronprinzen. Schon Victorias Sohn und Thronerbe findet wenig Gefallen an der moralischen Messlatte. Und noch weniger am neuen Produkt Klatschpresse, die sich rasch nicht mehr damit begnügt, alles einfach märchenhaft zu finden, was Schlösser und Paläste offiziell von sich geben und zeigen.

Victorias unbezähmbare Erben

Victorias erstgeborener Sohn Edward, der nach dem wilden Dandy Prinny erstmals wieder die berüchtigte Prinzenrolle von Wales besetzen darf, bleibt schon in jungen Jahren, hinter den Kulissen von Mamas staatstragendem Trauerspiel, den Freizeitvergnügungen seiner lockeren Vorgänger treu. Er führt ein Leben als Lüstling und Prasser. Vergebens droht seine Mutter Victoria dem Ältesten mit dem Schreckgespenst der französischen Revolution.

Der künftige König Edward VII. interessiert sich – ähnlich wie die Mama – wenig für die Regierungsgeschäfte, dafür umso mehr für Glücksspiel, Pferderennen, tagelange Jagdgesellschaften, Bordellbesuche und für seine Kollektion von Mätressen diesseits und jenseits des Kanals.

Zu seinen letzten Eroberungen – da ist er bereits in Amt und Würden – zählt Alice Keppel (1869–1947). Sie ist eine Urgroßmutter von Camilla, der früheren Dauergeliebten des derzeitigen Prinz von Wales und inzwischen als Herzogin von Cornwall seine Gattin und Königin in spe.

Edwards Kennerblick fällt 1898 auf die damals 29-jährige, bildschöne Alice Keppel. Die Admiralstochter rauchte Kette wie heute Camilla und hatte eine ähnlich tiefe Stimme. Dass sie bereits verheiratet und Mutter ist, tut Edwards königlicher Zuneigung keinen Abbruch, und wie später Andrew Parker Bowles – Gardeoffizier und Exmann von Camilla – erträgt auch Alice Keppels Gatte den Ehebruch im Königsbett mit der Haltung und der Diskretion eines Offiziers und Gentleman. Edward zeichnet den Gehörnten im Gegenzug 1908 mit dem Victoria-Orden aus. Im Sinne seiner 1901 verblichenen Mama ist das sicher nicht gewesen, aber immerhin bleibt er damit dem Konzept von möglichst viel *Pomp and Circumstance* für Presse und Publikum treu. Davon profitiert Königin Elisabeth II. samt Familie noch heute.

Als immer wieder wirkungsvoll erweist sich die Verbindung von königlicher Zeremonie und nationalem Familienfest beim Thema Hochzeit. Nie kommen museumsreife Kutschen und Gardesoldaten besser zur Geltung.

Auch wenn sich die Bewohner von Buckingham Palace neuerdings darauf konzentrieren, als *working monarchy* – also als Arbeitsmonarchie – zu punkten, bleibt ihr Privatleben besonders populär. Aber das ist keinesfalls neu oder ein hässlicher Auswuchs des Medienzeitalters. Die Schaulust des Volkes und die Zeigefreudigkeit von Königen sind untrennbar miteinander verbunden und gehörten über Jahrhunderte hinweg zu den wichtigsten Instrumenten des Machterhalts.

Für Historiker, Kenner oder Angehörige der Adelsklasse war die Nachricht, dass zwischen Diana und Charles die Fetzen flogen und auch der andere Nachwuchs der Queen hauptsächlich unglücklich verheiratet war, deshalb keine Sensation. Königssippen waren jahrhundertelang exakt das Gegenteil von dem, was wir heute als heile Familien bezeichnen würden.

Auf zu viel Erotik an der Macht müssen Europas Monarchen heutzutage verzichten, doch Hochzeiten bei Hof bleiben ein Megaevent, und TV-Sender aller Länder machen mit blauem Blut gern Quote.

Bester Beweis war die Heirat von Schwedens Kronprinzessin Victoria im Jahr 2010. Obwohl sich in Umfragen Schwedens Bürger vor dem Spektakel darüber ärgerten, dass sie die Rechnungen für die recht extravaganten Feierlichkeiten der Heirat einer Königstochter mit einem ehemaligen Fitnesstrainer namens Daniel Westling mitbegleichen sollten, war am Ende denn doch die überwältigende Mehrheit dafür und begeistert.

Riddarhuset, die Standesvertretung des schwedischen Adels, meldete zwar Bedenken gegen die Nobilitierung Daniel Westlings an, setzte sich aber nicht durch. Schließlich war schon die Mutter der Kronprinzessin, Königin Silvia, bürgerlicher Herkunft, und am blauen Blut liegt es kaum noch, wenn die Aristokratie auch fürderhin Bestand hat.

Erst Silvias Einheirat ins schwedische Königshaus katapultierte den sechzehnten Karl Gustaf Folke Hubertus ins Herz seines Volkes und ins Rampenlicht der internationalen Öffentlichkeit. Seit der Traumhochzeit von 1976 sind der König und seine Königin weltweit so bekannt wie Ikea und Karlsson auf dem Dach. Über 700 Millionen Zuschauer verfolgten die Trauung live am Fernsehgerät; erst Lady Dianas Gang zum Altar sollte diesen Rekord 1981 toppen.

Die bürgerliche Silvia wurde nach vollzogener Eheschließung zum beliebtesten Mitglied der Königsfamilie und polierte das blasse und steife Image des Ehemanns erheblich auf. Zur allgemeinen Rührung bei Fans der Regenbogenpresse trug bei, dass die Dolmetscherin und ihr Kronprinz sich lange heimlich lieben mussten. 1972 – nach ihrer Begegnung bei den Olympischen Spielen in München – hätte Karl bei einer Heirat mit einer bürgerlichen Frau alle Titel und Ansprüche auf den Thron verloren. Die Hochzeit konnte er sich nur als König und nach einer Verfassungsänderung leisten.

– 511 –

Weil das Ehemodell »Prinz heiratet Aschenputtel« riesige Begeisterung auslöste, verkaufte sogar der Buckingham Palace in Eintracht mit der Klatschpostille anno 1986 die Prinzenbraut Diana vorzugsweise als Kindergärtnerin von nebenan. Was mehr als untertrieben war. Das blaue Blut in den Adern der Grafentochter und Lady war älter und dicker als das von Charles Windsor selbst. Jahrhundertelang tat die Aristokratie alles, um fantastische Stammbäume zu fabrizieren und stubenrein zu halten. Jetzt geschah im Dienst der Monarchie das Gegenteil. Eine hochadlige Braut wurde als Mädchen aus dem Volk stilisiert, um das Ansehen des Königshauses zu sichern.

Selbst Englands bestes Stück, Prinz William, hat sich eine bürgerliche Freundin gewählt. Als Prinz Williams Braut qualifiziert sich seit 2003 die ehemalige Kunstgeschichtsstudentin Kate Middleton. Beobachter des britischen Königshofes gehen seither – also seit nunmehr sieben Jahren – von einer baldigen Verlobung aus. Weil das Volk es wünscht.

Als sicheres Indiz für baldigen Vollzug der Verlobung gilt, dass Miss Middleton, Tochter eines Internethändlers für Kinderpartyzubehör, ihren Job als Modeeinkäuferin aufgegeben hat und damit bereits eine der wichtigsten Prinzessinnenpflichten erfüllt. Offizielles Nichtstun. Zumindest in beruflicher Hinsicht. Ansonsten wird sich Queen Kates Hoheitsgebiet auf die Klatschspalten beschränken und auf ihre – nach wie vor – vornehmste Aufgabe: für Thronerben sorgen.

Sind die Bürgerbräute erst unter der Haube, fiebert die internationale Fangemeinde der Boulevardblätter ihrer Niederkunft mit einem Prinzen oder einer Prinzessin entgegen. Am besten im Doppelpack: *One heir and one spare*, wie die verstorbene Lady Diana, Prinzessin von Wales, ihr Pflichtprogramm zusammenfasste – einen Erben und einen Ersatz. Ein unerschütterlicher Grundsatz der Monarchie seit mehr als tausend Jahren.

In diesem Festhalten an festgezimmerten Normen einer scheinbar von allen Zeitläufen letztlich unberührten Aristokratie liegt ein weiterer Grund ihrer unverwüstlichen Magie. Sie entfaltet sich heute sogar unproblematischer als früher, weil sie nicht mit realen Machtbefugnissen gepaart ist.

Man muss dem Historiker Golo Mann eindeutig recht geben, wenn er in seiner »Deutschen Geschichte des 19. und 20. Jahrhunderts« über Europas verbliebene Monarchen schreibt: »Sie sind so harmlos geworden, dass man sie fast wieder gern zu haben beginnt.«

Anhang

Was Sie über A wie Adel wissen sollten, aber nicht müssen

Aderscheinig: Für den Begriff »Blaublut« gibt es verschiedene Erklärungen; am wahrscheinlichsten ist die spanische Variante. Iberiens Adel, so heißt es, stamme von den Westgoten ab. Während sich das übrige Volk in der Zeit der mehrhundertjährigen Herrschaft der Mauren mit den Arabern vermischte und nachdunkelte, sei der Adel an der hellen germanischen Haut zu erkennen, durch die das in den Adern fließende *sangre azul* – sprich: das blaue Blut – bläulich durchschimmerte.

Alter Adel: Die Demokratie steht für die Gleichheit der Menschen, das System Adel selbstredend für das Gegenteil. Auch unter den Aristokraten selbst ist Adel nicht gleich Adel. Unterschieden wird etwa zwischen Ur- und Briefadel. Zum Uradel zählen direkte Nachfahren aus allen schon vor 1350 nachweisbaren Adelsgeschlechtern. Uradel wurde nicht verliehen, sondern allenfalls im Rang erhöht und über die männliche Linie vererbt.

Ein Mitglied dieser seltenen Spezies kann seine Abstammung etwa direkt auf Ahnen wie Kaiser Karl den Großen zurückführen. Aber auch wer einem uralten städtischen Patriziergeschlecht entstammt, ist altadelig. Europäische Familien, die nach der Mitte des 14. Jahrhunderts per Adelsdiplom nobilitiert wurden, haben ihren Adel zwar

– 516 –

mit Brief und Siegel, aber in den Augen des Uradels erst seit gestern.

Weiterhin gibt es Klassenunterschiede zwischen erblichem und nichterblichem Adel (heute zum Beispiel für Popstars von Sir Elton John bis Sir Paul McCartney), dem Schwertadel (Ritter und andere Militärhandwerker der Krone), dem Kanzleiadel (meist Titel für Sekretäre von Königen und Kaisern), dem Landadel (an Grundbesitz gebunden) und kirchlichem Adel (von Rom abgesegnet). Wer das genau auseinanderhalten möchte, dem ist ein lebenslanges Forscherhobby garantiert. Wichtig zu wissen: Könige fühlen erhaben über *alle* Adelstitel, nur andere gekrönte Häupter erkennen sie als ihresgleichen an. Weshalb ein König von Tonga sich als Monarch vollkommen gleichberechtigt mit einer Königin von England fühlt und vice versa.

Anrede: Sollten Sie je in die unwahrscheinliche Situation kommen, einen Plausch mit hochkarätigen Blaublütern führen zu müssen und zu wollen, so redet man sie an:

- *Kaiser und Könige:* Eure Majestät. Da wir in Deutschland beides nicht mehr haben, hier die englische Übersetzung für den nächsten Queen-Besuch: *Your Majesty.* Einmal einstreuen reicht, ansonsten genügt höfliches Lauschen und sofortiges Verstummen, wenn Ihre Majestät geruhen, den Austausch zu beenden. Sollten Sie in Holland auf Königin Beatrix treffen, empfiehlt sich ein freundliches *Majesteit;* allerdings hat schon deren Mutter Juliana auf diese Anrede keinen Wert mehr gelegt.
- *Erzherzog:* Kaiserliche und Königliche Hoheit. Früher musste man zusätzlich den Zungenbrecher Durchlauch-

tigste trainieren. Für eine Teestunde mit Prinz Charles sollte man sich die Anrede *Your Royal Highness* merken und öfter ein *Sir* an seine Antworten hängen. Der Titel Königliche Hoheit ist weit wichtiger als das simple Wort Prinzessin. Lady Diana Spencer – ehemals *Her Royal Highness the Princess of Wales* weinte eine Weile lang auch darum bittere Tränen, weil man ihr bei der Scheidung die Königliche Hoheit strich. Das ganze war ein Rausschmiss erster Klasse aus der direkten Königsfamilie.

- *Großherzog:* Auch hier heißt es korrekt Königliche Hoheit. Früher setzte man noch ein Allerdurchlauchtigste davor.

- *Herzog* (ohne Regierungsfunktion oder unmittelbare Verbindung zur Königsfamilie): Hoheit. Mit dieser Anrede lag und liegt man auch bei Land-, Mark- und Pfalzgrafen oder Fürsten richtig. Aber – wie gesagt – von Staats wegen hat in den Bundesrepubliken Deutschland und Österreich kein Mensch mehr ein Anrecht auf diese Anreden. Vom einfachen Grafen an abwärts gibt es noch so hübsche Anreden wie Erlaucht, Hochgeboren oder Hochwohlgeboren. Sehr schöne adlige Titel der niederen Ränge sind Freiherr, Junker, Ritter und Edler. Erst recht in weiblicher Form, also Edle, Freifrau und – bitte keine groben Scherze – Junkfrau.

Insgesamt gilt: Je höher und anerkannter der Rang des Gesprächspartners ist, desto wahrscheinlicher ist es, dass er über Patzer bei Titel oder Anrede höflichst hinweggehen wird.

Adlige Anstandsregeln & Höflichkeit: Wie das Wort höflich besagt, wird gutes Benehmen auf das höfische Verhalten und adlige Etikette zurückgeführt. Warum vornehme Manieren Königen und alten Rittersleut erst im späten Mittelalter durch Benimmbücher und »Tischzuchten« eingebleut wurden, erklärt der Soziologe Norbert Elias in den Standardwerken: »Über den Prozess der Zivilisation« (1939) und »Die höfische Gesellschaft«. Eine äußerst unterhaltsame Wissenschaft.

Das Benutzen von Taschentüchern oder die aus Italien importierte Gabel etwa kamen durch mittelalterliche Fernhändler in Mode. Die eher zünftig tafelnden und rotzenden Ritter und Burgherren sträubten sich dagegen, solches Teufelszeug – die Gabel erinnerte an die Forke des Gehörnten – zu benutzen. Clevere Höflinge erkannten in guten Manieren hingegen ein prima Mittel, um sich vom Pöbel abzugrenzen. Die Hofsitten wurden in der Folge extrem verfeinert, das Tischgeschirr immer luxuriöser, das Zeremoniell und die Etikette eine Art adlige Geheimwissenschaft. So distanzierte man sich auch von dem in die eigenen Reihen aufsteigenden Bürger.

Das Bürgertum imitierte den Adel, so gut es ging; eine Art Wettlauf um gutes Benehmen nahm seinen Anfang. Sicher nicht der schlechte Konkurrenzkampf. Im 19. Jahrhundert wetterte der Philosoph Friedrich Nietzsche über die bürgerlichen Auswüchse der Adelssucht. Die (inzwischen republikanischen) Franzosen, schrieb er, hätten recht, »wenn sie bei dem Verlangen einzelner Deutscher nach Eleganz und Manieren sich an den Indianer erinnert fühlen, welcher sich einen Ring durch die Nase wünscht und darnach schreit, tätowiert zu werden.«

Nichtsdestotrotz blieb es Mode, als Millionär in eine verarmte Adelssippe einzuheiraten. Manchmal nicht nur des schmückenden Titels wegen.

Apanagen: Mit Apanagen (vom mittellateinischen *appanare* = mit Brot versorgen) versorgte man die nicht oder noch nicht regierenden Mitglieder von Adelshäusern, etwa zwei- und drittgeborene Söhne, außerdem die Töchter bis zur Verheiratung und die Witwen. Für Englands Kronprinzen sind als Apanage das Herzogtum von Cornwall und der Titel Prince of Wales reserviert. In Frankreich war es die Herrschaft über die Dauphiné, daher wurde der jeweilige Kronprinz Dauphin genannt; in Spanien trägt der Thronfolger den Titel Fürst von Asturien.

Adelsprivilegien: Zu den beneidenswerten Privilegien von Adligen gehörte bis ins 18. und 19. Jahrhundert, dass sie sich mit Steuererklärungen nie groß herumschlagen mussten. Sie waren von Abgaben an die Staatskasse weitgehend befreit, hatten nach wie vor Anspruch auf Dienste und Abgaben von Bauern und auf hohe Beamten- und Offiziersstellen.

In Frankreich lag unter der Herrschaft des Sonnenkönigs der Steuersatz für Hochadel und Kirche bei null Prozent. Den Pomp und Prunk des Hofes finanzierte Ludwig XIV. zum Teil aus seiner Privatschatulle; den Rest der Kosten zuzüglich Kriegsausgaben brachte der dritte Stand auf: Bürger, Bauern und Tagelöhner.

Sehr vermögende Kaufleute, Banker und Fabrikanten nutzten als Steuerschlupfloch gern die Erhebung in den Adelsstand. Ein Titel plus Privilegien ließ sich etwa durch

Heirat (siehe oben) oder durch den Kauf eines Adelsdiploms erwerben. Der Rest des Volkes (sprich 98 Prozent) war zu teils mörderischer Arbeit plus Steuerabgaben verpflichtet. Das Barock war eine höchst verdrehte Welt.

Kleiner Trost: An Ludwigs Hof ruinierte sich ein großer Teil der Aristokratie, um bei der Inszenierungs- und Ausstattungsorgie »Versailles und le Roi« eine Rolle spielen zu können. Die Kosten für Kostüm, Schminke und einen Lebensstil à la Louis Quatorze waren astronomisch. Wer die Gunst des Bourbonen-Herrschers erlangte, durfte auf Tilgung seiner entstehenden Schulden und auf die Erstattung der Auslagen hoffen.

Die wichtigste Währung bei Hof waren Einfluss und Macht. Um beides zu erlangen, schlug man sich darum, dem König möglichst nah zu kommen. Das gelang am besten durch Schmeichelei und Schmiergelder.

Arme Monarchen: Bevor Sie sich falsche Vorstellungen machen, viele Monarchen waren chronisch klamm, bekamen aber selbstverständlich stets Kredit. Die Kaiser des Heiligen Römischen Reichs deutscher Nation liehen sich Geld bei den Fuggern. Sie verpfändeten so ziemlich alles, vom Tafelsilber bis zur Prunkrüstung, um ihr Tagesgeschäft wie Krieg, ständiges Herumreisen zwischen Kampfschauplätzen, zu Reichstagen oder Heiratsverhandlungen zu finanzieren.

Kaiser Maximilian I. aus dem Hause Habsburg war der größte Zechpreller seiner Zeit. Ob in Trier, Brügge oder Köln, überall ließ er anschreiben und musste samt Gefolge oft bei Nacht und Nebel verschwinden, wenn die Gläubiger unangenehm wurden. Mancherorts behielt man sein

Reisegepäck zurück. Am Ende seiner Regierungszeit weigerten sich Innsbrucks Gastwirte, ihn überhaupt noch zu beherbergen.

Maximilians Enkel, Kaiser Karl V., beherrschte – dank Spaniens Kolonien – zwar ein Reich, in dem die Sonne niemals unterging, Herr seiner Finanzen waren jedoch andere. Von den Schulden seiner Kaiserwahl – rund eine Million Gulden an Bestechungsgeldern flossen an die deutschen Kur-, also Wählerfürsten – kam er zeitlebens nicht runter. Weil er wertvolle Minenrechte in der Neuen Welt verpfändete, blieb ihm vom Gold der Kolonien wenig. Für ein Palastleben reichte es freilich, aber außer unmäßigem Essen gönnte sich Karl vergleichsweise wenig Ausschweifungen und Luxus.

Adelsrang und Rangeleien: Adel legt wert auf Abstand. Auch untereinander. Zum Hochadel gehören, mit gewissen nationalen Varianten, Kaiser, Könige, Herzöge, Fürsten und einige Grafen. Vom Grafen abwärts geht es dann über Barone und Ritter bis zum schlichten »von« vor dem Namen. In England entspricht dieser Adelsklasse die sogenannte *Landed Gentry*, deren Vertreter zwar keinen Titel haben, sich nach Grundbesitz und Sozialprestige aber eindeutig vom Bürgertum unterscheiden. In England versteckt sich hinter manch bürgerlich klingendem Namen ein großer Teil des auf der Insel noch immer sehr einflussreichen Adels. Einen solcherart getarnten Blaublüter erkennt man häufig daran, dass er durchdringend nach Pferdestall riecht und sein gestopftes Tweedjackett mit Hundehaaren übersät ist. An seiner Dinnertafel wird gern Selbsterlegtes serviert, und man trägt Smoking – meist den des Urgroßvaters.

Adlige Rangeleien um Rang und Vorrang sind so alt wie das Nibelungenlied. Da führt ein Streit zwischen den Königinnen Kriemhild und Brünhild darüber, wer die blaublütigere Partie gemacht hat, direkt in die Katastrophe. Die edlen Gattinnen liefern sich ein Verbalgefecht darüber, ob Kriemhilds Drachentöter Siegfried, Entdecker des Nibelungenschatzes, oder Brünhilds Burgunderkönig Gunther, Kriemhilds Bruder, mächtiger und adliger ist. Für Brünhild – selbst Exkönigin von Island – steht die Rangfolge außer Frage. Siegfried ist nur ein Vasall. So wurde der Recke ihr schließlich vorgestellt, als König Gunther zwecks Brautwerbung um und Zweikampf mit der bärenstarken Brünhild in Island auftauchte. Kurze Rückblende: Gunther kam, sah und siegte nur, weil der (fast) unverwundbare Siegfried ihm unter einer Tarnkappe bei der Überwältigung Brünhilds beisprang. Er ist also der wahre Held. Kriemhild wird im Gezänk vorm Kirchenportal noch deutlicher: Siegfried, so enthüllt sie, habe auch als Erster mit Brünhild geschlafen, womit sie völlig entehrt wäre. Als Beweis zeigt Kriemhild der Burgunderkönigin später einen Keuschheitsgürtel, den die blamierte Brünhild als den ihren erkennt. Ein veritabler Schlag unter die Gürtellinie. Eine von einem Vasallen entjungferte Königin ist sozusagen keine mehr, sondern eine »Kebse«. Das mittelalterliche Schimpfwort für eine Konkubine; schlimmer kann man eine Königliche Hoheit nicht beleidigen.

Das Ganze mündet in der Ermordung Siegfrieds durch die Burgunder. Kriemhilds Rache dafür bleibt nicht aus und endet mit einem Schlachtfest auf der Burg von Hunnenkönig Etzel. Ein einziges Gemetzel, bei dem Kriemhild

– 523 –

zu guter Letzt ihrem Bruder Gunther das Haupt mit dem Schwert vom Leib trennt.

Tolle Geschichte; wer sie nicht kennt, unbedingt nachlesen oder als Film ausleihen. Halten wir fest: Das ganze Drama wäre vermeidbar gewesen, wenn Brünhild – höflicherweise – Kriemhild den Vortritt zum Vespergottesdienst gelassen hätte. Nein, Pardon, das ist zu bürgerlich gedacht.

Auch im realen Adelsleben kam es zu blutigen Konflikten um den Vortritt. Samuel Pepys, eins der berühmtesten Klatschmäuler und Tagebuchschreiber des 17. Jahrhunderts, berichtet 1661 von der Keilerei zwischen der Eskorte des französischen Botschafters d'Estrade und dem Tross seines spanischen Kollegen. Die Stellvertreter der Krone prügeln sich darum, wer sich zuerst in eine Kutschprozession zu Ehren des schwedischen Botschafters einreihen darf. Ein Tumult bricht aus.

Der Pöbel ist begeistert über die Straßenprügelei um den europäischen Rang zweier Könige. Schließlich erschießen die Spanier erst die Kutschpferde ihres Gegners, dann sechs Franzosen aus dem Gefolge.

König Ludwig XIV. von Frankreich fordert die Bestrafung der Täter, Schadensersatz und droht bei Nichterfüllung mit Krieg. Spanien lenkt – aus Kostengründen – ein und schickt einen Sonderbotschafter. Diplomaten aus aller Herren Länder schauen zu, wie Graf Fuentes in Fontainebleau demütig um Verzeihung bittet. Ein Triumph für den 21-jährigen Sonnenkönig, der – noch ohne Krieg – seine Feinde zu demütigen weiß.

Ludwig notiert zufrieden: Es »war eine Huldigung von König zu König, von Krone zu Krone, die auch bei unseren Feinden keinen Zweifel darüber aufkommen lassen konnte, unser Haus sei das erste der gesamten Christenheit«.

Auch hier hätte ein simpler Akt der Höflichkeit – die Kutsche des Gegners vorlassen – einen internationalen Konflikt verhindert. Nun gut, auf bundesdeutschen Autobahnen fällt vielen Zeitgenossen das auch noch schwer. Doch moderne Drängler dürften kaum so gewichtige Gründe für den Kampf um die Vorfahrt haben wie König und Adel.

Höfische Etikette war für Ludwig nicht in erster Linie eine Frage des Stils, sondern eine Frage der Macht. Mit Versailles schuf der gewitzte Bourbone für Frankreichs Adel einen goldenen Käfig, in dem Aristokraten sich untereinander stritten statt gegen ihren König zu opponieren. Statt mit Waffen den Monarchen zu bedrohen, stritten sie um das protokollarische Recht. Etwa das, in Gegenwart ihres Souveräns sitzen zu dürfen – zumindest auf einem Schemel. Wer es bis zum Lehnstuhl brachte, war sozusagen ganz vorne angekommen. Okay, es gibt Firmen, in denen der Rang eines Mitarbeiters heute noch daran zu bemessen ist, ob sein Drehstuhl drei oder vier Beine und ob er Armlehnen hat oder nicht. Jetzt wissen Sie, warum.

Adoptierter Adel: In Feudalzeiten adoptierten Adelshäuser, die vom Aussterben bedroht waren, gelegentlich einen mehr oder minder entfernten Verwandten, um selbiges zu verhindern. Der König oder Landesfürst erhob diesen Neuzugang in den Adel, und Besitz und Titel lebten fort. Heute ist Adoption der Schrecken aller Fürstenhäuser. Schlagzeilenträchtiges Beispiel ist Hans R. Lichtenberg, ehemaliger Saunabetreiber. Er ließ sich anno 1980 von der 81-jährigen Marie Auguste Prinzessin von Anhalt, einer verarmten Schwiegertochter Kaiser Wilhelms II., an Kindes statt annehmen. Im Gegenzug zahlte er der 81-Jährigen eine monatliche Leibrente von umgerechnet 1000 Euro. Seither darf Hans sich Frederic Prinz von Anhalt, Herzog zu Sachsen und Westfalen, Graf von Akanien nennen und brachte es zum Ehemann von Zsa Zsa Gabor (circa 91).

Skurril genug, aber noch skurriler sind die vier Söhne, die Prinz Frederic hernach – vorgeblich gegen Millionenhonorar – selbst adoptierte. Unter anderem darf sich seit 2007 ein Bordellbetreiber Prinz Eberhardt Edward von Anhalt nennen. Eduard von Anhalt, dem gebürtigen Chef der Dynastie, ist das nachvollziehbarerweise peinlich.

Der neue Rotlichtprinz hinwieder freut sich darum, dass er über die Ehefrau seines Adoptivvaters auch noch mit Paris Hilton verwandt ist. Hollywoodlegende Zsa Zsa Gabor war nämlich auch mal mit dem Großvater der Hotelerbin verheiratet.

Der findige Adoptivvater Frederic strebt noch ein Regierungsamt an. Prinz von Anhalt will nach Arnold Schwarzenegger nächster Gouverneur von Kalifornien werden. Sein Wahlkampfslogan: »Gebt Kalifornien das gute Leben zurück.« Zu seinen märchenhaften Versprechungen gehören die Legalisierung von Kiffen und Prostitution. Der Prinz rechnet mit Wahlkampfkosten von zehn Millionen Dollar und hofft auf Spenden von Freunden aus Las Vegas. Ein Kaiser Karl V. wäre vor Neid erblasst.

A wie ad infinitum

Nachsatz

Viele Menschen haben mir während der Arbeit an diesem Buch auf die unterschiedlichste Art und auf unnachahmliche Weise geholfen. Für Ermutigung, spannende Diskussionen, Anregungen, ausführliche Telefonate, entspannende Abende, Korrekturarbeiten und einige Notfall-Pizzen möchte ich mich besonders herzlich bedanken bei:

Gabie Baumann, Mechthild Düpmann, Harry Grillo, Jan van der Loo, Maicke Mackerodt, Angelika und Andreas Neumann, Gerd W. Schmölter, Ruth Werz und allen Bandmitgliedern der *Heartland Travellers* (auf unseren nächsten Auftritt! I'm ready for the storm again, thanks!)

Ein herzlicher Gruß geht außerdem ins idyllische Scheidegg an Herrn Dr. Jürgen Stepien, dessen wunderbare Vorträge über die Tiefen und Untiefen des menschlichen Seelenlebens während der Schreibarbeit für mich ebenso erheiternd wie erkenntnisfördernd waren (siehe www.stepien-impulse.de).

Werden Sie Teil der Bastei Lübbe Familie

- Lernen Sie Autoren, Verlagsmitarbeiter und andere Leser/innen kennen
- Lesen, hören und rezensieren Sie Bücher und Hörbücher noch vor Erscheinen
- Nehmen Sie an exklusiven Verlosungen teil und gewinnen Sie Buchpakete, signierte Exemplare oder ein Meet & Greet mit unseren Autoren

Willkommen in unserer Welt:

 www.luebbe.de

 www.facebook.com/BasteiLuebbe

 www.twitter.com/bastei_luebbe

www.youtube.com/BasteiLuebbe